金融学

JINRONG XUE

主　编　鄢小兵　侯瑞瑞

副主编　刘飞雨

重庆大学出版社

内容提要

本教材在编写过程中结合国内外经济金融发展的需要，力图通过深入浅出的语言阐述金融理论，以金融学的整体框架为起点，在向读者介绍金融学基本概念（货币、信用、利息与利率、外汇与汇率）的基础上，围绕微观金融体系与运行（金融中介机构、商业银行、中央银行、金融市场）和宏观金融政策与调控（货币需求与货币供给、通货膨胀与通货紧缩、货币政策）、金融创新与金融监管展开叙述。旨在帮助读者在学习金融学的过程中，不仅能够掌握金融学的知识、观点，更能迅速学会运用金融学的视角和思维来观察生活，进而在掌握金融学基本常识和逻辑的基础上，把握金融学未来的研究方向。本书结合经济和管理类金融学和非金融学专业"金融学"课程的需要和特点，兼顾应用型人才培养的要求，注重教材内容结构体系的科学性和合理性，并力求做到阐述简明清楚、循序渐进，适合作为高等院校金融学、经济学和管理学类本科或专科专业基础课程教材，也可作为报考金融学专业各类硕士研究生参考用书及银行、证券、保险等金融类业内人士参阅的书籍。

图书在版编目(CIP)数据

金融学 / 鄢小兵，侯瑞瑞主编. -- 重庆：重庆大学出版社，2023.10
高等院校经济管理类专业本科系列教材
ISBN 978-7-5689-4181-5

Ⅰ. ①金… Ⅱ. ①鄢… ②侯… Ⅲ. ①金融学—高等学校—教材 Ⅳ. ①F830

中国国家版本馆 CIP 数据核字(2023)第 187288 号

高等院校经济管理类专业本科系列教材

金融学

主　编　鄢小兵　侯瑞瑞
副主编　刘飞雨
策划编辑：顾丽萍

责任编辑：夏　宇　　版式设计：顾丽萍
责任校对：谢　芳　　责任印制：张　策
*
重庆大学出版社出版发行
出版人：陈晓阳
社址：重庆市沙坪坝区大学城西路 21 号
邮编：401331
电话：(023) 88617190　88617185(中小学)
传真：(023) 88617186　88617166
网址：http://www.cqup.com.cn
邮箱：fxk@cqup.com.cn(营销中心)
全国新华书店经销
重庆紫石东南印务有限公司印刷
*
开本：787mm×1092mm　1/16　印张：24　字数：612 千
2023 年 10 月第 1 版　　2023 年 10 月第 1 次印刷
ISBN 978-7-5689-4181-5　定价：59.00 元

前　言

　　金融是现代市场经济的核心。改革开放以来，我国金融业实现了跨越式发展，新的金融业态、金融产品、金融服务不断地涌现，而其本质依然是服务于实体经济，服务于供给侧结构性改革。金融业的快速发展也对《金融学》教材的编写提出了新要求、新挑战。金融学是一门研究金融领域各要素及其基本关系与运行规律的经济学科，也是现代经济人才必备的专业知识。通过金融学的系统学习，能掌握相关的基本概念、基本知识和基本原理，把握金融运行的内在联系和规律，找到科学认识和探索金融问题的入门钥匙，进而研究并解决我国现实中的诸多经济和金融问题。

　　本教材系广东省质量工程项目"21创强3—金融学"系列研究成果之一。教材在编写过程中，结合国内外经济金融发展的需要，力图通过深入浅出的语言阐述金融理论，以金融学的整体框架为起点，在向读者介绍金融学基本概念（货币、信用、利息与利率、外汇与汇率）的基础上，围绕微观金融体系与运行（金融市场、金融机构体系、商业银行、中央银行、非存款型金融机构）和宏观金融政策与调控（货币需求与货币供给、通货膨胀与通货紧缩、货币政策）以及金融创新与金融监管等展开叙述。旨在帮助读者在学习金融学的过程中，不仅能够掌握金融学的知识、观点，更能迅速学会运用金融学的视角和思维去观察生活，进而在掌握金融学基本常识和逻辑的基础上，把握金融学未来的研究方向。

　　在编写过程中，本教材力图突出以下特点：

　　第一，应用性。本教材的编写定位是适用于应用型本科人才培养的需要，尤其是适用于以培养应用型金融人才为目标的金融类专业。因此，在本书编写过程中，坚持从应用型人才培养的要求出发，按照基础理论教学"以应用为目的，以需要、够用为度"的原则，科学合理地处理学科内容与教学时数、基础理论与应用理论、理论与实践等之间的关系，力图使本教材符合教学实际需要，同时，在内容上贴近国内外经济、金融发展的实际，通过书中"拓展阅读"栏目，力图最大限度地在紧扣金融热点问题的基础上，将最新的案例在不同章节中体现出来。几乎所有的章节中都有最新的数据资料，力求体现国内外金融的新发展、新变化和新问题。

　　第二，启发性。高素质应用型人才不仅需要具备系统的知识体系，更应该具有主动、自主学习的能力。这不仅对现代高等教育的教学提出了新要求，也是提升本科教学质量的关键。本教材在编写过程中，主动对接经济社会发展需求和人才培养目标的转变，以读者为中心，注重激发学习兴趣和潜能。在每一章的内容设计上，通过"案例导入"，引导读者在学习过程中去探寻答案。通过启发式阅读，将金融理论与实践教学同案例有机结合，以求达到更好的学习效果。

　　第三，可操作性。在内容的编写上，通过"学习导引"给出每一章的重点、难点，结合思考题、综合训练等环节，针对每一章内容提出具有可操作性的训练思路，使读者能够深化对金融理论与实践的理解，开拓思维。

本教材由东莞城市学院金融学专业负责人鄢小兵负责大纲的设计与总纂以及全书的校对与修改；由讲授金融学课程的骨干教师合作编撰完成。具体编写分工如下：侯瑞瑞编写第一章至第三章，刘飞雨编写第四章至第七章，鄢小兵编写第八章至第十一章。在编写过程中，我们参阅了大量近年来出版的金融学论著、教材及相关文献，从中吸收了许多有价值的材料和观点，在此，向有关作者表示感谢。同时也感谢重庆大学出版社对本书的厚爱与支持，感谢所有为本书的出版给予过帮助的人！

由于水平所限，编者对金融的理论研究和理解在阐述上难免存在片面和不妥之处，敬请专家和读者不吝赐教，以便我们对教材进行进一步的修订和完善。

编　者

2023 年 8 月

目 录

第一章

货币与货币制度

【学习目标】

通过本章的学习，了解货币的基本定义，以及货币与日常生活中通货、收入、财富、流动性概念的区别；理解货币的本质及职能、货币形态的演变；掌握货币制度的内容及构成要素、货币制度的演变；重点掌握货币层次划分的依据及具体的划分情况；熟知货币职能的特点，以及如何在经济生活中对货币职能进行区分。

案例导入

形形色色的货币

许多东西都曾充当过货币的材料，从贝壳等实物到金银等贵金属，再到纸币，以至目前流通的电子货币都被人们当作普遍接受的交换媒介。"在古代，据说曾以牲畜作为商业上的通用媒介。牲畜无疑是极不便的媒介，但却被人们使用了，古代往往以牲畜头数作为交换的评价标准，亦即用牲畜交换各种物品。荷马曾说：迪奥米德的铠甲，仅值牛九头，而格罗卡斯的铠甲，却值牛一百头。据说，阿比西尼亚以盐为商品交换的媒介；印度沿海某些地方，以某种贝壳为媒介；弗吉尼亚用烟草；纽芬兰用干鱼丁；其他若干国家则用兽皮或鞣皮。据笔者所闻，直到今日，苏格兰还有个乡村，用铁钉作为媒介，购买麦酒和面包"（亚当·斯密《论货币的起源及其效用》）。从这段描述可以看出，牲畜、贝壳、烟草和铁钉等实物都曾充当过货币。

17世纪，在印度的许多地方，贝壳与"巴达姆"（一种不能吃的波斯硬果）被民众广泛使用，与铜币争夺地盘。在印度和我国的许多地方，由于开采铜和铸造铜币的成本比开采白银和铸造银币的成本高，甚至比开采黄金和铸造金币的成本还要高，因此当铜短缺或铸币成本太高时，贝壳就取代了铜币。直到18世纪，贝壳作为货币在非洲的奴隶贸易中仍有很大的需求。同时，枪支、巴西烟草、亚麻布、法国白兰地和火药也被用于黑人奴隶交易。当时，购买1名奴隶的价格分别是100磅贝壳、12支枪、5包巴西烟草、25匹亚麻布、1桶（约40升）法国白兰地或15磅火药。与贝币同时使用的还有盐币。在我国明代，楚雄府就曾利用人工加工好的盐块作为货币，1块盐块重2两。1936年，云南大学历史系教授方国瑜在保黑山还见到以盐币交易的情况，这些盐币每块长、宽各1.5寸，厚4分，30块重1市斤。

直到现在，南太平洋雅普岛上的人们仍然把石头作为货币，第二次世界大战中的集中营和战后的德国及20世纪80年代的苏联都曾把万宝路香烟作为货币。

第一节 货币的起源与发展

全世界有 200 多个国家和地区，近 200 种货币，货币既是社会经济发展中最根本的要素，也与每个人的生活息息相关。人们对货币的存在早已习以为常，但货币到底是从哪里来的？它的本质如何？这些问题长期困扰着人们，也是研究货币理论绕不开的问题。因为了解货币的起源是认识货币本质、职能与作用的起点，那么从某种意义上说，这也是正确认识货币金融理论的起点。本章从货币起源入手，深入浅出地介绍了有关货币的基础知识，包括货币的产生与发展、货币的类型、货币的本质与职能等，并且阐述了货币流通的一般规律，以及货币制度的发展，使学生对货币这一概念有相对清晰和深刻的认识，为深入学习金融知识打下基础。

一、货币的起源

货币俗称钱，几乎是人人都熟悉的东西。然而，马克思在《政治经济学批判》中，曾经引用过英国国会议员的一段话："受恋爱愚弄的人，甚至还没有因钻研货币本质而受愚弄的人多。"一位西方经济学家也说过：在一万个人中，只有一个人懂得货币问题。尽管这种描述不免有夸张之嫌，但客观现实告诉人们要了解货币的奥秘的确要下一番功夫。

货币是什么？货币是商品生产和商品交换发展的必然产物，是商品经济内在矛盾发展的必然结果。随着社会生产力的发展，人类社会出现了分工和私有制，相应地劳动产品也转化成专门为交换而生产的产品。

马克思说"货币的根源在于商品本身"，这种说法一语中的。要想弄清楚货币起源的本质，就必须弄清楚商品和货币的关系。具体来说，就是商品为什么成为货币、商品通过什么成为货币、商品怎样成为货币这三个问题。

（一）商品为什么成为货币

商品的内在矛盾使商品成为货币。在社会分工的条件下，每个人只生产整个社会分工体系中的一种或少数几种产品，而整个社会的需求却要靠多种多样的产品来满足。但是，由于私有制的存在，使每个人生产什么、生产多少、怎样生产、何时生产，都由他自己来决定，生产出来的产品也归他自己支配，也就是说劳动具有私人性质。这样就产生了社会劳动和私人劳动的矛盾。于是，私人劳动如何转化为社会劳动就成为关键问题，这就是商品的内在矛盾。

（二）商品通过什么成为货币

要解决商品的内在矛盾，唯一途径就是交换。这时的生产就是为交换而进行的生产，商品通过等价交换成为货币。

在漫长的历史进程中，交换不断发展，在此过程中货币应运而生，所以货币是商品交换的必然产物。

(三)商品怎样成为货币

商品是价值和使用价值的统一体。在商品交换中，实行等价交换原则。一种商品的价值通过另一种商品来表现，这就是商品价值表现形式，简称价值形式。货币就是价值形式演变的结果。

货币的产生大致经历了四个阶段：个别的、偶然的物物交换；扩大的物物交换；一般价值形式；一般等价物固定在金银上——货币产生。

1. 个别的、偶然的物物交换(简单的、偶然的价值形式)

在人类社会尚未发生大分工以前，商品交换只是偶然现象。极为低下的生产力水平，决定了人们不可能经常有剩余产品拿来交换，更谈不上专门为交换而进行生产。但这种偶然的商品交换已经具有了商品价值表现的简单形式，即商品的价值通过另一种商品相对表现出来。它说明商品已经有了等价物，价值不再是完全抽象的，而具有了"物的形式"。作为交换，商品只是满足交换者对不同使用价值的需求，作为等价物，它的意义并不在使用价值方面，而在价值方面。

形式：

$$2 只羊 = 1 把石斧(第一次社会分工后)$$

一种商品一旦作为等价物，便具有了以下特征：

①使用价值成为价值的表现形式。等价物并不能用自身价值来表现其他商品的价值，因为它的自身价值也是内在的、不可捉摸的，只能通过自身的外在形式即一定量的使用价值来表现。

②具体劳动成为抽象劳动的表现形式。等价物也是具体劳动的产物，但被用来衡量其他商品所含劳动的质和量，成为抽象劳动的代表。生产等价物的具体劳动，使凝结在与其交换的商品中的抽象劳动具体化了。

③私人劳动成为社会劳动的表现形式。一种商品主动与等价物交换，实质是使生产这种商品的私人劳动得到社会的承认，从而转化为社会劳动。但生产等价物的劳动也是私人劳动，只因等价物在交换关系中为他人所追求，具有与其他商品直接交换的能力，这种私人劳动便具有了直接的社会性，成为社会劳动的代表。

由此可见，等价物的上述特征提醒人们，在商品价值的简单表现形式中已经孕育了货币的胚芽，等价物的特征中蕴藏着货币的本质，而货币则是一种发展成熟的等价物。

原始社会末期，由于生产力水平极其低下，没有剩余产品，发生在两个部落之间的交换，只能是偶然的多余产品的物物交换。当时的商品交换在双方的经济生活中只占极小比重，因此，彼此都不十分计较交换的比例。例如，有时用2只羊换1把石斧，有时用2只羊换2把石斧。

2. 扩大的物物交换(扩大的价值形式)

简单的价值形式证明了价值的无差别性，同时也暴露了物物交换的缺陷。随着生产力的发展，尤其是社会分工的出现，商品交换不再是偶然发生的事情，而是成为一种经常性的、有规律的现象。这样，每一种商品不再是偶然地与另一种商品相交换，而是经常地与其他许多种商品相交换；其价值不再是由另一种商品简单地表现，而是由许多种商品来表现；每一种商品的等价物不止一个，而是有一系列。

形式：

$$2 \text{ 只羊} = \begin{cases} 1 \text{ 把斧头} \\ 1 \text{ 匹布} \\ 50 \text{ 千克盐} \\ 10 \text{ 克黄金} \\ \text{其他商品} \end{cases}$$

这种情况说明，商品价值同它借以表现的使用价值的特殊形式没有关系，每一种进入交换的商品都可以充当其他商品的等价物。价值是无差别的人类劳动的凝结，在这种扩大了的价值表现形式中得到了证明。此时，商品之间的交换比例不再是偶然确定的，而是更加接近于它们内部实际包含的价值量。

在扩大的物物交换中，人们的交换活动会遇到什么困难呢？举例说明：

一位欧洲旅行家在非洲野蛮部落想雇用一条小船到另一个地方去，但船的主人要用象牙付账，才肯将船出租。经过打听，有一位叫沙里布的人有象牙，沙里布愿意用象牙交换呢料，他又打听到有呢料的人想用呢料换针，幸亏这位旅行家带有针，于是他就用铜针换来呢料，接着又用呢料换来沙里布的象牙，最后再把象牙付给船主。经过这样一番周折，他才取得了使用小船的权利。

尽管如此，商品价值的表现仍然不充分，尤其是不统一。根本原因在于，这时的商品交换都是直接的物物交换，商品借以表现自己价值的材料还没有与交换者本人对其使用价值的直接需求分开，因而许多商品事实上并不能充当等价物，使价值表现受到限制。而且，一种商品的等价物，对另一种商品来说很可能不是等价物，因为前者需要它的使用价值，而后者不需要，商品价值没有统一的表现尺度。生产越发展，参加交换的商品越多，就越发暴露出这种价值表现不统一的缺陷；用于交换的商品必须在品种、数量、质量等方面都符合交换双方的需求，且价值量相等，才能实现交换。这给商品交换的进一步发展造成了极大的困难；为了换到所需要的商品，往往需要进行若干次迂回曲折的交易。交换中的这种困难，迫切要求价值形式的进一步发展。

3. 一般价值形式（一般等价物的出现）

当人们在直接的物物交换中遇到困难时，便开始自发地或本能地在市场上发现一种商品，这种商品进入交换的次数最多，其使用价值是大家都共同需要的，只要将自己的商品先换成这种商品，再换取他实际希望的商品就不成问题了。谁都这样做，谁都把这种商品当作等价物，那么，这种商品实际上就成为所有商品的公共的或一般的等价物了。

形式：

$$\left.\begin{array}{l} 1 \text{ 把斧头} \\ 1 \text{ 匹布} \\ 50 \text{ 千克盐} \\ 10 \text{ 克黄金} \\ \text{其他商品} \end{array}\right\} = 2 \text{ 只羊}$$

人们终于摆脱了各种不同的使用价值在交换中对他们的束缚，使直接的物物交换变成由一般等价物为媒介的间接交换。

显然，一般等价物已经不再是普通的商品，它具有两个重要特征：

①一般等价物不再是消费的对象，而成为交换的媒介。这表明，作为一般等价物的商品，并不是人们交换的目的，而是交换的手段。

②一般等价物不再通过其自然的使用价值，而是通过社会赋予它的使用价值——直接与其他商品相交换的能力——来表现商品的价值。这表明，商品价值的表现形式完全可以脱离商品的躯体，采取任意形式。

4. 货币产生（货币价值形式）

一般等价物的出现，解决了直接物物交换的矛盾和困难，使商品交换在一般等价物的媒介作用下获得了新的发展。但这时候充当一般等价物的商品还是不固定的，时而是这种，时而是那种。这种情况必然阻碍商品交换的进一步发展。因此，人们自然要求在较大范围内（如一个民族市场甚至一个国家）将一般等价物统一起来，使其成为长期固定的一般等价物。这种固定化了的一般等价物就是货币。

形式：

$$\left.\begin{array}{l}1\ 把斧头\\1\ 匹布\\50\ 千克盐\\10\ 克黄金\\其他商品\end{array}\right\}=10\ 克黄金$$

综上可知，货币是商品经济发展到一定阶段的自发产物，是商品内在矛盾发展的必然结果。货币出现后，商品内部使用价值和价值的矛盾，就表现为商品和货币的矛盾。商品换成了货币，商品的使用价值和价值的矛盾由此得到了解决。

补充阅读 1-1

没有货币的麻烦

19 世纪，巴黎利里克剧院歌手塞利小姐曾在社会群岛举办过一次演唱会，作为报酬，她得到门票收入的 1/3。

经统计，她的报酬包括 3 头猪、23 只火鸡、5 000 个椰子，还有很多香蕉、柠檬和橘子。在巴黎这些食物价值 4 000 法郎，这是当时相当丰厚的报酬，但是这些食物的绝大部分都不是塞利小姐能够消费得掉的，最后只能用这些水果来喂养这些牲畜和家禽。

二、货币形态及其演变

货币形态是指货币的存在形式，即货币是用什么材料制作的。

万物都可以是货币，自然，货币也可以是万物。但是，能够充当货币的一般等价物是需要一定条件的。只有当理想货币短缺时，其他物品才可能替代它。一般来说，理想货币的条件是：

①普遍可接受性；

②易于标准化，且价值稳定；

③易于分合，方便"找零"和大额支付；

④易于保存，不易变质；

⑤体小价大，便于携带。

明确了理想货币的条件，自然会理解历史上出现的实物货币、金属货币、信用货币、电子货币等不同形态。

(一)实物货币

实物货币是指作为货币的价值与作为普通商品的价值相等的货币。实物货币是货币最原始、最朴素的形式。它本身既作为商品，又作为货币充当交换媒介。实物货币可以划分为两个阶段：非金属实物货币阶段和贵金属实物货币阶段。

1.非金属实物货币

在原始社会末期最早出现的货币是实物货币。在人类历史的早期，任何交易者都认为重要的商品，如牛、羊、铜、铁、贝壳、羽毛、石头、谷物等均可以并确实被用作货币。一般来说，游牧民族以牲畜、兽皮类来实现货币职能；农业民族以五谷、布帛、农具、陶器、海贝、珠玉等充当最早的实物货币。海贝甚至可称为原始货币之祖。产于我国东南沿海的海贝在马家窑文化和齐家文化墓葬中均有发现。在卡约文化墓葬中，海贝的出土相当普遍。此外，还发现了骨贝、石贝和铜贝，这反映了当时商品交换的程度。新石器时代晚期遗址，如半坡文化遗址出土大量的陶罐；大汶口文化墓葬中发现大量猪头和下颌骨，表明猪和陶器在原始社会后期曾充当货币职能。但众所周知，流通较广的古代实物货币为"贝"。

另一种经常被用作货币的实物是盐。在许多国家，盐都很难获得，故价值较高，自然可将其作为价值标准。马可·波罗记载了13世纪后期的我国四川，盐系低价值货币，而黄金系高价值货币——80桶盐等价于1根金条。

2.贵金属实物货币

充当货币的金属主要是金、银、铜，铁作为货币的情况较少，这是因为铁价值较低，用于交易时过于笨重，而且易锈蚀，不便保存。公元前6世纪，古希腊有使用铁钱的记载，我国五代十国期间也出现了铁钱，宋代四川则专用铁钱。有些地方铁钱、铜钱并用，但流通范围有限。至于金、银、铜作为货币的先后顺序并非简单地、严格地从贱金属向贵金属过渡。在西亚、中东、地中海沿岸等地区，铜作为币材的时间为公元前1000—前800年。但在一些古文明较发达的国家，主要币材是白银，出现时间在公元前1000年前后。金的出现或许更早，但与白银相比，未占主要地位。我国境内出土有波斯、拜占庭等地的金币、银币，银币的数量远远多于金币。自13世纪以来，在西欧，金币逐渐增多，到18—19世纪已占据主要地位。到20世纪初，世界上主要的工业化国家中，币种均已由黄金垄断。以黄金白银作为货币，几乎是所有国家共同的选择。之所以如此，是因为金银具有以下特点：①币值稳定，便于携带；②价值大，易于分割；③不受场景、季节的影响，易于储藏；④具有统一的价值衡量标准。

虽然货币最终固定在金银上，但金属货币最初是以条块形式流通的，这种流通方式给日益扩大的商品交换带来了诸多不便。为了适应经济发展对货币的新要求，国家便把金属块铸成一定的形状并标明面值，于是出现了铸币。所谓铸币，是指由国家统一铸造，具有一定重量和成色，铸成一定形状并标明面值的金属货币，政府根据铸币具有的实际价值标明铸币的面值，并以其信誉作为担保。

最初的铸币都是足值货币，但是铸造质量轻、成色低的货币是古代货币流通中反复发生的事情。由于以下原因，铸币常出现质量和成色不断降低的现象：①有些人常从铸币的边上削刮金属,然后使其进入流通渠道;②正常磨损(随着铸币连续地使用,它必然会不断地磨损);③政府蓄意制造不足值的铸币,以此来搜刮财富。但这些因素并未影响铸币的流通,因为它是建立在政府的信誉和强制力基础上的。

目前,黄金、白银等贵金属作为货币的属性主要表现在价值储藏方面。它们更多地作为一般商品,发挥着一般商品的职能。

(二)代用货币

代用货币是黄金等贵金属的替代品,代表黄金等贵金属发挥货币的职能,其本身的价值低于它作为货币的价值。代用货币的出现是商品交换日益扩大的结果。

由于携带大量的铜币极其不便,在经济高度发达的北宋时期,出现了称为"交子"的纸币,这也是世界上最早的纸币之一。但是与现代意义上的纸币相比,它更像一种汇票。元朝沿用了纸币,并将其视为解决经济困难的绝好方法之一,他们不顾实际的货币流通额和经济水平,超额发行了大量没有保证的纸币,造成了最早的通货膨胀。明朝开国皇帝朱元璋是一位保守的农本主义者,他认为纸币是异族的东西,应加以摒弃。但是明朝也发行了称为"大明宝钞"的纸币,虽然这种纸币在民间很少使用。

这个时期的纸币和现代的货币是不同的。在贵金属货币流通时期,有专门经营货币的行业出现。它们替客户保管金银、鉴别成色、兑换铸币等业务。在替客户保管金银时,须向客户出示相应的保管凭条,这些保管凭条最初只是作为客户取回代管金银的一种书面证明。随着商品交易活动的日益频繁,交易规模的日益扩大,在现实商品交易中,为简化兑换程序,保存金银的客户不再先用保管凭条去取金银,而是直接用保管凭条进行商品、劳务的购买与支付。于是,保管凭条开始在市场上流通,取代金银发挥货币的各种职能。保管凭条就是典型的代用货币。

由此可见,代用货币解决了贵金属数量上的不足。一些国家借助国家权力,以黄金为准备金发行纸币,规定流通中的纸币按一定比例兑换成黄金,如36美元=1盎司黄金等,这些以贵金属为基础发行的纸币都是代用货币。资本主义国家通行的是可兑现的银行券。所谓银行券就是银行信用所衍生的一种信用工具,它是由银行发行的、以信用和黄金作为双重保证的、允诺兑现的银行票据,银行券从性质上看是一种本票。在这个阶段,因为纸币(主要指银行券)是代表黄金流通的,所以各国都规定了银行券的含金量,并可按含金量兑换成金币。因此,一个国家必须储备足量的黄金作为保证,这就使银行券发行量受到限制。所以,代用货币是黄金等贵金属货币的替代品,代表黄金等贵金属发挥货币的职能。代用货币通常由政府和银行发行,其本身价值低于货币价值,是一种不足值货币。但都以十足金银为保证,可分为兑现纸币和不兑现纸币。兑现纸币是可随时向发行银行兑换铸币或金银条块的纸币,其效力与金属货币完全相同,并且具有携带便利、避免磨损和节省金属等优点。不兑现纸币是不能兑换金属铸币或金银条块的纸币,是流通中的货币符号。

(三)信用货币

20世纪30—70年代,由于经济危机频发,纸币的发行逐渐摆脱了黄金货币的束缚,这一时期的纸币虽然规定有含金量,但是不能兑现黄金。在此期间,主要资本主义国家对货币制度进行了重大改革,促进了纸币与黄金的分离。美国在1971年8月15日宣布停止各国中央银行以美元按官方价向美国兑换黄金,于是纸币与黄金的联系就几乎不存在了。

后来，纸币逐渐进入完全独立的阶段。在这个阶段，纸币既不规定法定的含金量也不能兑换黄金，其价值形式也不再用黄金的价值来表示。1973年，美国宣布取消美元含金量并实行浮动汇率制度。随着金本位制的崩溃，代用货币也随之被信用货币所取代。信用货币是目前世界上几乎所有国家普遍采用的货币形态。当政府开始发行没有黄金或任何商品支持的票据时，这些票据被称为"信用货币"。所以，信用货币只是政府通过银行向社会提供的信用流通工具。其自身价值远远低于其货币价值，而且不再代表任何贵金属，不能与金属货币兑换，实际上它只是一种货币价值符号。

货币形式发展到信用货币——纸币与硬币，主要基于两个原因：第一，商品货币尤其是贵金属货币的生产成本高昂，相对而言，纸币或铜币、镍币几乎无生产成本；第二，贵金属的数量不能被轻易改变，而纸币的数量几乎可在一瞬间发生增减。信用货币作为一般交换媒介必须具备两个条件：一是货币发行的立法保障；二是人们对这种货币抱有信心。

信用货币的主要形态有以下六种：

（1）辅币

辅币多以贱金属铸造，本身所含的金属价值低于其货币价值，一般由政府发行，主要作为小额或零星交易的媒介手段。

（2）纸币

纸币一般由一国中央银行发行，主要作为人们日常生活用品的购买手段。

（3）银行存款

存款是存款人对银行的债权。对于银行来说，这种货币是债务货币。银行存款种类很多，主要有活期存款、定期存款、大额存单、结构性存款和其他类型。此外，随着信用的发展，一些小额交易，如顾客对零售商的支付、职工的工资等也广泛使用这类货币。

（4）支票

现代银行的一项重要业务是给工商业者开立支票存款账户。银行给存款人一本有一定格式的纸片（称为支票），这样存款人就可以签发自己的票据了。支票就是存款人正确地填写后，委托银行向持有人支付指定金额的款项，顾客可依据存款向银行签发支付命令，支付货款及其他各种付费，包括履行对国家的财政义务。在交易中用支票比用通货更为方便与安全。此外，用支票支付可提供交易记录，而用通货则不能。通常情况下，人们接受支票方式付款，但法律并不强制人们接受支票作为付款工具。

（5）电子货币

随着电子计算机和通信技术的发展，支付系统目前已部分地实现了向电子货币系统的转换。由于电子货币根本看不到货币的影子，而只是存储于银行电子计算机中的数据，所以也称超物货币。准确地说，电子货币是指电子计算机系统存储和处理的存款，是通过计算机网络系统，以电子信息传递形式实现支付功能的非现金货币。顾客在购物、享受服务或通过网络进行交易时，计算机自动地将交易金额分别计入双方的银行账户。它具有转移迅速、安全和节约费用等优点，是货币形式发展的新趋势。

银行利用计算机进行电子货币支付的方式包括：①利用计算机处理银行之间的货币汇划业务；②银行计算机与其他机构计算机之间资金的汇划；③利用网络终端向客户提供各项服务，如自动柜员机（ATM）；④利用销售点终端（POS机）向客户提供自动扣款服务；⑤电子货币通过公共网络直接进行购物、转账等业务。

（6）虚拟货币

虚拟货币（Virtual Money）是指高科技场景中代替实体货币流通的信息流或数据流。目前虚拟货币主要有以下三类：

①游戏币。游戏币可以在游戏中购买各种公用道具或者特殊道具，如武器、衣物、药物、宠物等，它只是存在于游戏世界中的虚拟数据，仅限于在游戏中交易。与实体货币不同，游戏币不能兑换为现钞，也不能公开拍卖。在某些特殊游戏中，游戏币可作为计分单位，以增加游戏乐趣，是玩家级别的一种体现方式。

②门户网站或者即时通信工具服务商发行的专用货币。门户网站或者即时通信工具服务商发行的专用货币可用于购买本网站内的服务。使用最广泛的当属腾讯公司的Q币，可用来购买会员资格、QQ秀等增值服务。这些虚拟货币与法定货币之间不存在兑换关系，只能在网络社区中获得和使用。

③加密数字货币。加密数字货币是基于互联网点对点技术、加密电子签名和区块链技术，由计算机程序产生、在互联网上发行与流通的虚拟货币，具有去中心化、点对点支付、专属所有权、匿名交易、不会重复支付、没有假币及总量恒定等特征。比特币被视为世界上第一种加密数字货币，也是目前最主要的加密数字货币之一。

三、我国的货币

我国的货币主要经历了从原始的实物货币到贝币，再到铸币、纸币等多个时期。我国最早的货币金属是铜和金。商代墓葬中曾出土了铜铸的贝币。进入周代以后，一直是铜币流通的天下，直至20世纪30年代还有铜圆的流通。春秋时期，黄金已作为货币出现，如子贡"家累千金"，越大夫范"十九年之中三押千金"，这些都说明黄金已作为衡量财富的尺度和一般等价物而出现。春秋时期黄金已出现，但在实际生活中似乎普及程度还不够。此外，春秋时期还出现了铜铸币。战国时期，由于商品经济的发展，货币得到普遍使用，但当时处于金属铸币、贵金属货币和实物货币并用时期。在古籍中已有很多用黄金论价、估价财富、馈赠、赏赐之类的记载，其单位有"斤"或"锭"。此时，除了黄金是各国的通用货币外，铜铸币也是各国民间的通用货币。

最初的铜币形状多种多样，有刀币、布币、蚁鼻钱等。秦始皇统一中国后，下令全国的铜币以秦国的铜钱为标准。由于浇铸铜币使用砂模，铸造好的铜币带有毛边，所以在其中央留有方孔，以便用木棍串联起来打磨修锉。这种特殊的形状使其被赋予很多具有象征性的神秘主义解释，例如有人认为铜币的圆形代表"天"，中央的方孔代表"地"。而且，铜币上面通常镌刻着铸造时的皇帝年号。

白银，在西汉著述中已经出现，但直到宋代才逐渐成为主币，与铜币并行流通。唐朝以后，白银货币逐渐得到广泛流通。虽然国库和官方银库里的白银按照统一的成色与重量铸造成元宝以便存放，但是流通的白银却不是铸币，而是以零碎的块状流通，在市场上使用时要经过计算成色、称量重量这些烦琐的手续。大块的银锭要用夹剪切割，零碎的小块银锭需要在银匠那里重新铸造成更大的银锭。中国不使用白银铸币的原因很多，但是最主要原因是政治的不稳定性，官方无法为发行的银币提供担保，同时由于战乱频繁，民众经常将白银窖藏起来，导致市场流通额不足以支持银本位货币系统。

明朝中后期，白银开始大量流入中国，成为与铜钱一样普遍的金属货币。清朝时期，白银已经成为国家的主要货币单位(两)。清朝末年,墨西哥银元开始在中国大量流通。光绪皇帝在位时,我国开始铸造自己的银币,并设立了户部银行,发行正规的纸币。1935年,中国实行法币制度,正式废除银本位。根据1936年《中美白银协定》,一元法币等于0.265美元。

我国当前的货币主要包括现金和银行存款。现金由硬币和纸币构成,主要用于日常零星交易,是使用最广泛的货币形式。出于历史和结算方式等原因,中国目前的现金数量相对于其他国家要多很多。近年来,随着市场经济的发展,信用卡、商业票据等各种替代现金支付的结算工具快速发展,现金在货币供应量中所占比重正在逐年下降。我国银联是经中国人民银行批准的,由80多家国内金融机构共同发起设立的股份制金融机构。公司于2002年3月26日成立,总部设在上海,注册资金165亿元人民币。银联标识卡是经中国人民银行批准由国内各发卡金融机构发行,采用统一业务规范和技术标准可以跨行、跨地区使用的,带有银联标识的银行卡。

目前,在国内经常使用的信用卡除银联标识卡外,中国银行、中国工商银行和中国建设银行等都与VISA(威士卡)和MasterCard(万事达卡)这两大国际信用卡组织合作,分别推出了带有VISA和MasterCard标识的、全球通用的银行卡。

补充阅读1-2

虚拟货币、电子货币和数字货币

虚拟货币早于互联网诞生,其历史悠久,源远流长。最早的虚拟货币就是饮食店里的筹码,为便于结算,往往会用不同形态的筹码代表可取的面或烧饼。后期发展到赌场里的筹码、电玩场里的游戏币,外形上也开始接近实体货币。到了互联网时代,各种棋牌游戏、电玩游戏里,都直接将游戏筹码设置为更形象的"银子""金币"等虚拟货币名称。它们可以在各自的游戏中购买装备、武器以及一些特权。这些特权还可以在现实中定价售卖成实体货币。

最成功的虚拟货币当属腾讯公司设计推出的Q币,Q币可以与实体人民币1:1单向兑换——人民币换成Q币。一开始Q币只能用于QQ中的会员资格与一些虚拟功能的购买,后来逐渐扩展到QQ生态里的所有游戏。虽然腾讯官方不支持Q币反向兑换成人民币,但在现实里,却有许多人愿意承认Q币的兑换价值,甚至私下里愿意用Q币结算资金往来。

当然,虚拟货币最大的缺点在于它的身份并非法定,其价值也依附于发行它的机构实体而存在。正如前面所说,饮食店歇业、电玩场关门、游戏网站停止运营,那些筹码、游戏币与银子、金币之类的虚拟货币,也都会变得一文不值。

虚拟货币与电子货币的根本区别,就是虚拟货币并不是真的货币,电子货币却是真正的货币。从定义而言,电子货币是对于货币从贵重金属到纸钞之后的再一次介质升级,将纸钞这种实体介质转化为网络传输中的电子数据形式,通过特定的网络银行服务,以电子形式完成货币支付交易。举例来说,不管是各家银行的网银,还是支付宝、微信支付,建设银行的不会叫建设币,支付宝也不会叫支付币,它们转来转去、支来付去的都是"人民币",我们在它们推出的各种App账户里结存的那些数字,都可以在任何一家银行网点完成提现,对应的仍然是现实中的法定货币。正因如此,电子货币是唯一得到各国政府及金融机构认可并背书的。

从表面上看,数字货币与电子货币很相似。但实质上,数字货币的提出,与一项关键性技术——区块链有关。数字货币是基于 P2P 网络、加密、时间戳等多种新兴理念以及技术，采用"去中心化管理"思路，依靠密码技术和校验技术来创建、分发和维持的一种数字式的货币。再直白一点，数字货币的诞生与现实中政府机构发行的法定货币没有任何关系，它通过技术保证了自己可以限量产生、限速产生，并且在交易过程中可以做到安全可靠。最具代表性的数字货币——比特币，诞生之初是凭空产生的，是没有任何贵金属、抵押物、保证物担保的货币。它的价值，就像画家的作品一样，完全取决于大众对它的信用评价、价值认可及未来期望。正因如此，数字货币的兑换价格，可能一飞冲天，也可能一坠入地。

（资料来源：从 Libra 币来谈虚拟货币、电子货币及数字货币等［EB/OL］（2019-06-24）［2022-10-30］. 搜狐网.）

了解了货币的演变历史，大家对货币形式的多种多样有了更深入的理解，即使在现代社会，电话卡、公交卡等也可以具有货币的功能。因此，知道钱、了解钱的演变并不是专家的专利，老百姓可能更需要了解钱，因为老百姓比专家更需要钱。如果连钱是什么都不知道，即使有人把钱送到手里，你也可能拒绝。

从黄金到以黄金为基础的代用币再到完全的信用货币，这是货币进化史上的第一次飞跃；电子货币的出现，是货币进化史上的第二次飞跃。货币形式演变历程中的两次飞跃体现了货币从有形到无形、从国家信用到社会信用的发展。

第二节 货币的本质与职能

一、货币的本质

（一）货币现象：通货、财富、收入

通货是指流通中的纸币与硬币，在我国习惯称为现金；财富是指所有资产；收入是指某段时间内的收益流量。

（二）货币本质

关于货币的本质，在西方货币学说史上曾存在两种不同的观点：一是货币金属论，二是货币名目论。货币金属论者从货币的价值尺度、储藏手段和世界货币的职能出发，认为货币与贵金属等同，货币必须具有金属内容和实质价值，货币的价值取决于贵金属的价值。货币名目论者从货币的流通手段、支付手段等职能出发，否定货币的实质价值，认为货币只是一种符号，一种名目上的存在。货币金属论是货币金、银本位制的产物，随着20世纪初金本位制度的崩溃，其影响力正日益减弱。目前在西方货币学说中，占统治地位的是货币名目论，这从西方经济学教科书对货币的定义中可见一斑。美国著名经济学家米什金在《货币金融学》中将货币定义为："货币或货币供给是任何在商品或劳务的支付或在偿还债务时被普遍接受的东西。"

历史上这两种观点都没有准确地体现货币的本质，都受到货币形式的干扰，并企图从货币的形式出发来定义货币的本质，因而无法给出完整统一的货币定义。事实上，货币就其内在商品价值而言，并不是有或无的选择，而是逐渐量变的过程。电子货币的商品价值几乎为零，纸币接近于零，硬币和铜板的商品价值略高，金银等贵金属货币的商品价值更高。这种量变的过程揭示了不同形式货币本质的统一性，即货币作为契约的产物，它的交换价值是契约约定的，当市场稳定、信任度高时，人们接受纸币等名目货币；当市场不稳定、信任度低时，人们更倾向于接受金属货币。

上述货币本质论是从经济学角度展开的认识，我们还应考虑货币的政治学前提和政治学背景。从政治学角度来说，货币为政权服务，受制于权力。历史常识指出：一个政权的垮台往往伴随其发行货币的失效，一个政权的建立往往伴随其发行货币的成立，一个政权的形象往往伴随其货币的流通。由此可见，货币的本质是主权信用。

如果从文明的角度来定义货币，我们认为，货币是一种固化的物质文明符号，是一种物质文明形象，是一种物质文明要素，与语言、价值观、种族、宗教等构成了这个星球的文明世界。

二、货币的职能

货币的职能是指货币作为一般等价物所发挥的作用和功能，它是货币本质的具体体现。研究货币的职能，是理解货币现象和货币相关问题的着手点。不同学派的经济学家在对货币功能的认识上分歧不大。马克思把货币的职能概括为价值尺度、流通手段、贮藏手段、支付手段和世界货币五种职能。其中，价值尺度和流通手段是货币的两种基本职能，其他三种职能是在商品经济发展中陆续出现的。

（一）价值尺度

价值尺度是指货币作为衡量和表现其他一切商品和劳务价值大小的工具。价值尺度是货币最基本、最重要的职能。作为价值尺度，货币把一切商品的价值表现为同名的量，使它们在质上相同、在量上可以互相比较，从而为商品交换提供必要的前提。货币发挥了价值尺度的职能，减少了商品交换中的价格数目，大大提高了交换效率，最终使商品的内在价值外在地表现为价格。货币执行价值尺度职能时，具有以下几个特点：

1. 不需要是现实的货币

当货币执行价值尺度这一职能时，只需要以想象中的或观念上的形式存在即可。这是因为，此时的货币只是为商品交换做准备，并不是实现商品的价值，所以并不需要掌握现实的货币。

2. 必须具有完全的排他性

在一定的地域范围内，如一个国家，只能存在一种商品充当价值尺度，只有这样才符合货币充当一般等价物的特性，商品的价值才能得到统一的表现。试想，如果一国存在两种商品充当货币，则这两种货币的价值变化必然造成市场价格的混乱。这也是欧元区国家必须放弃本国原有货币的根本原因。

3. 价值尺度职能的技术规定（价格标准）

为了用货币来衡量和比较各种商品的价值，货币自身的量必须能够计量。为此，在技术上就需要规定一种固定的货币计量单位，即价格标准。所谓价格标准，是指人为规定的货币单位名称及所包含（或代表）的价值量。

（二）流通手段

流通手段也称交易媒介，是指货币充当商品交换的中介或媒介的职能。在交易中，人们首先将自己的产品转换成货币，再用货币去换取自己需要的产品，货币成为产品交易的桥梁或中介。货币流通手段的职能就是实现商品和劳务现实的交换。货币执行流通手段职能时，具有以下几个特点：

1. 必须是现实的货币

在几乎所有的经济交易中，货币都以通货或支票的形式充当交易媒介，用来对商品和劳务进行支付。可见，作为交易媒介绝不可能是观念上的货币，必须是实实在在的货币。

2. 不需要是足值的货币，可以是货币符号

货币作为流通手段，其目的不是贮藏，而是购买其他商品。在这里，货币在人们手中只是一个转瞬即逝的东西，它马上又要被别的商品所替代。既然如此，现实流通的货币并不要求一定是黄金、白银等贵金属货币，也可以由包括纸币在内的价值符号所替代，纸币正是基于这种可能性而进入流通领域的。

货币发挥流通手段职能时，改变了过去商品交换的运动方式，也改变了稳定的社会商品交换关系。在货币出现前，商品交换采取物物交换的形式，买的过程同时也是卖的过程，买卖统一；货币出现后，交换过程分裂为两个内部相互联系而外部相互独立的行为，卖和买相分离，即卖的同时可以不买。货币的出现，一方面克服了物物交换所要求的需求和时间双重巧合的困难，提高了交易效率；另一方面也使商品生产者之间的社会联系和商品经济的内在矛盾更加复杂化。因为，商品交换一旦分裂为卖和买两个环节，如果有些人卖了商品不马上买，则另一些人的商品可能就卖不出去，从而引起买卖脱节，使社会分工形成的生产相互依赖的链环随时有中断的可能，甚至会引起经济危机。

（三）储藏手段

储藏手段职能也称价值储藏职能，是指货币暂时退出流通领域处于相对静止状态，而被持有者当作独立的价值形态和社会财富的绝对化身而保存起来时所执行的职能。这一职能是从货币的流通手段职能延伸而来的，马克思把这种现象称为货币的"暂歇"，现代西方经济学家则称为"购买力的暂栖处"。货币具有这一职能是因为，在人们的售卖行为和购买行为之间，或者说在人们获得收入与支出之间，一般是存在时间间隔的，在这段时间内，货币就作为价值贮藏手段而存在。货币执行贮藏手段职能时，必须满足以下两个条件。

1. 货币的价值或购买力稳定

金属货币以其十足的内在价值成为金属货币制度下人们价值贮藏的主要形式。金属货币发挥了贮藏手段的职能，客观上起到了调节货币流通的作用，使流通中的货币量和商品

流通的需要量相适应。在信用货币制度下的纸币能否充当贮藏手段，关键在于它的币值是否稳定。

2. 货币必须退出流通领域，处于静止状态

金属货币往往以"窖藏"的形式退出流通领域。在现代不兑现信用货币制度下，从持币人角度看，货币退出流通领域主要有两种形式。一是持币人以存款形式将信用货币存入银行。这种形式，从持币人的角度看，货币退出了流通领域，但从整个流通过程看，货币并没有退出流通领域，因为银行会在吸收存款以后，将存款以贷款方式贷放出去，使货币重新回到流通领域，所以企业存款和居民储蓄并没有起到货币贮藏作用。二是持币人将信用货币保存起来，超过一年不动用，使信用货币处于暂歇状态，可称为货币沉淀。现实中，由于纸币本身没有多大价值，所代表的价值又不稳定，窖藏纸币毫无经济意义，所以这种货币储藏所占比例很小。因此，在信用货币制度下，储藏货币的"蓄水池"功能丧失殆尽。

由于货币是价值的代表，储藏货币就是储存财富，更重要的是储存购买力。因此，货币储藏有两个目的：一是储存财富；二是储存购买力。凡是货币，无论是足值的贵金属货币还是不足值的纸币，都具有价值贮藏的功能，但前者更多的是储存财富，后者更多的是储存购买力。

(四)支付手段

所谓支付手段，是指在以延期付款形式买卖商品的情况下，货币作为独立的价值形式单方面运动时所执行的职能。支付手段的职能产生于赊买赊卖的商品交换中，是与商业信用联系在一起的。由于一些商品生产过程的季节性和地域上的差别，在客观上使商品的出售与商品价值的实现在时间上分离，从而出现了延期付款的现象。当货币用来偿还赊买商品的货款时，它已不再作为交易媒介，而是充当支付手段发挥作用。因此，商业信用是货币执行支付手段职能的前提条件。货币执行支付手段职能时，具有以下几个特点。

1. 货币作为价值独立存在，单方面进行转移

货币在执行支付手段职能时，商品和货币不再同时出现在交换过程的两端上，货币作为价值独立存在，单方面发生转移；而货币作为交易媒介时是货币和商品的双向运动，一手交钱，一手交货。

2. 作为支付手段的货币不是交换的媒介物

作为支付手段的货币，虽然仍反映交易双方的买卖经济关系，但更多地反映了交易双方之间的债权债务关系，即信用关系，这时，作为支付手段的货币不是交换的媒介物。

3. 促进商品交换活动

货币作为支付手段使商品生产者的活动余地更大，它可以先买后卖，即购买他人的商品(以信用方式)可以先于售卖自己的商品；但货币作为交易媒介时只能先卖后买，即先行出售自己的商品换得货币，然后再购买他人的商品。

4. 潜藏着使社会再生产过程发生中断的可能性

货币执行支付手段职能时，潜藏着使社会再生产过程发生中断的可能性。在正常情况下，企业间由于信用方式而引起的大部分支付是可以相互抵消的。在这里，货币并不是现

实的，而是观念上的，以价值尺度和计量货币的资格出现。然而，不能以相互抵消方式偿还的那部分支付，必须以货币形态进行实际支付，这种从观念货币到现实货币的转化，并不是任何时候都能顺利进行的。当商品生产者没有按照自己预估的价值出售商品，甚至商品滞销时，商品生产者就无力支付，于是债务链条的一个环节脱节，从而引起整个链条的中断，使正常的经济运行受到干扰。

（五）世界货币

所谓世界货币，是指随着国际贸易的发展，货币超越国界，在世界市场上发挥一般等价物的作用时所执行的职能。当经济活动局限在一国之内时，每一个经济主体持有该国发行的货币即可。但是当经济活动不再局限于一国，出现跨国贸易和结算时，不同国家的经济主体需要一个被共同接受的货币，该货币就是世界货币。

当前的世界货币是信用货币，执行世界货币职能的货币以美元为代表。在世界经济运行中，美元可以自由兑换成其他国家的货币。在世界贸易中，大多数国家以美元为清偿手段。在国与国之间，美元具有普遍接受性，发挥着价值尺度、流通手段等职能。此外，还有欧元、英镑、日元和特别提款权等发挥着世界货币的职能。

黄金在历史上曾发挥过世界货币的作用，在国与国之间执行货币的各种职能。但目前，黄金只是一般的商品，偶尔在国与国之间作为最后的清偿支付手段。

货币的以上五种职能有机地联系在一起，集中体现了货币作为一般等价物的本质。一般等价物区别于普通商品的两个基本特点：货币能表现一切商品的价值，具有和一切商品直接交换的能力。正因为货币能表现一切商品的价值，因此它具有价值尺度职能；正因为货币能与一切商品相交换，因此它具有流通手段职能。所以，价值尺度和流通手段是货币最初始的两个基本职能。货币的这两个基本职能进一步发展，才出现贮藏手段职能。支付手段职能既与货币的两个基本职能有密切的关系，又以贮藏手段职能为前提。世界货币职能是货币前四种职能的继续和延伸。总之，货币五大职能是货币本质的具体体现，是随着商品流通及其内在矛盾的发展逐渐发展起来的。

三、货币层次的划分

（一）货币的流动性

把货币看成是一种资产，货币的流动性是指货币能迅速转换成现实购买力而不发生损失的能力，也称变现力，反映了一种投资的时间尺度（卖出它所需多长时间）和价格尺度（与公平市场价格相比的折扣）之间的关系。货币的流动性越强，变现能力越强，越容易被人们普遍接受。

现实社会中的货币，不仅包括流通中的纸币、硬币和辅币，还包括银行存款、有价证券等。不同形态的货币流动性是不同的，所以各个国家按照货币的流动性，将其划分为不同的层次，用 M_0、M_1、M_2、M_3 来反映货币供应量，这是反映货币流动性的重要经济指标。不同国家对货币层次的划分有所区别，一般来说，M_0 的流动性最强，M_1 次之，以此类推。

（二）国际货币层次的划分

一般来说，西方经济学家根据货币的变现能力将其划分为四个层次。而国际货币基金组织则在 2000 年《货币与金融统计手册》中取消了对货币和货币分层的定义，此后由从属于广义货币的金融资产、货币持有部门和货币发行部门来定义货币，并将货币划分为以下三个层次：

$$M_0 = 现金（流通于居民手中的现金和企业单位的备用金）$$
$$M_1（狭义货币）= M_0 + 活期存款 + 邮政汇划资金 + 国库接受的私人活期存款$$
$$M_2（广义货币）= M_1 + 准货币$$

准货币包括储蓄存款、定期存款、外币存款、各种通知放款及各种短期信用工具，例如政府短期债券、银行承兑汇票。

（三）我国货币层次的划分

1994 年，中国人民银行印发《中国人民银行货币供应量统计和公布暂行办法》，正式推出了货币供应量统计监测指标并定期公布，根据国际通用原则，以货币流动性差别作为划分各层次货币供应量的标准，并结合我国实际情况，将我国货币供应量划分为 M_0、M_1、M_2、M_3 四个层次。经过数次修改，目前各层次货币的内容如下：

$$M_0 = 流通中的现金$$
$$M_1 = M_0 + 活期存款$$
$$M_2 = M_1 + 准货币（包括定期存款、储蓄存款、债券公司的客户保证金、其他存款）$$
$$M_3 = M_2 + 金融债券 + 商业票据 + 大额可转让定期存单等$$

M_0 主要包括流通中的现金，是指中央银行资产负债表中的货币发行减去其他存款性公司资产负债表中的库存现金，包括境外流通的人民币。随着中国国际地位的提升、人民币国际化进程的推进、人民币贸易与投资的增加，境外人民币占比会逐渐提高。M_0 在银行体系以外流通，与消费变动密切相关，它构成对消费品的直接需求，是一种即期需求，是反映消费品市场当期供求状况的重要指标，是最活跃的货币，流动性最强。随着我国经济实力的增强、对外投资活动的日趋活跃，M_0 中境外人民币流通量的占比会不断提升。

M_1 是狭义货币供应量，它反映了居民和企业资金松紧变化，构成对消费品和投资品的直接需求，是反映消费品和投资品市场当期供求状况的重要指标，是经济周期波动的先行指标。随着银行卡功能的不断完善，个人的银行卡活期储蓄支付金额越来越多、用途越来越广，接近于现金的流动性。但是，居民储蓄存款并不包括在活期存款中，这一成分目前计入 M_2。

M_2 是广义货币供应量，是目前使用最为广泛的货币统计指标，通常所说的货币供应量就是指 M_2。

M_2 与 M_1 的差额属于准货币。准货币包括单位定期存款、居民储蓄存款、债券公司的客户保证金、财政金库存款及其他存款，又叫亚货币或近似货币，是一种以货币计值，虽不直接用于流通，但可随时转化为现实的货币，故对货币流通有很大影响。

M_3 是考虑到金融不断创新的现状而增设的，国家只进行测算，但不对外公布相关数据。

（四）货币层次划分的经济含义

中国人民银行每月定期公布 M_1 和 M_2 数据，那么 M_1、M_2 和我们的生活与投资有什么关系呢?

随着我国经济的发展和生活水平的提高,居民对现金的持有量不断增加,2020 年 5 月流通中的现金达到 79 706.83 亿元。得益于非现金结算的广泛发展以及近期崛起的第三方支付平台,经济主体无须持有过多的现金即可完成交易,M_0 在 M_1 中所占比重逐步下降,如图 1-1 所示,从 2000 年的 27.57% 下降到 2020 年 5 月的 13.72%。得益于第三方支付平台的迅猛发展,自 2016 年起所占比重稳定在 13% 左右。

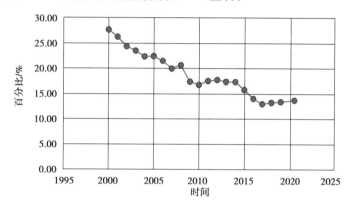

图 1-1 M_0 在 M_1 中所占比重逐年下降示意图

如果 M_1 增长速度过快,当 M_1 高 M_2 低时,说明企业活期存款多,投资意愿强烈,投资者信心增强,消费和终端市场活跃,股市和房地产市场有可能上涨;反之,M_1 减少,股市和房地产市场有可能下跌。我国股票市场与 M_1 的走势变化基本上是同步的,呈明显的正相关关系。因此,我们常说,股市和房地产市场具有经济晴雨表功能,对货币变化具有放大效应。

当 M_2 过高、M_1 过低时,说明实体经济中有利可图的投资机会在减少,资金不愿进入实体循环,而是堆积在金融体系内,活期存款大量转变为较高利息的定期存款,货币构成中流动性较强的部分转变为流动性较弱的部分,继而会影响实业投资和经济增长。

如图 1-2 所示,我国从 2000 年开始,M_0、M_1、M_2 都在逐年增长,M_2 增长较快,近年 M_2 增长较快,M_0 趋缓。

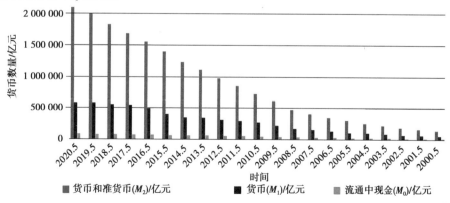

图 1-2 中国货币层次供给情况

综上所述,M_1 代表流动性强的资产,主要反映经济中的现实购买力,随时可以消费。M_2 包括居民储蓄和企业定期存款,不可随时提取出来,代表的是未来潜在的购买力。

补充阅读 1-3

中国与其他国家货币层次划分的差异

货币层次的划分不是从来就有的，部分发达国家从 20 世纪 60 年代起开始划分货币层次。划分目的主要是便于中央银行控制货币供给。

1. 美国

目前，美国对货币层次的划分大致如下：

$$M_1 = 通货 + 活期存款 + 其他支票存款$$

$$M_2 = M_1 + 小额定期存款 + 储蓄存款 + 货币市场存款账户 +$$
$$货币市场基金份额（非机构所有）+ 隔日回购协议 +$$
$$隔日欧洲美元 + 合并调整$$

$$M_3 = M_2 + 大面额定期存款 + 货币市场基金份额（机构所有）+$$
$$定期回购协议 + 定期欧洲美元 + 合并调整$$

$$L = M_3 + 短期财政部证券 + 商业票据 + 储蓄债券 + 银行承兑票据$$

2. 欧盟

欧盟在货币层次划分方面，相对于美国有很大的差别。欧洲中央银行将货币分为狭义货币、中间货币和广义货币三个层次，具体划分如下：

狭义货币：

$$M_1 = 流通中的现金 + 隔夜存款$$

中间货币：

$$M_2 = M_1 + 期限为两年以下的定期存款 + 通知期限为三个月以内的通知存款$$

广义货币：

$$M_3 = M_2 + 回购协议 + 货币市场基金（MMF）+ 货币市场票据 + 期限为两年以内的债券$$

3. 日本

日本现行的货币层次划分如下：

$$M_1 = 现金 + 活期存款$$

$$M_2 + CD（大面额可转让定期存单）= M_1 + 准货币 + 可转让存单$$

$$M_3 + CD = M_2 + CD + 邮政、农协、渔协、信用合作和劳动金库的存款以及$$
$$货币信托和贷方信托存款$$

此外，还有广义流动性等于"$M_3 + CD$"加回购协议债券、金融债券、国家债券、投资信托和外国债券。

由此可见，各国在货币层次的划分上不尽相同。各国中央银行的调控能力存在较大差异，所以各自观察和控制重点也不完全一致。与其他国家相比，中国在货币层次划分上最大的区别是把流通中的现金单独列为一个层次，原因在于我国的信用制度不够发达，现金在狭义货币供应量 M_1 中占比较高，流通中的现金的数量对我国消费品市场和零售物价的影响很大，现金的过度发行会造成物价上涨。

第三节　货币制度

一、货币制度及其构成

（一）货币制度

从有文字记载的历史以来，各个国家在货币问题方面都制定了种种法令。这些法令反映了国家在不同程度、不同角度对货币所进行的控制，其意图是建立能够符合自己政策目标，并可能由自己操纵的货币制度（Monetary System）。

一般来说，有秩序的、稳定的，能为发展经济提供有利客观条件的货币制度，是各国政府共同追求的目标。但没落的王朝在非常时期操纵货币制度，则往往是为了搜刮国民财富，弥补财政亏空。最近半个多世纪，控制货币制度日益成为一国建立宏观调控系统的重要内容，以便有效地利用货币来实现经济发展的目标。

所谓货币制度，是一个国家以法律形式确定的货币流通准则和规范。货币制度是货币运动的规范和准则。从规范化角度来看，典型的货币制度主要包括货币材料，货币单位，通货的铸造、发行和流通程序，以及准备金制度等内容。

货币制度的一些要素在前资本主义社会就陆续产生了，但是系统的货币制度是在资本主义经济制度产生之后形成的。资本主义经济制度的核心是统一的市场，这就需要有统一、稳定和规范的货币流通制度。为了改变当时货币流通的紊乱状况，各国政府先后以法令或条例的形式对货币流通作出种种规定。这些规定主要包括以下三个方面的内容：一是建立以中央银行为唯一发行机构的统一和集中的货币发行体系，垄断货币发行；二是就相对稳定的货币单位做出相应的规定，以保证货币制度的稳定；三是就贵金属充当币材并能自发调节流通中的货币量作出规定。西方国家在资本主义上升时期，为解决货币流通混乱的问题，将已颁布的本位货币金属、货币单位、货币铸造与发行和流通程序、发行准备等法令和条例集中起来制度化的过程，就是资本主义货币制度的形成过程。

（二）货币制度的构成要素

从最广泛的意义上讲，货币制度就是确定货币体系特定的制度结构。这种制度需回答以下问题：什么可以充当货币？什么机构铸造或发行货币？什么决定货币的价值？货币是由一种或多种商品定义的吗？货币与一种或多种商品可以兑换吗？或者法定不兑现纸币的价值是否来自被控制的货币稀缺性？如果是这样，那么什么样的当局来管理货币数量，以及使用何种工具、在何种法规的指导下进行管理呢？如果公众是理性的，他们对货币制度的施行应抱何种期望呢？尤其是对当局的货币政策应抱何种期望呢？

货币制度自国家干预货币流通以后就开始形成。较为完善的货币制度是随着资本主义经济制度的建立而逐步确立的。货币制度的基本内容包括四个方面：

1. 规定货币单位

货币单位是指货币制度中规定的货币计量单位。货币单位的规定主要有两个方面：一是规定货币单位的名称，按国际惯例，一国货币单位的名称，往往就是该国货币的名称，如美元、英镑、日元等；二是确定货币单位的"值"。在金属货币条件下，货币的值就是每一货币单位所包含的货币金属重量和成色。在不兑现的信用货币尚未完全脱离金属货币制度时，确定货币单位的值主要是确定货币单位的含金量。当黄金非货币化后则主要表现为确定或维持本国货币与他国货币或世界主要货币的比价，即汇率。

2. 确定货币材料

货币材料简称"币材"，是指用来充当货币的物质。确定不同的货币材料，就构成不同的货币本位，如果用黄金充当货币材料，就构成金本位，用白银充当货币材料，就构成银本位。确定以哪一种物质作为币材，是一国建立货币制度的首要步骤。究竟选择哪一种币材，虽然由国家确定，但这种选择受客观经济条件的制约，往往只是对已经形成的客观现实从法律上加以肯定。国家不能任意指定某种物质作为货币材料。

3. 规定各种通货的铸造、发行和流通程序

一个国家的通货，通常包括主币(本位币)和辅币两部分。它们有不同的铸造、发行和流通程序。

(1)主币

在金属货币制度条件下，主币也称本位币，是一国计价、结算唯一合法的货币单位。本位币是国家法律规定的标准货币。金属本位币是用一定货币金属按照国家规定的货币单位铸造的铸币。起初，铸币在民间铸造，其信誉和流通范围受到一定限制，后来逐步改由国家铸造，国家铸造的货币规定一定形状、一定重量和成色，并镂刻印记，能够起到稳定价值尺度、统一流通手段的作用。

金属本位币在流通上具有三大特征：①自由铸造，即每个公民都有权利将货币金属送到造币厂铸成本位币。②无限法偿，即国家规定本位币拥有无限制的支付能力，不论每次支付的数量多么巨大，如果用本位币支付偿债，商品出卖者和债权人都不能拒绝接受或要求改用其他货币。③规定磨损公差。出于技术原因，有时铸币的实际重量与法定标准不符或在流通中因逐渐磨损致使重量减轻，为了避免因此导致的本位币贬值，货币制度规定了每枚铸币实际重量不足法定重量的限度，称为磨损公差。超过磨损公差的铸币不能流通使用。

(2)辅币

辅币是本位币货币单位以下的小面额货币，是本位币不可缺少的一部分。辅币是本位币的等分，供日常零星交易与找零之用，其面值多为本位币的1/10或1/100。

辅币的铸造、发行和流通程序具有四大特征：①辅币用贱金属铸造，其名义价值高于实际价值，是不足值的货币。②辅币可以与本位币自由兑换。法律规定，辅币可以按固定比例与本位币自由兑换，目的是保证辅币按名目价值进行流通。③辅币铸造实行数量限制，且辅币铸造权由国家垄断。辅币因名义价值高于实际价值，从而为其铸造带来利益，辅币铸造权由国家垄断，其收入归国家。同时，国家管控其铸造数量，以防不足值的辅币充斥流通流域，影响主币。④辅币是有限法偿货币，即在支付行为中，一次使用的辅币数量有一定限额，如超过限额，收款人可以拒绝接受。

银行券和纸币是贵金属储量以及相应的金银货币不能满足商品经济发展的扩大需求而应运而生的产物。银行券是由银行发行、以商业信用为基础的信用货币。早期银行券流通的前提和背景是持券人可随时向发行银行兑换金属货币。经历 1929—1933 年世界范围的经济危机之后，西方各国中央银行发行的银行券停止兑现，其流通已不再依靠银行信用，而是依靠国家政权的强制力量，从而使银行券转化为纸币。

4. 规定准备金制度

规定准备金制度是为约束货币发行规模、维护货币信用而制定的，要求货币发行者在发行货币时必须以某种金属或资产作为发行准备的规章制度。货币发行准备一般包括现金准备和保证准备两大类。

现金准备是指集中于中央银行或国库的贵金属，它是一国货币稳定的基础。在金本位制度下，现金准备的用途有三个：①作为国际支付的准备金；②作为调节国内金属货币流通的准备金；③作为支付存款和兑换银行券的准备金。在当代信用货币流通条件下，只有第一项用途还存在，后两项用途已不复存在，但现金准备对核定国内货币流通的作用仍很重要。当今各国中央银行为了保证有充足的国际支付手段，除了持有黄金之外，还可以选择储备外汇资产。由于面临汇率风险，中央银行的外汇储备往往是外汇资产组合而不是单一的外汇资产。

保证准备也称信用担保，即以政府债券、财政短期票据、短期商业票据及其他具有高度变现能力的资产作为发行担保。

现代纸币本位制的货币发行主要以保证准备及外汇储备作为货币的发行保证，黄金实际上已经成为一种普通商品在市场上流通。世界各国货币发行制度的趋势是由可兑现金银向不可兑现金银、由现金准备向保证准备、由保证准备发行向货币供应量的管理与控制逐渐过渡。

补充阅读 1-4

英国以前的主、辅币之间的比例关系与改革

英国货币的主币是英镑，辅币原有先令和便士两种。这些货币起源很早，在盎格鲁撒克逊人移入英国之后，起初尚流通罗马式铜币，后来铸造自己的货币，并先后出现了便士、先令和英镑等货币单位名称。当时的金币除英镑外还曾有尤奈特（unite）和几尼（guinea），后两者早已成为历史陈迹，而英镑则一直使用到现在。先令始见于 17 世纪的苏格兰，后来亨利七世也发行，一直是一种银币，到 1946 年才改用铜镍合金铸造。便士最初也是一种银币，到 18 世纪后，除在教会濯足节时由王室作救济金分发一种特铸的便士银币外，已改用铜或青铜铸造。

英国这几种货币单位之间的比价，长期以来一直是 1 英镑 = 20 先令，1 先令 = 12 便士，即 1 英镑 = 240 便士。1971 年 2 月 15 日，英国政府宣布了一项关于货币的重大改革，规定 1 英镑 = 100 便士。至此，几百年来沿用的先令这一货币单位就随着这次改革退出了历史舞台。

英国 1971 年的货币改革，是将原来的"三进制"改为"二进制"，实行国际通用的百位进制关系，取消了"先令"这一中间环节，简化了辅币的进位层次。

二、货币制度的演变

货币制度历史上存在的两大类型——金属货币制度和不兑换信用货币制度。根据历史演进的逻辑，人类历史上金属货币制度占主要统治地位，有几千年的历史，当然，金属货币制度也有其漫长的演进史，而不兑换货币制度除中国和法国历史上有过短暂的使用历史外，主要是 20 世纪以来才在各国广泛使用。目前，世界上主要国家都使用后者。

从历史上看，不论从世界各国，或者从人类社会早期的货币制度看，都较为杂乱，一般而言，各国民族国家形成之前，币制杂乱是必然的，因为民族市场形成之前，落后、割裂的自然经济形态决定了当时货币制度的散乱和不统一。16 世纪以后，随着资产阶级国家政权和资本主义制度的确立，国家货币制度才逐步完善并相对规范统一。16 世纪以后至今，国家货币制度的演变经历了从金属货币制度发展为不兑现的信用货币制度的过程，演变的基本形式可概括为：银本位制—金银复位制—金本位制—不兑现的信用货币制度。

16 世纪以后国家货币制度发生了数次大的变化，这些变化轨迹如图 1-3 所示。

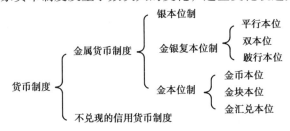

图 1-3　国家货币制度变化轨迹示意图

(一)银本位制

银本位制是较早的金属货币制度，主要内容包括：白银为本位币币材，享有无限法偿能力、按实际价值流通、自由铸造和熔化、自由输入和输出等。

银本位制有银两本位制和银币本位制两种类型。银两本位制是实行银块流通的货币制度，以白银的重量单位——两作为价格标准；银币本位制是实行银铸币流通的货币制度。

银本位制盛行于 16 世纪，至 19 世纪末期被大部分国家放弃。我国用白银作为货币的时间很长，唐宋时期白银已普遍流通，金、元、明时期确立了银两制度，白银是法定主币。

19 世纪后期，世界上其他国家相继放弃了银本位制，放弃原因有二：一是金贵银贱，金银比价差距越来越大，造成实行银本位制的国家货币对外贬值，影响了国际收支平衡以及国内经济发展与物价稳定；二是世界上白银产量猛增，银的价值含量持续走低，已不能满足越来越频繁的大宗交易的需要，资本主义商品经济迅速发展，要求用价值更高的黄金加入流通。由于大宗交易逐渐改用黄金计价、结算，于是，银本位制就逐渐过渡到金银复本位制。

(二)金银复本位制

金银复本位制是金、银两种铸币同时作为本位币的货币制度。在这种货币制度下，金银是货币金属，均可自由铸造和熔化，两种货币自由兑换、无限法偿，可以自由输出输入。金银复本位制是资本主义发展初期最典型的货币制度，1663年由英国开始实行，随后欧洲各主要国家纷纷采用。这种货币制度又可分为平行本位制、双本位制和跛行本位制三种类型。

1. 平行本位制

平行本位制是金银两种本位币按其所含金属的实际价值流通，国家对两种货币的交换不加规定，而由市场上金银的实际比价自由确定金币和银币比价的货币制度。如金银的市场比价波动，金银币的兑换比率也会随之变动，从而以两种铸币表示的价格也会发生波动，这样会使两种货币都不能很好地发挥价值尺度的作用，造成交易的混乱。于是一些国家就用法律规定了金币和银币的兑换比率，这就形成了双本位制。

2. 双本位制

双本位制是金银币按法定比价同时流通的货币制度。在这种货币制度下，生金银的市场价格大幅波动，会出现生金银市场比价与金银币的兑换比率相背离的情况，结果就会出现"劣币驱逐良币"的现象。在流通中，实际价值高于名义价值的良币会被人们收藏起来退出流通，而实际价值低于名义价值的劣币会充斥市场。这种现象被称为"劣币驱逐良币"规律，也称格雷欣法则。银贱则银币充斥市场，金贱则金币充斥市场，这必然造成货币流通的混乱。因此，在双本位制下，虽然法律规定两种铸币可以同时流通，但是实际上，在某一时段内只有一种金属货币流通，这样货币制度又演变为跛行本位制。

补充阅读 1-5

劣币驱逐良币规律——格雷欣法则

400多年前，英国经济学家格雷欣发现了一个有趣现象，两种实际价值不同而名义价值相同的货币同时流通时，实际价值较高的货币，即良币，必然退出流通——它们被收藏、熔化或被输出国外；实际价值较低的货币，即劣币，则充斥市场。人们称之为格雷欣法则，也称劣币驱逐良币规律。

在中国，早在公元前2世纪，西汉的贾谊曾指出"奸钱日繁，正钱日亡"的事实，这里"奸钱"是指劣币，"正钱"是指良币。

格雷欣法则是一条经济法则，是指在双本位货币制度的情况下，两种货币同时流通时，如果其中之一发生贬值，其实际价值相对低于另一种货币的价值，实际价值高于法定价值的"良币"将被普遍收藏起来，逐步从市场上消失，最终被驱逐出流通领域，实际价值低于法定价值的"劣币"将在市场上泛滥成灾，导致货币流通不稳定。图1-4表明在双本位制下，格雷欣法则的运行机制。

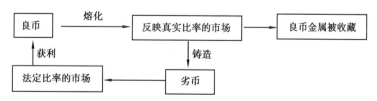

图1-4 双本位制下格雷欣法则运行机制示意图

3. 跛行本位制

所谓跛行本位制是指国家虽然规定金银币都是本位币，可以同时流通，但又规定金币可以自由铸造，而银币不能自由铸造，金币和银币按固定的兑换比率流通。限制银币自由铸造，目的是避免劣币驱逐良币的情况发生。在这种货币制度下，银币不能以本身的价值流通，而只能以金币的价值符号流通，银币实际上只起辅币作用，真正的本位币只有金币。严格地说，这种货币制度已不是复本位制，而是一种由复本位制向金本位制过渡的货币制度。

复本位制是一种不稳定的货币制度，货币本身具有排他性、独占性，而法律却规定金银均为本位币，因此，复本位制的最大缺点是采用此制的国家的金银铸币之间的铸造比率必须与其作为金属的价值的比率经常一致。但这两种金属的价格随金银市场比价的不断变化而变动，很容易引起价格的混乱，给商品流通带来许多困难。

(三)金本位制

金本位制就是以黄金为本位币的货币制度。在金本位制下，每单位的货币价值等同于若干重量的黄金(即货币含金量)；当不同国家使用金本位时，国家之间的汇率由各自货币的含金量之比——金平价来决定。金本位制于19世纪中期开始盛行。在历史上，曾有过三种形式的金本位制：金币本位制、金块本位制、金汇兑本位制。其中，金币本位制是最典型的形式。

1. 金币本位制

金币本位制就是以金币作为本位币流通的货币制度。这是金本位货币制度的最早形式，也称古典的或纯粹的金本位制，盛行于1880—1914年。

这种货币制度以黄金作为本位币的币材，是一种非常稳定的货币制度，其稳定是由所谓的"三大自由"保证的：为了保证主币按实际价值流通，规定金币可以自由铸造、无限发行；为了保证各种价值符号稳定地代表黄金流通，规定辅币和银行券还可按其面额自由地兑换黄金；为了保证货币的对外价值稳定，规定黄金可以自由地输出输入。正是这"三大自由"，保证了金币本位制具有自发调节货币流通、稳定物价和平衡国际收支的能力。

金币本位制是一种比较稳定的货币制度，资本主义国家第一次、第二次产业革命的全盛时代就发生在金币本位制时期，金币本位制对资本主义的发展起了重要的促进作用。金币本位制最早于1821年在英国开始实行，后来，德国、法国、比利时、意大利、美国等国相继采用，直到1914年第一次世界大战爆发时终结，前后盛行达100年之久。终结原因主要是资本主义国家为战争和弥补财政赤字大量发行银行券和纸币，造成通货膨胀，破坏了金币本位制的信用基础。战后各资本主义国家曾试图恢复金币本位制，使通货稳定，但是由于资本主义各国黄金存量分配不平衡的矛盾未能得到解决，大部分国家都面临币材不足的困难，所以各国都未能恢复战前那种典型的金币本位制，而采用了金块本位制和金汇兑本位制这两种变通形式。

2. 金块本位制

金块本位制也称生金本位制，主要特点是：①黄金并不参加货币流通，流通的是可以兑换黄金块的纸币，纸币有规定的含金量；②货币当局按固定价格收购黄金，作为储备，金价无下跌的可能性；③货币当局虽然也对民众出售黄金，但仅限于某一最少数量。如英国 1925 年规定，银行券与金块一次兑换数量不少于 1 700 英镑；法国规定法郎与金块一次兑换至少须 215 000 法郎。所以，金块本位制也称"富人的本位制"。这种兑换能力显然不是一般民众所具备的。

第一次世界大战后，各国力图恢复因战争破坏的金币本位制。但由于全世界黄金存量分布极不平衡，因此许多缺乏黄金储备的国家退而求其次，建立金块本位制或金汇兑本位制。另外，战后各国民众对战时通货膨胀心有余悸，如果实行金币本位制，则黄金极有可能被民众大量窖藏，因此，采取金块本位制，既可节省流通费用，又可解决黄金匮乏之虞。

3. 金汇兑本位制

金汇兑本位制也称虚金本位制，有些国家虽欲采取金币或金块本位制，但苦于缺乏足够的黄金。若该国将本国的货币单位与黄金固定联系，但不直接兑换黄金，而是可以直接兑换成某种可以兑换黄金的外国货币，然后以该国货币再兑换该国黄金，这种制度就称金汇兑本位制。具体地讲，它具有以下内容：①规定纸币含金量，但不铸造金币，也不直接兑换黄金；②确定本国货币单位与另一国家的货币单位的固定比价，该国实行金币本位或金块本位制，且经济发达。实行金汇兑制国家在所依附国的金融中心存储黄金和外汇，通过无限制买卖外汇，维持本国币值稳定。第一次世界大战后，德、意、奥等 30 个国家和地区采取这种制度。第二次世界大战结束以后，以美元为中心的布雷顿森林体系属于国际范围内的金汇兑本位制。

（四）不兑现的货币制度

不兑现货币制度实际上就是不兑换信用货币制度，是指 20 世纪 30 年代经济大萧条后，随着金本位制的崩溃而建立的现代货币制度。需要说明一点的是，现代纸币制度不能称为"纸币本位"制度。货币本位是指用法律规定货币单位与某一特定商品保持固定关系，一般而言，所谓特定商品指贵金属金、银；保持固定关系就是规定货币单位的含金量。

不兑换信用货币制度具有以下四个特征：

①在此制度下各国主要货币为中央银行发行的纸质信用货币，是国家强制流通的价值符号，具有无限法偿资格。纸币本身没有价值，它代替金、银币执行货币职能。

②纸币不与任何金属保持固定联系。不能与任何金属币兑换，且其发行不以金、银为保证，也不受金、银数量的限制。它主要由现金和银行存款构成。现金体现着中央银行对持有者的负债，银行存款体现着存款货币银行对存款人的负债，这些货币无不体现着信用关系，因此都是信用货币。

③现代不兑换信用货币主要是通过信用程序发行的，也就是说，现实中的货币都是通过金融机构的业务投入到流通中的。无论是现金还是存款货币，主要是通过金融机构存款的存取、银行贷款的发放等信贷业务进入流通的，还有一部分是通过中央银行黄金外汇的买卖、有价证券的买卖进入流通领域。在不兑换信用货币流通的早期，主要是通过信贷程序进入流通的。这与金属货币通过自由铸造进入流通已有本质区别。同时，我们还发现纸币与信用货币在发行程序上没有区别。

④不兑换信用货币的发行是根据经济发展的客观需要发行的。中央银行通过货币政策

工具来扩张和收缩信用，控制货币供应量，保持货币流通的稳定，并且通过对外汇的管理，保持汇率的稳定。可见，国家对信用货币的管理调控成为经济正常发展的必要条件。

事实上，不兑换纸币制度在历史上曾存在过。中国古代自宋代以后，实行过不兑换纸币制度，特别是元代基本上实行不兑换纸币制度，马可·波罗曾认为这是一种神奇的聚财方法。至于世界近代史上战争期间，以及金融危机期间，各国均曾实行过不兑换纸币制度。成熟的不兑换纸币制度只是在本位货币制度崩溃之后出现的。

纸币制度是货币发展的一个高级阶段，它克服了金属本位制度的缺点：①它克服了金属本位制下货币的扩张受金属供给数量限制的缺点，使货币供给可以根据经济生活的客观需要而发行或回笼，灵活地调整货币供应量。②在不兑换纸币制度下，由于对外汇的管制，外汇管理机构随时可以根据国家的国际收支状况，对汇率做出有利于国际收支平衡的调整。③纸币本身造价低廉，且携带方便，可以节省流通费用，让金银等贵金属更多地使用于非货币用途，以利工业的发展。

不兑换信用货币制度虽然克服了金属货币本位制度的缺点，但它自身也具有一些难以克服的缺点：①由于纸币发行不受金、银准备的限制，其供应弹性容易造成信用膨胀和通货膨胀。第二次世界大战后，世界各国均受到通货膨胀的困扰。②由于人为调整汇率，难免受各国地方保护主义的影响，虽然对一国国际收支有利，但极有可能导致国际贸易与国际金融业的不安和混乱。③现在不兑换纸币制度下通货的供给需要高度灵巧的机构加以操作、控制，客观上要求加强中央银行的地位。因此，一国的中央银行能否有效地利用调控工具，实施政策，对经济的稳定与发展具有重要影响。

三、区域货币制度

国际货币制度与区域货币制度的形成与演进都与世界经济和区域经济发展进程相伴随。在某种意义上讲，国际货币制度与区域货币制度是各国货币制度的自然延伸。国际货币制度和区域货币制度的发展对传统的一些货币范畴和概念形成挑战，例如，关于货币主权问题，这是国际货币制度和区域货币制度建设中的最根本问题。从这个意义上讲，国际金本位制——布雷顿森林体系——牙买加体系的进程，特别是布雷顿森林体系不过是美国货币主权的延伸，它的崩溃与主权争夺有直接关系，它不带有经济上的必然性，而是世界政治发展的需要，尽管人们可以从其他角度提出很多理由。而欧洲货币的形成则是货币制度演进的必然结果，因为欧洲经济一体化必然要求货币一体化，各国在使用欧元的过程中，各自的货币主权已经不复存在了！那么货币主权的法理意义何在？这是值得探讨的问题。

区域性货币制度是指由某个区域内的有关国家（地区）通过协调形成一个货币区，由联合组建的一家中央银行来发行与管理区域内的统一货币的制度。区域性货币制度的建立，是以货币一体化理论为依据的。20世纪60年代初，罗伯特·蒙代尔率先提出了"最优货币区"理论，他认为，要使弹性汇率更好地发挥作用，必须放弃各国的国家货币制度而实行区域性统一货币制度。他所指的"区域"是有特定含义的最优货币区，这个区域是由一些彼此间商品、劳动力、资本等生产要素可以自由流动，经济发展水平和通货膨胀率比较接近，经济政策比较协调的国家（地区）组成的一个独立货币区，在货币区内通过协调的货币、财政和汇率政策来达到充分就业、物价稳定和国际收支平衡。

区域性货币制度的发展过程大致经历了两个阶段：①较低阶段：各成员国仍保持独立

的本国货币，但成员国之间的货币采用固定汇率制并可自由兑换，成员国以外由各国自行决定；对国际储备实行部分集中保管，但各国保持独立的国际收支和财政货币政策。②较高阶段：区域内实行单一的货币；联合设立一个中央银行为成员国发行共同使用的货币和制订统一的货币金融政策，监督各成员国的金融机构及金融市场，对成员国的政府提供融资，办理成员国共同商定并授权的金融事项等；各成员国之间不再保持独立的国际收支，实行资本市场的统一和货币政策的统一。

补充阅读1-6

欧元简介

欧元（EURO，代码 EUR）是欧洲货币联盟（EMU）国家单一货币的名称，是 EMU 国家的统一法定货币。1999 年 1 月 1 日起在奥地利、比利时、法国、德国、芬兰、荷兰、卢森堡、爱尔兰、意大利、葡萄牙和西班牙共 11 个国家（"欧元区内国家"）开始正式使用，并于 2002 年 1 月 1 日取代上述 11 国的货币。希腊于 2000 年加入欧元区，成为欧元区第 12 个成员国。斯洛文尼亚于 2007 年 1 月 1 日加入欧元区，成为第 13 个成员国。塞浦路斯于 2008 年 1 月 1 日零时与马耳他一起加入了欧元区，从而使欧元区成员国从之前的 13 个增至目前的 15 个。如今欧盟 27 个成员国中已有超过半数的国家加入了欧元区。

欧元由欧洲中央银行（European Central Bank，ECB）和各欧元区国家的中央银行组成的欧洲中央银行系统（European System of Central Banks，ESCB）负责管理。总部坐落于德国法兰克福的欧洲中央银行拥有独立制定货币政策的权力，欧元区国家的中央银行参与欧元纸币和欧元硬币的印刷、铸造与发行，并负责欧元区支付系统的运作。

区域性货币制度一般与区域性多国经济的相对一致性和货币联盟体制相对应。自 20 世纪 60 年代起，一些地域相邻的欠发达国家首先建立了货币联盟，并在联盟内成立了由参加国共同组建的中央银行，由这种跨国的中央银行为成员国发行共同使用的货币和制定统一的货币金融政策。随后，70 年代末西欧开始了货币一体化进程。目前，实行区域性货币制度的国家主要集中在非洲、东加勒比海地区和欧洲。西非货币联盟制度，东加勒比海货币制度、欧洲货币联盟制度都属于区域性货币制度。

四、国际货币制度及其演变

国际货币制度也称国际货币体系，是支配各国货币关系的规则以及国际间进行各种交易支付所依据的一套安排和惯例。国际货币制度通常是由参与各国政府磋商而定，一旦商定，各参与国都应自觉遵守。国际货币制度一般包括三个方面的内容：①国际储备资产的确定，即使用何种货币作为国际间的支付货币；哪些资产可用作国际间清算国际收支逆差和维持汇率，并被国际间普遍接受的国际储备资产；一国政府应持有何种国际储备资产用以维持和调节国际收支的需要。②汇率制度的安排，即采用何种汇率制度，是固定汇率制还是浮动汇率制，是否确定汇率波动的目标区，哪些货币为自由兑换货币。③国际收支的调节方式，即出现国际收支不平衡时，各国政府应采取何种方法进行弥补，各国之间的政策措施如何协调。理想的国际货币制度应该能够促进国际贸易和国际经济活动的发展，主要体现在国际货币秩序的稳定、能够提供足够的国际清偿能力并保持国际储备资产的信心、保证国际收支的失衡能够得到有效而稳定的调节。

迄今为止，国际货币制度经历了从国际金本位制—布雷顿森林体系—牙买加体系的演变过程。

(一)国际金本位制

国际金本位制是历史上第一个国际货币制度，它大约形成于 19 世纪末，到 1914 年第一次世界大战时结束。1816 年，英国制定了《金本位制度法案》，率先采用金本位制度。鉴于当时英国在国际上的地位和影响，欧洲各国及美国纷纷效仿这一货币制度。到 19 世纪 80 年代，比较发达的资本主义国家如法国、比利时、意大利、瑞士、荷兰、德国及美国先后实行了金本位制。至此，金本位制度发展成为世界性的货币制度。

国际金本位制度的特征主要有以下三点：①黄金充当国际货币，是国际货币制度的基础。在金本位制度下，金币自由铸造，可以自由熔化，黄金能在货币形式和商品形式之间自由转换。这一特点决定了金本位制度具有一个与纸币本位制度截然不同的优势——没有通货膨胀。②各国货币之间的汇率由各自的含金量对比所决定。金本位制度是严格的固定汇率制度。各国货币都规定了含金量，各国货币所含金量之比即铸币平价，铸币平价决定着两种货币汇率的法定平价。黄金输送点和铸币平价之间的差异取决于黄金在各个国家之间的运输费用。而且，由于当时黄金的运输费用相当便宜，金本位制度下的汇率是非常稳定的。③国际收支可以实现自动调节。当一国国际收支赤字时，意味着本国黄金的净输出，从而国内黄金储备下降，货币供给减少，物价水平下跌，导致本国商品在国际市场上的竞争能力增强，外国商品在本国市场上的竞争能力减弱，于是出口增加，进口减少，国际收支改善。反之亦然。

(二)布雷顿森林体系

1944 年 7 月，在美国新罕布什尔州的布雷顿森林召开有 44 个国家参加的联合国与联盟国家国际货币金融会议，通过了以"怀特计划"为基础的"联合国家货币金融会议的最后决议书"以及"国际货币基金组织协定"和"国际复兴开发银行协定"两个附件，总称为"布雷顿森林协定"。

布雷顿森林体系主要体现在以下两个方面：第一，美元与黄金直接挂钩；第二，其他成员国货币与美元挂钩，即同美元保持固定汇率关系。布雷顿森林体系实际上是一种国际金汇兑本位制，也称美元-黄金本位制。它使美元在第二次世界大战结束后国际货币体系中处于中心地位，美元成了黄金的"等价物"，各国货币只有通过美元才能同黄金发生关系。从此，美元就成了国际清算的支付手段和各国的主要储备货币。

布雷顿森林体系是以美元和黄金为基础的金汇兑本位制。它必须具备两个基本前提：一是美国国际收支能保持平衡；二是美国拥有绝对的黄金储备优势。但是进入 20 世纪 60年代后，随着资本主义体系危机的加深和政治经济发展不平衡的加剧，各国经济实力对比发生了变化，美国经济实力相对减弱。1950 年以后，除个别年度略有顺差外，其余各年度都是逆差，并且有逐年增加的趋势。至 1971 年，仅上半年，逆差就高达 83 亿美元。随着国际收支逆差的逐步增加，美国的黄金储备也日益减少。1949 年，美国的黄金储备为 246亿美元，占当时整个资本主义世界黄金储备总额的 73.4%，这是第二次世界大战后的最高数字。此后，逐年减少，至 1971 年 8 月，尼克松宣布"新经济政策"时，美国的黄金储备只剩下 102 亿美元，而短期外债为 520 亿美元，黄金储备只相当于积欠外债的 1/5。美元大量流出美国，导致"美元过剩"，1973 年底，游荡在各国金融市场上的"欧洲美元"

高达 1 000 多亿。由于布雷顿森林体系前提的消失,也就暴露了其致命弱点,即"特里芬难题"。该体系本身发生了动摇,美元国际信用严重下降,各国争相向美国挤兑黄金,而美国的黄金储备已难于应付,由此导致了从 1960 年起,美元危机迭起,货币金融领域陷入日益混乱的局面。于是,美国于 1971 年宣布实行"新经济政策",停止各国政府用美元向美国兑换黄金,这使西方货币市场更加混乱。1973 年美元危机中,美国再次宣布美元贬值,导致各国相继实行浮动汇率制代替固定汇率制。美元停止兑换黄金和固定汇率制的垮台,标志着第二次世界大战后以美元为中心的货币体系瓦解。

补充阅读 1-7

特里芬难题与布雷顿森林体系

1960 年,美国经济学家罗伯特·特里芬在《黄金与美元危机——自由兑换的未来》一书中提出"由于美元与黄金挂钩,而其他国家的货币与美元挂钩,美元虽然取得了国际核心货币的地位,但是各国为了发展国际贸易,必须用美元作为结算与储备货币,这样就会导致流出美国的货币在海外不断沉淀,对美国来说就会发生长期贸易逆差;而美元作为国际货币核心的前提必须保持美元币值稳定与坚挺,这又要求美国必须是一个长期贸易顺差国。这两个要求互相矛盾,因此是一个悖论"。这一内在矛盾被称为"特里芬难题"(Triffin Dilemma)。

作为建立在黄金—美元本位基础上的布雷顿森林体系,其根本缺陷还在于,美元既是一国货币,又是世界货币。它的发行必须受制于美国的货币政策和黄金储备。由于黄金产量和黄金储备量增长跟不上世界经济发展的需要,在"双挂钩"原则下,美元便出现了一种进退两难的境地:世界经济增长对国际支付手段和储备货币的增长需要,美元的供应应当不断地增长;但这又会导致美元同黄金的兑换性日益难以维持。正是由于上述问题和缺陷,导致该货币体系基础的不稳定性,当该货币体系的重要支柱——美元出现危机时,必然带来这一货币体系危机的相应出现。

(三)牙买加体系

国际货币基金组织(IMF)于 1972 年 7 月成立了一个专门委员会,具体研究国际货币制度改革问题。该委员会于 1974 年 6 月提出一份"国际货币体系改革纲要",对黄金、汇率、储备资产、国际收支调节等问题提出了一些原则性建议,为以后的货币改革奠定了基础。1976 年 1 月,国际货币基金组织(IMF)理事会"国际货币制度临时委员会"在牙买加首都金斯敦举行会议,讨论国际货币基金协定的条款,经过激烈争论,签订达成了"牙买加协议";同年 4 月,国际货币基金组织理事会通过了《IMF 协定第二修正案》,从而形成了新的国际货币休系。

牙买加协议的主要内容包括以下五个方面:

①实行浮动汇率制度的改革。牙买加协议正式确认了浮动汇率制的合法化,承认固定汇率制与浮动汇率制并存的局面,成员国可自由选择汇率制度。同时 IMF 继续对各国货币汇率政策实行严格监督,并协调成员国的经济政策,促进金融稳定,缩小汇率波动范围。

②推行黄金非货币化。协议作出了逐步使黄金退出国际货币的决定,并规定:废除黄金条款,取消黄金官价,成员国中央银行可按市价自由进行黄金交易;取消成员国相互之间以及成员国与 IMF 之间须用黄金清算债权债务的规定,IMF 逐步处理其持有的黄金。

③增强特别提款权的作用。主要是提高特别提款权的国际储备地位,扩大其在 IMF 一

般业务中的使用范围，并适时修订其有关条款。

④增加成员国基金份额。成员国的基金份额从原来的292亿特别提款权增加至390亿特别提款权，增幅达33.6%。

⑤扩大信贷额度，以增加对发展中国家的融资。

与布雷顿森林体系相比，牙买加体系的特征主要体现在以下五个方面：

①浮动汇率制度的广泛实行，使各国政府有了解决国际收支不平衡的重要手段，即汇率变动手段。

②各国采取不同的浮动形式，欧共体实质上是联合浮动，日元是单独浮动，还有众多的国家是钉住浮动，这使国际货币体系变得复杂而难以控制。

③各国中央银行对汇率实行干预制度。

④特别提款权作为国际储备资产和记账单位的作用大大加强。

⑤美元仍然是重要的国际储备资产，而黄金作为储备资产的作用大大削弱，各国货币价值也基本上与黄金脱钩。

多元化的储备结构摆脱了布雷顿森林体系下各国货币间的僵硬关系，为国际经济提供了多种清偿货币，在较大程度上解决了储备货币供不应求的矛盾；多样化的汇率安排适应了多样化的、不同发展水平的各国经济，为各国维持经济发展与稳定提供了灵活性与独立性，同时有助于保持国内经济政策的连续性与稳定性；多种渠道并行，使国际收支的调节更为有效与及时。

但是，牙买加体系也存在自身的缺陷，主要体现在以下三个方面：

首先，在多元化国际储备格局下，储备货币发行国仍享有"铸币税"等多种好处，同时，由于多元化国际储备，缺乏统一、稳定的货币标准，这本身就可能造成国际金融的不稳定。

其次，汇率大起大落，变化不定，汇率体系极不稳定。其消极影响之一是增大了外汇风险，从而在一定程度上抑制了国际贸易与国际投资活动，对发展中国家而言，这种负面影响尤为突出。

最后，国际收支调节机制并不健全，各种现有渠道都有各自的局限，牙买加体系并没有消除全球性的国际收支失衡问题。

如果说在布雷顿森林体系下，国际金融危机是偶然的、局部的，那么，在牙买加体系下，国际金融危机就成为经常的、全面的和影响深远的。1973年浮动汇率普遍实行后，西方外汇市场货币汇价的波动、金价的起伏经常发生，小危机不断，大危机时有发生。1978年10月，美元对其他主要西方货币汇价跌至历史最低点，引起整个西方货币金融市场的动荡。这就是著名的1977—1978年西方货币危机。由于金本位与金汇兑本位制的瓦解，信用货币无论在种类上还是金额上都大大增加。信用货币占西方各通货流通量的90%以上，各种形式的支票、支付凭证、信用卡等种类繁多，而现金在某些国家的通货中仅占百分之几。货币供应量和存放款的增长大大高于工业生产增长速度，而且国民经济的发展对信用的依赖越来越深。总之，现有的国际货币体系是一种过渡性的、不健全的体系，需要进行彻底的改革。

五、我国的货币制度

我国的货币制度是人民币制度，人民币制度是从人民币的发行开始的。1948年12月1日，由华北银行、北海银行和西北农民银行合并组成中国人民银行，统一发行人民币，是中华人民共和国货币制度建立的开端。人民币发行以后，一方面迅速收兑了法币、金圆券、银圆券；另一方面又合理地制订了人民币与解放区地方性货币的比价，积极开展对解放区地方性货币的收兑工作。中国人民银行的建立和人民币的发行，为统一货币、稳定币值起到了重要作用。

人民币是我国的法定货币。在社会主义市场经济条件下，人民币制度具有以下基本特征。

（一）人民币是由中国人民银行统一发行的信用货币

①中国人民银行根据国家授权统一掌管人民币，负责集中统一制造和发行人民币，管理人民币流通；②人民币没有法定含金量，不能自由兑换黄金，也不与任何外币确定固定比例关系；③人民币发行坚持信贷渠道，经济发行，坚决杜绝赤字发行。

（二）人民币采取主辅币流通结构

人民币的单位为"元"，以"¥"为符号，主币是1元以上的货币，为本位币；辅币的名称为"角"和"分"。其中主币具有无限法偿能力，辅币是有限法偿货币，供日常零星使用。人民币的票券、铸币种类由国务院决定，在流通中，两者的数量比例根据商品流通的客观需要来决定，并由中国人民银行组织发行，用以满足不同金额的支付需要。

（三）人民币是相对稳定的货币

人民币能够保持相对稳定的购买力，是因为人民币具有三个层次的发行保证：①以物质为基础，即根据商品生产的发展和流通的扩大对货币的实际需要进行发行，可以稳定币值；②信用保证，包括政府债券、商业票据等；第三，黄金、外汇储备。

（四）人民币实行有管理的货币制度

对内，中国人民银行根据国民经济动态变化情况，通过调控货币发行、货币流通及利率等手段对货币供应量进行调整，以达到消除通货膨胀或通货紧缩现象，保持币值稳定，促进经济发展。对外，对人民币与外国货币之间的比价（汇率）进行管理，设立外汇储备基金，实行以市场供应为导向的、单一的、有管理的浮动汇率制度，以保证汇率稳定，促进国际收支平衡。

（五）人民币逐步成为可自由兑换的货币

可兑换性是指一国货币可以兑换成其他国家货币的可能性。1996年11月28日，我国政府宣布接受《国际货币基金组织协定》第八条款，自1996年12月1日起实行人民币经常项目下的可兑换，但仍对资本项目下的外汇收支实行一定的管制。这表明，人民币还不是完全可自由兑换的货币。从近些年人民币在周边国家的使用情况来看，人民币的可兑换性在增强。

改革开放后，我国经济高速增长，经济实力不断增强，国际地位不断提升。美国次贷危机引发的全球金融危机使国际金融体系遭到结构性重创，这一历史性变化导致世界各主要货币国际地位重新洗牌，这也为人民币加速国际化进程提供了一个历史性的机遇。人民币国际化是一把"双刃剑"：一方面，人民币的国际化进程会给我国经济发展带来巨大的利益和机遇，从而推动我国经济高速发展；另一方面，若把握不好，人民币的国际化会给我国经济发展带来种种风险和外部冲击，从而给我国经济发展带来严重危机。从长期来看，我国应当在继续加强资本项目管理的同时，通过深化改革，积极采取措施，创造各方面条件，努力推进人民币国际化进程，最终使人民币成为世界货币，从而将我国经济融入国际经济体系，这将有利于扩大改革开放，在国际范围内更合理地配置资源，促进我国经济增长。

补充阅读 1-8

我国"一国四币"的货币制度

由于我国实行"一国两制"方针，我国内地实行人民币制度，中国香港、中国澳门依然维持原有的货币金融制度，加上中国台湾地区的新台币，我国目前形成了"一国四币"的特殊货币制度。

1. 中国香港的货币制度

中国香港的法定货币是港元（单位：元），俗称港币或港纸。在香港，港元纸币绝大部分由经过香港金融管理局授权并监管下的三家发钞银行发行。这三家发钞银行包括香港上海汇丰银行、渣打银行和中国银行（香港）。自1983年起，香港建立了港元发行与美元挂钩的联系汇率制度，发钞行在发行任何数量的港元时，必须按7.80港元兑1美元的汇率向金融管理局交出美元，登记或录入外汇基金账目，同时领取负债证明书后方可印钞，外汇基金所持美元为港元纸币的稳定提供了支持。香港所有钞票的式样都有版权，任何人在没有得到版权持有人的许可前，都不能任意复制钞票的式样。港元纸币面值种类有1 000元、500元、100元、50元、20元和10元共6种，铸币面值种类有10元、5元、2元、1元、5角、2角、1角共7种。

2. 中国澳门的货币制度

中国澳门的法定货币是澳门元，其发行权属于澳门特别行政区政府，具体发行工作由获得政府授权的两家商业银行（中国银行澳门分行和大西洋银行）办理。澳门元与港元直接挂钩并间接与美元挂钩，实行固定汇率制。澳门元的发行必须拥有完全的外币储备（主要是美元和港元），这是澳门货币制度的重要内容，也是澳门金融稳定的关键。澳门元纸币面值种类有1 000元、500元、100元、50元、20元、10元共6种，铸币面值种类有10元、5元、2元、1元、50分、20分、10分、5分共8种。

3. 中国台湾的货币制度

1945年之前使用的是日本殖民当局发行的"台湾银行券"。1946年5月22日，台湾发行台币；1949年6月5日发行新台币，其基本单位是"圆"，一般写成"元"，纸币面值种类有2 000元、1 000元、500元、200元、100元共5种，硬币面值种类有50元、20元、10元、5元、1元、5角共6种。5角硬币实际上已几乎不使用，日常生活只有邮票或汽油等在计算单价时会用到角，实际上的现金交付会四舍五入至元。

（资料来源：薛艳，于晓晖，范平平.金融学 [M].北京：中国海洋大学出版社，2019.）

本章小结

货币是在商品交换过程中被分离出来的、固定地充当一般等价物的特殊商品，这是货币的本质。货币形态随着商品经济的发展而发展，总体来看，货币形态依次经历了实物货币、金属货币、纸币和电子货币四个发展阶段。

货币的职能即货币本身所具有的功能，它是货币本质的具体表现。马克思从历史和逻辑统一的角度，把货币的职能分为价值尺度、流通手段、储藏手段、支付手段和世界货币五大职能。其中，价值尺度和流通手段是货币的两个基本职能，储藏手段和支付手段是在这两个基本职能的基础上派生而来的。

货币制度是一国、一个区域组织或国际组织以法律形式规定的、相应范围内货币流通的结构、体系与组织形式。一般来讲，货币制度包括以下内容：货币单位的规定；货币材料的确定；货币的种类及其比例；货币法偿能力的规定；货币铸造与货币发行的规定；货币准备制度等。

历史上，按照货币特性来分类，主要存在两大类货币制度：金属货币制度和不兑换信用货币制度。金属货币制度有其漫长的演进史，演变的基本形式为：银本位制—金银复本位制—金本位制。其中，银本位制是最早的金属货币制度，又可分为三种类型，即银币本位制、银块本位制、银汇兑本位制。不兑换信用货币制度，是指20世纪30年代经济大萧条后，随着金本位制的崩溃而建立的现代货币制度。在此制度下各国主要货币为中央银行发行的纸质信用货币，是国家强制流通的价值符号，具有无限法偿资格，纸币本身没有价值，它代替金、银币执行货币职能。

练习题

一、概念识记

货币流动性　货币制度　国际货币制度　信用货币　格雷欣法则　特里芬难题
金银复本位制　金本位货币制度　电子货币　区域性货币一体化

二、单选题

1. 在商品赊销、预付工资等活动中，货币执行的是（　　）职能。
　A. 价值尺度　　　　B. 流通手段　　　　C. 支付手段　　　　D. 贮藏手段
2. 历史上最早出现的货币形态是（　　）。

A.实物货币　　　　　B.代用货币　　　　　C.信用货币　　　　　D.电子货币
3. 如果金银的法定比价是1∶10，而市场比价是1∶12，那么充斥市场的将是(　　)。
　　A.金币　　　　　　　　　　　　　B.银币
　　C.金币、银币共同流通，没有区别　　D.金币、银币都无人使用
4. (　　)是一种相对稳定的货币制度，对资本主义的发展曾起过积极的促进作用。
　　A.金币本位制　　B.金汇兑本位制　　C.金块本位制　　D.金银复本位制
5. 我国的人民币制度属于(　　)。
　　A.金本位制　　　　　　　　　　　B.银本位制
　　C.金银复本位制　　　　　　　　　D.不兑现信用货币制度
6. 在布雷顿森林会议之后，以(　　)为中心的布雷顿森林体系建立。
　　A.英镑　　　　　B.法国法郎　　　　C.美元　　　　　D.德国马克
7. 能够通过各种渠道调节国际收支不平衡的国际货币体系是(　　)。
　　A.国际金本位体系　B.布雷顿森林体系　C.牙买加体系　　D.以上都不能
8. 货币的本质特征是充当(　　)。
　　A.特殊等价物　　B.一般等价物　　　C.普通商品　　　D.特殊商品
9. 在下列货币制度中劣币驱逐良币现象出现在(　　)。
　　A.金本位制　　　B.银本位制　　　　C.金银复本位制　　D.金汇兑本位制
10. 对布雷顿森林体系内在矛盾的理论总结称为(　　)。
　　A.特里芬难题　　　　　　　　　　B.米德冲突
　　C.马歇尔—勒纳条件　　　　　　　D.一体化三难
11. 金本位货币制度的形式不包括下列(　　)。
　　A.金币本位制　　B.金块本位制　　　C.金单本位制　　D.金汇兑本位制
12. 跛行本位制出现在(　　)货币制度阶段。
　　A.银本位制　　　　　　　　　　　B.金银复本位制
　　C.金本位制　　　　　　　　　　　D.金银复本位制向金本位制过渡阶段
13. 国际金币本位制具有的特点不包括(　　)。
　　A.黄金充当国际货币　　　　　　　B.各国货币都规定了含金量
　　C.取消外汇管制　　　　　　　　　D.国际收支具有某种自动调节机制

三、简答题

1. 货币的职能有哪些？
2. 电子货币的特点有哪些？
3. 货币制度的构成要素有哪些？
4. 国际货币制度的类型有哪些？
5. 为什么说金银复本位制是不稳定的货币制度？
6. 不兑现的信用货币制度有哪些特点？

四、案例分析

独特的货币文化现象

当"一国两制"制度在中国取得重大突破时，经济上的"一国四币"，即人民币、港元、澳门元及新台币早已在我国各地相互流通，这种新的经济文化现象是非常独特的。

据有关资料，目前在我国内地流通的港元现金已超过 150 亿港元，占香港货币发行总量的 30% 左右。而从中国台湾地区涌向中国大陆和中国香港的资金有 600 多亿美元，其中有相当数量的新台币流到中国大陆。受 20 世纪 90 年代末东南亚金融危机的影响，港元、澳门元与币值稳定的人民币关系十分密切，除金融机构相互挂牌外，形成了地域性的如珠江三角洲一带互相流通使用的局面。广州、深圳、珠海等地，接受港元、澳门元的店铺随处可见。内地居民为了使自己拥有的货币收入分散化以及投资或收藏等原因，也都以拥有港元、澳门元及新台币为荣。与此同时，人民币在香港、澳门已进入流通领域，越来越多的人以人民币为"硬通货"及结算货币。在香港或澳门的街头，除银行外，还随处可见公开挂牌买卖人民币的兑换店。更有趣的是，香港、澳门大多数的商店、饭店、宾馆等消费场所直接接受人民币，一些商店门口甚至挂上"欢迎使用人民币"的牌子招揽顾客。台湾也同样出现了人民币的流通现象，许多人将人民币作为坚挺的货币来看待，台湾视伪造人民币为非法，不少台胞回大陆探亲后，都带着人民币回去使用或留作纪念。

试结合案例分析：

1. 这种独特的货币现象对我国内地及香港、澳门、台湾地区的经济社会发展起到了什么作用？

2. 这种现象长期发展下去，会不会出现劣币驱逐良币的现象？为什么？

第二章

信用、利率与金融资产

【学习目标】

通过本章的学习，了解信用的产生和发展、利息与利率的基本概念及其运用；理解信用的含义及构成要素、利率决定理论及利率结构理论；重点掌握信用工具的特点及股票与债券的区别、影响利率变动的主要因素；一般掌握信用形式及各类信用工具、利率体系的构成及分类；熟知利率的计算方法及其具体运用；理解金融工具与金融资产的含义及其分类。

案例导入

信用时代：超前消费究竟是对还是错？

中国人民银行公布的《2018 年第三季度支付体系运行总体情况》显示，截至第三季度末，全国银行卡在用发卡数量为 73.85 亿张，环比增长 2.75%。全国银行卡发卡量持续增长的同时，银行卡信贷规模也持续扩大。尤其引人关注的是，截至第三季度末，信用卡逾期半年未偿信贷总额达 880.98 亿元，环比增长 16.43%，占信用卡应偿信贷余额的 1.34%。而"信用卡逾期半年未偿信贷总额"这个指标，在 2014 年是 357.64 亿元，在 2010 年是 76.86 亿元。

2018 年 8 月，富达国际与蚂蚁金服联合发布的 2018《中国养老前景调查报告》显示，目前，中国年青一代平均每月储蓄 1 339 元，超半数尚未制定养老计划。年青一代对此解释，他们储蓄有限的最大原因是没有充足的资金。"透支""月光"已经是贴在年青一代身上的标签。

然而，这种特有模式，并不完全局限于年青一代。消费者长期入不敷出，很大程度上归咎于过度膨胀的消费欲望和盲目追捧的超前消费理念。过度消费使他们忽视了一个朴素的逻辑：解决缺钱问题，应该踏实赚钱，而不是盲目借钱。可见，对于消费者而言，树立健康的消费观念很重要。

还有一个值得消费者重视的问题是信用逾期。随着国家对征信的重视程度和配套制度的逐步完善，个人征信在越来越多的场景被调用。互联网经济环境下，个人征信被认为是个人的"经济身份证"。一旦个人因为信用逾期被列为失信被执行人，未来在交通出行、出入境、金融贷款等诸多方面会受到相应限制。

除了消费者的内在需求，外部环境也在推波助澜。一方面，2017 年国家发布《中国人民银行关于信用卡业务有关事项的通知》，借着这股东风，银行等传统金融机构各显神通，纷纷抢占信用卡市场。工、农、中、建、交五大行 2017 年财报显示，当年各家银行的信用卡贷款(透支)金额均同比大幅增长。另一方面，多样的分期消费平台通过"互联网+分期消费"模式，将服务延伸至传统金融机构未能覆盖的客户群体。"花呗""白条"等新型消费工具积极推广超前消费理念，通过花样繁多的营销活动持续刺激客户的消费欲望，挖掘客户的消费潜力。

消费者忙着透支消费，金融机构忙着获客，然而随之产生的大量信用卡逾期未偿增量却敲响了警钟。进行健康的消费教育是金融行业应履行的社会责任，金融机构不应一味逐利，需谨防授信过度带来的风险。

(资料来源：李建菲.消费需理性不能让过度消费蚕食信用［N］.农村金融时报，2019-01-14(A08).)

信用、利息与利率是金融领域中起关键性作用的重要范畴，三者既是作为金融基础性要素货币的延续，又是金融市场和金融机构借其发挥作用的重要杠杆和手段。信用、利息与利率可谓"三位一体"，密切相关，有信用活动才有利息和利率的存在；利息和利率这对孪生兄弟又是信用活动之必需。现代经济可称为"信用经济"，它渗透于经济社会的方方面面。弄清其本质、内容和作用，对在市场经济条件下金融发展中如何奉行诚信并获取成效以及防范和化解金融风险极为重要。

第一节　信　用

信用对个人工作和生活的影响会越来越大，良好的个人征信记录成为消费者的第二张"身份证"。除个人之外，信用对企业、国家的发展也很重要，但同时也会带来风险。体现出金融是把双刃剑的属性。如何界定信用的范畴？信用的表现形式有哪些？如何合理运用各种信用工具？通过本节的学习，读者将会对信用及其相关概念有一个比较深入的了解。

一、信用的含义及构成要素

(一)信用的含义

信用(Credit)一词源于拉丁文(Credo)，意为信任、诚信、声誉等。信用是一个古老的经济范畴。在人类最古老的社会中就已存在高利贷这种最古老的信用。反高利贷也曾是新兴资产阶级为生存和发展而展开斗争的主要内容。

信用存在于人类社会生活的多个方面，它具有社会学、法学、经济学等多个学科的含义。从经济意义上看，信用是指以借贷为特征的经济行为，是以还本付息为条件的，是不发生所有权变化的价值单方面的暂时让渡或转移。信用体现了一定的债权债务关系，它涉及借方和贷方两个关系人，贷方为信用提供者，即债权人(Creditor)；借方为信用接受者，即债务人(Debtor)。授信过程是债权人提供一定的有价物给债务人，债务人按照约定时间将有价物归还债权人并支付一定利息的过程。有价物可以是商品、劳务、货币或某种金融要求权(如股票或债券)。无论是何种信用，通常都可以用货币进行偿付。要准确把握信用的概念，必须从以下四个方面来理解。

1. 信用是以偿还和付息为条件的借贷行为

信用是一种借贷行为，具体来说就是债权人把一定数量的有价物贷放给债务人，债务人可以在一定时期内使用这些有价物，但到期必须偿还，并按规定支付一定的利息。所以，偿还和付息是信用最基本的特征，债权人是以收回为条件的付出，债务人是以归还为义务的取得。这一特征使它区别于财政分配，因为，财政分配基本上是无偿的，信用分配则是有偿的。信用作为一种借贷行为必须有借有还，存款要提取，贷款要归还，且在偿还时，还要按规定支付一定的利息。

2. 信用反映的是债权债务关系

信用是商品货币经济中的一种借贷行为，在这种借贷行为中，有价物的所有者由于让渡有价物的使用权而取得了债权人的地位，有价物的需要者则成为债务人，借贷双方有着各自对应的权利和义务。这种债权债务关系最初是由商品的赊销和货币的预付产生的，但随着融资行为和信用制度的广泛建立及发展，债权债务关系逐渐渗透进经济生活的各个角落。无论是企业的生产经营活动，还是个人的消费行为或政府的社会经济管理活动，都依赖债权债务关系。

3. 信用是价值运动的特殊形式

在单纯的商品交换中，价值运动是一种对等的交换，即卖方让渡商品取得货币，买方付出货币取得商品，双方发生了所有权的转移。而在信用关系中，一定量的有价物从贷方手中转移到借方手中，并没有同等价值的对立运动，只是有价物使用权的让渡，没有改变所有权。所以，信用是价值单方面的转移，是价值运动的特殊形式。

4. 收益性和风险性并存

信用是有偿的让渡，货币的借出要求增值，即货币的时间价值表现在它的收益性中，或是利息收入，或是资金运用的差价收入。但这也有一定的风险性。宏观经济和微观经济变化的种种不确定因素，以及债务人的信誉度低、道德缺失、法律不完善等因素，会导致债权人的收益减少，甚至为零。

（二）信用的构成要素

信用关系的建立必须具备一定的要素，概括起来通常有以下五个构成要素。

1. 信用主体

信用作为特定的经济交易行为，要有行为的主体，即行为双方当事人，其中转移资产、服务的一方为授信人，而接受的一方则为受信人。授信人通过授信取得一定的权利，即在一定时间内向受信人收回一定量货币和其他资产与服务的权利，而受信人则有偿还的义务。在有关商品或货币的信用交易过程中，信用主体常常既是授信人又是受信人。

2. 信用客体

信用作为一种经济交易行为，必定有被交易的对象，即信用客体。这种被交易的对象就是授信方的资产，它可以是有形的（如以商品或货币形式存在），也可以是无形的（如以服务形式存在）。没有这种信用客体，就不会产生经济交易，因而不会有信用行为的发生。

3.信用内容

授信人以自身的资产为依据授予对方信用，受信人则以自身的承诺为保证取得信用，因此，在信用交易行为发生过程中，授信人取得一种权利（债权），受信人承担一种义务（债务），没有权利与义务的关系也就无所谓信用，所以具有权利和义务关系是信用的内容，是信用的基本要素之一。

4.信用流通的工具

授信信用双方的权利和义务关系，需要表现在一定的载体上（如商业票据、股票、债券等），这种载体称为信用流通工具。信用流通工具是信用关系的载体，没有载体，信用关系无所依附。作为载体的信用流通工具，一般具有以下几个主要特征：

（1）返还性

商业票据和债券等信用工具，一般都载明债务的偿还期限，债权人或授信人可以按信用工具上记载的偿还期限按时收回其债权金额。

（2）可转让性

可转让性也称流动性，是指信用工具可以在金融市场上买卖。对于信用工具的所有者来说，可以随时将持有的信用工具卖出而获得现金，收回其投放在信用工具上的资金。

（3）收益性

信用工具能定期或不定期地为持有者带来收益。

5.时间间隔

信用行为与其他交易行为的最大不同之处在于，它是在一定的时间间隔下进行的，没有时间间隔，信用就没有栖身之地。

二、信用的产生与发展

（一）信用的产生

信用产生的社会制度根源是私有制，产生的社会经济根源是社会资金流动的不平衡，即经济各部门资金流动的余缺。

1.信用产生的前提条件是私有制

私有制出现以后，社会分工不断发展，大量剩余产品不断出现。私有制和社会分工使劳动者各自占有不同的劳动产品，剩余产品的出现则使交换行为成为可能。随着商品生产和交换的发展，商品流通出现了矛盾，"一手交钱，一手交货"的方式受客观条件的限制经常难以实现。例如，在一些商品生产者出售商品时，购买者却可能因自己的商品尚未卖出而无钱购买。于是赊销，即延期支付方式应运而生。赊销意味着卖方对买方未来付款承诺的信任，意味着商品的让渡和价值实现发生时间上的分离。这样，买卖双方除了商品交换关系之外，又形成了一种债权债务关系，即信用关系。

2.信用产生的直接原因是经济主体调剂资金余缺的需要

信用产生的直接原因是商品经济条件下调剂资金余缺的需要。在商品货币经济中，无论是进行生产经营活动的企业，从事不同职业的个人，还是行使国家职能的各级政府，其经济活动都伴随着货币的收支。在日常的货币收支过程中，可能收支相等，处于平衡状态，但更多的情况是收支不相等，或收大于支，或支大于收。货币收入大于支出的经济主体称为盈余单位；反之，货币支出大于收入的经济主体称为赤字单位。盈余单位需要将剩余资金贷放出去，赤字单位需要将资金缺口补足。但是，在商品经济条件下，经济主体之间是独立的经济利益关系，资金的调剂不能无偿地进行，必须采取有偿的借贷方式，也就是信用方式。盈余单位将剩余资金借给赤字单位，后者到期必须归还，并且附带一定的利息，由此，信用关系就产生了。

(二)信用的发展

信用产生之后，随着商品经济的发展而不断发展，随着社会生产方式的改变而改变，依次经历了高利贷信用、借贷资本信用和现代信用等多种形态。

1.高利贷信用

高利贷资本是通过放贷货币或实物而获得高额利息的一种生息资本，高利贷信用就是高利贷资本的运动形式，是一种最古老的信用形式。高利贷作为一种信用形式，具有信用的一般特征，例如价值单方面转移、到期偿还、收取利息等，同时高利贷也有其自身显著的特点。

(1)高利贷利率特别高

历史上看，高利贷的利率无最高限度，在不同国家、不同历史时期，利率水平相差很大，一般年利率四成以上，高的达到200%～300%。在旧中国，俗称"驴打滚"，就是利率在100%以上。高利贷利率之所以高，一是小生产者借贷多用于生活救急之需，奴隶主、封建主举债，多用于满足穷奢极欲的生活。他们取得贷款是为了获得购买手段和支付手段，而不是为了生产资本，这种非生产性消费的借贷性质决定了高利贷利率上限不受利润率的客观限制。二是在小生产占统治地位的自然经济条件下，剩余资本有限，资本的供应小于需求，从而为高利贷者索取高息提供了条件。

图2-1显示了高利贷易使企业陷入恶性循环的过程。

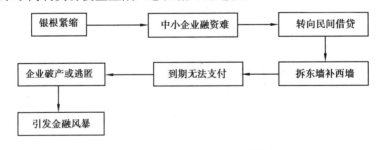

图2-1　高额高息借贷易使企业陷入恶性循环示意图

(2)高利贷具有非生产性

高利率的特性决定了高利贷不可能服务于生产。不难设想，效益再好、回报再高的生产项目贷款，都将无法用其生产所赚得的钱偿付所借的高利贷利息。对于生产者而言，借高利贷无异于自我毁灭。因此，高利贷根本不能适应生产的需要。相反，只有为生存所迫的穷人，才不得不冒险向高利贷借贷；当然，也有统治者或剥削者为了买官进爵，或为满足奢侈腐化的生活享乐，也会向高利贷举债。但无论是穷人或是富人，他们向高利贷借贷的目的都是为了生活，而非生产。

（3）高利贷具有保守性

高利贷只具有资本的剥削方式，而不具有资本的生产方式。在高利贷的压榨下，小生产者和债台高筑的奴隶主、封建主会破产沦为奴隶、农奴，却不能成为自由人。高利贷不能改变旧的生产方式，创造新的生产方式，而是像寄生虫一样紧紧吸附在它身上，使旧的生产方式每况愈下、苟延残喘。因此，高利贷起着维护落后生产方式的作用，同时阻碍新的生产方式的产生。由于高利贷信用促使劳动者与生产资料分离，促进了货币财富的集中，所以也为资本主义生产方式的产生准备了前提条件。

2. 借贷资本信用

资本主义生产方式的建立和社会化大生产的出现，使与小生产方式相适应的高利贷信用逐渐失去了赖以生存的基础，但是，也必须指出，高利贷在信用领域中的统治地位虽然让给了适应资本主义发展需要的信用，然而它本身并没有被消灭，因为只要有小生产者的存在，就少不了高利贷寄生的土壤。

资本主义信用表现为借贷资本的运动。借贷资本是指货币资本家为了获取利息而贷给职能资本家使用的货币资本，它是生息资本的现代形式。

借贷资本具有以下特点：

①借贷资本是一种商品资本。当资金盈余者将货币资本贷放给资金短缺者时，是将这部分资本当作"商品"出卖的。借贷资本同普通商品一样具有使用价值，但与普通商品的使用价值不同的是：普通商品一经消费其价值也随之消失，而借贷资本的使用价值被消费之后带来了利润，其价值不但能保留下来，而且会增值，即产生利息。

②借贷资本是所有权资本。借贷资本虽然是商品资本，但在出卖时，只是出卖其使用权，而不是其所有权。正因为资金盈余者拥有借贷资本的所有权而有权向资金借入者收取利息。

借贷资本与高利贷资本的区别如下：

①两者的用途不同。借贷资本主要用于生产，创造剩余价值。而高利贷则不同，它主要用于消费。

②两者的利率不同。借贷资本的利率受到厂商利润率的限制，必须低于利润率，因此其利率比较低。而如前所述，高利贷的利息可能包括劳动者创造的一部分必要劳动，利率很高。

产业资本的运动过程表明，工人的劳动创造了增值的货币，而借贷资本运动是借出货币，收回增值的货币。借贷资本这种特殊的运动形式给人以假象，似乎货币可以自行增值。事实上，借贷资本运动中增值的利息，是在参与产业资本循环过程中由劳动者创造出来的剩余价值的一部分。所以，无论是产业资本的产业利润，还是借贷资本的利息收入，都来源于雇佣工人创造的剩余价值，它反映了借贷资本家和职能资本家共同剥削工人、瓜分剩余价值的生产关系。

3. 现代信用

现代信用是在资本主义再生产过程中产生的。在资本主义再生产过程中，必然会产生货币资本的时多时少，有余有缺。一方面，在资本循环和周转中，由于种种原因产生一定货币的闲置，这便形成了货币的供给；另一方面，在资本循环过程中，必然会出现部分厂商货币资本的短缺，需要临时性补充，这就形成了货币的需求。拥有闲置货币资本的厂商把货币借贷给具有货币需求的厂商，并在一定时期后连本带利一起收回，这样现代信用就形成了。

当今的社会经济活动已被商品货币关系所覆盖，在日常的经济生活中，任何经济行为主体（政府、企业、个人）的经济活动都伴随着货币的收支。在频繁的货币收支过程中，任何货币的盈余或赤字，都意味着相应金额的债权债务关系的存在。当经济生活中广泛存在着盈余和赤字的经济行为主体时，通过信用，即借贷关系进行调剂已成为必然。现代信用就是在这样一种社会化大生产的基础上建立起来的，适用于高度发达的市场经济的信用形式。

现代信用是以生产性为基本特点的信用方式，不仅在发达的工业化国家，就是在发展中国家，债权债务关系的存在，都是一种极为普遍的现象。信用活动是通过具体的信用形式表现出来的，随着商品经济的发展，信用形式也随之多样化，如商业信用、银行信用、国家信用、消费信用、国际信用、民间信用等。各种信用特点各异，在经济中的作用也各不相同。

补充阅读 2-1

大数据助力银行服务中小企业融资

近年来，我国经济和科技发展迅速，促使金融领域也开始利用信息技术来发展，尤其是互联网和银行的结合，带来了较高的效益。在大数据背景下，小微企业贷款开始有了技术上的支持，同时也对银行业务起到了拓展作用。

小微企业信息透明度较低，信息相对较为分散，贷款银行需要通过不同方法去收集小微企业的各种信息，从而使收集信息的工作强度加大，增加了信息收集成本。此外，小微企业在经营中存在较大的不稳定性，这也增加了商业银行了解小微企业经营情况的难度，银行无法按照正常的信息收集方式去获取完善的信息，从而无法建立完善的信息评价体系。

商业银行在为我国小微企业提供贷款时，一般要求小微企业提供一些企业的数据和担保品，银行可以通过互联网数据对小微企业进行判断和实时监控，保证小微企业的贷款资金去向与贷款信息相对称，这样可以有效地降低银行在贷款过程中的风险，也可以及时对小微企业的还款能力进行数据分析。

（资料来源：朱学军.大数据背景下的银行服务小微企业策略浅析 [N].山西经济日报，2019-04-16（007）.）

三、信用形式

信用作为一种借贷行为，普遍存在于一切商品经济社会中，是通过一定方式具体表现出来的。表现信用关系特征的形式称为信用形式，它是信用活动的外在表现。随着商品货币经济的发展，信用的具体形式日趋多样化和复杂化。根据不同的借贷主体，信用可分为以下五种基本形式：商业信用、银行信用、国家信用、消费信用、国际信用。

（一）商业信用

商业信用是指企业之间互相提供的，与商品交易直接相联系的信用。商业信用的具体形式包括企业间的商品赊销、分期付款、预付货款、委托代销等。由于这种信用与商品流通紧密结合在一起，故称商业信用。商业信用最典型的形式是商品赊销。

商业信用发生的基本原因：在社会再生产过程中，一些企业生产出商品等待销售，而需要购买商品的企业又暂时没有现款，因为这些企业只有在售出自己的产品后，才能获得足够的现款。商业信用通过赊销商品、延期付款的方式解决了"卖方卖不出去"和"买方买不进来"的矛盾。

1. 商业信用的特点

①商业信用的主体是厂商。商业信用是厂商之间相互提供的信用，债权人和债务人都是厂商。

②商业信用的客体是商品资本。商业信用提供的不是暂时闲置的货币资本，而是处于再生产过程中的商品资本。

③商业信用与产业资本的动态一致。在繁荣阶段，商业信用会随着生产和流通的发展、产业资本的扩大而扩张；在衰退阶段，商业信用又会随着生产和流通的消减、产业资本的收缩而萎缩。

2. 商业信用的优点及其局限性

由于商业信用具有以上特点，因此其优点就在于方便和及时。商业信用的提供，既解决了资金融通的困难，也解决了商品买卖的矛盾，从而缩短了融资时间和交易时间。同时，商业信用是商品销售的一个有力竞争手段。正因为如此，一般在商业信用能解决融资的情况下，购货企业无须求助于银行信用。商业信用是西方国家信用制度的基础和基本形式之一。

商业信用虽有优点，但由于其自身具有的特征，又决定了其存在和发展具有局限性。

①规模和数量上的局限性。商业信用是企业间买卖商品时发生的信用，是以商品交易为基础的。因此，信用的规模受商品交易量的限制，生产企业不可能超出自己所拥有的商品量向对方提供商业信用。商业信用无法满足由于经济高速发展所产生的巨额资金需求。

②方向上的局限性。因为商业信用的需求者就是商品的购买者，这就决定了企业只能与自己的经济业务有联系的企业发生信用关系，通常只能由卖方提供给买方，而且只能用于限定的商品交易。

③信用能力上的局限性。在相互不甚了解信用能力的企业之间就不容易发生商业信用纠纷。

④信用期限的局限性。期限较短，受企业生产周转时间的限制，因此，商业信用只能解决短期资金融通的需要。

（二）银行信用

商业信用的局限性使它难以满足资本主义社会化大生产的需要，于是，伴随着资本主义银行的产生，在商业信用广泛发展的基础上产生了银行信用。银行信用是银行及其他金融机构以货币形式提供的信用，其主要形式是吸收存款和发放贷款。

与商业信用相比，银行信用有其自身的特点和优点。

1. 银行信用的特点

①银行信用中贷出的资本是从产业资本循环中游离出来的资本，即脱离了产业资本的

循环而可以独立进行转移的货币形态的资本。

②银行信用是间接信用。银行一方面是借者的集中，通过吸收存款，广泛地聚集社会各方面暂时闲置的货币资金和社会各阶层货币收入的结余；另一方面又是贷者的集中，通过发放贷款，把货币资金投入到社会再生产活动中。这样，银行实际上是信用中介机构，使借贷资本得以作为相对独立的货币资本进行运动，它体现的不是货币资金所有者与企业生产经营者的信用关系，而是银行与企业生产者的信用关系。

③银行信用的债权人是银行自身，债务人是工商企业和个人。

④银行信用与产业资本的动态不完全一致。这是因为：第一，银行信用中的借贷资本是脱离产业资本循环的暂时闲置的货币资本；第二，用于借贷的货币资本来源于社会各个方面，不仅限于工商企业。例如，当经济衰退时，会有大批产业资本不能用于生产而转化为借贷资本，造成借贷资本过剩。

2. 银行信用的优点

由于银行信用具有以上特点，所以，它克服了商业信用的局限性，成为一种比较良好的信用形式。银行信用具有以下优点：

①在数量上，银行信用不受工商企业资本量的限制，银行借贷资本的来源广泛，包括工商企业资本循环中暂时闲置的货币资本、财政性存款、社会各阶层的货币收入和储蓄等。银行信用的规模巨大，这就在规模上、数量上克服了商业信用的局限性。

②在使用方向上，银行信用不受商品使用价值的局限。银行信用以货币形态提供，货币具有一般的购买力，谁拥有它，谁就拥有选择任何商品的权利。因此，任何部门、企业和个人暂时闲置的货币或资本都可以被各种信用机构动员起来，投向任何一个部门和企业，以满足任何方面的需要，不受任何方向上的限制。

③在期限上不受限制。银行信用可根据客户需求，开展短、中、长期的货币资金借贷活动。这就克服了商业信用在期限上的局限性。

由于银行信用具有以上特点和优点，因此，自它产生以后，就对商品经济的发展起着巨大的推动作用，成为现代信用的主要形式。20世纪以来，银行信用发生了巨大变化，得到了迅速发展，表现为：越来越多的借贷资本集中到少数大银行手中；银行规模越来越大；贷款数额不断增大，贷款期限不断延长；银行资本与产业资本的结合日益紧密；银行信用提供的范围不断扩大。商业信用与银行信用的比较见表2-1。

表 2-1　商业信用与银行信用的比较

信用形式	表现形式	特点	优势/局限性
商业信用	赊购赊销 预付货款	主体：企业 客体：商品资本/买卖+借贷 变动：与产业资本一致	数量和规模限制 范围限制 方向限制 期限限制
银行信用	吸收存款 发放贷款	主体：银行、企业、个人 客体：暂时限制的资金 变动：与产业资本的动态不一致 功能：信用创造/贷款-存款流	突破商业信用限制 积少成多 变储蓄为消费和投资 低成本创造信用

银行信用克服了商业信用的局限性，但它不能取代商业信用。商业信用和银行信用是两种基本的信用形式，它们构成了信用制度的基石。在实际经济生活中，二者往往互为补充、共同发展。

银行信用与商业信用的关系如下：

①银行信用是在商业信用广泛发展的基础上产生发展起来的。首先，商业信用先于银行信用产生，商业信用关系的确立表明信用关系双方有一定的资本，为银行信用提供了基础条件，银行信用才能在商业信用关系广泛建立和发展的基础上产生和发展起来；其次，商业信用的普遍化和经常化，要求信用关系制度化，而信用关系制度化又为银行信用的建立和发展创造了条件；最后，商业票据的产生和流通，也成为银行票据产生和流通的基础。

②银行信用的出现使商业信用得到进一步发展。例如，在工商企业的批发贸易和合同贸易中，一般是卖方或买方提供商业信用，交易双方都可凭持有的未到期的商业票据到银行申请办理贴现或票据抵押贷款，从而获得银行信用。这样，商业银行的提供者在银行信用支持下，可以突破自身闲置资金额的限制，促进商品的销售。

③银行信用与商业信用是并存而非取代关系。商业信用不断呈现票据化趋势，而票据则成了部分银行信用的工具，例如票据贴现、票据抵押贷款等。同时，随着银行信用的发展，大银行不断集中借贷资本，为垄断组织服务，进一步促进了产业资本与银行资本的结合，从而促使银行信用和商业信用进一步融合渗透。

（三）国家信用

1. 国家信用的概念

国家信用是以国家和地方政府为债务人的一种信用形式。可分为三种基本形式：①由国家发行政府债券，包括国库券和公债。②政府发行专项债券，即政府为某个项目或工程特别发行的债券。③银行透支或借款。其中，最主要的形式是国家发行的国库券和公债。

2. 国家信用的特点

①国家信用的主体是政府。政府作为债务人举债最初是为了弥补财政赤字，为了解决财政困难，所以，国家信用具有双重属性，即财政和信用的双重性质，是一种由信用分配转化为财政分配的特殊信用形式。

②安全性好、流动性高、收益稳定、风险较小。国家发行的政府债券，由于以政府的财政税收为基础，信用风险低，安全性高，流通性强，所以，被西方国家称为"金边债券"。

3. 国家信用的作用

国家信用在经济生活中起着以下积极作用：

首先，国家信用是解决财政困难的较好途径。解决财政赤字的途径有三种：增税、从银行透支和举债。增税不仅立法程序繁杂，而且容易引起公众不满、抑制投资和消费；从银行透支容易导致通货膨胀，而且按照我国《中央银行法》的规定，禁止财政从银行透支；举债是一种信用行为，有借有还，有经济补偿，相对来说问题少一些。其次，国家信用可以筹集大量资金，改善投资环境、创造投资机会。

目前，世界各国普遍重视国家信用的使用。以美国为例，其联邦政府、州政府与地方政府每年都要通过向外举债，才能应付各项庞大的开支。近年来，美国国债规模不断膨胀，2002—2007年，美国国债发行量一直稳定在5 000亿美元左右，2008年和2009年更是突破了1万亿美元。规模急剧扩张的美国国债，也开始越来越依赖于海外资金的购买。尤其在2008年次贷危机爆发以后，美国政府更是在全球范围内积极推销美国国债，企图以大规模发行国债来应对庞大的经济刺激计划所需开支。然而，国债的发行是有界限的，在国际上常用国债负担率指标来衡量一个国家国债发行规模是否合理。所谓国债负担率，是指年末国债余额对当年GDP的比例。目前公认的国债负担率的警戒线是60%。国债的发行一旦超出这个界限，不仅会使国家财政付息背上沉重的包袱，严重的还会导致政府的偿付危机。1998年俄罗斯爆发的债务危机和2009年迪拜爆发的债务危机都是国家信用过度扩张的结果。继2008年金融危机以后，不少国家开始陆续出现国家主权债务危机。冰岛、迪拜、希腊、西班牙、爱尔兰、英国等国家都曾先后卷入国家主权债务危机的泥潭。

补充阅读2-2

欧债危机

欧债危机全称欧洲主权债务危机，是指自2009年以来在欧洲部分国家爆发的主权债务危机。欧债危机是美国次贷危机的延续和深化，其本质原因是政府的债务负担超过了自身的承受范围而引起的违约风险。

欧债危机回顾：

2007年爆发的美国次贷危机，逐步演变成为一场自1933年美国大萧条以来最严重的全球性经济金融危机。冰岛破产，前三大银行被国有化，股票市场跌幅近80%，货币汇率大幅贬值，国家资不抵债，2007年冰岛外债达GDP的7倍以上，每一位公民身负37万美元债务。

世界经济陷入衰退，激化了社会与经济矛盾，世界各国纷纷采取积极的财政政策或货币政策来刺激经济，以防止经济大规模滑坡。但刺激政策和欧洲国家传统的高社会福利制度，导致全球国家债务激增，部分国家出现无法偿付到期债务的风险。次贷危机很快就波及了欧洲银行业，银行破产甚至国家破产的风险开始在欧洲蔓延。

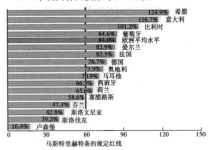

2009年欧洲各国债务与GDP比值，排前三的是希腊、意大利、比利时，排名第一的希腊债务为GDP的1.24倍。

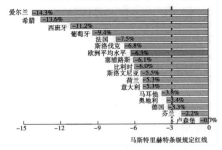

2009年欧洲各国公开赤字与GDP比例，排前三的是爱尔兰、希腊、西班牙，排名第一的爱尔兰占比高达14.3%。

2009年全球主要国家赤字情况

第一阶段：希腊引爆欧债危机

希腊以旅游业和航运业为支柱产业，受金融危机和全球经济衰退影响严重。2009年10月，希腊政府宣布当年财政赤字和公共债务占同期GDP的12.7%和113%，远远超出了欧盟规定的水平(分别是3%和60%)。鉴于不断恶化的希腊财政状况,国际三大评级机构于2009年底先后下调希腊主权评级,希腊主权债务危机正式爆发。此阶段以欧盟和IMF推出1 100亿欧元的救助计划而缓解。

第二阶段:危机蔓延至边缘国家

债务危机开始蔓延至爱尔兰和葡萄牙等其他周边国家。2010年11月21日,爱尔兰正式请求欧盟和IMF提供援助,成为欧债危机中倒下的第二个欧元区成员国,爱尔兰获得850亿欧元的资金支持。2011年5月5日,欧元区财政同意和IMF一起向葡萄牙提供780亿欧元援助贷款,葡萄牙成为欧债危机中倒下的第三个欧元区成员国。

第三阶段:危机蔓延至核心国家

债务危机向欧盟核心国家蔓延,意大利、西班牙,甚至法国的债务状况开始让市场感到担忧。意大利和西班牙的自身财政状况不佳,以及希腊问题迟迟得不到解决,使市场担忧情绪蔓延至意大利和西班牙。意大利和西班牙的国债收益率不断攀升,均一度突破7%的警戒线。两国5年CDS也大幅攀升。

欧债危机向金融机构蔓延。部分大型金融机构因持有主权债务而导致其资产质量受到质疑。欧债危机使欧洲国家主权债务的估值出现了较大幅度下跌。部分欧洲大型金融机构因为持有较多欧洲国家主权债务,资产质量及资本充足率等问题开始遭受市场质疑。部分欧洲金融机构股价出现了大幅的下跌,法国兴业银行股价较年初甚至跌去了近65%!投资者信心丧失甚至导致欧元区一家银行出现了短暂的流动性问题。

欧债危机过程中,经济危机转化为政治危机,并相互影响、相互纠缠、相互转化。2012年,美国、法国、希腊等58个国家和地区都进行了换届选举,从而给政策制定带来了不确定性。持续蔓延的经济金融危机激化了社会矛盾,世界多国出现政治动荡。希腊、意大利相继发生领导人非正常更替。

欧债危机有着深刻的经济和制度原因,将长期存在,并影响欧洲经济和世界经济。欧债危机的解决更多地取决于政治而非经济。各国的利益诉求各异,其结果必然导致制度改革的不确定性,从而导致欧债危机的不确定性。

思考:

结合欧债危机,谈谈你对国家信用的认识。

(四)消费信用

1. 消费信用的概念与形式

消费信用是指工商企业或银行等金融机构,为消费者提供的、直接用于生活消费的信用。

消费信用的形式多种多样,但主要有以下三种方式:

(1)分期付款

分期付款是企业向消费者提供的一种长期消费信用,具体做法:消费者与企业签订分期付款合同,消费者先付一部分货款,剩下部分按合同规定分期加息偿还,在货款付清之前,商品所有权属于企业。一般用于高档耐用消费品。

(2)消费贷款

消费贷款是银行和其他金融机构以信用放款和抵押放款的方式,对消费者发放的贷款。消费贷款多用于住宅抵押贷款，贷款额往往占抵押品的 70% 左右，期限以中长期为主。按接收信贷的对象不同，消费贷款一般有两种形式：一种是对购买消费品的买方发放贷款；另一种是以分期付款凭证作抵押，对销售企业发放贷款。

（3）信用卡

信用卡是由发卡机构和零售商联合起来对消费者提供的一种延期付款的消费信用。信用卡是银行或其他专门机构提供给消费者的赊购凭证，它规定有一定的使用限额和期限，持卡人可凭卡在任何接受信用卡支付的单位购买商品或支付劳务服务等。

补充阅读 2-3

信用卡的起源

据说有一天，美国商人弗兰克·麦克纳马拉在纽约一家饭店招待客人用餐，就餐后发现他的钱包忘记带在身边，因而深感难堪，不得不打电话叫妻子带现金来饭店结账。于是，麦克纳马拉产生了创建信用卡公司的想法。1950 年春，麦克纳马拉与他的好友施奈德合作投资 1 万美元，在纽约创立了"大莱俱乐部"（Diners Club），即大莱信用卡公司的前身。大莱俱乐部为会员们提供一种能够证明身份和支付能力的卡片，会员凭卡片可以记账消费。这种无须银行办理的信用卡的性质仍属于商业信用卡。

1952 年，美国加利福尼亚州的富兰克林国民银行作为金融机构首先发行了银行信用卡。

1959 年，美国美洲银行在加利福尼亚州发行了美洲银行卡。此后，许多银行加入了发卡银行的行列。到了 20 世纪 60 年代，银行信用卡很快受到社会各界的普遍欢迎，并得到迅速发展，信用卡不仅在美国，而且在英国、日本、加拿大以及欧洲各国也开始盛行起来。从 20 世纪 70 年代开始，新加坡、马来西亚等发展中国家也开始发行信用卡业务。

信用卡的当事人有三方：发卡单位、持卡人、信用卡合同的参加单位（如商店、旅馆、餐馆、航空公司等）。持卡人在指定场所购买商品和劳务后，当时不需付现款，只需在发票或者购货小票上签字（持卡人、银行、商店各一份凭证）并出示信用卡，合同参加单位（如商店）将信用卡上表面的记号（发卡公司、持卡人姓名、密码等）压印在发票上。当天银行结束时，商店将发票汇总寄送发卡单位，后者立即把持卡人的应付款项（发票总额）扣除一定的手续费后的余额记入该商店的交易账户的贷方。扣除费用一般为发票金额的 5% ~ 6%，即为发卡机构提供消费信贷的利息。发卡单位一般每月与持卡人结算一次。持卡人如在规定期限内付款则免收利息；若逾期付款，则要收取利息，利率水平高于商业银行的优惠放款利率。美国对信用卡的使用最为普遍。20 世纪 80 年代初，美国 70% 的家庭使用信用卡，平均每位成年人拥有各种信用卡 6 张。

截至 2014 年一季度末，中国信用卡累计发行量已经突破 4 亿张，达到 4.14 亿张，大约相当于每个中国家庭都拥有一张信用卡。自 1986 年第一张信用卡——长城信用卡诞生以来，信用卡在中国已经发展了 28 年，支付方式更是以日新月异的速度演变。随着信用卡的普及，信用消费、超前消费等概念也越来越深入人心，信用卡改变的不仅仅是支付方式，更重要的是改变了人们的生活消费习惯。

2. 消费信用的特点

消费信用与商业信用和银行信用相比较，具有以下特点：

①非生产性。商业信用与再生产过程直接相联系，其生产性显而易见，银行信用提供的贷款绝大多数也是用于生产和流通的；而消费信用提供的贷款是用于生活消费的。

②期限较长。商业信用和银行信用所提供的信用主要是短期资金的融通，期限相对较短，而消费信用多数通过分期付款支付，所需时间较长。

③风险较大。商业信用和银行信用由于其生产性决定了它还具有一定程度的还款保障，而消费信用是完全用于生活消费的，必须由借款人的收入作保证，到期不能还款，贷款者就会蒙受损失。

3.消费信用的作用

消费信用的作用表现在以下几个方面：

①一定条件下促进消费商品的生产与销售，减少商品积压，有利于再生产，甚至促进经济的增长。

②促进新技术的应用、新产品的推广及产品的更新换代，具有重要作用。

③可为大量银行资本找到出路，提高资本的使用效率，改善社会消费结构。

④扩大即期消费需求，提高消费水平（未来消费变即期消费），增加消费者总效用。

但是，如果不顾生产力的实际水平，过度发展消费信用，也会带来负面影响，具体表现在以下几个方面：

①消费信用过度发展，掩盖供求矛盾，造成一时的虚假需求，传递错误信息，致使一些消费品生产盲目发展。

②过度发展消费信用会导致信用膨胀。

③在延期付款的诱惑下，对未来收入预算过大会使消费者债务负担过重，增加社会不稳定因素。2007年爆发的次贷危机就是生动案例，美国政府为了通过发展房地产业拉动经济增长，放松了对发放住房贷款的风险控制，向大量不符合贷款条件的低收入人群发放了巨额住房抵押贷款，从2006年开始美国房价不断走低，导致大量偿还违约的发生，使美国最大的房贷公司"房利美"和"房地美"破产，从而引发了美国次贷危机，在这场危机的冲击下形成了一波又一波的金融海啸，最终引发了世界性金融危机和经济衰退。

（五）国际信用

国际信用是国际借贷行为，包括以赊销商品形式提供的国际商业信用、以银行贷款形式提供的国际银行信用以及政府间相互提供的信用。从形式上看，国际信用是适应商品经济发展和国际贸易扩大而产生并发展起来的一种借贷关系。从本质上看，国际信用是资本输出的一种形式。

1.国际商业信用

国际商业信用是指出口商以商品形式提供的信用，有来料加工和补偿贸易等形式。来料加工是指出口商提供原材料、设备零部件或部分设备，利用进口国的厂房、劳动力等在进口国企业加工，成品归出口商所有，进口国企业获得加工费收入。补偿贸易是指由出口商向进口国企业提供机器设备、技术力量、专利、各种人员培训等，联合发展生产和科研项目，待项目完成或竣工投产后，进口国企业可将该项目的产品或以双方商定的其他办法偿还出口国企业的投资。

2.国际银行信用

国际银行信用是进出口双方银行所提供的信用，可分为出口信贷和进口信贷。出口信贷是出口方银行为了鼓励本国产品的出口，向本国的出口商或外国的进口商提供信贷支持。进口信贷通常是指由进口方银行提供贷款，解决本国进口商购买所需商品或技术的资金需求。

3. 政府间信用

政府间信用是一国政府向另一国政府提供的信贷，通常建立在双方良好政治关系的基础上，带有浓厚的政治色彩。其特点是金额较大、利率较低、期限较长，通常用于非生产性支出。

除上述主要信用形式外，在现代市场经济中，还有租赁信用、公司信用、民间信用等多种信用形式，它们与前述各种重要的信用形式一起，组成了经济运行中的庞大信用体系，发挥着调剂资金余缺的重要作用。

国际信用是随着国际贸易的发展而产生和发展起来的。随着一国商品和货币的流通范围日渐扩大，信用也扩展到世界范围，成为各国开展经济交流、促进世界经济发展的重要手段。因此，从形式上看，国际信用是适应商品经济发展和国际贸易扩大而产生、发展起来的一种借贷关系。从本质上看，国际信用是资本输出输入的一种形式。

我国实行对外开放政策以来，国际信用得到了广泛运用，获得了较大发展。过去我国主要致力于引进外资发展经济，如今我国不仅继续引进外资，也积极开展境外投资。国际信用的发展对我国促进对外经济关系和充分利用外国的先进技术、设备和资金起到了积极作用。

补充阅读2-4

个人信用报告关乎你我

1. 个人信用报告怎么查

根据规定，信息主体可以向征信机构查询自身信息。可以在中国人民银行各地分支机构以及部分金融机构网点、部分地区政务大厅，通过自助查询机等进行查询。个人信息主体有权每年两次免费获取本人的信用报告。第三次开始收费10元。

2. 个人信用报告有什么内容

一共6页的报告中除了基本的个人信息外，还包括三大类信息：一是信贷信息，包括贷款、信用卡、担保、租赁等；二是先消费后付款的信用信息，主要包括电信等公用事业；三是公共信息，包括行政许可、行政处罚，还有法院的失信被执行人信息。如果有不良记录，会出现在基本信息后面的"逾期及违约信息概要"一栏中。对于老百姓关心的水电煤气等缴费信息，中国人民银行负责人表示，未来哪些项目可以进入个人信用报告，还需进一步研究。

3. 不良信息会被保存多久

不良信息自终止之日起，5年后将在信用报告中删除，这是计算机自动设置的。

4. 有不良记录能否贷款

银行方面表示，从实际操作来看，并不是一有逾期或不良记录，所有银行都会对你说"不"。商业银行内部有一套比较科学的算法，把查到的征信信息根据实际情况加工处理，最后生成一个分数，如果达到了进入门槛，仍然会继续后续的审批。

5. 发现信息错误怎样提出异议

查询后，如果认为征信机构采集、保存、提供的信息存在错误、遗漏，信息主体有权向征信机构或者信息提供者提出异议，要求更正。2019年1月至11月，中国人民银行征信中心共受理个人征信异议申请4.9万笔，异议解决率99.6%，异议处理时间平均十几天。

守信者，时时受益；失信者，处处受限。随着制度设计不断发挥作用，越来越多的公民把信用当作刚需，把守信当作人生的必选项，这正是推进个人信用报告普及的意义。

（资料来源：央广网，2020-01-04）

四、信用工具

（一）信用工具的含义及特征

信用工具的产生是信用发展的必然结果，它是维系信用活动的纽带。最早的信用工具是借条，在此基础上其形式不断完善、法律效力不断增强。发展到现代社会，信用工具已经不仅仅是信用的凭证，更成为虚拟经济的基础。在现代金融市场上，信用工具风险的管理已成为微观金融的重点。

1. 信用工具的含义

信用工具（Credit Instrument）也称金融工具（Financial Instruments）、金融商品，是指在金融活动中产生的，能够证明金融交易金额、期限、价格的合法凭证；是一种具有法律效力的契约。信用工具是信用关系的载体，可以充当现实的或潜在的流通手段和支付手段。与反映信用关系的其他形式，如口头信用、账簿信用相比，信用工具的使用使信用活动更顺畅、更规范。在现代经济中，金融市场成为资金融通的重要场所，人们往往借助信用工具来实现资金的融通。

2. 信用工具的特征

随着信用经济的发展，信用工具的数量和种类越来越多，每种信用工具都有各自的特点。但总体来说，信用工具一般具有以下四个共同特征。

（1）偿还性

偿还性是指信用工具的发行者或债务人必须按期归还本金和利息的特性。这体现了信用工具偿还本金的要求。信用活动是将信用标的物的所有权与使用权相分离的活动，而使用权有向所有权回归的要求，这就决定了信用活动必须是有特定期限的，亦即具有偿还性。大多数信用工具会注明期限，即债务人到期必须偿还信用凭证上所记载的应偿付的债务。但也存在特例，例如股票只支付股息，不偿还本金，因此，股票是没有偿还期限的。

（2）流动性

流动性是指一种金融资产可以迅速变现而不致遭受损失的能力。这体现了信用工具变现的要求。信用工具一般可以在金融市场流通转让，以提前实现偿还性。信用工具的流动性大小包含两个方面的含义：一是能否随时自由变现，二是变现过程中损失的程度和所耗费的交易成本的大小。凡能随时变现且不受损失的信用工具，流动性大；凡变现不易，或变现中蒙受价格波动的损失，或在交易中要耗费较多的交易成本的信用工具，流动性小。一般来说，流动性与偿还期成反比，偿还期越短流动性越大，偿还期越长流动性越小；而与债务人的信用能力成正比，债务人信誉越高流动性越大，反之则越小。

（3）收益性

收益性是指信用工具能定期或不定期地为持有人带来一定收入的特性。这体现了信用工具增值的目的。投资者投资于各类金融资产，其根本目的就是获得各类收益，包括利息、股息、红利和价差收益。衡量收益性的标准是收益率，是净收益对本金的比率。由于收益率都是按一定期限来计量的，而且期限一般以年为单位，所以常用的是年收益率，这就需要将总收益分摊到各年，即年收益率是年净收益对本金的比率。

（4）风险性

风险性是指信用工具不能充分履约或价格不稳定的程度。这体现了信用工具保值的要求。风险主要来自三个方面：一是违约风险，指债务人不能按时履约、支付利息和偿还本金的风险；二是市场风险，指由于利率变动或其他因素造成金融工具价格波动所带来的风险；三是购买力风险，指由于通货膨胀，证券到期时的投资回报因货币贬值而受影响的风险。

信用工具的上述四个特征之间存在一定的相关性。一般而言，信用工具的收益性与流动性成反比，与偿还期成正比，与风险性成正比；流动性与偿还期成反比，与风险性成反比；偿还期和风险性成正比。

（二）信用工具的分类

信用工具种类繁多，从不同角度进行分析，可进行不同的分类。

1.短期信用工具和长期信用工具

按照偿还期限不同，信用工具可分为短期信用工具和长期信用工具。短期信用工具是指偿还期在1年以下（包括1年）的信用工具。长期信用工具是指偿还期限在1年以上的信用工具。

2.债券性工具和权益性工具

按照性质不同，信用工具可分为债券性工具和权益性工具。债券性工具是发行人依法定程序发行并约定在一定期限内还本付息的信用工具，它反映了证券发行人与持有人之间的债权债务关系。权益性工具主要是指股票，它是股份公司发行的、用以证明投资者的股东身份和权益、并据以取得股息红利的有价证券，所反映的是股票持有人对公司的所有权。

3.直接信用工具和间接信用工具

按照发行者不同，可分为直接信用工具和间接信用工具。直接信用工具是指由非金融机构发行的信用凭证，如企业债券、国库券等。间接信用工具是指由银行等金融机构发行的信用凭证，如银行存款凭证、保险单等。

4.原生性信用工具和衍生性信用工具

按照与实际金融活动的关系不同，可分为原生性信用工具和衍生性信用工具。原生性信用工具是指商业票据、股票、债券、基金等基础金融工具。衍生性信用工具是一种金融交易合约，这种合约的价值是从原生性信用工具的价值中派生出来的，包括期货合约、期权合约、互换合约等衍生金融工具。投资者可以利用衍生性信用工具进行投机和风险管理。

5.固定收益工具和非固定收益工具

固定收益工具也叫固定收益证券，一般是债权性工具，其收益为固定的利息收入，到期时归还本金，大部分信用工具是固定收益工具。非固定收益工具也叫非固定收益证券，主要指股票，尤其是普通股，其收益为不固定的红利收入，具有永久性，没有偿还的要求。两类证券在定价上有较大区别，固定收益证券定价可以比较精确，因而市场价格波动较小，投资风险也较小；非固定收益证券因为具有收益的不确定性，所以市场价格波动大，风险也大。

6. 国内信用工具和国际信用工具

按照融资范围不同，信用工具可分为国内信用工具和国际信用工具。国内信用工具是指以本国货币标明面值，向境内投资者发行的融资工具。国际信用工具是指以外国货币标明面值，向境外投资者发行的融资工具。

（三）短期信用工具

1. 商业票据

商业票据（Commercial Paper）是起源于商业信用的一种传统信用工具，是工商业者之间凭借信用关系形成的短期无担保债务凭证的总称。典型的商业票据是产生于商品交易中的延期支付。传统的商业票据有本票和汇票两种。

（1）本票

本票，是一种承诺式信用凭证，即发票人承诺在一定时间、地点支付一定款项给持票人的合法凭证。商业本票是商业信用的工具之一，经持票人"背书"后，未到期的商业本票可以转让给他人或向银行贴现，"背书"的意义在于对票据的清偿负责。

（2）汇票

汇票是一种命令式或委托式信用凭证，即由发票人命令或委托付款人在一定时间、地点支付一定款项给持票人的合法凭证。商业汇票大多须经付款人办理承兑，"承兑"是付款人愿意接受发票人的命令或委托的意思表示，汇票未经付款人承兑，便被认为是无效汇票。现在流行的票据形式多是单名票据，即票据上只列出票人的姓名，不列收款人的姓名。早期的双名票据如果要转让须履行背书手续，以保证出票人无力付款时背书人履行还款义务。为了方便票据转让，特别是方便银行贴现业务的发展，双名票据逐步被单名票据所替代。

2. 银行票据

银行票据（Bank Bills）可分为银行本票、银行汇票、信用证、信用卡、大额可转让定期存单。

（1）银行本票

银行本票是由银行发行，用以代替现金流通的一种票据。当银行需要付现时，可以不直接支付现金，而是开出一张票据代替。票据持有者可以按票据的票面价值去流通、购买和支付。

（2）银行汇票

银行汇票是一种汇款的凭证，由银行发出，收款人凭此向指定银行兑取汇款。由于银行汇票的发票人和付款人皆为银行，彼此相互了解、相互信任，因此，银行汇票用不着承兑。

（3）信用证

信用证是由银行（开证行）根据付款方（申请人）的要求向收款方（受益人）开立的具有

一定金额、一定期限，并根据一定条件进行付款的一种凭证（保证书）。信用证可以分为商业信用证与旅行信用证两种。商业信用证是商品交易过程中进行货款结算的一种凭证，它广泛用于国内贸易与国际贸易。旅行信用证是银行为方便旅行者在国外旅行时取款而发给旅行者的一种信用凭证。

（4）信用卡

信用卡是银行或信用卡发卡机构对具有一定信用的顾客（消费者）发行的赋予信用的证书。由于使用方便，并能扩大银行信贷及商业购销业务，所以被广大消费者、银行和企业所采用。信用卡的推行，对于在银行开有存款账户的人来说，免去了使用支票的麻烦；对于特约商业经营单位来说，可以增加营业额，并解除收到空头支票或假支票的顾虑；对于发卡银行来说，则可以多吸收存款或垫付客户欠款，扩大利息收入。

（5）大额可转让定期存单

大额可转让定期存单是指银行发行的用于筹集稳定资金的书面证书，其特点是金额起点高、利息收入多且可转让流通。当持有者不愿持有时，可以转让取得现金，但不得提前支取，这就保证了银行对这部分资金的稳定利用。

3. 国库券

国库券（Treasury Bill）是财政部为平衡财政收支、筹集预算急需资金而发行的借款凭证，主要用于调节国库预算收支差额。国库券一般公开发行，期限短，最长不超过一年，其还本付息的来源是当年的预算收入。西方国家一般采取折价发行的方式，即低于票面金额出售，到期按票面金额偿付，差额视同持有人的利息收入。我国国库券是按面值发行的，期限也较长，因而是一种变相的中长期公债券。国库券可以向银行抵押、贴现。

（四）长期信用工具

长期信用工具通常包括债券与股票两类。

1. 债券

债券（Bond）是债务人发行的、证明持券人有权到期收回本金和获得利息的合法凭证。按照发行主体不同，债券可分为长期政府债券、公司债券和金融债券。

（1）长期政府债券

长期政府债券是政府为筹措生产建设资金而发行的借款凭证。按政府的等级划分，可分为中央政府债券和地方政府债券。

中央政府债券主要指国库券和中长期公债券，是国家信用的载体，是一国中央政府发行的债券，是政府以国家信用筹措资金的一种方式。具体包括以筹措战争费用为目的的战争债券、为弥补财政赤字而发行的财政债券和为进行公共建设筹资的建设债券。

地方政府债券也称市政债券，是地方政府为发展当地经济、建设公用事业而发行的债券。地方政府债券的信用度接近于国债，利率通常高于国债。由于有的市政债券可免交地方所得税，所以其收益率较高。市政债券包括一般责任债券和收益债券两类。前者是以地方政府的信用和征税权为保证而发行的市政债券，主要用于学校、图书馆、公园等公益性基础设施的建设。后者是以所投资项目的预期收益为唯一偿付保证的市政债券，主要用于道路、桥梁、煤水电系统等收益性基础设施的建设。

（2）公司债券

公司债券在我国也称企业债券，是公司依照法定程序发行的、约定在一定期限还本付息的债务凭证，主要用于长期投资和扩大生产规模。公司债券的发行者多为一流的大公司，但其信用度仍不可与长期政府债券相比，因此，公司债券风险较大，利率一般高于其他债券。

（3）金融债券

金融债券是商业银行或其他金融机构为筹集中长期信贷资金来源而向社会发行的借款凭证，其信用度较高，发行量大，交易活跃，利率也不低，一般为中长期债券。多数国家对发行金融债券进行了严格的规定。我国的金融债券属于特种债券。

2. 股票

股票（Stock）是股份公司发行的用以证明投资者的股东身份并据以获得股息收入的一种所有权凭证，是金融市场上重要的长期投资工具。股票作为一种现代企业制度和信用制度发展的产物，主要分为普通股和优先股两种类型。

（1）普通股

普通股是股份公司资本构成中最普通、最基本的股票形式，是指其投资收益（股利）随企业利润变动而变动的一种股份。公司的经营业绩好，普通股的收益就高；反之，收益就低。因此，普通股是风险最大的一种股份。一般来说，普通股主要有以下四个特点。

①股利的不稳定性。普通股的股东有权获得股利，但必须是在公司支付了债息和优先股的股息之后才能分得，一般视公司净利润的多少而定。

②对公司剩余财产的分配权。公司因破产或结业而进行清算时，普通股的股东有权分得公司剩余资产，但必须在公司的债权人、优先股股东之后才能分得。

③拥有发言权和表决权。普通股的股东有权就公司重大问题进行发言和投票表决，但是要遵循"一股一票"的原则。

④拥有优先认股权。当公司增发新普通股时，现有股东有权优先购买新发行的股票，以保持其对企业所有权的原百分比不变，从而维持其在公司中的权益。

（2）优先股

优先股，一般是公司成立后为筹集新的追加资本而发行的证券，是指优先于普通股分红并且领取固定股利的一种股票形式，优先股收益不受公司经营业绩的影响，因此，比普通股安全性高。相对于普通股而言，优先股主要有以下四个特点。

①股息固定。优先股的股息相对固定，公司经营状况良好时，优先股股东不会因此获得高额收益。

②优先的盈余分配权及剩余资产分配权。公司盈余进行分配时，优先股要先于普通股取得固定数目的股息。同样，在公司破产后，优先股在剩余资产的分配权上也要优先于普通股，但是必须排在债权人之后。

③一般没有表决权和发言权。在通常情况下，优先股股东的表决权会在很大程度上被加以限制甚至取消，从而不能参与公司的经营管理。

④不享有优先认股权。

3. 债券与股票的区别

债券和股票虽然都是筹集资金的重要工具，但二者又有严格的区别，主要表现在以下五个方面。

（1）两者的性质不同

债券体现的是债权关系，持券人有权到期收回本金并获得利息，但无权参与公司的决策与经营管理；股票体现的是所有权关系，公司财产属全体股东所有，股东凭持有的股份有权参与股份公司的决策与经营管理。

（2）两者的期限不同

债券通常有期限，债务人到期必须对债权人偿还本金；股票则没有偿还期，属于无期证书。因此，公司通过发行股票筹集起来的资金可以永远使用，不考虑偿还。

（3）两者的价格变动不同

债券的价格受市场供求关系影响较小，因而其价格波动的幅度不大；股票则受市场供求等因素影响经常波动，有时是剧烈的波动。

（4）两者的风险大小不同

由于债券的价格波动不大，利息收入固定，且有一定的发行保证，因此，对于投资者而言，债券的风险较小；而股票的价格波动幅度大，股息红利也不固定，特别是经济危机时期，公司倒闭破产，股票便一文不值，成为一张废纸。因此，对于投资者而言，股票的风险较大。

（5）两者的收益与国家的税收关系不同

公司债券的收益（利息）来源于税前利润，亦即公司债券的利息负担，可计入公司成本；股票的收益（股息红利）来源于股份公司的税后利润，即来源于股份公司的纯利润。

第二节　利息与利率

在现代社会中人们对利息并不陌生，向银行存款可以获得利息，银行发放贷款同样需要利息。利率是衡量利息高低的指标，是实际经济运行中非常重要的经济变量。要理解利率对经济的影响，必须了解利率由哪些因素决定。

一、利息

（一）利息的概念

利息是借贷关系中债务人支付给债权人的报酬，是在特定时期内使用借贷资本所付出的代价。根据现代西方经济学的基本观点，利息是投资者让渡资本使用权而索取的补偿。这种补偿由两部分组成。一是对机会成本的补偿：资本供给者将资本贷给借款者使用，即失去了现在投资获益的机会，因此需要得到补偿。二是对违约风险的补偿：如果借款者投资失败将导致其无法偿还本息，由此给资本供给者带来了风险，也需要由借款者给予补偿。因此，有：

$$利息=机会成本补偿+违约风险补偿$$

(二)利息的本质

马克思对利息的本质做了最为透彻的论述，他针对资本主义经济中的利息指出："贷出者和借入者双方都是把同一货币额作为资本支出的，但它只有在后者手中才执行资本的职能。同一货币额作为资本对两个人来说取得了双重的存在，这并不会使利润增加一倍。它之所以对于双方都能作为资本执行职能，只是由于利润的分割。其中归贷出者的部分叫作利息。"由此可见，利息本质上是利润的一部分，是利润在借贷双方之间的分割。

利息的本质具体表现为：①货币资本所有权和使用权的分离是利息产生的经济基础；②利息是借用货币资本使用权付出的代价；③利息是剩余价值的转化形式，利息实质上是利润的一部分。

二、利率

(一)利率的概念

利率(Interest Rate)也称利息率，是指在一定时间内利息与本金的比率，是决定利息多少的因素与衡量标准，能够反映借贷资本的价格水平。利率既决定着债务人的利息成本，也影响着债权人的利息收入。例如，你在某银行存了 10 000 元，一年后银行里的钱变成了 10 500 元，那么这里面的 500 元就是银行发给你的利息。利率等于利息(500 元)与本金额(10 000 元)的比率，也就是说一年期的银行存款利率为 5%。如果你从某银行贷款10 000 元，一年后银行要求你还 11 000 元，其中本金为 10 000 元，利息为 1 000 元，那么一年期的贷款利率就是 10%。贷款利率总是大于存款利率，否则银行会经营不下去。

利率表示借贷资本的使用价格，所有的金融资产与利率都有或多或少、或直接或间接的联系，利率的影响无处不在。因此，几乎所有国家都把利率作为宏观调控的重要工具之一，由国家的中央银行控制。利率不仅受经济社会中许多因素的制约和影响，利率的变动也会牵动整个经济社会的神经，会对经济产生重大的、多方面的影响。

(二)利率的种类

1. 按是否考虑物价变动因素分类

按是否考虑物价变动因素可分为名义利率和实际利率。

名义利率是相对实际利率而言的，是指不包括物价变动因素的利率。通常金融机构公布或采用的是名义利率。

实际利率也称真实利率，是剔除通货膨胀因素以后的利率。因此，实际利率等于名义利率减去通货膨胀率，计算公式如下：

$$R=i-p$$

式中　R——实际利率；

　　　i——名义利率；

　　　p——通货膨胀率。

对经济关系产生实质性影响的是实际利率，被人们更为看重。但在经济管理中，能够操作的只有名义利率，无法对实际利率进行直接调节。划分名义利率与实际利率的意义在于，它为分析通货膨胀情况下的利率变动及其影响提供了依据，便利了利率杠杆的操作。根据名义利率与通货膨胀率的比较，实际利率呈现三种情况：当名义利率高于通货膨胀率时，实际利率为正利率；当名义利率等于通货膨胀率时，实际利率为零利率；当名义利率小于通货膨胀率时，实际利率为负利率。实际利率为正有利于引导资金的合理流动和资源的优化配置，而零利率和负利率则会导致资金和资源的错配，对经济增长造成危害。总之，实际利率反映了借款人的真实借款成本，实际利率越低，借款人借入资金的动力就越大，贷款人贷出资金的动力就越小。

在不同的利率状况下，人们会采取不同的经济行为，例如 1988 年我国出现了高达 24.1% 的通货膨胀率，当时的名义利率只有 10.98%，即出现了较严重的实际负利率，负利率刺激消费扩大，导致抢购成风。

想一想：

如何看待我国出现的居民储蓄"负利率"现象？

补充阅读 2-5

通货膨胀对经济合同的影响

2012 年 11 月，中央电视台财经频道播出了 10 集纪录片《货币》，其中有这样一个案例。

1999 年，四川农民刘明福承包了 100 亩(1 亩 = 666.67 平方米)山地，承包期 50 年，最初约定承包费用每年 750 元。但在合同签订中，双方遇到了通货膨胀这个难题。出租方担忧人民币会贬值，一旦人民币贬值，每年 750 元的承包费就不值钱了；刘明福也担忧人民币贬值时，出租方会认为自己很吃亏而不租了，这对刘明福也是不利的。

最终，双方找到了一个办法，就是将承包费与黄金价格挂钩；每年的承包费以 7 克黄金的价格为标准。这就意味着，合同签订的 50 年中，不管人民币升值或贬值，每年的承包费必须可以购买 7 克黄金。合同签订时，黄金价格是每克 107 元，刘明福付了对方 750 元。

就在刘明福承包这块山林的几年中，他手中的钱已经发生了变化。12 年前，100 美元可以购买 4 桶原油，而今天，同样的 100 美元连 1 桶原油也买不到。价格上涨的不仅仅是原油。几年间，玉米的价格上涨了 1.78 倍，小麦的价格上涨了 1.54 倍，大米的价格上涨了 1.35 倍，黄金价格从 2000 年的每盎司不足 300 美元，到 2011 年最高涨到了每盎司 1 900 美元以上，涨幅超过 5 倍。

2. 按计息时间长短分类

按计息时间长短可分为年利率、月利率和日利率。

年利率通常以百分之几表示，是以年为时间单位计算利息，例如年利率 8.16%。

月利率通常以千分之几表示，是以月为时间单位计算利息，例如月利率 8‰，或者 0.8%。

日利率通常以万分之几表示，是以日为时间单位计算利息，例如日利率 5‱ 或者 0.05%。

年利率、月利率和日利率的关系：

$$年利率 = 月利率 \times 12 = 日利率 \times 360$$

按照我国的传统习惯，无论是年利率、月利率还是日利率都用"厘"作单位。虽然都是"厘"，但是差别极大，年利率的1厘是指1%，月利率的1厘是指0.1%或1‰，日利率1厘是指0.01%或0.1‰。另外，还有"分""毫"作为利率单位。分是厘的10倍，厘是毫的10倍。例如，利息是1分3厘8毫，指的是年利率13.8%。

3. 按借贷期内是否变动调整分类

按借贷期内是否变动调整可分为固定利率和浮动利率。

固定利率是指在整个借贷期限内，利息都按借贷双方事先约定的利率计算，而不随市场上货币资金供求状况而变化。固定利率适用于借贷期限较短或市场利率变化不大的情况，这样做简单明了，易于计算借贷成本。但当借贷期限较长，市场利率波动较大时，则不宜采用固定利率。因为在此期间通货膨胀的作用和市场上借贷资金供求状况的变化，会使借贷双方都有可能承担利率波动的风险。

浮动利率是指在借贷期限内，根据市场利率的变化情况而定期进行调整的利率。浮动利率最大的优点是能够灵活反映市场上的资金供求状况，更好地发挥调节作用。由于浮动利率可以随时予以调整，有利于减少利率波动所造成的风险，从而克服了固定利率的缺陷。但同时由于利率变化不定，使借贷成本的计算和考核都相对复杂，并有可能增大借方的利息负担。

4. 按利率决定方式分类

按利率决定方式可分为市场利率和官定利率。

市场利率是按照市场规律自由变动的利率，即由资金市场供求关系直接决定并由借贷双方自由议定的利率。资金供给大于需求，利率下降；资金供给小于需求，利率上升。目前，我国市场利率主要包括债券利率、同业拆借利率和贷款市场报价利率（Loan Prime Rate，LPR）等。

为深化利率市场化改革，进一步推动LPR运用，中国人民银行〔2019〕第30号公告申明，从2020年3月至2020年9月起，存量浮动利率贷款的定价基准转换为LPR，存款者可以在固定利率和浮动利率之间选择一个，机会只有一次（公积金不变）。

那么，LPR是什么呢？其实，它是由具有代表性的报价行，根据本行对最优质客户的贷款利率，以公开市场操作利率加点的方式形成报价，再由中国人民银行授权全国银行间同业拆借中心计算并公布的基础性的贷款参考利率。目前LPR已成为贷款利率定价的主要参考基准。

自2019年8月20日起，每月20日（遇节假日顺延）9：30，中国人民银行授权全国同业拆借中心公布当月LPR。LPR每月产生一次，由18家报价银行独立报价，全国同业拆借中心按去掉最高和最低报价后进行算术平均，向0.05%的整数倍就近取整计算得出，LPR主要有1年期和5年期以上两个品种。

存量浮动利率贷款定价基准转换为LPR，除商业性个人住房贷款外，加点数值由借贷双方协商确定。商业性个人住房贷款的加点数值应等于原合同最近的执行利率水平与2019年12月发布的相应期限LPR的差值。从转换时点至此后的第一个重定价日（不含），执行的利率水平应等于原合同最近的执行利率水平，即2019年12月相应期限LPR与该加点数值之和。之后，自第一个重定价日起，在每个利率重定价日，利率水平由最近一个月相应期限LPR与该加点数值重新计算确定。

那么，使用 LPR 定价后，如何确定和表示贷款合同里的利率呢？

（1）固定利率贷款的定价：固定利率贷款在合同期限内利率水平保持不变，按照合同中明确的某个时间点或时间段的 LPR 加减点确定具体利率水平，利率水平一旦确定，直至借款到期日保持不变。

例如，一笔 3 年期固定利率贷款，合同约定在签订日前最新公布的 1 年期 LPR 基础上加 30 个基点确定利率，合同签订日前最新公布的 1 年期 LPR 为 4.15%，那么这笔贷款在借款期内的利率水平为 4.45%（4.15% +0.3% =4.45%），并保持不变直至到期。

（2）浮动利率贷款的定价：浮动利率贷款应在合同中约定以一定的时间周期，按相应期限 LPR 加减某一确定的点差计算具体利率水平，利率随参考的 LPR 变动而浮动。

又如，一笔 7 年期浮动利率贷款，约定每 3 个月重新定价，约定的点差为加 5 个基点（即 0.05 个百分点），参考的基准为贷款发放日或重新定价日前最新公布的 5 年期以上 LPR。贷款发放日为 2019 年 8 月 21 日，由于 8 月 20 日的 5 年期以上 LPR 为 4.85%，则 2019 年 8 月 21 日至 11 月 20 日的利率为 4.9%（4.85% +0.05% =4.9%）；2019 年 11 月 20 日的 5 年期以上 LPR 为 4.8%，则自 2019 年 11 月 21 日至 2020 年 2 月 20 日，利率为 4.85%（4.8% +0.05% =4.85%）。以此类推。

再如，一笔 15 年期浮动利率个人住房贷款，约定在每年 1 月 1 日重新定价，约定的点差为加 20 个基点（即 0.2 个百分点），参考的基准为每年 12 月 20 日的 5 年期以上 LPR。合同签订日为 2019 年 8 月 21 日，由于 8 月 20 日公布的 5 年期以上 LPR 为 4.85%，则该笔房贷 2019 年 8 月 21 日至 12 月 31 日的利率为 5.05%（4.85% +0.2% =5.05%）；2019 年 12 月 20 日的 5 年期以上 LPR 为 4.8%，则 2020 年 1 月 1 日至 12 月 31 日的利率为 5%（4.8% +0.2% =5%）。以此类推。

官定利率是由中央银行或政府的金融部门所规定的利率。我国目前的官定利率主要有存贷款基准利率、准备金率、再贴现率、再贷款率。

5. 按地位不同分类

按地位不同可分为基准利率和其他基准利率。

基准利率是指在多种利率并存的条件下起决定性作用的利率。所谓起决定作用的意思是这种利率变动，其他利率也相应变动。从理论上说，基准利率是指通过市场机制形成的无风险利率。一般来说，利息包含对机会成本的补偿和对风险的补偿。利率中用于补偿机会成本的部分往往由无风险利率表示。在这个基础上由于风险的大小不同，风险溢价的程度也千差万别。相对于千差万别的风险溢价，无风险利率也就成为"基准利率"。

西方国家所说的基准利率一般是指中央银行的再贴现率。目前，中国人民银行将各专业银行和其他金融机构的存贷款利率作为基准利率，利率市场化之后，中央银行的再贴现率将作为我国的基准利率。

在我国，存贷款基准利率是指中国人民银行公布的指导性利率，包括存款基准利率和贷款基准利率，在金融市场上具有普遍参照作用，金融机构的存贷款利率或其他金融资产价格均可根据这一基准利率水平来确定，见表 2-2 与表 2-3。

其他基准利率是在金融市场发展过程中，通过实际交易或金融机构报价，逐步形成了一系列市场化的基准利率，例如上海银行间同业拆借利率（Shibor）、国债收益率曲线、贷款基础利率（LPR）等，为货币市场交易、债券和贷款等利率定价提供了重要参考。

表 2-2　金融机构人民币存贷款基准利率表

各项存款利率(银行信息港提供)	利率/%
活期存款	0.35
整存整取定期存款	利率/%
三个月	1.10
半年	1.30
一年	1.50
二年	2.10
三年	2.75
各项贷款	利率/%
一年以内(含一年)	4.35
一年至五年(含五年)	4.75
五年以上	4.90
公积金贷款	利率/%
五年以下(含五年)	2.75
五年以上	3.25

数据来源：中国人民银行网站

表 2-3　2019 年 8 月 20 日人民币贷款市场报价利率(LPR)

项目	年利率/%
贷款市场报价利率(一年期)	4.25
贷款市场报价利率(五年期以上)	4.85

数据来源：中国人民银行网站

(三)利率体系

利率体系是指在一定时期内各种利率按一定规则所构成的一个复杂系统。在一个经济体内存在着多种利率，它们之间的相互作用对利率水平的决定影响很大。为准确掌握利率的内涵，有必要对利率体系做一简要介绍。一般而言，利率体系包括以下内容。

一个国家在一定时期内各类利率按一定的规则构成利率体系。利率体系的划分方式有两种：①按所依附的经济关系划分为存款利率和贷款利率；②按借贷主体划分为银行利率(中央银行利率和商业银行利率)、非银行金融机构利率、有价证券利率和市场利率。各种不同的利率均按期限划分为不同的档次。利率体系的简单与复杂，主要取决于经济金融发展的需要。就我国而言，利率体系结构主要有中央银行利率、商业银行利率和市场利率。

在中央银行利率中主要有中央银行对商业银行和其他金融机构的再贴现(再贷款)利率，商业银行和其他金融机构在中央银行的存款利率等。在商业银行利率中主要有商业银行和其他金融机构吸收各种存款的利率，发行金融债券利率，发放各项贷款利率，商业银行之间互相拆借资金的同业拆借利率。市场利率中主要包括商业信用利率、民间借贷利率，以及政府部门、企业发行各种债券的利率等，我国的利率体系如图2-2所示。

图2-2 我国的利率体系

在各种利率中，中央银行利率对商业银行利率和市场利率具有调节作用，甚至中央银行调整利率的意图都对其产生直接影响，因此，人们把中央银行的再贴现利率称为基准利率。商业银行利率和市场利率灵敏地反映着货币资金供求状况，因此是中央银行调整利率的指示器。我国各种利率的传导机制如图2-3所示。

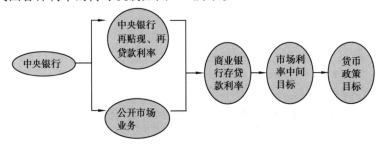

图2-3 我国利率之间的传导机制

各种利率之间的传导机制是通过以下途径进行的。中央银行对商业银行存贷款利率和市场利率从两个方面施加影响：一方面，中央银行调整对商业银行的再贴现利率，调节商业银行的可贷资金量，影响商业银行的存贷款利率，进而调节金融市场上货币资金的供求状况，使市场朝着中央银行的调节目标变动；另一方面，中央银行直接在金融市场上买卖有价证券，通过调节市场货币资金供求状况，影响商业银行存贷款利率和市场利率。而市场利率又是中央银行货币政策的中间目标，中央银行以此监测货币政策的执行情况，并根据市场利率变动情况采取相应的政策调节措施，其中包括调整中央银行利率和实施公开市场操作等，并实现货币政策的最终目标。

(四)利率的计算

1. 单利与复利

(1)单利

单利是指在计算利息额时，不论期限长短，仅按本金计算利息，所产生的利息不再加入本金重复计算利息。利息总额为：

$$I = P \times r \times n$$

式中 I——利息总额；

P——本金；

r——利率；

n——借贷年限。

那么，本息和，也就是本金和利息之和的公式为：

$$F=I+P=P\times r\times n+P=P\times(1+n\times r)$$

式中　F——本息和。

【例1】钱多多借款10万元，年利率为10%，借款期限为3年，按照单利计息，那么到期钱多多应该偿还利息多少，本息和多少？

解：
$$I=P\times r\times n=10\times10\%\times3=3(万元)$$
$$F=I+P=P\times r\times n+P=P(1+nr)=3+10=13(万元)$$

（2）复利

复利是指计算利息时，要按一定期限，将上期所产生的利息转化为本金继续计息，逐期滚算，俗称"利滚利"。本息和与利息总额的计算公式分别如下：

$$F=P(1+r)^n$$
$$I=F-P=P(1+r)^n-P$$

【例2】钱多多借款10万元，年利率为10%，借款期限为3年，按照复利计息，那么到期钱多多应该偿还利息多少，本息和多少？

解：
$$F=P(1+r)^n=10(1+10\%)^3=13.31(万元)$$
$$I=F-P=P(1+r)^n-P=13.31-10=3.31(万元)$$

显然，单利计息，手续简单，计算方便，有利于减轻债务人的利息负担；复利计息，计算相对复杂，但是其中体现了货币的时间价值，更为合理。复利法在投资决策、财务管理等领域广泛使用。

通过上面的计算分析，当 $n=1$ 时，不管单利计算还是复利计算，终值是一样的，但是当 n 越来越大，单利计算和复利计算的终值之间的差距也就越来越大。例如，图2-4采用本金20万元，利率为10%，两种方法计算的终值在前10年，复利终值比单利终值多了11.87万元，到50年的时候差距是2 227.82万元，60年的时候是5 949.63万元，复利终值是单利终值的43.5倍。

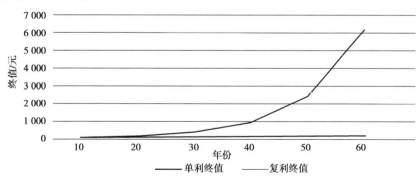

图2-4　单利终值与复利终值对比

从以上分析，可以看出影响本息和的三要素：投入资金的数额、收益率（利率）大小和投资时间长短，三要素与最终的本息和呈正相关关系。

补充阅读2-6

你愿意慢慢变富吗?

有一次Airbnb的CEO布莱恩·切斯基和亚马逊的CEO贝佐斯坐下来聊天,两个人谈到了自己共同的偶像巴菲特。切斯基问贝佐斯:"你觉得巴菲特给过你最好的建议是什么?"

贝佐斯说,有一次我问巴菲特:"你的投资理念非常简单,而且你是世界上第二有钱的人……为什么大家不直接复制你的做法?"

巴菲特说:"因为没有人愿意慢慢地变富。"

这是巴菲特说过的很多关于投资的至理名言里,对普通投资者最有意义的一句话。那么,投资中,这种"不愿意慢慢变富"的心态,是怎么影响我们投资成功的呢?

首先提出一个问题:80多岁的巴菲特目前身价有七八百亿美元之多,是世界上最富有的几个人之一。那么请猜想一下,巴菲特50岁之后挣到的钱,占他所有身价的百分之多少?

——30%、50%,甚至70%、80%?但实际答案是:99.8%。是的,巴菲特全部身价的99.8%,都是在他50岁之后累积的。

所以,当我们"感觉"巴菲特很有钱的时候,其实感觉到的是他人生后半程所累积的巨额财富——虽然年轻时的巴菲特比起一般人也相当富有了,但远远称不上世界顶级富豪。

再看同样非常富有的马云,他是什么时候开始变得有钱的呢?截至2019年,55岁的马云,90%的资产都是50岁以后挣得的。

很吃惊对不对?

这两个例子向我们展示了一个事实:一个人财富累积的过程,很可能跟我们直觉想象的完全不一样,这并不是一个线性累积的过程。无论是多大的富豪,他们的巨额财富大部分都是人生中很后面的部分才累积到的,而这对普通投资者来说也是一样。这就是开头说的"慢慢变富"的含义。

在投资这条路上,人们就要习惯自己需要慢慢变富这个事实。

很多人可能会说:好的,我已经做好这个心理准备了,我可以接受慢慢变富,我可以等。

但是,这件事可能没有表面上说的那么容易。

例如,顶级华人投资家和企业家李嘉诚先生旗下著名的公司就是长江和记实业有限公司——简称"长和集团",如果从1972年长和集团上市开始计算,截至2018年3月李嘉诚先生宣布退休时,整个公司的市值在46年里翻了5 000倍左右,绝对是商业史上的一个奇迹。

假设你现在穿越回1972年,告诉自己的父母或者更往上一辈,如果有钱一定要买这家公司的股票,然后一直持有坚决不卖。如果你这么做的话,你现在能挣多少钱呢?

1972年,中国大陆大多数家庭一年的收入可能只有几十块钱。假设你当时非常有胆量,拿出100块钱买了长和股票,那么到2018年,你的钱在翻了5 000倍以后,就变成了50万人民币。

对于很多人来说,50万人民币当然是一笔不小的数目。但它可能并不是能让你的生活水平发生天翻地覆变化的一笔钱。换句话说,如果想靠投资为生,没有足够的本金是不可能实现的。哪怕眼光极好,投到了李嘉诚也没有用。所以,不断在生活中积累本金也是"慢慢变富"很重要的一个方面。

可是，本金这么重要，通过工资来积累太慢了，通过投资积累不也一样吗？是不是可以去投一些好项目、好产品，一下回报很多倍，然后再做长期投资也不迟。如果这样想，就走入了另外一个误区。

在生活中，确实能看到或听到很多"短时间内翻了好几倍"的投资案例，但这背后一个很大的陷阱是：投资界没有免费的午餐。当你去博取高回报时，对应的一定是更大概率的亏损。而亏损，在让人们变富这件事上，会带来巨大的负面影响。

这不仅是一个简单的赔钱问题，亏损带来负面影响的本质，是它会带来另一个很可怕的现象，叫作"负复利"。所谓"负复利"——这里的"负"是"正负"的"负"——是指对投资回报起到的作用正好相反。

可以用一道简单的数学题来说明这个道理：假设你是一个投资奇才，一年挣得了100%的回报，那么你下一年要亏损多少，会把所有挣的钱亏回去呢？答案我们都算得出来，只要50%。

同样，哪怕你某一年运气不好亏损了1/3，那么想要"回本"，接下来的投资收益就得变成50%之多。复利在赚钱时有多正向，亏钱时就有多逆向。所以，我们看到的那些短时间内翻了好几倍的投资，往往是小概率发挥了一次作用，但下一次结果如何就很难说了。换句话说，博取短时间内不合理高回报的本质都是在和概率作对。和概率作对，一次两次还可能侥幸赢，但时间一长，输是必然的结局。

所以，当真的发生亏损时，就会发现自己只有承担更多风险，去博更高的回报，才能把之前的亏损补回来。而在这个过程中，又承担了新的风险，可能会遇到新的亏损。如此恶性循环下去……别说慢慢致富了，最后把所有钱都赔进去也是有可能的。而且，不要以为负复利只对这种大幅亏损起作用，哪怕是相对小幅度的赔本，都会对长期的投资回报率产生很大的影响。

例如，我们还可以算一道简单的数学题，如果你连续10年的投资收益是这样的：第一年赚20%，第二年亏15%；第三年赚20%，第四年亏15%；第五年又赚20%，第六年再亏15%……以此类推。那么这10年你总共的投资回报有多少呢？

稍微计算一下就可以得出答案：10.4%。10年总回报10.4%，每年连1%都不到。算上通货膨胀的影响，实际上你不但没有赚到钱，还白白损失了10年的宝贵时间。

那么，普通人真的就没法参与那些高风险、高回报的投资了吗？万一以后有这种机会，应该如何面对呢？

笔者有两点建议：第一，如果做风险很高的投资，那么它带来的回报一定要足够高，潜在收益最好是几十倍、几百倍甚至几千倍，否则得不偿失；第二，做高风险投资时，一定要做好亏损100%的准备，如果你的钱白花了也能接受，同时也不会用很多钱去赌，这就是一个比较好的心态。

（资料来源：根据张居营《慢慢变富》和网络公开资料整理）

2.终值与现值

（1）现值与终值的概念

货币时间价值表现方式有现值、终值两种。现值是货币的现在价值（本金），终值是现值在一定时期后的本利之和。

资金是有时间价值的，因为资金在使用过程中会由于提高了生产率而产生增值。那么，假设现在问你一个问题：某人今天给你 100 元钱和一年以后给你 100 元钱，你会选择哪一个呢？你可能会毫不犹豫地回答，选择今天得到 100 元钱。因为最起码你可以把今天的 100 元钱存入银行，如果存款的年利率为 10%，一年后你会得到 110 元钱。如果你把这 100 元钱用于其他投资，一年后你可能会得到更多的回报。也就是说，今天 100 元钱的价值要大于一年后 100 元钱的价值。

如果我再问你一个难一点的问题：今天给你 100 元钱和 10 年以后给你 200 元钱，你会选择哪一个？为了回答这个问题，你需要用某种方法来比较不同时点上的货币价值。这里需要用到现值和终值的概念。现值是指某项资产现在的价值，终值是指某项资产未来的价值。经济学上通常使用复利计算资金的现值和终值，复利就是人们通常讲的驴打滚，利滚利。那么，我们现在有两种方法来解决上面的问题。

方法一：如果你今天把 100 元钱存入银行，假设银行存款利率为 10%，这 100 元钱 10 年后的价值是多少？即这 100 元钱 10 年后的终值是多少？

一年后的终值为：

$$100 \times (1+10\%) = 110(元)$$

两年后的终值为：

$$100 \times (1+10\%) \times (1+10\%) = 100 \times (1+10\%)^2 = 121(元)$$

三年后的终值为：

$$100 \times (1+10\%)^2 \times (1+10\%) = 100 \times (1+10\%)^3 = 133.1(元)$$

以此类推，10 年后的终值为：

$$100 \times (1+10\%)^{10} = 259.37(元)$$

通过计算可知，今天 100 元钱的价值等于 10 年后 259.37 元钱的价值，所以应该选择今天的 100 元钱，而不应该选择 10 年后的 200 元钱。

在经济学中，我们通常用 P 表示现值，用 S 表示终值，用 i 表示利率，用 n 表示时间，则复利终值的计算公式可表示为：

$$S = P(1+i)^n \tag{2-1}$$

方法二：假设银行存款利率为 10%，10 年后的 200 元钱现在的价值是多少？即现值是多少？也就是说，你现在需要在银行存多少钱，才能在 10 年后得到 200 元？

由于复利现值是与复利终值相对应的一个概念，根据上述复利终值公式：

$$S = P(1+i)^n$$

可以推导出复利现值公式：

$$P = \frac{S}{(1+i)^n} \tag{2-2}$$

根据式(2-2)，可以计算出 10 年后 200 元钱的现值为：

$$\frac{200}{(1+0.1)^{10}} = 200 \times 0.3855 = 77.1(元)$$

通过计算可知，10 年后 200 元钱的价值等于今天 77.1 元钱的价值，所以应该选择今天的 100 元钱，而不应该选择 10 年后的 200 元钱。

需要指出的是，你作出选择的关键是利率，如果利率发生变化，你作出的选择可能不同。如果银行存款利率变为 5%，10 年后 200 元钱的现值则变为 122.78 元，在这种情况下，你应该选择 10 年后的 200 元钱，而不应该选择今天的 100 元钱。

（2）现值公式的运用

现值的概念在现实经济生活中有着广泛的应用。例如，在商业票据交易中可以将票据面额作为终值，选择某一市场利率按照现值公式估计票据的当前价格，即票据的"贴现值"。对于无息债券如短期国库券，也可以按照类似方法估计现值。现值公式还可以用于各类资产以及投资项目的评估。

下面介绍用现值方法比较同一投资项目的两种投资方案。

例：设有一投资项目需要 10 年建成，甲、乙两种方案分别需投资 9 500 万元和 1 亿元，市场利率为 10%。两种方案各年度投资以及投资的现值分布见表2-4。

表2-4　两种方案各年度投资以及投资的现值分布　　　　　　　　单位：万元

甲方案			乙方案		
年份	每年年初投资额	现值	年份	每年年初投资额	现值
1	5 000	5 000.00	1	1 000	1 000
2	500	454.55	2	1 000	909.09
3	500	413.22	3	1 000	826.45
4	500	375.66	4	1 000	751.31
5	500	341.51	5	1 000	683.01
6	500	310.46	6	1 000	620.92
7	500	282.24	7	1 000	564.47
8	500	256.58	8	1 000	513.36
9	500	233.25	9	1 000	466.51
10	500	212.04	10	1 000	424.1
合计	9 500	7 879.51	合计	10 000	6 759.22

哪种方案更好些？将两种方案的现值总额作为投资成本，显然乙方案更加可行。可比甲方案节约 1 000 多万元投资成本。

（3）到期收益率

金融市场上存在着各种债券，其期限、票面利率及出售价格各不相同，为了比较不同债券的实际收益率，必须找到一个统一的衡量指标，这个指标就是到期收益率。到期收益率是指购买债券并持有到债券期满时，投资者获得的实际收益率。到期收益率是使一个债务工具未来支付的现值等于当前价值的利率，或是使某种债务工具的现值与价格相等的一种利率。

计算到期收益率需要确定两个因素：一是债券的购买价格，需要指出的是，由于债券市场的价格经常发生波动，因此债券的购买价格并不一定等于债券的面值；二是购买债券后所能得到的未来现金流。确定好这两个因素后，根据前面讨论的现值概念，到期收益率的计算还是比较容易的。例如，假设债券的购买价为 P，购买债券后能得到的未来现金流为 S_1，S_2，…，S_n，当采用的折现率为 i 时，债券的现值 P_1 等于

$$P_1 = \frac{S_1}{1+i} + \frac{S_2}{(1+i)^2} + \cdots + \frac{S_n}{(1+i)^n} \tag{2-3}$$

如果 $P_1 = P$，购买债券并持有到债券期满时，债券的到期收益率就是 i。这是银行现在购买债券的实际收益率。因此，在知道债券价格 P，债券的未来现金流 $S_1, S_2, \cdots, S_n$ 后，从式(2-3)解出未知的 i，就是债券的到期收益率。这样，债券的到期收益率就是使债券的未来现金流的现值等于债券购买价时所使用的贴现率。计算到期收益率时，采用的折现方法是每年一次的复利计算。

例题：如果票面金额为 1 000 元的两年期债券，第一年支付 60 元利息，第二年支付 50 元利息，现在的市场价格为 950 元，求该债券的到期收益率为多少？

$$950 = \frac{60}{1+r} + \frac{50}{(1+r)^2} + \frac{1\ 000}{(1+r)^2}$$

解得到期收益率 YTM $= r \approx 8.34\%$

补充阅读 2-7

各种投资工具的到期收益率

1. 普通贷款

普通贷款是最常见的融资方式，资金由贷方贷给借方，双方约定还款的日期和利息，到期后连本带息一次性偿还。例如，一笔普通贷款的数额为 Q 元，期限为 n 年，双方约定的年利率为 i，由于到期时放贷人获得的一次性本息和为 $Q \cdot (1+i)^n / (1+i)^n = Q$，用 i 表示折现率时 n 年后的 $Q \cdot (1+i)^n$ 元的现值为 $Q \cdot (1+i)^n / (1+i)^n = Q$(元)，因此，对普通贷款来说，贷款者的到期收益率就是普通贷款的利率。

2. 分期偿还贷款

分期偿还贷款是由贷方一次性向借方提供一定数额的资金，借贷双方约定利率，借款的本息由借方分期偿还，每期偿还一个固定数额。银行向消费者发放大额中长期贷款如住房按揭贷款时，通常采用这种方式。

例如：小王向银行借了 10 万元的分期偿还贷款，分 25 年还清，每年偿还 12 600 元。银行发放这笔贷款的到期收益率 i 可由下式解出：

$$100\ 000 = \frac{12\ 600}{1+i} + \frac{12\ 600}{(1+i)^2} + \frac{12\ 600}{(1+i)^3} + \cdots + \frac{12\ 600}{(1+i)^{25}}$$

解此方程得 $i = 0.12$，因此 0.12 就是小王借这笔钱每年支付的利率。

3. 息票债券

息票债券是发行人按债券本金和票面利率定期向债券持有者支付利息，到期后再将本金连同最后一期利息一起支付给债券持有者的债券。如果债券的持有期为 n 年，债券的面值为 F，每年支付的利息为 C，当债券的发行价为 P 时，该债券的到期收益率 i 可由下式解出：

$$P = \frac{C}{1+i} + \frac{C}{(1+i)^2} + \cdots + \frac{C}{(1+i)^n} + \frac{F}{(1+i)^n}$$

4. 永久债券

永久债券是定期支付固定利息，但永远没有到期日的债券。假定永久债券每年支付的利息为 C，债券的价格为 P，永久债券的到期收益率 i 满足：

$$P = \sum_{t=1}^{\infty} \frac{C}{(1+i)^t} = \frac{C}{i}$$

这样 $i = C/P$，即永久债券的到期收益率等于其固定利率与价格之比。如果一张永久债券每年支付利息 10 元，债券价格为 100 元，该债券的到期收益率为 10%。

5. 贴水债券

贴水债券也称贴现债券，这种债券发行后不支付利息，到期后债券发行人按面值向债券持有人支付金额，债券发行时通常按面值的一定折扣销售。如果贴现债券的期限为 n 年，面值为 F，发行价格为 P，债券的到期收益率 i 满足：

$$P = \frac{F}{(1+i)^n}$$

例如，某公司发行的贴水债券面值为 100 元，期限为 4 年，如果这种债券的销售价格为 75 元，根据上述公式计算得到的到期收益率 i 为 7.46%。

3. 影响利率变动的主要因素

利率的确定必须遵循客观经济规律，综合考虑影响利率变动的各种因素，并根据经济发展和资金供求状况灵活调整。从宏观角度来看，决定利率的因素主要有以下几点。

（1）平均利润率

平均利润率是影响利率水平的基本因素之一。在市场经济条件下，资金可以自由流动，资金会从低利润率的行业流向高利润率的行业，最终使各行业的利润率趋于均衡，形成平均利润率。一方面，平均利润率是利率的最高界限，若超过这个界限，企业借入资金无利可图，便不会借入资金从事生产经营。另一方面，在一般情况下，利率也不可能低于或等于零，否则资金所有者就不愿意将资金贷放出去，宁可保留在自己手中。因此，利率只能在零和平均利润率之间波动。

（2）借贷资本的供求关系

借贷资本的供求关系是影响利率的重要因素。从理论上看，利率的取值介于零和平均利润率之间；但是在利率水平的具体确定上，借贷资本的供求关系起着决定性的作用。因为利率是资金的价格，一般来说，当借贷资本供不应求时，利率上升；供过于求时，利率下降。利率水平不仅受货币资金供求关系的影响，反之利率水平也影响货币资金的供求关系，因此利率是国家调节资金供求关系的重要杠杆。

（3）物价水平

物价水平对利率的确定有直接影响。物价上涨，货币就会贬值。存款利率低于物价上涨幅度，意味着客户存款的购买力不但没有增加，反而减弱了；贷款利率低于物价上涨幅度，则意味着银行贷款的实际收益不但没有增加，反而减少了。所以，当实际利率水平基本保持不变时，利率与物价的变动具有同向运动趋势，物价上涨时，利率上升；物价下跌时，利率下降。

（4）经济周期

经济周期对利率具有重大影响。社会经济发展存在明显的运行周期，主要包括危机、萧条、复苏和繁荣四个阶段，它对利率波动有很大影响。在危机阶段，利率急剧上升，达到最高限度；在萧条阶段，利率会迅速下降，降到最低程度；在复苏阶段，利率比较平稳；在繁荣阶段，利率会有所上升。

（5）中央银行的贴现率

中央银行的贴现率通常是各国利率体系中的基准利率，它的变动会对利率体系产生决定性影响。中央银行提高贴现率，相应提高了商业银行的借贷资金成本，市场利率会随之提高；反之，中央银行降低贴现率，就会降低市场利率。

（6）国家经济政策

国家经济政策对利率起调控作用。国家在一定时期制定的经济发展战略、速度和方向，决定了资金的需求状况以及对资金流向的要求。政府可以利用财政政策和货币政策对利率水平和利率结构进行调节，从而利用利率的杠杆作用调节整个国民经济的发展。

（7）国际利率水平

在开放的市场经济条件下，资本可以自由流动，国际利率的变动必然会引起国内利率的变动。如果国内利率高于国际利率水平，资本将大量涌入，导致国内金融市场上资金供大于求，国内利率下降；反之，如果国内利率低于国际利率水平，则资本将流出，国内资金供不应求，国内利率上升。

除了以上7种因素外，决定一国在一定时期内利率水平的因素还有很多。例如，一国的利率水平还与该国货币的汇率有关，当本币贬值时，国内利率上升。此外，借贷期限长短、借贷风险大小、一国经济开放程度、银行成本、银行经营管理水平等因素，都会对一国国内利率产生重要影响。因此，必须综合分析各种因素，才能找出一定时期内影响利率水平变动的主要原因。

补充阅读2-8

负利率真的存在吗？

查阅"负利率"的概念，你会得到如下定义"负利率是指通货膨胀率高过银行存款利率"，进一步的解释是"物价指数（CPI）快速攀升，导致银行存款利率实际为负"。这个负利率只是老百姓计算自己的实际财富损失时所说的负利率，实际上还有名义上的负利率。

名义上的负利率极为罕见。因为，名义利率倘若为负值，则意味着借款人不用从事生产，只要从贷款人那里借到钱，就会定期得到贷款人的利息支付。这是什么样的"美好时代"啊！

不过，"极为罕见"并非意味着"从未出现"。20世纪70年代末，由于瑞士法郎十分坚挺，瑞士中央银行投入大量资金用于干预外汇市场，致使瑞士银行间市场出现名义利率瞬间为负的情况。瑞士的银行以保密工作做得好而世界闻名，所以世界各地的有钱人大都喜欢把钱存放在瑞士的银行。包括"罪恶的犯罪分子"，他们把走私毒品、贩卖军火或贪污受贿所得到的钱存到瑞士银行洗钱，搞得瑞士银行的保险柜都不够用。所以，瑞士银行就曾经宣布，鉴于"管理成本"的问题，对存入银行的钱收取负利率。

目前各国中央银行几乎都设定低利率，这到底是怎样形成的呢？

原来，自2008年金融危机爆发以来，在"挽救世界经济"的名义之下，美联储在2008年12月17日，将美元的基准利率降低到0~0.25%的历史低位。其他国家的中央银行也纷纷跟进：欧盟中央银行，2009年5月7日起，将欧元的基准利率降低到1%的历史低位，同日，英国中央银行也将英镑利率降低到0.5%的历史低位；瑞士中央银行，2009年3月12日将瑞士法郎的利率降低到0.25%的历史低位；日本中央银行更是主动跟进，在2008年12月19日将日元利率降低到0.1%；其他国家的中央银行，例如加拿大中央银行，在2009年4月21日，将加元的利率降低到0.25%的历史低位，新西兰元降到0.25%、挪威克朗降到1.75%、丹麦克朗降到1.2%、瑞典克朗降到0.25%、韩元降到2%……

　　根据当代最盛行的通货膨胀理论，当 CPI 增幅超过 3% 时，可称为通货膨胀，也就是说，CPI 小于 3% 并不被认为存在通货膨胀。这样一来，凡是名义利率低于 3% 的，基本上可以认为是负利率或者零利率。无怪乎有人感叹，2008 年金融危机，让人类携手跨入了"零利率时代"！

　　（资料来源：蒋先玲.货币金融学［M］.2 版.北京：机械工业出版社，2017.）

　　4.利率理论

　　（1）利率决定理论

　　利率决定理论主要研究经济体系中对利率尤其是市场利率具有决定性作用的因素。该理论对于有效发挥利率杠杆的作用、有效运用货币政策有非常重要的意义。现代西方经济学的利率决定理论在不断发展和完善，并且从不同的角度形成了不同的学派，主要包括古典利率理论、流动性偏好理论和可贷资金理论。

　　①古典利率理论。

　　古典利率理论是对 19 世纪末至 20 世纪 30 年代西方国家各种不同利率理论的一种总称。该理论严格遵循古典经济学重视实物因素的传统，主要从生产消费等实际经济领域探求影响资本供求的因素，因而是一种实物利率理论，也称储蓄投资利率理论。

　　a.资本供给来自社会储蓄，储蓄是利率的增函数。古典学派认为，资本供给主要来自社会储蓄，储蓄取决于人们对消费的时间偏好。古典利率理论假定个人对当期消费有特别的偏好，因此，鼓励个人和家庭多储蓄的唯一途径就是对人们牺牲当期消费予以补偿，这种补偿就是利息。利率越高，意味着补偿越多，储蓄也会相应增加，即储蓄是利率的增函数。如图 2-5 中的 S 曲线所示，储蓄随利率的上升而上升。

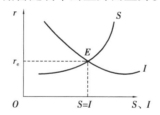

图 2-5　古典利率理论示意图

　　b.资本需求来自社会投资，投资是利率的减函数。古典学派认为，资本的需求来自投资。各个企业在做投资决策时，一般会考虑两个因素：一是投资的预期收益，即资本的边际回报率；二是资本市场上的筹资成本，即融资利率。只要资本的边际回报率大于融资利率，投资就有利可图，促使企业进行借贷和投资。当利率降低时，预期回报率大于利率的可能性增大，投资需求就会不断增加，即投资是利率的减函数。如图 2-5 中的 I 曲线，投资随利率的上升而下降。

　　c.均衡利率是储蓄与投资相等时的利率。古典学派认为，利率由储蓄和投资的相互作用所决定，只有当储蓄者愿意提供的资金与投资者愿意借入的资本相等时，利率才达到均衡水平，如图 2-5 中的点 E 所示，此时，均衡利率为 r_e。若现行利率高于均衡利率，则必然发生超额储蓄供给，诱使利率下降接近均衡利率水平；若现行利率低于均衡利率，则必然发生超额投资需求，拉动利率上升接近均衡利率水平。

　　古典利率理论的隐含假定是，当实体经济部门的储蓄等于投资时，整个国民经济达到均衡状态。因此，该理论属于"纯实物分析"框架。此外，古典利率理论是对某一时间段内的储蓄流量与投资流量的变动进行分析，因此是一种流量分析方法。

②流动性偏好理论。

凯恩斯学派的利率决定理论是一种货币理论，认为利率是由货币的供求关系决定的，并创立了利率决定的流动性偏好理论。

a.货币供给曲线。

凯恩斯认为，在现代化经济体系里，货币供给基本上为一国中央银行所控制，是一个外生变量，独立于利率的变动。所以，货币供给曲线，如图 2-6 中的 M_S 所示，是一条不受利率影响的垂线。当中央银行增加货币供给时，货币供给曲线向右移动，如图 2-6 中的 M_S' 所示；反之，货币供给曲线向左移动。

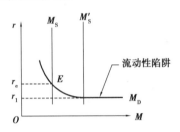

图 2-6　流动性偏好理论示意图

b.货币需求曲线。

凯恩斯认为，人们存在一种流动性偏好，即企业和个人为了进行日常交易或者为预防将来的不确定性而愿意持有一部分货币，由此产生了货币需求。在其他条件不变的情况下，当预期利率下降、有价证券的价格上升时，企业和个人就会将现金投资于有价证券，以便获得收益，货币需求就会增加。因此，货币需求曲线，如图 2-6 中的 M_D 曲线所示，是一条向右下方倾斜的曲线，它表明货币需求是利率的减函数。

c.货币供给与货币需求相等时决定均衡利率水平。

当 $M_S = M_D$ 时，即货币供给与货币需求相等时所决定的利率就是均衡利率 r_e，如图 2-6 中的点 E 所示。当利率处于均衡利率水平之上时，货币供给超过货币需求，资金盈余部门将会用多余的货币购买债券，导致债券价格升高，促使利率下降并向均衡利率方向移动；反之，当利率低于均衡利率水平时，投资者会反向操作，利率同样会重新向均衡利率方向移动。

d.流动性陷阱。

当利率水平降低到不能再低时，市场就会产生利率只有可能上升而不会继续下降的预期，货币需求弹性会变得无限大。即无论增加多少货币，都会被人们储存起来，从而使利率不能继续下降而"锁定"在这一水平。这就是所谓的流动性陷阱。如图 2-6 中的 M_D 所示，当利率降到一定水平如 r_1 时，投资者对货币的需求趋于无限大，货币需求曲线的尾端逐渐变成一条水平线，此时，无论货币供给曲线 M_S 如何向右移动，即无论怎样增加货币供应量，利率始终维持在 r_1 水平上而不再降低。

该理论的隐含假定是，当货币政策供求达到均衡时，整个国民经济处在均衡状态。凯恩斯认为决定利率的所有因素均为货币因素，利率水平与实体经济部门没有任何关系。因此，它属于"纯货币分析"框架。此外，凯恩斯的流动性偏好理论认为利率是由某一时点的货币供求量所决定的，因此，它是一种存量分析方法。

③可贷资金理论。

凯恩斯的流动性偏好理论存在的缺陷，导致它一经提出就遭到许多经济学家的批评。1937 年，凯恩斯的学生罗伯逊在古典利率理论基础上提出了可贷资金理论。可贷资金理论作为新古典学派的利率决定理论，一方面肯定了古典学派考虑储蓄和投资对利率的决定作用，同时指出忽视货币因素是不妥当的；另一方面也指出凯恩斯完全否定实际因素是错误的，但肯定其关于货币因素对利率的影响作用的观点。可贷资金理论的宗旨是将货币因素与实际因素、存量分析与流量分析综合为一种新的理论体系。

a. 可贷资金供给与可贷资金需求的构成。

该理论认为，可贷资金需求来自两部分：第一，投资 I，这是可贷资金需求的主要部分，它与利率呈负相关关系；第二，货币的窖藏 ΔH，即储蓄者并不把所有的储蓄都贷放出去，而是以现金形式保留一部分在手中。显然，货币的窖藏与利率是负相关的，因为利率是货币窖藏的机会成本。

可贷资金供给也来自两部分：第一，储蓄 S，即家庭、企业和政府的实际储蓄，它是可贷资金供给的主要来源，与利率同方向变动；第二，货币供给的增加量 ΔM_S，因为中央银行和商业银行也可以分别通过增加货币供给和信用创造来提供可贷资金，它与利率成正相关。

b. 利率由可贷资金的供给与需求所决定。

按照可贷资金理论，利率是使用借贷资金的代价，利率取决于可贷资金需求 L_D 与可贷资金供给 L_S 的均衡点，故可贷资金利率理论可以用公式表示如下：

可贷资金需求：

$$L_D = I + \Delta H$$

可贷资金供给：

$$L_S = S + \Delta M_S$$

当利率达到均衡时，则有：

$$I + \Delta H = S + \Delta M_S$$

上式中，四项因素均为利率的函数，如图 2-7 所示。在该图中，可贷资金需求曲线 L_D 与可贷资金供给曲线 L_S 的交点 E 所决定的利率 r_e 即为均衡利率。

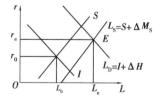

图 2-7 可贷资金理论

可贷资金理论兼顾了货币因素和实际因素，实际上是试图在古典利率理论的基础上，将货币供求变动等货币因素对利率的影响综合考虑，以弥补古典利率理论只关注储蓄、投资等实物因素的不足，所以它被称为新古典利率理论。同时，该理论综合进行存量分析与流量分析，即在决定可贷资金供求时使用了储蓄、投资、货币贮藏与货币供给等变量。前两个变量是流量指标，是在一定时期内发生的储蓄与投资量，后两个是存量指标，是在一定时间点上的货币供给与需求量。

可贷资金理论也存在缺陷。在利率决定的过程中，虽然考虑到了商品市场和货币市场，但是忽略了两个市场各自的均衡，可贷资金市场实现均衡时，并不能保证商品市场和货币市场同时达到均衡。因此，新古典学派的可贷资金利率理论尽管克服了古典学派和凯恩斯学派的缺陷，但是不能兼顾商品市场和货币市场，因此该理论仍然是不完善的。

（2）利率结构理论

在金融市场上有众多的金融产品，其中，固定收益证券（债券）占了较大比例，而不同债券产品的利率水平之间的差异是利率结构理论研究的问题，主要包括利率的风险结构理论与期限结构理论。

①利率的风险结构理论。

利率的风险结构是指期限相同的各种债券因风险不同而产生的利率差异。有很多风险因素影响利率，其中，主要有违约风险、流动性风险、税收政策风险、购买力风险。

a. 违约风险。

违约风险是指当债券到期时债券发行人因无力或不愿意兑现债券本息而给投资者带来损失的可能性。违约风险的高低随发行者的实力和信誉程度而变化，因而利率水平自然会有差异。例如，国债、金融债券和企业债券相比较而言，国债几乎没有违约风险，金融企业的资信等级较高，但存在一定程度的违约风险，企业债券的资信等级比金融企业整体要低，违约风险最高。

对于投资者而言，在同期限和同等收益水平下，愿意购买违约风险最低的债券，以保障投资收益的实现。违约风险高的债券，为吸引投资者的购买，会给予投资者更高的利息收益，以补偿投资者承担的风险。因此，违约风险越高的债券，其利率水平越高。有违约风险债券和无违约风险债券的利率差额，称为风险升水或风险溢价，风险溢价代表了人们对持有风险债券要求的额外补偿。

由于违约风险对债券利率和风险溢价的决定如此重要，因此投资者需要对企业的违约风险进行了解。债券违约风险通常称为信用风险，它的测定由信用评级机构负责。在美国，穆迪投资者服务公司和标准普尔公司对企业债券和市政债券做出的信用评级是投资者考察企业债券的重要依据。

b. 流动性风险。

违约风险只是造成同期限不同债券利率差别的原因之一，影响债券利率风险结构的第二个因素是流动性。如前所述，资产的流动性是指能够迅速转换为现实购买力而不受损失的能力。国债的交易规模大，违约风险低，价格也相对稳定，因此国债很容易出手而且交易费用低。而企业债券的交易规模小，违约风险高，价格波动相对较大，因而企业债券较难出手，尤其是在紧急情况下，交易费用更高。因此，国债的流动性更大，也更受市场欢迎。为了吸引投资者购买流动性小的企业债券，应当给予投资者更高的利息收益，以补偿投资者承担的流动性损失。

c. 税收政策风险。

相同期限债券之间的利率差异，除了受债券的违约风险、流动性因素影响外，还要受税收因素的影响。因为，债券持有人真正关心的是债券的税后实际利率。如果不同种类债券利息收入的税率不同，这种差异必然要反映到税前利率。通常，享受免税待遇越高，利率越低。

20世纪40年代以来，美国联邦政府债券的利率一直比美国许多州和地方政府发行的市政债券的利率高。根据美国税法的规定，市政债券的利息收入可以免交联邦所得税，因此其税前利率自然要低于利息收入需缴纳联邦所得税的联邦政府债券。当然，总体来讲，政府债券的利息收入可以免税，公司债券的利息收入则要缴纳一定比例的所得税。所以，在期限和风险相同的条件下，公司债券的利率要高于政府债券的利率。

d. 购买力风险。

债券有一个比较明显的特征——有明确或比较明确的现金流入量。但债券很难回避物价上涨带来的影响，而股票回避物价上涨的能力要强得多。股票的收益主要来自股价的变动，尽管影响股票价格的因素数不胜数，但股价最终是股票价值的反映。股票价格，一方面取决于公司的收益，另一方面取决于投资的机会成本，即股票资本成本的高低。公司收益通常与经济环境和物价水平密切相关。上市公司通常有多种手段来规避通货膨胀的风险。但是债券的利息是固定的，不管发行者有多大能力来规避通货膨胀的风险，购买者都只能获得名义上的固定利息，这就给投资者带来很高的风险。

总之，违约风险、流动性风险、税收政策风险和购买力风险等因素都对期限相同的各种债券之间的利率差异发挥作用，这四种因素较好地解释了债券的风险结构。

②利率的期限结构理论。

利率的期限结构是指在违约风险、流动性及税收因素相同的情况下，利率的大小与其到期日的时间长短之间的关系，即利率与期限之间的变化关系。一般来说，利率随期限的延长而增加。

利率的期限结构可以用利率(收益率)曲线表示。利率(收益率)曲线是在假定证券市场上证券价格、证券面值及各期收益等已知的条件下，反映证券的利率(收益率)随证券期限的变化而变化的曲线。这条曲线是这样得到的：把期限不同但风险、流动性和税收因素都相同的回报率连成一条曲线，即利率(收益率)曲线，如图2-8所示。

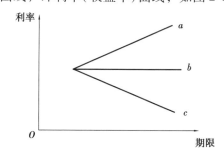

图2-8 利率(收益率)曲线

如图2-8中的曲线 a、b、c 所示，如果利率(收益率)曲线向上倾斜，表明随着期限的延长，利率提高，即长期利率高于短期利率；如果利率(收益率)曲线呈水平状，表明长期利率等于短期利率；如果利率(收益率)曲线向下倾斜，则表明长期利率低于短期利率。目前，主要有三种理论对利率(收益率)曲线的不同状况进行解释，即预期理论、市场分割理论和流动性溢价理论。

①预期理论。

预期理论假定整个债券市场是统一的，不同期限的债券之间具有完全的替代性，也就是说，债券的购买者在不同期限的债券之间没有任何特殊的偏好。预期理论认为，长期债券的利率等于长期利率到期之前人们所预期的短期债券利率的平均值，且到期期限不同的债券之所以具有不同的利率，是因为在未来不同的时间段内，短期利率的预期值是不同的。因此，预期理论可以解释以下现象。

a. 随着时间的推移，不同到期期限的债券利率有同向运动的趋势。一般来说，短期利率具有今天上升、明天进一步上升的特点，因此，短期利率上升将提高人们对未来短期利率上升的预期，而由于长期利率与未来短期利率预期的平均值相关，短期利率上升也将促使长期利率上升，使短期利率与长期利率同方向变动。

b. 如果现在短期利率低，则利率（收益率）曲线向上倾斜；如果现在短期利率高，则利率（收益率）曲线向下倾斜。因为，如果现在短期利率低，人们预期它将升至某个正常水平，这会导致未来短期利率预期平均值上升，长期利率将大大高于当前的短期利率，利率（收益率）曲线因此向上倾斜。相反，如果现在短期利率高，人们预期它将回落，未来短期利率预期平均值将低于现在的短期利率，长期利率将降至短期利率以下，利率（收益率）曲线因此向下倾斜。

该假说的缺陷在于无法解释利率（收益率）曲线往往总是向上倾斜的。因为，根据该假说的逻辑，向上倾斜的利率（收益率）曲线具有这样的含义：预期未来短期利率总是上升的。这与现实中利率的波动不符，现实中短期利率既有上升也有下降。针对这一问题，人们提出了市场分割理论。

②市场分割理论。

市场分割理论假定市场由具有不同投资期限偏好的投资者组成，每种投资者都偏好或只投资于某个特定品种的债券。所以，不同期限的债券完全不可相互替代，一种期限债券的预期回报率对另一种期限债券的需求没有任何影响，从而各种期限债券的利率只是由该种债券的供求决定，即市场是分割的。如果长期债券市场出现供给大于需求的同时，短期债券市场却出现供给小于需求的情形，长期债券价格会下降，导致长期利率上升，短期债券价格会上升，导致短期利率下降，就有可能出现长期利率高于短期利率的现象，利率（收益率）曲线向上倾斜。反之，就会出现短期利率高于长期利率的现象，利率（收益率）曲线向下倾斜。因此，市场分割理论可以解释以下现象。

典型的利率（收益率）曲线总是向上倾斜的。因为，在现实经济中，人们更偏好期限较短、风险较小的债券，因而对短期债券的需求高于长期债券，而债券发行者一般倾向于发行长期债券以满足经济发展之需，因而短期债券的供给相对于长期债券的供给要少得多，使一般的短期债券价格较高、利率较低，长期债券价格较低、利率较高。因此，利率（收益率）曲线总是向上倾斜。

该假说的缺陷在于无法解释：a. 不同期限债券的利率倾向于同向运动。b. 如果现在短期利率低，则利率（收益率）曲线向上倾斜；如果现在短期利率高，则利率（收益率）曲线向下倾斜。因为它将不同期限的债券市场看成完全分割的市场，所以，一种期限债券的利率上升不会影响其他期限债券的利率。如果长期债券供给增加而需求不变时，其价格下跌，长期利率上升，但短期债券投资者并不会因此转向购买长期债券，长期债券的利率变动也就不会对短期债券的利率造成影响。所以，长期债券的供求关系只决定其本身的利率水平，同样，短期债券的供求关系也只决定其本身的利率水平。因此，该理论不能解释为什么不同期限债券的利率倾向于同向运动，也不能确定长期债券能否随短期债券供求而变化。

鉴于预期理论和市场分割理论都只能解释利率现象的一部分，却不能解释全部利率现象，必须将二者结合起来。这就推导出了流动性溢价理论。

③流动性溢价理论。

流动性溢价理论承认不同期限债券可以互相替代，以及投资者对不同期限债券的偏好。该理论认为，长期债券的利率等于债券到期日前预期短期利率的平均值加上该债券随供求关系而变化的流动性溢价。因此，流动性溢价理论可以解释以下现象。

a.典型的利率（收益率）曲线总是向上倾斜的。由于投资者对持有短期债券存在较强偏好，只有加上一个正的流动性溢价作为补偿时，投资人才会愿意持有长期债券。因此，流动性溢价大于零。即使短期利率在未来的平均水平保持不变，长期利率仍然会高于短期利率。因此，利率（收益率）曲线总是向上倾斜的。

b.随着时间的推移，不同到期期限的债券利率有同向运动的趋势。在流动性溢价水平一定的前提下，短期利率的上升意味着平均看来短期利率水平将会更高，从而长期利率也会随之上升，这就是不同期限债券的利率总是共同变动的原因。

c.如果现在短期利率低，则利率（收益率）曲线向上倾斜；如果现在短期利率高，则利率（收益率）曲线向下倾斜。当短期利率水平较低时，投资者总是预期利率水平将来会上升到某个正常水平，未来预期短期利率的平均数会相对高于现行的短期利率水平，再加上一个正的流动性溢价，使长期利率大大高于现行短期利率，利率（收益率）曲线往往向上倾斜。相反，当短期利率水平较高时，投资者总是预期利率将来会回落到某个正常水平，未来预期短期利率的平均数会相对低于现行的短期利率水平。在这种情况下，尽管时间溢价是正的，长期利率也有可能降到短期水平以下，从而使利率（收益率）曲线向下倾斜。

流动性偏好理论与经验事实更吻合，是最被人们接受的利率期限理论。

补充阅读 2-9

余额宝与利率市场化

近几年互联网金融盛行，以支付宝推出的余额宝为代表的互联网金融产品，弯道超车，成为散户投资的重要渠道。对老百姓来说，存钱到银行，一年定期存款的利率不过3.85%，更不用说活期存款的利息。此时的货币市场基金收益率的峰值近7%，货币基金流动性高，安全性也可与存款媲美，收益率又长期远高于活期存款，但货币基金的投资门槛远远高于存款，普通居民投资货币基金不方便，单只货币基金的规模大多也不大。而支付宝、微信提供的余额宝、理财通直接打通老百姓与货币基金的障碍，甚至比去银行存款还方便，而超过6%的货币基金的收益率意味着一年期及以下的存款将开始"搬家"。目前余额宝开启的这个势头已经蔓延到各大银行、基金。

中国的利率长期以来受到抑制，存贷款利率由中央银行决定，从而使居民存款的收益率远远低于投资其他金融产品，这既成为银行获得超额利润的源泉，也是近十几年中央企业和地方政府融资平台低成本贷款的基础。随着金融市场的深化，资本市场的利率相较于信贷市场越来越高，金融市场的利率整体趋向于市场化。企业金融机构与大额资产所有者通过PE（私募股权投资）、信托、股票一级市场等多种投资方式获取收益，就算存在银行里，也可以享受协议存款的高利率优惠。相反，存款不多的个人却没什么好的办法分享这种收益。在互联网时代，互联网公司以技术进步降低收集用户的成本，低成本吸引大量用户后，为他们提供多元化的服务，增强用户的黏性。此后，互联网巨头们一面维护海量用户，一面与传统金融机构合作设计金融产品，用余额宝、理财通让小储户直面高收益的金融产品。

这种存款利率市场化的路径是发达国家经验中闻所未闻的。这也意味着，中国的存款利率市场化必须正视互联网金融所带来的变化，如果放任这种情况而不改变，银行的存款将迅速向资本市场迁移，尤其是那些最基础的储蓄存款，这将带来多方面的风险。首先，银行将不得不更早开始高息揽储，银行的经营风险会迅速抬升；其次，资本市场的高收益对应着高风险，但小储户并没有意识到这一点，一旦风险来临，尤其是较大面积或系统性风险出现时，将严重影响社会的稳定性。

货币基金的收益率如此之高，对应着近几年社会融资利率水平的全面抬升，全社会的企业利润和居民收入能否有7%的增长都很难说。货币基金也并不是保本保收益的，2008年就出现过负收益。可想而知，当储户把钱放到余额宝，居然还亏钱了，小储户们能接受这一现实吗？化解这一切的唯一路径，只有让存款利率更快地走向市场化。为了防治道德风险和搭乘国家信用的便车，就必须让银行自担经营风险。这意味着酝酿已久的存款保险制度需要尽快面世，在保障小储户利益的情况下，让银行自行决定存款利率，吸纳存款，也让各类储户自行权衡收益与风险。

（资料来源：蒋远胜.金融学［M］.3 版.成都：西南财经大学出版社，2018.）

5.我国利率市场化改革

（1）利率市场化的含义

利率市场化是指货币当局将利率的决定权交给市场，由市场主体自主决定利率，货币当局则通过运用货币政策工具，间接调控和影响市场利率水平，以达到货币政策目标。

显然，利率市场化是针对利率管制的改革。利率管制的基本特征是由政府有关部门直接制定利率或利率变动的界限。20 世纪 30—60 年代，几乎所有国家都实行了利率管制，其目的在于防止金融机构间的恶性竞争，避免利率自由波动导致经济不稳定。

但利率管制与提高资金效率存在极大的矛盾，并造成一系列恶果，包括：①人为维持低利率，扭曲资源配置，因为银行贷款无法通过利率政策实现企业的优胜劣汰。②导致信贷配给，扩大了银行风险，为寻租行为创造了条件。信贷配给，是指在固定利率条件下，面对超额的资金需求，银行不是考虑利率或贷款风险等贷款条件，而是采用信贷分配的特殊标准，将信贷资金配给特殊的需求者。其结果一方面是导致银行风险提高，另一方面为寻租、腐败创造了条件。③影响金融部门的效率，制约经济的发展，这是因为利率太低，不仅影响资金的使用效率，而且会影响资金的供给，即经济主体储蓄愿望不足，结果会导致金融部门萎缩而阻碍金融发展，进而制约经济的发展速度。

20 世纪 60 年代以来，利率管制的诸多弊端日益凸显，美国、日本等发达国家逐渐取消利率管制，实行利率市场化。韩国、马来西亚等发展中国家也逐渐实行利率市场化。

从国际经验来看，利率市场化是个渐进改革的过程，不可采取一步到位全部取消利率管制的激进方式。例如美国的利率市场化，是在专门成立的跨部门过渡性管理机构，即在存款机构解除管制委员会领导下，从酝酿到最终完成花了 13 年（1973—1986 年），以大额可转让存单发行与交易为突破口，伴随着诸多金融创新，采取了先存款利率后贷款利率的渐进式改革。又如日本的利率市场化，前后也花了 17 年（1977—1994 年）才最终完全放开利率管制，采取的是先国债后其他品种、先银行同业后银行与客户、先长期利率后短期利率、先大额交易后小额交易的渐进式过程。中国香港前后花了 37 年（1964—2001 年）才最终完全取消协议利率，实行利率市场化。

（2）我国利率管理体制的历史沿革

与中国经济管理体制相适应，中国利率管理体制的发展经历了三个阶段：

①第一阶段：计划经济体制下高度集中的利率管理体制

这种利率管理体制具有三个特征：

a.利率由国务院统一制定，中国人民银行负责执行，金融机构没有调整利率的任何权利。

b.利率水平总体偏低，档次少，存贷利差小，甚至倒挂，这反映了当时中国不讲资金使用效率，视资金信贷为分配物质工具的现实。

c.利率不反映资金供应状况，也没有调节货币供求的功能，利率的调整服从生产关系的调整。这种利率管理体制严重制约了社会生产力的发展。

②第二阶段：有计划的商品经济体制下统分结合的利率管理体制

这种利率管理体制也有三个特征：

a.利率管理权限实行统分结合，由中国人民银行拟定存贷利率的上下限，经国务院批准后实施，主要是给予各专业银行一定的利率浮动权。

b.发挥利率的杠杆作用，重视借贷双方各自的经济利益，重视资金的使用效率，加速资金周转。

c.中国人民银行的利率调控体系开始形成，但仍以直接调控为主，利率调控弹性较小。

③第三阶段：市场经济条件下多层次的利率管理体制

始自1996年的利率市场化改革至今已取得了极大的进展。尤其值得一提的是，2007年1月4日，Shibor(上海银行间同业拆借利率)正式运行，标志着中国货币市场由市场培育基准利率的工作已经展开。Shibor的建立，有利于培育货币市场基准利率体系，提高金融机构自主定价能力，指导货币市场产品定价，完善货币政策传导机制，推进利率市场化改革。这种利率管理体制强调由市场主导资源配置和货币供求，使利率水平以货币供求为标准，探索利率市场化实现的途径。具体步骤如下：

a.中国人民银行进一步下放利率管理权限，同时扩大商业银行贷款利率的浮动权。

b.利率成为间接调控的重要工具，利率水平的高低、利率的期限和利率的结构对融资的影响日益加大。

c.部分利率已实现市场化。例如，同业拆借利率、国债利率、金融债券利率、外币利率等。

d.利率体系呈现多元化和多层次，已经形成了中央银行基准利率、银行间同业拆借利率、商业银行存贷款利率等多种利率格局并存的局面。

e.党的十八大以来，利率市场化改革迈出了关键步伐，先后放开了金融机构存、贷款利率管制，基本实现了利率市场化。金融机构自主定价能力提升，金融市场基准利率体系日趋完善，市场利率调控和传导机制逐步健全。

（3）我国利率市场化改革的战略步骤

①我国利率市场化改革的战略目标。中国利率市场化改革的战略目标是社会主义市场经济体制建设的重要内容，它有利于加强中国金融间接调控，完善金融机构自主经营机制和提高竞争力。

②我国利率市场化改革的总体思路。先放开货币市场利率和债券市场利率，再逐步推行存、贷款利率的市场化，建立和培育市场基准利率体系，优化货币政策的利率调控和传

导机制，最终形成利率定价的市场化机制，使市场机制在金融资源配置中发挥主导作用。

③我国利率市场化的突破口是放开银行间同业拆借市场利率。相对我国票据市场和国债市场，我国同业拆借市场规模较大，同业拆借利率比贴现率、再贴现率和国债利率对金融机构具有更重要的影响，同业拆借利率变动更能及时、可靠地反映资金市场的变化情况。因此，我国的利率市场化首先从放开银行间同业拆借市场利率开始。1996 年 6 月 1日，中国人民银行《关于取消同业拆借利率上限管理的通知》指出，银行间同业拆借利率由拆借双方根据市场资金供求自主确定。银行间同业拆借利率正式放开，标志着中国利率市场化进程的正式开始，而 2007 年 1 月 4 日 Shibor 正式运行，其货币市场基准利率地位逐步确立，目前已发展成为债券产品等市场利率的基准。

④我国利率市场化的重要步骤是放开债券市场利率。1997 年 6 月 5 日，中国人民银行下发《关于银行间债券回购业务有关问题的通知》，决定利用全国统一的同业拆借市场开办银行间债券回购业务，而且，银行间债券回购利率和现券交易价格同步放开，由交易双方协商确定。1998 年 9 月，政策性银行金融债券发行利率实行市场化。1999 年 9 月，国债发行利率市场化取得突破，成功实现了在银行间债券市场以利率招标的方式发行国债。

⑤我国利率市场化的必经之路是逐步推行存、贷款利率的市场化。

a. 已完成外币存、贷款利率的市场化。自 2000 年 9 月 21 日实行境内外汇利率管理体制改革以来，我国已完全放开了外币贷款利率和外币存款利率。

b. 人民币贷款利率市场化方面，完成了"贷款利率放上限管下限"到"贷款利率完全放开"的目标。2013 年 7 月 19 日中国人民银行宣布放开贷款利率管制，取消金融机构贷款利率 0.7 倍下限。

c. 人民币存款利率市场化方面，从大额存款利率开始，也实现了"存款利率放下限管上限"到"存款利率完全放开"目标，从 2015 年 10 月 25 日起，对商业银行和农村合作金融机构等不再设置存款利率浮动上限。

⑥我国利率市场化的最终目标。

中国人民银行不再统一规定金融机构的存贷款利率水平，而是通过培育市场基准利率体系，形成利率定价的市场化机制，最终逐步健全货币政策的利率调控和传导机制，使市场机制在金融资源配置中发挥主导作用，从而不断地提升中国金融体系对金融资源的配置效率。

第三节　金融工具与金融资产

一、金融工具的含义与特征

（一）金融工具的含义

金融工具是指资金短缺者向资金剩余者借入资金时出具的、具有法律效力的票据或证券，是一种能够证明金融交易金额、期限、价格的书面文件。在金融市场中，要顺利实现资金从盈余者向短缺者的转移，金融工具的产生使这种转移成为可能。金融工具体现着当事人之间的债权债务关系，当事人双方所承担的义务与享有的权利均有法律约束的意义。存款单、商业票据、股票、债券等，都是金融工具。金融工具对持有者来说就是金融资产，拥有金融资产的多寡，意味着一个人或一个企业拥有财富的多少。当然，货币也是金融资产，但这里所指的仅是作为金融工具的金融资产，它不但标志着一定的收益权，而且在某种条件下，标志着一定的控制权，如股票。

（二）金融工具的特征

金融工具一般都具有偿还期限、流动性、风险性和收益性等基本特点。

1. 偿还期限

偿还期限是指借款人从拿到借款开始，到借款全部还清为止所经历的时间，各种金融工具在发行时一般都具有不同的偿还期，如一张标明 6 个月后支付的汇票，偿还期是 6 个月，但对当事人来说，更有现实意义的是从持有金融工具之日起到该金融工具到期日止所经历的时间，这称为相对偿还期，金融工具的偿还期限可以有无限期和零限期两个极限。例如，一种永久性债务，借款人同意以后无限期地支付利息，但始终不偿还本金，这是长期的一个极端；另一个极端，银行活期存款随时可以兑现，其偿还期实际等于零。

2. 流动性

流动性是指金融资产在转换成货币时，其价值不会蒙受损失的能力。某种金融工具流动性的大小，实际上包括两个方面的含义：一是它能不能方便地自由变现；二是在变现过程中价值损失的程度，即交易成本的大小。对金融工具的所有者来说，为转移投资方向或避免因市场价格波动而蒙受损失，必然会提出将手中金融工具随时转让出去变现的要求，除此之外，流动性和变现性也是金融工具本身的要求，一切信用活动的根本目的在于融通资金，如果为信用活动服务的工具缺乏应有的流动性和变现性，就起不到融资的作用，那么，金融工具也就失去了存在的前提和必要性。

除货币以外，各种金融资产都存在着不同程度的不完全流动性，其他金融资产在没有到期之前要想转换成货币的话，或者打一定的折扣，或者需要支付一定的交易费用。金融工具如果具备下述两个特点，就可能具有较高的流动性：第一，发行金融资产的债务人信誉高，在以往的债务偿还中能及时、全部履行其义务；第二，债务的期限短，受市场利率的影响很小，变现时遭受亏损的可能性也小。所以，不同的金融工具往往分别被列入不同的货币层次，成为中央银行的监控目标。

3. 风险性

风险性是指投资于金融工具的本金是否会遭受损失的风险。风险可分为两类：一类是债务人不履行债务的风险，这种风险的大小主要取决于债务人的信誉以及债务人的社会地位；另一类是市场风险，这是金融资产的市场价格随市场利率的上升而跌落的风险。当利率上升时，证券的市场价格就下跌；当利率下跌时，证券的市场价格就上涨。证券的偿还期越长，其价格受利率变动的影响越大，一般来说，本金安全性与偿还期成反比，即偿还期越长，其风险越大，安全性越小，本金安全性与流动性成正比，与债务人的信誉成正比。

4.收益性

收益性是指给金融工具的持有者带来收益的能力。金融工具收益性的大小，是通过收益率来衡量的。收益率是指投资金融工具的收益与投入本金的比率，收益率有三种计算方法：名义收益率、即期收益率、平均收益率。名义收益率是指金融工具的票面收益与票面金额的比率。即期收益率是指年收益额对金融工具当期市场价格的比率。平均收益率是将即期收益率和资金损益共同考虑的收益率。与前两种收益率相比，平均收益率能更准确地反映投资者的收益情况，因而是投资者考虑的基本参数。

二、金融工具的类型

在金融市场上交易的金融工具种类繁多，而且随着经济的发展仍在不断地创新。按不同的标准，金融工具可做如下分类。

(一)直接金融工具和间接金融工具

金融工具按发行者的性质可分为直接金融工具和间接金融工具。

1.直接金融工具

直接金融工具是指非金融机构，包括政府、工商企业和个人等主体所发行或签署的国库券、公债券、商业票据、股票、公司债券、抵押契约等。这类金融工具，在金融市场上可直接进行借贷或交易。

2.间接金融工具

间接金融工具是指银行或其他金融中介机构所发行或签发的银行券、存单、金融债券、银行票据和支票等。这类金融工具由间接融资方式产生，因此不能用来证明企业或个人之间直接发生的借贷关系。

(二)短期金融工具、长期金融工具和不定期金融工具

1.短期金融工具

短期金融工具也称货币市场金融工具，一般是指提供信用的有效期限在一年或一年以内的信用凭证。短期金融工具有较强的流动性和变现性，可以像货币一样，作为流通手段和支付手段在市场上流通，它既是体现债权债务关系的信用凭证，又是以信用为基础的货币符号(可视为准货币)。短期金融工具包括商业票据、银行票据、支票以及近年发展起来的信用证、旅行支票和信用卡等。此外，库券(期限在一年以内的)、大额可转让存单、回购协议等也属于短期金融工具。

2.长期金融工具

长期金融工具也称资本市场金融工具，是指信用期限在一年以上的各种有价证券，包括股票、公司债券、公债券和金融债券等。其中股票没有偿还期，不能退股或撤回资金，实际上是一种永久性的金融工具，长期金融工具期限长、风险性较大、流动性较弱，但投资获利的机会较多，是企业和个人重要的投资对象。

3. 不定期金融工具

不定期金融工具是指没有规定信用关系存续期限且可以长期循环使用的信用凭证，主要是指银行券。所谓银行券是由银行发行的用以代替商业票据的银行票据。典型的银行券在金本位制下，持票人可以随时向发券银行兑换黄金，在流通中以金币代表者的身份出现，是一种比较稳定的信用货币，但在 20 世纪 30 年世界经济危机后，各国相继放弃了金本位制，银行券也停止兑换黄金，银行券既失去黄金保证，又失去信用保证，结果造成银行券贬值和物价上涨。这时，银行券同纸币已无本质上的区别，即银行券完全纸币化。如果把纸币纳入广义的银行券范畴，那么纸币也属于一种不定期的金融工具。

(三)基础金融工具和衍生金融工具

按金融工具产生的基础或依存关系来划分，金融工具可分为基础金融工具和衍生金融工具。

1. 基础金融工具

基础金融工具是指一切能证明债权、权益、债务关系的具有一定格式的法律文件。基础金融工具包括最具流动性的现金、具有限制性应用特征的票据和有价证券等，具有以下基本特征。

①基础金融工具的产生和取得通常伴随着资产的流入和流出。例如，企业将现金存入银行，获得银行存款；支付现金，获得债券和股票；从银行取得贷款，发生银行借款；赊销赊购商品，发生应收账款和应付账款等。这是基础金融工具区别于衍生金融工具的基本特征。

②价值由标的物本身价值决定。基础金融工具其合约的价值由标的物本身的价值决定，这是基础金融工具区别于衍生金融工具的另一重要特征。基础金融工具包括货币(本外币)、银行存款、票据、可转让存单和信用证；各类股票和债券；应收应付款项、应收应付票据、抵押证券、抵押贷款和可转让债券等。

2. 衍生金融工具

衍生金融工具是金融市场上一系列自身价值依赖于标的资产价格变动合约的总称。这里标的资产既可以是金融资产，如债券、股票、外汇，也可以是某种商品，如石油、小麦、咖啡等。衍生金融工具在交易之初就赋予交易一方在潜在有利条件或不利条件下与另一方交换资产的权利与义务。由于交换条款是在衍生金融工具形成时就确定下来的，因此，随着金融市场价格的变化，原有条款对双方都有可能产生有利或者不利的一面。

衍生金融工具种类繁多，交易方式各异，操作手法复杂，从大的类别看，主要分为期货、远期、期权和互换四大类。其他类型的合约大多由此四种工具组合派生而成。

期货类衍生金融工具包括商品期货、货币期货、利率期货、股票期货、债券期货、股指期货等。

远期类衍生金融工具包括商品远期、利率远期、货币远期等。

期权类衍生金融工具包括货币期权、股票期权等。

互换类衍生金融工具包括货币互换、利率互换、商品互换等。

此外，通过各种衍生工具的交叉组合，可以构建出能发挥特定作用的交易策略，例如期货期权、价差交易、时间性差额交易以及多种外来期权等。衍生金融工具有交易所场内交易工具和场外交易(柜台交易)工具之分。一般来说，期货合约以及标准化的合约采用场内交易的方式，而场外交易则可按照交易双方的需要自由制订交易条款。场外交易衍生金融工具比场内交易体现出更多的灵活性，但是潜在的违约风险和流动性风险也相应增大。

三、金融资产的含义及分类

(一)金融资产的含义

资产可以分为实物资产与金融资产。实物资产与金融资产不同的是，实物资产可以直接带来效用或服务。住宅、大宗耐用消费品以及工厂、设备等，都是实物资产。金融资产是指以价值形态存在的资产，例如股票、债券、存款和现金等，还可以将金融资产细分为货币资产、债权资产、股权资产及衍生性金融资产。

(二)金融资产的分类

1. 货币资产

货币资产包括流通中的现金和在银行的存款。如果某人有2万元的现金和20万元的存款，那么，此人就拥有22万元的货币资产。货币资产相对于其他资产而言，一般不会受到资本损失，流动性最高。但是现金资产没有利息收入，因此仅占货币资产很小的一部分，存款则是货币资产的主要组成部分。存款相对于现金资产而言，流动性略低，但是有一定利息收入，具有收益稳定的特点。因此，一般来说，人们在选择货币资产时，都持有一小部分现金以备日常开支，同时拥有更大比例的存款货币资产。当然，在银行的存款也是对银行的债权，因此存款货币资产同时也是债权资产。

2. 债权资产

从广义上说，人们所持有的现金和银行的存款都是债权资产。这里仅指狭义上的债权资产，包括企业债券、政府债券、银行贷款，在市场经济条件下，人们可能还会购买外国某公司发行的债券等。债权资产一般会承诺未来支付固定金额的现金，即通常所说的利息。因此，它们也称作固定收益证券。

在我国的投资中，最有可能成为资产的债券主要有政府债券和企业债券。政府债券是由政府发行的、具有一定面额和偿还条件的债权债务凭证。国库券就是政府债券。企业债券就是由一般工商企业发行的、具有一定面额和偿还条件的债权债务凭证，例如三峡建设总公司发行的三峡企业债券、中国电力集团发行的电力债券等。此外还有金融债券。金融债券是指由金融机构发行的债权债务凭证。在我国，金融债券一般只对金融机构发行，大众投资者不能购买金融债券。

相对于货币资产而言，大部分债权资产的流动性较低。有的债权资产可以流通转让，有的则不能流通转让。存折、银行贷款一般是不能转让和交易的；国库券和企业债券则可以在有组织的证券交易所或场外交易市场交易和转让。如果投资者在二级市场上买进和卖出债权资产，遇到行情不好的时候，可能要遭受部分资产损失的风险。

3. 股权资产

股票是公司发行的、代表对公司资产部分所有权的凭证，因此股权资产就是代表对公司部分财产所有权和剩余索取权的资产形式。与企业的融资方式相对应，股权资产也可称为权益性资产。

一般而言，股权资产具有以下几个方面的特点。

（1）期限上具有永久性

如果你花了10万元购买了某公司的股票，以后要求该公司退还你购买股票所付的10万元本金是不可能的，但你可以分得该公司相应比例的利润。

（2）公司利润分配上具有剩余性

你购买股票的某公司今年赚取了2亿元的利润，但要在支付其他债务的利息和应付税金之后，才能给你分配相应的利润。

（3）清偿上具有附属性

如果你购买股票的某公司出现了2亿元的亏损，资不抵债，破产了，那么只有当该公司所欠的全部债务清偿完成后，如果还有剩余资产，才能按照你所持股份的比例，得到相应份额的剩余资产。

（4）权利与责任上具有有限性

如果某公司的总股本为2亿股，而你所购买的股份只占总股本的万分之一。若公司所赚2亿元的利润在支付债务利息和应付税金、提取公积金后，还有1亿元的利润可分配，那么，你就能得到其中1万元的红利。如果该公司经营业绩很差，出现了巨额亏损，你所承担的损失也只以你所购买股票的支出为限，即责任是有限的。

4.衍生性金融资产

上述货币资产、债权资产、股权资产都是原生金融资产，或者称为基础金融资产，它们的主要职能是促进储蓄向投资的转化或用作债权债务清偿的凭证。衍生性金融资产是在原生金融资产的基础上派生出来的金融产品，包括期货、期权等，它们的价值取决于相关原生产品的价格，主要功能不在于调剂资产的余缺和直接促进储蓄向投资的转化以及流动性管理，而是管理与原生资产相关的风险。

本章小结

信用是以偿还为前提条件的借贷行为，是在商品货币经济发展到一定阶段，在货币的支付手段职能形成后才出现的。

信用的古老形式是高利贷。高利贷不适应资本主义生产发展的需要，在资本主义制度建立后，被现代信用形式所取代。

现代信用形式主要有：商业信用、银行信用、国家信用、消费信用和国际信用。商业信用是现代信用的基础，银行信用是现代信用的主要形式。

信用对经济发展有着巨大的推动作用，合理利用信用，能提高资金使用效率，节约现金流通，加快资本集中，调节经济结构，促进生产，合理消费等。但是，如果脱离生产和流通的实际需要，盲目扩大信用规模，也会引起一系列问题，美国次贷危机就是最好的证明。

利息是借贷行为到期偿还时支付的一个增加额。利息的计算方法分为单利和复利。

在利率的变化范围内，有两个因素决定利率的高低：一是利润率；二是总利润在贷款人与借款人之间分配的比例。利润率决定利率。

一般情况下，决定和影响利息率的因素包括平均利润率、借贷资本的供求、社会再生产状况、物价变动、国家经济政策、国际利率水平。

金融工具是指资金短缺者向资金剩余者借入资金时出具的、具有法律效力的票据或证券，是一种能够证明金融交易金额、期限、价格的书面文件。它一般都具有偿还期限、流动性、风险性和收益性等基本特点。在金融市场上交易的金融工具种类繁多，而且随着经济的发展仍在不断地创新。

金融资产是指以价值形态存在的资产，如股票、债券、存款和现金等，可以将金融资产细分为货币资产、债权资产、股权资产及衍生性金融资产。

练习题

一、概念识记

信用　高利贷　商业信用　银行信用　国家信用　消费信用　民间信用　利息
市场利率　基准利率　官定利率　公定利率　固定利率　浮动利率　名义利率
实际利率　利率期限结构　金融工具　金融资产

二、选择题

1. 信用是商品经济发展到一定阶段的产物。当商品交换出现延期支付、货币执行（　　）职能时，信用就产生了。
　　A. 价值尺度　　　　　B. 流通手段　　　　　C. 支付手段　　　　　D. 储藏手段
2. 将商业信用转化为银行信用可以通过（　　）。
　　A. 票据的承兑、贴现　　　　　　　　B. 股票质押贷款
　　C. 票据的背书　　　　　　　　　　　D. 不动产的抵押贷款
3. 以政府作为借款人的信用形式是（　　）。
　　A. 银行信用　　　　B. 商业信用　　　　C. 国家信用　　　　D. 国际信用
4. 商业信用的特点有（　　）。
　　A. 借贷双方都是企业　　　　　　　　B. 直接信用
　　C. 长期信用　　　　　　　　　　　　D. 以商品形态提供
5. 银行信用的特点有（　　）。
　　A. 间接信用　　　　　　　　　　　　B. 以货币形态提供
　　C. 在信用体系中处于主导地位　　　　D. 短期信用
6. 经济学中的信用是一种体现特定经济关系的借贷行为，其基本特征是（　　）。

A. 流动性　　　　　B. 安全性　　　　　C. 偿还性　　　　　D. 付息性

7. 经济学中的信用是（　　）。

A. 一种等价交换行为　　　　　　B. 一种特殊的商品交换行为

C. 一种价值运动的特殊形式　　　D. 一种借贷行为

E. 一种债权债务关系

8. 以商品形态提供的信用有（　　）。

A. 商业信用　　　B. 银行信用　　　C. 国家信用　　　D. 租赁信用

9. 国家信用的目的是（　　）。

A. 弥补财政赤字　　　　　　　　B. 筹集重点建设项目资金

C. 解决财政先收后支的问题　　　D. 解决财政临时性收支难题

10. 在借贷关系存续期内，利率水平可随市场利率变化的是（　　）。

A. 固定利率　　　B. 浮动利率　　　C. 一般利率　　　D. 优惠利率

11. 当一国的国际收支出现持续大量的逆差时，为了弥补国际收支逆差，需要利用资本项目大量引进外资。此时金融管理当局可能会（　　）利率。

A. 提高　　　　　　　　　　　　B. 降低

12. 在通货膨胀时期，要保持实际利率水平不变，应（　　）名义利率。

A. 提高　　　　　　　　　　　　B. 降低

13. 在利率种类分析中，我们通常所说的负利率是指（　　）。

A. 名义利率为负　　　　　　　　B. 实际利率为负

C. 名义利率低于实际利率　　　　D. 存款利率低于贷款利率

14. 下列理论中，（　　）强调投资与储蓄对利率的决定作用。

A. 马克思利率理论　　　　　　　B. 古典利率理论

C. 可贷资金利率理论　　　　　　D. 流动性偏好利率理论

15. 利率变动对宏观经济有重要的影响。从消费者角度看，利率上升时，会（　　）。

A. 抑制消费，增加储蓄　　　　　B. 刺激消费，减少储蓄

C. 刺激消费，刺激储蓄　　　　　D. 抑制消费，抑制储蓄

16. 某银行发放一笔贷款100万元，期限为1年，利率为6%，当年通货膨胀率为4%，则实际利率为（　　）。

A. 2%　　　　　B. 1.92%　　　　　C. 4%　　　　　D. 6%

17. 下列因素中可引起国内市场利率水平上升的是（　　）。

A. 国家实行宽松的货币政策　　　B. 借贷资金供不应求

C. 国际利率水平高于国内利率水平　D. 通货膨胀率上升

18. 利率变化会引起一些经济变量的变化，从而影响整个国家经济活动水平。当利率上升时，会导致（　　）的增加。

A. 消费　　　　　B. 储蓄　　　　　C. 投资　　　　　D. 资本流入

19. 影响和决定利率水平的因素是复杂多样的，主要有（　　）。

A. 平均利润率　　　　　　　　　B. 借贷资本的供求关系

C. 国际收支状况　　　　　　　　D. 预期通货膨胀率

20. 促使利率水平上升的因素包括（　　）。

A. 平均利润率增加　　　　　　　B. 预期通货膨胀率下降

C.信贷资金供应增加　　　　　　　　D.经济周期处于扩张阶段

21.债券的利率由高到低，依次是(　　　)。
　　A.金融债券、公司债券、政府债券　　B.金融债券、政府债券、公司债券
　　C.公司债券、政府债券、金融债券　　D.公司债券、金融债券、政府债券

22.我国现行的存贷款利率属于(　　　)。
　　A.官定利率　　　　B.公定利率　　　　C.市场利率　　　　D.实际利率

23.在利率种类分析中，我们通常所说的"负利率"是指(　　　)。
　　A.名义利率为负　　　　　　　　　　B.实际利率为负
　　C.名义利率低于通货膨胀率　　　　　D.存款利率低于贷款利率

24.下列观点中，属于凯恩斯流动性偏好利率理论的有(　　　)。
　　A.利率是由货币需求和货币供给共同决定的
　　B.货币供给是一个外生变量，由中央银行控制
　　C.人们的"流动性偏好"成为决定利率高低的主要因素
　　D.货币需求来自投资和人们的货币窖藏

三、简答题

1.信用在现代经济中的作用主要表现有哪些？
2.简要概括商业信用的形式和特点。
3.简述银行信用对商业信用的优势。
4.决定和影响利率的因素有哪些？
5.利率在经济生活中有何作用？
6.你认为我国当前应如何进行利率体制的改革？
7.你认为我国利率市场化应注意哪些方面的问题？

四、案例分析题

　　迪拜是阿拉伯联合酋长国第二大酋长国，面积3 882平方公里，占阿拉伯联合酋长国总面积的5%。迪拜的经济实力在阿联酋也排在第二位，阿拉伯联合酋长国70%左右的非石油贸易集中在迪拜，所以习惯上称迪拜为阿联酋的"贸易之都"，它也是整个中东地区的转口贸易中心。迪拜拥有世界上第一家七星级酒店、全球最大的购物中心、世界最大的室内滑雪场，源源不断的石油和重要的贸易港口地位，为迪拜带来了巨额财富，如今的迪拜成了奢华的代名词。

　　然而，2009年以来，在全球金融危机退潮之际，迪拜的主权投资实体"迪拜世界"宣布将暂停偿还近600亿美元债务的消息，令投资者对迪拜的主权信用产生严重质疑，进而在全球金融市场引发巨大震动。2009年11月26日，欧洲三大股市跌幅均超过3%。

　　通过"谷歌地球"软件，我们俯视迪拜：那里简直就是一个巨型的工地，不仅吊塔林立，建了一半的楼宇高耸入云，在它的海上，更躺着堪称世界奇观的棕榈岛、世界地图岛巨型半拉子工程，迪拜人的天才畅想和无敌勇气，令人称奇。然而，今天的迪拜，这座依靠占比达90%的外籍人口方能保持运转和消费平衡的沙漠城市，很多外籍人士居住的区域

早已人去楼空，沦为"鬼城"；一度吸引各国游客蜂拥而至的极尽奢华之度假场所，如今也是处处冬寒瑟瑟、游客稀少……窥一斑而知全豹，迪拜经济之脆弱，一览无遗。

迪拜危机的前因后果，用一句话简单归纳：一个靠借债吹大的泡泡开始面临破灭之虞。从"富得流油"到"负债累累"，从"暴发楷模"到"反面教材"，从"中东华尔街"到"信用不及冰岛"……发生在遥远迪拜的这个戏剧性情节，让很多一度高呼"学习迪拜发展模式"的国人，一下子语塞。

客观而言，这场爆发于中东的债务危机，也许是国际金融危机的滞后反应，是这场大海啸在迪拜这个薄弱环节的第二轮发作。繁荣时期的迪拜，这种潜伏的危机被人为忽略；金融海啸袭来时，由于政府投资的拉动效应，虚假繁荣得以勉强维持；而当世界经济开始缓慢复苏之际，迪拜却再也"绷不住""掉链子"了。

思考：

1."水能载舟，亦能覆舟"，请结合以上案例说明信用在经济中的作用。

2.试分析迪拜信用危机产生的原因，并提出防范此类危机的方法。

第三章

外汇与国际收支

【学习目标】

掌握外汇与汇率的基本概念、特征和种类。理解汇率的标价方法和汇率的决定理论。了解汇率制度的种类以及人民币汇率制度的改革。掌握国际收支的定义和国际收支平衡表的内容。了解国际收支失衡及国际储备的构成。

案例导入

喝啤酒的国际之谜

在美国和墨西哥边境有一位村民，他有 1 美元现金。每天早晨他在美国境内的酒馆里用 10 美分买一杯酒，喝完这杯酒他只剩下 0.9 美元。晚上他越过国界，按 1 美元 = 3 墨西哥比索的汇率把 0.9 美元换成 2.7 比索，然后花 0.3 比索买一杯酒。第二天早晨他再到美国酒馆按 1 美元 = 2.4 墨西哥比索的汇率，将剩下的 2.4 比索换成 1 美元，然后重复前一天的行为。这样，在只拥有 1 美元的情况下，他可以每天享用两杯酒，且能保持 1 美元财产不变。

思考：

是谁为这位村民支付每天的酒钱呢？

第一节　外汇与汇率

一、外汇的定义与特征

（一）外汇的概念

国际经济交易和国际支付必然会产生国际债权债务关系。由于世界上的每个国家都有自己独立的货币和货币制度，各国货币之间不能流通使用，所以国家之间债权的清偿要用本国货币与外国货币兑换，由此产生了外汇。在国际金融领域，外汇是一个最基本的概念，因为它已成为各国从事国际经济活动不可或缺的媒介。外汇（Foreign Exchange）用来作为国际贸易清偿的支付手段，是国际贸易发展的产物。外汇是国际汇兑的简称，是货币的又一种名称。当一国对外发生经济往来时，使用的货币往往与在本国内部使用的货币不同。例如，我国某公司将人民币兑换成美元，并运用其发挥货币的职能，则说明该公司使用了外汇。外汇实际上是站在某一个国家的角度，对其他国家货币的一种称谓。它是一国对外经济交往的核心，有动态和静态之分。

动态的外汇是指外汇兑换的过程。它强调的是清算国际债权债务过程中所需的货币兑换的交易过程，也就是通过银行体系，把一种货币兑换成另一种货币，并借助各种信用工具把资金转移到另一个国家，以清偿国家之间贸易、非贸易往来而产生债权、债务的过程，这是一种非现金结算的专门性经营活动。例如，美国的出口商与我国的进口商之间发生的贸易往来，作为债权人的美国出口商可能要求以美元支付，这时，我国的进口商就需要将本身持有的人民币通过金融机构兑换成美元完成支付。

静态的外汇又有狭义和广义之分。狭义的外汇就是人们通常所说的外汇，是指以外国货币表示并为各国普遍接受的，可用于国家间债权债务结算的各种支付手段，包括以外币表示的银行汇票、支票、银行存款等。广义的外汇是各国外汇管理法令中沿用的概念，是指以外币表示的可以用作国际清偿的支付手段和资产。按照《中华人民共和国外汇管理条例》规定，广义的外汇包括：一是外汇货币，包括纸币、铸币；二是外币支付凭证或支付工具，包括票据、银行存款凭证、银行卡等；三是外币有价证券，包括债券、股票等；四是特别提款权；五是其他外汇资产。其他外汇资产是指其他以外币表示的用以进行国际结算的支付手段，即各种外币收益，如股息、利息、债息、红利等。我们平时所说的外汇，主要指静态外汇，绝大部分是由上述外币支付凭证和有价证券构成的，而外币现钞只占了极小的一部分。

表3-1列出了主要国家货币的名称和代码。

表3-1 常见货币单位名称和代号

国家或地区	货币单位名称	货币代号
美国	美元	USD
日本	日元	JPY
欧盟	欧元	EUR
英国	英镑	GBP
中国香港特别行政区	港元	HKD
加拿大	加拿大元	CAD
澳大利亚	澳大利亚元	AUD
新西兰	新西兰元	NZD
丹麦	丹麦克朗	DKK
瑞典	瑞典克朗	SEK
新加坡	新加坡元	SGD

(二)外汇的特征

外汇在国际交往和国际贸易中执行流通手段、支付手段和储存价值的职能。但是并不是任何一个国家的货币都可以作为外汇，一国的货币必须同时具备外币性、可兑换性和可偿性三个特征方可称为外汇。

1.外币性

即必须是以外币表示的金融资产，而不能是本币表示的金融资产。例如，我国的一进口商用人民币购买美国的商品，使用人民币作为双方交易的支付手段，对我国进口商来说人民币不是外汇，但对于美国出口商来说人民币就是外汇。

2.可兑换性

即持有人能够不受限制地将它们兑换为其他外币支付手段。一般来说，只有能自由兑换成其他国家的货币，同时能不受限制地存入该国商业银行的普通账户才能算作外汇。例如，美元可以自由兑换成日元、英镑、欧元等其他货币，因而美元对其他国家的人而言是一种外汇；而我国人民币现在还不能自由兑换成其他货币，尽管人民币对其他国家的人而言是一种外币，却不能称作外汇。

3.可偿性

即外汇可以在各国之间被普遍认可和接受，保证其在国外能得到偿付。只有具有可偿性的外汇才能顺利实现交易双方债权债务的结算。例如，空头支票、拒付的汇票等均不能视为外汇。

(三)外汇的分类

1.按外汇进行兑换时的受限程度分类

按兑换时的受限程度，外汇可分为自由兑换外汇、有限自由兑换外汇和记账外汇。

自由兑换外汇就是在国际结算中用得最多、在国际金融市场上可以自由买卖、在国际金融中可以用于清偿债权债务、并可以自由兑换其他国家货币的外汇。例如美元、港元、加拿大元等。

有限自由兑换外汇是指未经货币发行国批准，不能自由兑换成其他货币或对第三国进行支付的外汇。国际货币基金组织规定凡对国际性经常往来的付款和资金转移有一定限制的货币均属于有限自由兑换货币。世界上有一大半国家的货币属于有限自由兑换货币，包括人民币。

记账外汇也称清算外汇或双边外汇，是指记账在双方指定银行账户上的外汇，不能兑换成其他货币，也不能对第三国进行支付。

2.按外汇的来源与用途分类

按来源与用途，外汇可分为贸易外汇、非贸易外汇和金融外汇。

贸易外汇也称实物贸易外汇，是指来源于或用于进出口贸易的外汇，即由于国际商品流通所形成的一种国际支付手段。

非贸易外汇是指贸易外汇以外的一切外汇，即一切非来源于或用于进出口贸易的外汇，如劳务外汇、侨汇和捐赠外汇等。

金融外汇与贸易外汇、非贸易外汇不同，属于一种金融资产外汇，例如银行同业间买卖的外汇，既非来源于有形贸易或无形贸易，也非用于有形贸易，而是为了各种货币头寸的管理。资本在国家之间的转移，也要以货币形态出现，或是间接投资，或是直接投资，都形成在国家之间流动的金融资产，特别是国际游资数量之大，交易之频繁，影响之深刻，不能不引起有关方面的特别关注。

贸易外汇、非贸易外汇和金融外汇在本质上都是外汇，它们之间并不存在不可逾越的鸿沟，而是经常互相转化。

3. 按外汇汇率的市场走势分类

按汇率的市场走势，外汇可分为硬外汇和软外汇。

外汇就其特征意义来说，总是指某种具体货币，如美元外汇是指以美元作为国际支付手段的外汇；英镑外汇是指以英镑作为国际支付手段的外汇；日元外汇是指以日元作为国际支付手段的外汇等。在国际外汇市场上，由于多方面的原因，各种货币的币值总是经常变化，汇率也经常变动，因此根据币值和汇率走势我们又可将各种货币归类为硬货币和软货币，或叫强势货币和弱势货币。硬货币是指币值坚挺，购买能力较强，汇价呈上涨趋势的自由兑换货币。由于各国国内外经济、政治情况千变万化，各种货币所处硬货币、软货币的状态也不是一成不变的，经常是昨天的硬货币变成了今天的软货币，昨天的软货币变成了今天的硬货币。

二、汇率

（一）汇率的概念

汇率（Exchange Rate）也称汇价、兑换率，是指一个国家的货币用另一个国家的货币所表示的价格，或两国货币折算的比率。如果把外国货币作为商品的话，那么汇率就是买卖外汇的价格。

世界各地，在银行、空港、车站、码头、旅店、商场等地，几乎到处可以看到汇率牌价表。表3-2列出的是一份我国人民币的外汇牌价表。

表3-2　外汇牌价表（人民币：100外币）　　　　2023年8月11日

货币名称	现汇买入价	现钞买入价	现汇卖出价	现钞卖出价	中国银行折算价
美元 USD	722.740 0	716.860 0	725.620 0	725.620 0	715.870 0
日元 JPY	4.981 2	4.826 4	5.017 8	5.025 6	4.984 2
欧元 EUR	790.720 0	766.150 0	796.260 0	798.870 0	791.710 0
英镑 GBP	916.160 0	887.690 0	922.900 0	926.980 0	913.750 0
港元 HKD	92.450 0	91.710 0	92.820 0	92.820 0	91.550 0
加拿大元 CAD	537.080 0	520.120 0	541.040 0	543.430 0	536.790 0
澳大利亚元 AUD	468.840 0	454.270 0	472.290 0	474.380 0	470.230 0
新西兰元 NZD	431.930 0	418.600 0	434.970 0	440.950 0	434.100 0

续表

货币名称	现汇买入价	现钞买入价	现汇卖出价	现钞卖出价	中国银行折算价
丹麦克朗 DKK	106.030 0	102.760 0	106.890 0	107.400	106.420 0
瑞典克朗 SEK	66.600 0	64.550 0	67.140 0	67.460 0	67.460 0
新加坡元 SGD	533.630 0	517.160 0	537.370 0	540.050 0	534.580 0

资料来源：中国银行

（二）汇率的标价方法

确定两种不同货币之间的比价，首先要确定用哪个国家的货币作为标准。由于确定的标准不同，于是便产生了几种不同的外汇汇率标价方法。

直接标价法也称应付标价法，是以一定单位的外国货币作为标准，折算为本国货币来表示其汇率。在直接标价法下，外国货币数额固定不变，汇率涨跌都以相对的本国货币数额的变化来表示。一定单位外币折算的本国货币减少，说明外币汇率下跌，即外币贬值或本币升值。我国和国际上大多数国家都采用直接标价法。我国人民币汇率是以市场供求为基础的、单一的、有管理的浮动汇率制度。中国人民银行根据银行间外汇市场形成的价格，公布人民币对主要外币的汇率。

间接标价法也称应收标价法，是以一定单位的本国货币为标准，折算为一定数额的外国货币来表示其汇率。在间接标价法下，本国货币的数额固定不变，汇率涨跌都以相对的外国货币数额的变化来表示。一定单位的本国货币折算的外币数量增多，表明本国货币汇率上涨，即本币升值或外币贬值。反之，一定单位本国货币折算的外币数量减少，表明本国货币汇率下跌，即本币贬值或外币升值。英国一向使用间接标价法。美国也从 1978 年 9 月 1 日起改用间接标价法。

直接标价法和间接标价法所表示的汇率涨跌的含义正好相反，所以在引用某种货币的汇率和说明其汇率高低涨跌时，必须明确采用哪种标价方法，以免混淆。两种标价法的差异见表 3-3。

表 3-3　直接标价法与间接标价法的比较

标价方法	直接标价法	间接标价法
定义	以一定单位的外国货币为标准，折算成若干单位的本国货币来表示两种货币之间的汇率	以一定单位的本国货币为标准，折算成若干单位的外国货币来表示两种货币之间的汇率
汇率上升	外币升值，本币贬值	外币贬值，本币升值
汇率下降	外币贬值，本币升值	外币升值，本币贬值
示例	1 美元 = 7.238 3 元人民币	1 元人民币 = 0.138 2 美元

目前，各国各大金融中心多采用美元标价法，即以一定数量的美元为基准，计算应折合成多少其他货币。其他货币间的汇率则可由它们对美元的汇率计算得出。这是因为美元是国际外汇市场上最主要的货币，交易量大，用美元标价法便于进行业务活动。

（三）汇率的种类

汇率从不同的角度，可以有不同的分类，这里主要从外汇市场的交易视角归纳几种分类。

1. 固定汇率和浮动汇率

固定汇率是指两种货币间的汇率基本保持不变，波动幅度限定在一定范围之内。

浮动汇率是指一国货币不规定本币兑其他外币的汇率，由外汇市场的供求变化来决定其汇率水平，汇率可自由浮动。浮动汇率中有完全自由浮动的货币，如美元、欧元、日元、英镑、澳元、加元、瑞士法郎等；另一种是有限制的浮动汇率，即在一定范围内自由浮动，如港元。可自由浮动汇率的货币，前提是必须进入国际外汇市场挂牌交易，并可自由兑换货币。

2. 基本汇率和交叉汇率

基本汇率：在国际外汇市场上，无论是美元标价法，还是非美元标价法，其表示的汇价都是美元与另一货币的比值，也就是以美元为对象来表示其汇率。这种通过某一关键货币来标明的其他货币的汇率称为基本汇率。在国际外汇市场上，通常把对美元的汇率作为基本汇率。

交叉汇率：由于基本汇率不能直接显示两种非美货币之间的比价情况，因此，要明确除美元之外的其他两种货币间的汇率，就要通过相应的基本汇率进行套算，这种套算出来的汇率称为交叉汇率。国际外汇市场常用的交叉汇率有：欧元兑日元、欧元兑英镑、欧元兑瑞士法郎、欧元兑加元、欧元兑澳元、欧元兑港元等；英镑兑日元、英镑兑欧元、英镑兑瑞士法郎等；日元兑欧元、日元兑英镑、日元兑瑞士法郎等。基本汇率与交叉汇率在市场上相互关联、相互影响。

3. 即期汇率和远期汇率

即期汇率也称现汇汇率，是指买卖外汇双方成交当天或两天以内进行交割时使用的汇率。

远期汇率是指在未来一定时期进行交割，而事先由买卖双方签订合同，达成协议的汇率。到了交割日期，由协议双方按预定的汇率、金额进行交割。远期外汇买卖是一种预约性交易，是由于外汇购买者对外汇资金需求的时间不同，以及为了避免外汇风险而采用的。远期汇率与即期汇率相比是有差额的，这种差额叫远期差价。差额用升水、贴水和平价来表示。升水表示远期汇率比即期汇率贵，贴水表示远期汇率比即期汇率便宜，平价表示两者相等。

4. 买入汇率和卖出汇率

银行在经营外汇买卖业务时，采取的是"低买高卖"原则，银行卖出外汇的价格叫卖出价（Offer Rate），银行买进外汇的价格叫买入价（Bid Rate），卖出价高于买入价，两者的差额一般为1‰~5‰。为了便于客户分析外汇行情的上下波动，常以报纸、杂志或经济分析之中的外汇价格为中间价（Middle Rate），即买入价与卖出价的平均价。

此外，有的银行在对外挂牌公布汇率时，还另外注明外币现钞价（Bank Notes Rate），这主要是针对一些对外汇实行管制的国家。一般来讲，银行购买外币现钞的价格要略低于购买外汇票据的价格，而卖出外币现钞的价格一般和外汇卖出价相同。

问与答

问：为什么现钞买入价小于现汇买入价？

答：由于外币现钞在本国不能流通，需要把它们运至国外才能使用，所以，对于商业银行来说，外汇现钞在使用与调拨上存在一定时滞，要经过一定时间并积累到一定数额，才能送到国外银行，在运输现钞过程中需要花费一定的保险费、运费，在此期间，银行还要承担一定的利息损失和外汇风险。银行通常通过压低现钞买入价来规避此类风险。

(四)汇率的决定

汇率决定，是汇率理论的核心问题，也是一个极为复杂的问题。不少西方经济学者从各种不同角度加以分析说明，形成多种学说。有以金铸币流通为背景的汇率决定理论、国际借贷说、购买力平价说、汇兑心理说等。

1.金本位制下的汇率决定理论

金本位制可分为金币本位制、金块本位制和金汇兑本位制。金币本位制最为典型。在金币本位制下，各国都以法律形式规定每一金铸币单位所包含的黄金重量与成色，即法定含金量(gold content)。两国货币的价值量之比就直观地表现为它们的含金量之比，称为铸币平价(mint parity)或法定平价(par of exchange)，黄金是价值的化身。铸币平价是决定两国货币之间汇率的价值基础，可表示为：

$$1 \text{ 单位 A 国货币} = \frac{\text{A 国货币含金量}}{\text{B 国货币含金量}} = \text{若干单位 B 国货币}$$

例如：1925—1931 年英国规定 1 英镑金币的质量为 123.274 4 格令(grains)，成色为 22k(carats)，即 1 英镑含 113.001 6 格令纯金(123.2744×22/24)；美国规定 1 美元金币的质量为 25.8 格令，成色为 0.900 0，则 1 美元含 23.22 格令纯金(25.8×0.900 0)。根据含金量之比，英镑与美元的铸币平价是：113.001 6/23.22＝4.866 5，即 1 英镑的含金量是 1 美元含金量的 4.866 5 倍，或 1 英镑可兑换 4.866 5 美元。按照等价交换原则，铸币平价是决定两国货币汇率的基础。

铸币平价与外汇市场上的实际汇率是不相同的。铸币平价是法定的，一般不会轻易变动，而实际汇率受外汇市场供求影响，经常上下波动。当外汇供不应求时，实际汇率就会超过铸币平价；当外汇供过于求时，实际汇率就会低于铸币平价。正如商品的价格围绕价值不断变化一样，实际汇率也围绕铸币平价不断涨落。但在典型的金币本位制下，由于黄金可以不受限制地输入输出，不论外汇供求的力量多么强大，实际汇率的涨落都是有限度的，即被限制在黄金的输出点和输入点之间。

黄金输出点和输入点统称黄金输送点，是指金币本位制下，汇率涨落引起黄金输出和输入国境的界限。它由铸币平价和运送黄金费用(包装费、运费、保险费、运送期的利息等)两部分构成。铸币平价是比较稳定的，运送费用是影响黄金输送点的主要因素。以直接标价法表示，黄金输出点等于铸币平价加运送黄金费用，黄金输入点等于铸币平价减运送黄金费用。假定在美国和英国之间运送价值为 1 英镑黄金的运费为 0.02 美元，英镑与美元的铸币平价为 4.866 5 美元，那么对美国厂商来说，黄金输送点是：

$$\text{黄金输出点} = 4.866\ 5 + 0.02 = 4.886\ 5(\text{美元})$$

黄金输入点=4.866 5-0.02=4.846 5(美元)

2.购买力平价理论

在理解购买力平价理论之前,先了解"一价定律"。一价定律是指在无贸易摩擦(假定运输成本和关税为零)和完全竞争(买卖双方无价格操纵)的情况下,若以同一种共同货币标价,则在不同市场上销售的相同商品拥有相同的销售价格。以美国与荷兰两国之间的钻石贸易为例:假设一颗某等级的钻石在阿姆斯特丹市场价格为 2 000 欧元,欧元汇率为 1.4 美元/欧元。按照一价定律,则同等级钻石在纽约市场的售价为每颗 2 800 美元(=2 000 欧元/颗×1.4 美元/欧元)。导致以上结果的机理是:在完全竞争与无贸易摩擦的条件下,套利行为会使两个国家同类商品的价格趋同。如果钻石在纽约更贵,套利者会在荷兰低价买入,再到曼哈顿以高价卖出;如果荷兰的钻石价格更高,则套利者会进行反向操作。这种操作会一直进行下去,直至两个地方同等级钻石的价格相等。

若将一价定律中汇率与单个商品相对价格的联系转换为汇率与一篮子商品相对价格的联系,即为购买力平价理论(purchasing power parity,PPP)。购买力平价理论是采用一国货币的国内购买力来确定各种货币之间的比价问题的汇率决定理论。该理论认为,一种货币同另外一种货币的比价即该国货币对另外一国货币的汇率,是由两种货币在本国国内所能支配的商品与劳务的数量决定的,即货币的对外价值取决于其对内价值,这是各国货币之间汇率确定的基本原理,各种货币汇率均据此确定。虽然现实的市场汇率可能与购买力平价水平不完全一致,但实际汇率围绕购买力水平波动,并最终趋向于 PPP 水平。各国经济学家在阐述购买力平价理论时,将其分为两个部分,即绝对购买力平价(Absolute PPP)和相对购买力平价(Relative PPP)。

(1)绝对购买力平价理论

绝对购买力平价理论的基本观点:在某一时点上两国货币之间的汇率取决于两国一般物价水平之比,即:

$$E=\frac{P_a}{P_b} \tag{3.1}$$

式中 E——直接标价法表示的 A 国汇率;

P_a——A 国的一般物价水平;

P_b——B 国的一般物价水平。

例如,假定同样的一组商品,在美国卖 100 美元,在中国卖 700 元人民币,根据绝对购买力平价:

$$E=\frac{P_a}{P_b}=\frac{700}{100}=7$$

用直接标价法表示为:1 美元/7 元人民币。

(2)相对购买力平价理论

相对购买力平价理论是在绝对购买力平价理论的基础上发展起来的,它表示在两个时点内汇率的变动。由于商品价格水平是不断变化的,因此在一定时期内,汇率变动的主要因素是不同国家之间货币购买力或物价的相对变化程度,用公式表示为:

$$\frac{E_1}{E_2}=\frac{\dfrac{P_{a1}}{P_{a0}}}{\dfrac{P_{b1}}{P_{b0}}} \tag{3.2}$$

式中　E_1，E_2——当期和即期的汇率；

　　　P_{a1}，P_{a0}——A 国当期和基期的物价水平；

　　　P_{b1}，P_{b0}——B 国当期和基期的物价水平。

此公式表明，两国货币间汇率的变动幅度等于两国物价水平的变动率之差，即本国通货膨胀率超过外国时，本币贬值；外国通货膨胀率超过本国时，则本币升值。如果用 π_a 和 π_b 分别表示 A 国和 B 国当期的物价变动幅度，则式（4.2）可简化为：

$$\frac{E_1-E_0}{E_0}=\pi_a-\pi_b \tag{3.3}$$

例如，假设美元兑人民币基期的汇率为 1 美元/7 元人民币，中国的通货膨胀率为 10%，美国的通货膨胀率为 6%，根据相对购买力平价理论：

$$\frac{E_1-E_0}{E_0}=10\%-6\%=4\%$$

计算得到 E_1 为 1 美元/7.28 元人民币，这表示年末时一元外币所能兑换的本币数将为年初的 1.04 倍，这意味着年末时的人民币相对于美元贬值了。

相对购买力平价理论在物价剧烈波动、通货膨胀严重时期具有重要意义。因为它是根据两国货币各自对一般商品和劳务的购买力比率，作为汇率决定的基础，能相对合理地体现两国货币的对外价值。

相对购买力平价理论虽然在汇率决定理论方面做出过重大贡献，并产生了重要影响，但其本身仍然存在一定的缺陷与矛盾。具体表现在：①价格指数问题。价格指数的正确选择是购买力平价理论的核心问题。物价水平是确定汇率的基础，但价格指数的选择是购买力平价理论始终未得到很好解决的难点。②该理论是在假定不存在贸易壁垒即自由贸易及运输成本的条件下提出的，但这与现实经济中的管制与干预不符合，使货币汇率不能真实地反映购买力平价水平。③该理论比较注重国际收支中的经常项目特别是贸易收支状况，但对资本项目的变化却很少涉及。事实上，资本项目的变化对一国货币汇率会产生一定的影响，有时还影响特别大，最终导致市场实际汇率与购买力平价所确定的汇率相背离。④该理论本身也存在一些缺陷与不足，如基期汇率的选择问题。

3. 利率平价理论

利率平价理论（Interest Rates Parity Theory）最早是由凯恩斯提出来的，他将远期汇率的决定同利率差异联系起来，使得以后的许多经济学家转向该领域，并在此基础上提出了现代利率平价理论。现代利率平价理论认为，利率平价原理是通过在不同国家市场上的套利活动来实现的，即通过利率与汇率的不断调整而实现的。在每一个市场上，都存在一种均衡的远期汇率，它是同利率平价相一致的汇率。当远期汇率同利率平价相偏离时，最终结果是远期汇率必将回复到均衡水平。远期汇率的均衡值并非等于即期汇率值，当二者存在差异时，表现为远期汇率的升水或贴水。只有当两国利率变化相一致时，远期汇率才等于即期汇率。例如，如果人民币资产利率为 4%，美元资产利率为 2%，则人民币的预期贬值率为 2%，相应地，美元预期升值率为 2%。反之，若人民币资产利率低于美元资产利率，则人民币预期升值。人民币资产利率与人民币预期汇率何以出现相向变化？基本原因在于投资者为了规避汇率变动风险而进行的套利活动。由于资金会从回报率低的国家流向回报率高的国家，因此在现汇市场上，回报率较高国家的货币需求增加，该国货币的即期汇率上升。由于套利者会在远期市场上卖出回报率较高国家的货币，因此在远期市场上，回报率较高国家的货币汇率反而会下降。

第二节 汇率制度

一、汇率制度概述

汇率制度（Exchange Rate System or Exchange Rate Regime）是指一国货币当局对本国汇率变动的基本方式所做的一系列安排或规定。汇率制度是各国普遍采用的确定本国货币与其他货币汇率的体系，具体规定了汇率的确定及变动的规则，对各国汇率的决定具有重大影响。自19世纪后期至今，对应于国际货币体系的演变，前后一共出现了三种汇率制度，即金本位体系下的固定汇率制度、布雷顿森林体系下的固定汇率制度和浮动汇率制度。

（一）金本位体系下的固定汇率制

金本位制度是以黄金作为本位货币的制度。金本位制度下的固定汇率制度，是以各国货币的含金量为基础、汇率波动受到黄金输送点限制的固定汇率制度，它是典型的固定汇率制度。

在1880—1914年共35年间，主要西方国家通过金本位制，即各国在流通中使用具有一定成色和重量的金币作为货币，金币可以自由铸造、自由兑换及自由输出入。在金本位体系下，两国之间货币的汇率由它们各自的含金量纸币——金平价来决定。当然，这种固定汇率也要受外汇供求、国际收支的影响，但是由于黄金输送点和物价的这种机能作用把汇率波动限制在有限范围内，对汇率起到自动调节作用，从而保持了汇率的相对稳定。在第一次世界大战前的35年间，美国、英国、法国、德国等国家的货币从未发生过升贬值波动。

1914年，第一次世界大战爆发，各国停止黄金输出输入，金本位体系即告解体。

（二）固定汇率制

固定汇率制是指汇率受平价的制约，只能围绕平价在很窄的范围内波动的汇率制度。

金本位下的固定汇率制的特点：固定汇率制是自发形成的；两国货币之间的中心汇率是按两国本位币含金量决定的金平价之比（即铸币平价）自行确定的；金本位下的"三自原则"（自由兑换、自由融毁铸造、自由输出入）能自动保证汇率的波动不超过黄金输送点。

纸币流通条件下的固定汇率制的特点：固定汇率制是通过国际间的协议（布雷顿森林协议）人为地建立起来的；各国货币当局通过规定虚设的金平价制定中心汇率；现实汇率则通过外汇干预、外汇管制或国内经济政策等措施被维持在人为规定的狭小范围内波动；各国货币的金平价可以有条件地调整，当一国国际收支出现根本性不平衡时，金平价经IMF的核准可予以变更。因而，纸币条件下的固定汇率制也称"可调整的钉住汇率制"

（Adjustable Pegging System）。

（三）浮动汇率制

所谓浮动汇率制就是一国货币不再规定金平价，不再规定本国货币对外国货币的中心汇率，不再规定现实汇率的波动幅度，货币当局也不再承担维持汇率波动界限的义务的一种汇率制度。

1. 按政府是否进行干预分类

按照政府是否进行干预划分，浮动汇率制可分为自由浮动（Free Floating）和管理浮动（Managed Floating）。自由浮动也称清洁浮动（Clean Floating），是指政府对外汇市场不加任何干预，完全听任汇率由外汇市场的供求状况来决定并自由涨落的汇率制度。管理浮动也称肮脏浮动（Dirty Floating），是指政府对外汇市场进行或明或暗程度不同的干预，以便市场汇率向有利于本国的方向发展。

2. 按汇率浮动方式分类

按照汇率浮动方式划分，浮动汇率可分为单独浮动、联合浮动和钉住汇率制度。

①单独浮动（Independent Floating）是指一国货币不与其他国家货币发生固定联系，其汇率根据外汇市场的供求变化而自动调整。

②联合浮动（Joint Floating）也称共同浮动、集体浮动，是指参加联合浮动的国家集团内部成员间的货币实行固定比价，并规定波动幅度，各有关成员有义务维持该比价，而对集团外部国家的货币则采取同升共降的浮动汇率。

③钉住汇率制度（Pegged Exchange Rate）即一种货币钉住另一种货币、特别提款权或"一篮子货币"，使其他国家货币的汇率随被钉住的货币与其他货币的浮动而浮动。

（四）其他汇率制度

1. 爬行钉住制

爬行钉住制是指汇率可以做经常的、小幅度调整的固定汇率制度。其特点是：①实行国负有维持某种平价的义务，这使其类似于固定汇率制；②这一平价又可以进行经常、小幅调整（如2%～3%），这又使得它与一般可调整的钉住汇率不同，因为后者的平价调整较为少见，且幅度一般较大。

2. 汇率目标区制

汇率目标区制泛指将汇率浮动限制在一定区域内的汇率制度，如中心汇率的上下10%。其特点主要有：①货币当局在一定时期内对汇率波幅制定出明确的界限；②汇率在规定幅度内波动，货币当局可不予干预；③货币当局根据情况可采取必要措施（如货币政策等）以维持汇率波动的界限；④目标区内汇率允许变动的范围一般较大。

根据目标区域的幅度、调整的频率、公开程度以及对目标区进行维持的程度，目标区可分为严格的目标区和宽松的目标区两种类型。前者的目标区域较小、极少变动、目标区域公开，政府负有较大的维持目标区的义务；后者的目标区域较大、经常进行调整、目标区域保密，政府只是有限地将货币政策用于对汇率目标区的维持。

3. 货币局制

货币局制是指一国在法律中明确规定本国货币与某一外国货币（通常为一主要可自由

兑换货币)保持固定的兑换率，并且对本国货币的发行做特殊要求以保证履行这一法定的汇率制度。

(五)固定汇率制与浮动汇率制的比较

1.固定汇率制的优缺点

固定汇率制的优点是有利于世界经济的发展。由于在固定汇率制下两国货币比价基本固定，或汇率的波动范围被限制在一定幅度内，这就便于经营国际贸易、国际信贷与国际投资的经济主体进行成本和利润的核算，也使进行这些国际经济交易的经济主体面临的汇率波动风险损失较小，从而有利于国际经济交易的进行与开展，从而有利于世界经济的发展。

固定汇率制的缺点：

①汇率基本上不能发挥调节国际收支的经济杠杆作用。汇率变动有着影响国际收支的经济作用，因而汇率可充当调节国际收支的经济杠杆。既然货币比价基本固定或汇率的波动范围被限制在一定幅度内，汇率自然就不能发挥调节国际收支的经济杠杆作用。

②固定汇率制有破坏内部平衡之虞。由于汇率不能发挥调节国际收支的经济杠杆作用，当一国国际收支失衡时，就需采取紧缩性或扩张性财政货币政策，这会使国内经济增长受到抑制和失业扩大化，或者使通货膨胀与物价上涨严重化。另外，维持汇率波动官定上下限所采取的干预外汇市场的措施，也会有同样的后果：软货币(或称"弱币"，即汇率有下降趋势的货币)发行国货币当局进行干预，一方面会使其外汇储备流失，另一方面又会形成紧缩性的经济影响；硬货币(或称"强币"，即汇率有上升趋势的货币)发行国货币当局进行市场干预，会形成扩张性经济影响，使该国通货膨胀与物价上涨加快。

③易引起国际汇率制度的动荡与混乱。当一国国际收支恶化，进行市场干预仍不能平抑汇价时，该国最后有可能采取法定贬值的措施。这会引起同该国有密切经济关系的国家也采取法定贬值的措施，从而导致外汇市场和整个国际汇率制度的动荡与混乱。只有经过一段时期以后，才会平静下来。在未恢复相对平静以前的这段时期内，经营国际贸易、国际信贷与国际投资的经济主体，都可能抱观望态度，从而出现国际经济交易在某种程度上的中止、停顿现象。

2.浮动汇率制度的利弊

浮动汇率制度的主要优点：

①汇率能发挥其调节国际收支的经济杠杆作用。一国的国际收支失衡，可以通过汇率的上下浮动加以消除。

②只要国际收支失衡不是特别严重，就没有必要调整财政政策和货币政策，从而不会以牺牲内部平衡来换取外部平衡的实现。

③减少了对储备的需要，并使逆差国避免了外汇储备的流失。这是因为，在浮动汇率制度下，各国货币当局没有干预外汇市场和稳定汇率的义务。这一方面使逆差国避免了外汇储备的流失，另一方面又使各国不必保持太多的外汇储备，从而能把节省的外汇资金用于本国经济的发展。

浮动汇率制度的主要缺点是汇率频繁与剧烈的波动，使进行国际贸易、国际信贷与国际投资等国际经济交易的经济主体难以核算成本和利润，并使他们面临较大的汇率波动所造成的外汇风险损失，从而对世界经济的发展产生不利影响。浮动汇率制的另一个主要缺点是为外汇投机提供了土壤和条件，助长了外汇投机活动，这必然会加剧国际金融市场的动荡与混乱。

　　汇率市场化并不意味着实现完全的浮动汇率。汇率市场化是指由供求力量决定汇率水平。但是，由于汇率对一国经济和政治的重要作用，政府对于汇率通常会或多或少地加以适度调节，不进行任何有目的的干预是极其少见的。在实际经济生活中，完全的浮动汇率是不存在的。

补充阅读 3-1

中国香港的联系汇率制

　　中国香港从 1983 年起，实施对美元的联系汇率制。发钞银行（在中国香港，无垄断发钞的"中央银行"，钞票发行由指定的存款货币银行发行，被指定发钞的银行称"发钞银行"，目前有三家——汇丰银行、渣打银行、中国银行，每发行 1 港元，要按 7.8 港元等于 1 美元的比例，向外汇基金存入百分之百的外汇储备。外汇基金由政府设立，收到发钞银行交来的外汇储备，外汇基金给发钞银行开具无息的负债证明书。一般的存款货币银行需要港元，则需用百分之百的美元向发钞银行兑换。在中国香港的外汇市场上，港元的汇率是自由浮动的，凡涉及外汇的交易往来都是按市场供求所决定的汇率进行。多年来市场汇率一直低于联系汇率。

　　香港联系汇率制度下，7.8 港元兑 1 美元的汇率实际上只存在于金管局与三间发钞银行的买卖负债证明书的交易之间，市场汇率由市场力量决定，因此或许会有波动。可以说，联系汇率制度下，实际上有两个汇率：一个是 7.8 港元兑 1 美元的联系汇率，存在于金管局与三间发钞银行之间；另一个是市场汇率。可见，即使在联系汇率制度下，市场上港元兑美元并非绝对地以 7.8 港元兑 1 美元。

　　联系汇率制度下，维持市场汇率稳定依赖三间发钞银行的套汇活动。因为每当市场汇率有波动，偏离联系汇率，三间发钞银行就可通过 7.8 港元兑 1 美元的联系汇率向金管局买入或卖出负债证明书获利。例如，港元的市场汇率贬值至 8 港元兑 1 美元，发钞银行可以持负债证明书向金管局以 7.8 港元兑 1 美元的联系汇率换取美元，每换取 1 美元便可从中获利 0.2 港元。又如，港元的市场汇率升值至 7.5 港元兑 1 美元，发钞银行可以持美元向金管局以 7.8 港元兑 1 美元的联系汇率购入负债证明书发行港元，每兑换 1 美元便可从中获利 0.3 港元。在三间银行的竞争下，确保了发钞银行会在当港元市场汇价波动时入市干预。

　　在资金流入时，市场人士买入港元，港元市场汇价面临升值压力，三间银行会以美元向金管局购买负债证明书，发行港元获利。这使香港的货币基础得以扩张，经过货币扩张的过程，市场上货币供应会增加，迫使利率下调，资金继而流出，直至港元市场汇价回到联系汇率的水平。资金流出时的情况亦相似，三间银行会收回港元，以负债证明书换回美元获利。这使货币基础收缩，利率上升，吸引资金为赚取利息而流入，直至港元市场汇价回到联系汇率的水平。此自动调节机制确保了港元的市场汇价不会大幅偏离联系汇率。

　　香港是一个城市而非国家，经济自由度高，属于开放性经济体系，联系汇率有助于稳定香港经济，减低外国经济及汇率上的波动对香港的冲击，可减低与香港从事贸易及外国投资者在香港投资的汇率风险；由于香港的原材料、食品与消费品等大部分依赖进口，联系汇率制可稳定香港物价。但联系汇率制迫使香港需要跟随美国调整利率，不能发挥以利率调节经济与通货膨胀/收缩的作用。

二、汇率波动对经济的影响

汇率是一种重要的经济杠杆,其变动可以反作用于经济,对进出口、物价、资本流动和产出都有一定的影响。

(一)汇率对进出口的影响

一般地说,本币汇率下降,即本币对外的币值贬低,能起到促进出口、抑制进口的作用;若本币汇率上升,即本币对外的币值上升,则有利于进口,不利于出口。此外,汇率变化影响进出口,还要求进出口需求要有价格弹性——进出口需求对汇率和商品价格变动的反应灵敏,即需求弹性大,进而才会导致价格变化引起交易数量的改变。当然,就出口商品来说,还有一个出口供给弹性的问题,即汇率下降后出口商品量能否增加,还要受商品供给扩大的可能程度的制约。

(二)汇率对物价的影响

从进口消费品和原材料的角度来看,汇率下降会引起进口商品在国内的价格上涨。至于它对物价总指数影响的程度,则取决于进口商品和原材料在国内生产总值中所占的比重。反之,本币升值,其他条件不变,进口商品的价格有可能降低,从而起到抑制物价总水平的作用。从出口商品看,汇率下降有利于扩大出口。但在出口商品供给弹性小的情况下,出口扩大会引发国内市场抢购出口商品,从而抬高出口商品的国内收购价格,甚至有可能波及国内物价总水平。

(三)汇率对资本流动的影响

由于长期资本的流动主要以利润和风险为转移,因而受汇率变动的影响较小;但短期资本流动则常常受到汇率的较大影响。在存在本币对外币贬值的趋势下,本国投资者和外国投资者就不愿持有以本币计值的各种金融资产,并会将其转兑成外汇,发生资本外流现象。同时,由于纷纷转兑外汇,加剧外汇供求紧张,会促使本币汇率进一步下跌。反之,则可能引发资本的内流,促使本币汇率进一步上升。如果金融体制不健全,短期内汇率剧烈变动有可能会引起金融危机。

(四)汇率对产出和就业的影响

汇率的变动既然能够影响进出口、物价和资本流出入,不难看出,它对一国的产出和就业也会产生重要作用。

当汇率有利于刺激出口和抑制进口时,出口商品生产的增长和进口替代品生产的增长会带动总的生产规模的扩大和就业水平的提高。同时,生产出口商品和进口替代品行业的利润增长,甚至会引起一国生产结构的改变。相应地,不利的汇率会使出口急速缩减,而该国的出口又关系整体经济的发展,给生产和就业带来极大的困难;不利的汇率会使进口增长,严重时甚至会冲击本国的生产从而增大失业队伍。

有利于资本流入的汇率,对于缺少资本的国家是好事;有利于资本流出的汇率,则是资本过剩的国家所期望的。缺资本，有资本流入；资本过剩，可以找到有利的投资机会，这无疑有利于经济的发展，有利于促进生产和就业。

第三节　国际收支与国际储备

一、国际收支与国际收支平衡表

(一)国际收支的概念

早在 17 世纪初叶的重商主义时代就有了国际收支的概念。当时的葡萄牙、法国、英国等国的经济学家在提倡"贸易差额论"即通过扩大出口限制进口的方式积累金银货币的同时，就提出了国际收支的概念，并把它作为分析国家财富积累、制定贸易政策的重要依据。但由于当时的国际经济仍处于发展阶段，国际收支被解释为一个国家的对外贸易差额。

随着国际经济的交往不断扩大，国际收支的含义也不断发展和丰富。在金本位制度崩溃后，国际收支的含义逐渐扩展为反映一国外汇收支。凡是涉及一国外汇收支的各种国际交易都属于国际收支范畴，并把外汇收支作为国际收支的全部内容，这种国际收支就是人们所称的狭义国际收支的概念。这一定义以现金支付为基础，即只有以现金支付的国际经济交易才能计入国际收支，对其他的债权债务则不予理会。但是，在对外交易中，并非所有的交易都涉及货币的支付，如补偿贸易。其中有些交易根本不需要支付，如以实物形式提供的无偿援助和投资等。这些不涉及货币支付的对外贸易在国际交易中的比重不断增加，以跨国公司为载体的国际资本流动日益频繁。在这种情况下，国际收支的概念又有了新的发展，由狭义的概念逐步发展为现在各个国家使用的广泛概念，即 IMF 制定的概念。

IMF 在《国际收支手册》(第五版)中规定：国际收支(BOP)是指一国在一定时期内(通常为一年)全部对外经济往来的系统的货币记录。它包括：①一个经济体和其他经济体之间的商品、劳务和收益交易；②一个经济体的货币黄金、特别提款权的所有权的变动和其他变动，以及这个经济体和其他经济体的债权债务的变化；③无偿转移以及在会计上需要对上述不能相互抵消的交易和变化加以平衡的对应记录。

由此可见，国际收支(Balance of Payments)是指一定时期内一个经济体(通常指一个国家或者地区)与世界其他经济体之间发生的各项经济活动的货币价值之和。它有狭义与广义两个层面的含义。狭义的国际收支是指一个国家或者地区在一定时期内，由于经济、文化等各种对外经济交往而发生的，必须立即结清的外汇收入与支出。广义的国际收支是指一个国家或者地区内居民与非居民之间发生的所有经济活动的货币价值之和。

(二)国际收支平衡表

1.国际收支平衡表的含义

国际收支平衡表(balance of international payments)是反映一定时期一国同外国的全部

经济往来的收支流量表。国际收支平衡表是对一个国家与其他国家进行经济技术交流过程中所发生的贸易、非贸易、资本往来以及储备资产的实际动态所作的系统记录，是国际收支核算的重要工具。通过国际收支平衡表，可综合反映一国的国际收支平衡状况、收支结构及储备资产的增减变动情况，为制定对外经济政策，分析影响国际收支平衡的基本经济因素，采取相应的调控措施提供依据，并为其他核算表中有关国外部分提供基础性资料。

2. 国际收支平衡表的编制原则

国际收支平衡表的编制遵循下列四项基本原则。

（1）复式计账原则

按照会计原理，一切收入项目或负债增加、资产减少的项目都列为贷方，一切支出项目或资产增加、负债减少的项目都列为借方。因此，凡是国际交易中引起本国居民支付货币给外国居民的交易都是借方交易，记入国际收支平衡表的借方；所有能够使本国居民从国外得到收入的交易都是贷方。这样，任何一笔国际经济交易分别列入表内借贷两方，总额相等。

（2）权责发生制原则

交易的记录时间，以所有权转移为标准。一旦经济价值产生、改变、交换、转移或消失，交易就被记录下来，一旦所有权发生变更，债权债务随之就会出现。

（3）市场计价原则

即国际收支原则上按成交时的市场价格来计价。

（4）同一货币原则

所有的记账单位需要折合为同一种货币，既可以是本币，也可以是外币，如我国的国际收支平衡表选取的记账货币是美元，而美国国际收支平衡表的记账货币是其本国货币——美元。

3. 国际收支平衡表的构成

表3-4　中国国际收支平衡表（2014上半年）　　　单位：亿美元

项目	行次	差额	贷方	借方
一、经常项目	1	805	13 110	12 305
A. 货物和服务	2	868	11 780	10 912
a. 货物	3	1 493	10 677	9 184
b. 服务	4	−625	1 103	1 727
1. 运输	5	−288	178	466
2. 旅游	6	−440	248	688
3. 通信服务	7	−1	7	9
4. 建筑服务	8	36	55	19
5. 保险服务	9	−86	20	106
6. 金融服务	10	−2	16	18
7. 计算机和信息服务	11	46	86	40
8. 专有权利使用费和特许费	12	−109	4	113

续表

项目	行次	差额	贷方	借方
9. 咨询	13	81	210	129
10. 广告、宣传	14	3	23	19
11. 电影、音像	15	−4	1	4
12. 其他商业服务	16	145	251	106
13. 别处未提及的政府服务	17	−5	5	11
B. 收益	18	55	1 096	1 041
1. 职工报酬	19	102	117	15
2. 投资收益	20	−47	979	1 026
C. 经常转移	21	−118	235	353
1. 各级政府	22	−15	7	22
2. 其他部门	23	−104	227	331
二、资本和金融项目	24	778	12 248	11 471
A. 资本项目	25	−4	13	17
B. 金融项目	26	782	12 236	11 454
1. 直接投资	27	930	1 838	908
1.1 我国在外直接投资	28	−311	238	550
1.2 外国在华直接投资	29	1 241	1 599	358
2. 证券投资	30	369	665	296
2.1 资产	31	25	160	135
2.1.1 股本证券	32	18	85	67
2.1.2 债务证券	33	8	76	68
2.1.2.1（中）长期债券	34	9	76	66
2.1.2.2 货币市场工具	35	−2	0	2
2.2 负债	36	344	505	161
2.2.1 股本证券	37	166	218	52
2.2.2 债务证券	38	178	287	109
2.2.2.1（中）长期债券	39	212	240	28
2.2.2.2 货币市场工具	40	−33	48	81
3. 其他投资	41	−517	9 733	10 250
3.1 资产	42	−1 641	546	2 186
3.1.1 贸易信贷	43	106	282	176
长期	44	2	6	4
短期	45	104	276	173

项目	行次	差额	贷方	借方
3.1.2 贷款	46	−566	12	578
长期	47	−159	0	159
短期	48	−407	12	419
3.1.3 货币和存款	49	−1 161	250	1 412
3.1.4 其他资产	50	−19	1	20
长期	51	0	0	0
短期	52	−19	1	20
3.2 负债	53	1 124	9 187	8 063
3.2.1 贸易信贷	54	−82	92	174
长期	55	−1	2	3
短期	56	−81	91	171
3.2.2 贷款	57	769	8 522	7 753
长期	58	−125	258	383
短期	59	894	8 264	7 370
3.2.3 货币和存款	60	426	543	117
3.2.4 其他负债	61	11	31	19
长期	62	20	20	1
短期	63	−8	10	19
三、储备资产	64	−1 479	8	1 486
3.1 货币黄金	65	0	0	0
3.2 特别提款权	66	1	1	1
3.3 在基金组织的储备头寸	67	6	6	0
3.4 外汇	68	−1 486	0	1 486
3.5 其他债权	69	0	0	0
四、净误差与遗漏	70	−104	0	104

注：1. 本表计数采用四舍五入原则。

2. 本表数据由分季度平衡表累加得到。

表3-4列出了国际收支的具体项目，每个项目均反映不同性质的收支。通常把这些项目划分为四类：经常项目（current account）、资本与金融项目（capital and financial account）、储备资产（reserve assets）以及净误差与遗漏（net errors and omissions）。

每个国家往往根据不同的经济交易和范围以及不同的经济分析需要，编制不同内容和格式的国际收支平衡表。为便于横向比较和综合统计，国际货币基金组织出版了《国际收支手册》，该手册对国际收支的概念、定义、分类和标准构成都做了详细规定和说明，从而使各国国际收支平衡表的格式趋于统一和标准化。现以我国为例加以说明。

（1）经常项目

经常项目主要反映一国与他国之间实际资源的转移，是国际收支中最重要的项目。经常项目包括货物（贸易）、服务（无形贸易）、收益和单方面转移（经常转移）四个子项目。经常项目顺差表示该国为净贷款人，经常项目逆差表示该国为净借款人。

①货物贸易。货物贸易包括通过海关进出口的所有货物以及一些虽然不经过海关，但是属于国际经济交往的货物交易，如飞机、船只等在境外港口购买的燃料、物料，远洋渔船向其他国家出售其所捕获的海产品等。

②服务贸易。服务贸易涉及的项目比较繁杂，包括运输、旅游、建筑承包、通信、金融、保险、计算机、信息、专利使用、版权、广告中介、专业技术、文化和娱乐等形式多样的商业服务以及一部分政府服务。

提供服务与提供商品没有区别，都可以从国外赚取外汇，但就交易的具体对象来说又有所不同。商品通常在物质上是有形的，而服务在这个意义上看则是无形的。因此，常把贸易收支称为有形贸易收支，把服务收入称为无形贸易收支。

③收益。收益项目系统地记录因生产要素在国际间流动而引起的要素报酬收入。包括职工报酬和投资收益两项。职工报酬是指在别国居住不满一年的个人从别国所取得的合法收入，包括以现金或实物形式支付给非居民工人的工资、薪金和其他福利。投资收益是指因持有国外金融资产或承担对非居民负债而造成的收入或支出，包括直接投资项下的利润利息收支和再投资收益、证券投资收益（股息、利息等）和其他投资收益。

④经常转移。经常转移也称单方面转移，是指不以获取收入或者支出为目的的单方面交易行为，包括侨汇、无偿援助和捐赠、国际组织收支及居民收支等。这种转移收支与贸易收支在性质上不同，贸易收支要求等价交换或偿付，而转移收支则是一种单方面的价值转让。

（2）资本与金融项目

资本与金融项目反映的是国际资本流动，包括长期或短期的资本流出和资本流入。是国际收支平衡表的第二大类项目。

资本项目包括资本转移和非生产、非金融资产的收买或出售，前者主要是投资捐赠和债务注销；后者主要是土地和无形资产（专利、版权、商标等）的收买或出售。

金融账户包括直接投资、证券投资（间接投资）和其他投资（包括国际信贷、预付款等）。注意证券投资的利息收入或支出按净额记录在经常账户下，本金还款记录在金融项目下。

（3）净差错与遗漏

错误与遗漏项目是人为设立的一个项目，由于国际收支平衡表是按复制记账原则编制的，经常账户与资本和金融账户的借贷总额应当相等。但是在实践中，由于不可能完全跟踪每一项经济交易进行记录，有的数据甚至还来源于估算，加上一些人为因素（有些数据须保密，不宜公开，有些数据如商品走私、资金外逃难以掌握）的影响，导致上述两账户的借贷总额不能相等。为使国际收支平衡表的借方总额与贷方总额相等，编表人员人为地在平衡表中设立该项目，从而轧平平衡表中借贷方差额。

国际收支平衡表是各项国际交易的记录，因而从每笔交易和从借贷总计来看总是平衡的。但国际交易所引起的国际收支事先无法达到平衡。反映在国际收支平衡表上的交易实际有两种：一种是事先的自主性交易，另一种是事后的调节性交易。贸易项目一般是前一种。在自主性交易中如发生差额而只能动用国际储备或借入短期资本以弥补上述差额，则属于事后的调节性交易。自主性交易的国际收支如果能基本相抵，则调节性交易就不必占重要位置。在这个意义上，国际收支就基本上达到平衡；如果情况相反，则国际收支就不平衡。这里说的国际收支平衡不是指平衡表上借贷总计的平衡。国际收支的基本平衡是各国重要经济目标之一。本国经济中许多因素，诸如生产波动、产业结构变动、金融动荡、物价升降等，都能影响这个目标的顺利实现。国外经济、政治、金融状况的变化也可能产生不利影响。为避免和抵消这些影响，需要调整国际收支。这不仅为了使国际收支能基本保持平衡，而且也为本国汇价、物价的稳定以及本国对外支付能力的增强创造条件。在制定适当的政策措施以调整国际收支时，要对国际收支平衡表作全面的分析，并把国际收支与国内经济统一起来考虑。

4.我国的国际收支状况

改革开放以来，我国的国际收支发生了很大的变化，主要呈现出以下三个特点。

一是国际收支规模扩张很快，国际收支在国民经济中的意义越来越重要。经常项目中的货物贸易与服务贸易收支总额保持了同步增长，经常项目的结构和内容发生了明显的变化。出口产品中初级产品所占比重逐年下降，制成品和深加工产品的比重上升。出口商品的种类增多，市场结构日益多元化。在对外贸易方式上，除了传统的一般贸易外，各类加工贸易、补偿贸易以及其他贸易方式的比重也在不断上升。国际旅游、运输等传统服务贸易发展迅速，同时一些非传统的服务贸易方兴未艾。例如，近年来国际咨询、通信、计算机和信息服务、专利使用、娱乐文化等都有了较快的发展。

二是资本项目的地位越来越重要，其中，外商来华直接投资，自1992年以来，规模越来越大，投资领域越来越广泛，成为影响国际收支状况的重要因素。

三是在国际收支规模不断扩大的过程中，我国外汇储备规模也不断上升。1981年，我国的外汇储备仅有27亿美元，而2014年年底已达38 430亿美元。

二、国际储备

(一)国际储备的概念

国际储备(international reserve)是指各国政府为了弥补国际收支赤字，保持汇率稳定，以及应对其他紧急支付的需要而持有的国际间普遍接受的所有流动资产的总称。

国际储备也称"官方储备"或"自由储备"，是一国政府持有的，可以随时用来平衡国际收支差额、对外进行国际支付、干预外汇市场的国际间可以接受的资产总额。国际储备是战后国际货币制度改革的重要问题之一，它不仅关系各国调节国际收支和稳定汇率的能力，而且会影响世界物价水平和国际贸易的发展。

一般来说，国际储备资产必须同时具备三个条件：可获得性、流动性和普遍接受性。

①一国金融当局必须具有无条件地获得这类资产的能力；

②该资产必须具备高度的流动性；

③该资产必须得到国际间普遍接受。

(二)国际储备的构成

国际储备资产主要包括：货币当局持有的黄金、在国际货币基金组织的储备头寸、特别提款权、外汇储备以及其他债权。其中，最重要的是外汇储备。

1. 黄金储备

黄金是最古老的一种国际储备资产，各国公布的黄金储备是指一国货币当局持有的货币性黄金，但不包括为了满足工业用金和民间藏金的需求作为商品储备的黄金。由于黄金具有可靠的保值手段和不受国家权力干预的特点，它一直是国际储备的主要来源之一。1990 年以来，世界各国或各地区货币当局所持有的货币性黄金规模并未发生大的变动。但是由于黄金市场价格的不断下跌，各国拥有的货币性黄金以市场价格计算有所下降。到 2013 年 6 月，全世界拥有的黄金储备约为 31 909.7 吨，按当时的收盘价 1 239.30 美元/盎司的市价计算，约值 13 946 亿美元。

2. 在国际货币基金组织的储备头寸

在 IMF 的储备头寸也称普通提款权，是指国际货币基金组织的会员国按规定从 IMF 提取一定数额款项的权利。它是国际货币基金组织最基本的一项贷款，用于解决会员国国际收支不平衡问题，但不能用于会员国经常账户下交易的支付。

3. 特别提款权

特别提款权也称纸黄金，是国际货币基金组织于 1969 年创设的一种新的国际储备资产和记账单位，其目的是补充国际储备资产的不足。国际货币基金组织的会员国可用分配到的特别提款权归还国际货币基金组织的贷款，或用于会员国政府之间的支付。所以，对于国际货币基金组织的会员国来说，已分到而尚未使用的特别提款权，就构成该国国际储备资产的一部分。

4. 外汇储备

外汇储备是指一国政府所持有的可用作国际结算和对外支付的流动性较高的金融资产，主要表现为国外银行存款和外国政府债券等形式。充当国际储备的货币必须具备以下条件：①能够自由兑换成其他储备货币。②在国际货币体系中居于重要地位。③购买力稳定。一般来说，同时具备上述三个条件的货币通常都是由综合实力名列世界前列的国家所发行。目前充当外汇储备的主要货币有美元、日元、欧元、英镑等。

三、中国的外汇储备

回顾中国外汇储备的发展变化：1996 年底，中国外汇储备首次突破了 1 000 亿美元，此后四年，储备上升相对平稳。自 2000 年起，中国外汇储备呈快速增长趋势。2005 年末增至 8 188.72 亿美元，居全球第二位。2006 年 2 月，中国外汇储备达 8 537 亿美元，超过日本，成为全球外汇储备最大持有国。至 2010 年 3 月，中国外汇储备规模已达 24 470.84 亿美元，稳居全球第一位。

国家外汇管理局(下称"外汇局")发布数据，截至 2023 年 7 月末中国外汇储备达到 32 043 亿美元，较 6 月末上升 113 亿美元，升幅为 0.35%。中国外储规模仍然接近全球外储的30%，居全球外汇储备排名榜首，分别是排名第二位的日本和第三位的瑞士的2.6倍和4.5倍。

表3-5　中国外汇储备规模（2016—2022年）　　　　　　　单位：亿美元

年份	2016	2017	2018	2019	2020	2021	2022
外汇储备	30 105.17	31 399.49	30 727.12	31 079.24	32 165.22	32 501.66	30 712.72

外汇储备的快速增长增强了我国的综合国力，提高了我国的国际资信。外汇储备是体现一国综合国力的重要指标。我国的外汇储备规模已跃居世界第一位，标志着我国对外支付能力和调节国际收支实力的增强，为我国举借外债以及债务的还本付息提供了可靠保证，对维护我国在国际上的良好信誉，吸引外资，争取国际竞争优势奠定了坚实的基础。

充足的外汇储备可以使我国中央银行有效干预外汇市场，支持本币汇率。充足的外汇储备可以保证我国能够从容应对突发金融风险，满足有效干预外汇市场、维护本币汇率稳定的需求。1997年亚洲金融危机爆发后人民币的良好表现再次证明，充足的外汇储备对于稳定人民币币值、维护投资者信心具有举足轻重的作用。

充足的外汇储备有力地促进了国内经济发展。一是充足的外汇储备能够提高我国对外融资能力，降低境内机构进入国际市场的融资成本，鼓励国内企业"走出去"，寻求更优质的投资环境和更大的利润空间。二是充足的外汇储备在深化经济改革、调整产业结构、提高生产技术等方面发挥重要作用。随着我国加入世贸组织，对外贸易的发展大大加速，充足的外汇储备可以满足进口先进技术设备的需求。三是能够更大程度地满足居民正常用汇需求。

充足的外汇储备也是人民币最终实现完全可自由兑换的一个必备条件。人民币可自由兑换是我国外汇体制改革的首要目标。我国在1996年底实现了人民币经常项目可兑换，拥有雄厚的外汇储备确保了我国能应付随时可能发生的兑换要求，维持外汇市场汇率的相对稳定，抵御货币兑换所带来的风险，削弱其可能造成的负面影响。在经常项目可自由兑换后，我们的目标便是取消经常项目和资本项目的外汇管制，对国际正常的汇兑活动和资金流动不予限制，从而实现人民币完全自由兑换。充足的外汇储备使我国中央银行能有效地调节外汇市场，保持国际收支的基本平衡，使人民币在迈向自由兑换的过程中保持汇率的基本稳定。

但是，过快增长的外汇储备，也会带来一定的负面影响。具体表现在以下几个方面：

①加大了通货膨胀的压力，影响货币当局独立制定货币政策。近年来，外汇占款形式的基础货币投放已经成为我国中央银行货币投放的主要渠道。由于外汇储备逐年增加，中央银行为了维持外汇市场的稳定，必须在外汇市场上买入外汇、抛出本币。通过货币乘数效应的作用，货币供应量被放大，不仅造成了通货膨胀压力，而且影响了货币政策的独立性。中央银行进行对冲操作的工具还比较有限，对冲效果也不明显，因此如果外汇储备持续以较快速度增长，那么通货膨胀的压力就会继续增加。

②导致经济增长的动力结构不均衡，不利于实现经济增长向内需主导型模式的转变。我国高额外汇储备的形成，是政府鼓励出口、鼓励招商引资等政策因素和人民币升值预期因素在起主要作用。继续维持这种主要依靠出口和投资拉动的经济增长的动力结构，不仅有碍于落实科学发展观、建立资源节约型和环境良好型社会的目标的实现，而且会损害经

济增长的潜力和后劲，不利于经济的健康和可持续发展。

③增大了人民币升值压力，不利于对外贸易顺利开展。巨额外汇储备加大了人民币汇率升值压力，且使我国在相当程度上陷入减轻人民币升值压力与抑制货币供给增长难以兼顾的两难境地：要减轻外汇占款造成的过多基础货币发行对国内货币市场的影响，中央银行必须加大回笼现金力度或提高利率，但这些操作将加大人民币升值压力；如果为了减轻人民币升值压力而增加货币供给或降低利率，本来就已经极为宽松的货币市场将因此变得过度宽松，从而刺激国内资本市场泡沫膨胀。我国有可能陷入"外汇储备增长较快—人民币升值预期—资金流入—外汇储备继续增长—进一步升值和资金流入"式恶性循环。此外，不断高涨的外汇储备还会进一步加剧贸易摩擦，恶化国际收支失衡的状况，不利于我国外贸和经济的可持续发展。

④带来高额的机会成本，加大资金收益风险，加大了汇率风险。一个国家持有外汇储备，就是把这些资源储存起来，而放弃和牺牲利用他们投资的机会，在经济上就形成了一种损失，这种损失就是机会成本，一国外汇储备越多，机会成本也就越高。美元作为我国外汇储备的主要资产，汇率波动较为频繁，高额外汇储备有可能承担美元贬值的风险。

⑤成为导致流动性过剩的重要原因，影响银行的资金使用效率，加剧经济结构失衡。巨额贸易顺差通过结汇转换成人民币资金进入商业银行，外汇占款作为基础货币大规模投放在货币乘数作用机制下引起货币供应量的多倍扩张，使市场流动性急剧膨胀。商业银行的存差规模日益扩大，货币市场流动性泛滥等问题，都与这一因素有关。更严重的是，流动性过剩还会引发企业利润下滑、投资过热和通货膨胀等一系列消极后果。

国际储备管理是一国政府或货币当局根据一定时期内本国的国际收支状况和经济发展要求，对国际储备的规模、结构和储备资产的使用进行调整、控制，从而实现储备资产的规模适度化、结构最优化和使用高效化的整个过程。一个国家的国际储备管理包括两个方面：一是国际储备规模的管理，以求得适度的储备水平；二是国际储备结构的管理，使储备资产的结构得以优化。通过国际储备管理，一方面可以维持一国国际收支的正常进行，另一方面可以提高一国国际储备的使用效率。

本章小结

外汇是国际汇兑的简称，是一种国际支付手段，是世界上各国之间经济交易的媒介。外汇在国际交往和国际贸易中执行流通手段、支付手段和储存价值的职能。但是并不是任何一个国家的货币都可以作为外汇，一国的货币必须同时具有外币性、可偿性和可兑换性三个特征才可以成为外汇。

根据不同的标准，可以将外汇分为不同的类别。根据是否可以自由兑换，外汇可以分为自由外汇和记账外汇。根据外汇来源和用途的不同可以分为贸易外汇和非贸易外汇。根据外汇交割日期的不同，可以分为即期外汇和远期外汇等。

汇率是指一个国家的货币折算成另一个国家货币的比率，也就是用一种货币表示另一种货币的价格。一国的汇率直接反映了该国货币的对外价值。在确定汇率时，设计两种不同的货币。我们可以用本国货币来表示外国货币的价格，也可以用外国货币的价格来表示本国货币的价格。选取的标准货币不同，汇率的标价方法就不同，具体可分为直接标价法和间接标价法。直接标价法是以一定单位的外国货币为标准，将其表示为一定数量的本国货币的标价方法。间接标价法是以一定单位的本国货币为标准，将其表示为一定数量的外国货币的标价方法。

汇率制度也称汇率安排，是指各国或国际社会普遍采用的、确定本国货币与其他货币汇率的体系。汇率制度在汇率的确定、变动等方面都有具体规定，因此，汇率制度对各国汇率的决定有重大影响。

固定汇率制是指汇率受平价制约，汇率只能围绕平价在较小范围内上下波动的一种汇率制度。固定汇率制度下两国间的货币比价基本固定，而且这一比价的波动界限受到了严格限制。浮动汇率制度是指现实汇率不受平价制约，而是随外汇市场供求变化而波动的一种汇率制度。

国际收支是一个经济体（一个国家或地区）与其他经济体在一定时期（通常为一年）发生的全部对外经济交易的系统记录。它既包括清偿债权债务所发生的货币收支，也包括无偿的对外援助、其他单方面转移及以货易货等不发生收支的行为。

国际收支平衡表是一个国家对一定时期（通常是一年）该国与他国居民之间所进行的一些经济活动进行系统记录的一种统计表。国际收支平衡表主要包括经常项目、资本与金融项目和平衡项目三大项。

国际储备是一国货币当局准备用于弥补国际收支逆差，维持本币汇率稳定和对外应急支付的各种形式的资产。国际储备的主要形式有黄金储备、外汇储备、在国际货币基金组织的准备头寸、特别提款权等。

练习题

一、概念识记

外汇　汇率　直接标价法　间接标价法　卖出价　买入价　外汇现钞价　即期汇率　远期汇率　基本汇率　交叉汇率　一价定律　购买力平价　汇率制度　固定汇率制　浮动汇率制　国际收支　国际收支平衡表　国际储备　特别提款权

二、选择题

1. 外汇是（　　）的简称。
   A. 外国货币　　　　　B. 外币汇率　　　　　C. 国际汇兑　　　　　D. 外国汇票
2. 外汇是（　　）表示的支付手段。
   A. 外币　　　　　　　B. 本币　　　　　　　C. 黄金　　　　　　　D. SDRs
3. 目前，世界上只有（　　）采用间接标价法。
   A. 英国和法国　　　　B. 法国和美国　　　　C. 英国和美国　　　　D. 英国和德国

4. 第二次世界大战以后，大多数国家都把(　　)当作关键货币。

    A. 英镑　　　　　　　B. 瑞士法郎　　　　　C. 德国马克　　　　　D. 美元

5. 把资金由低利率国家移到高利率国家以赚取利差的外汇交易叫(　　)交易。

    A. 外汇投机　　　　　B. 套期保值　　　　　C. 套汇　　　　　　　D. 套利

6. 下列关于直接标价法和间接标价法的各种说法中正确的是(　　)。

    A. 在直接标价法下，本国货币的数额固定不变

    B. 在间接标价法下，外国货币的数额固定不变

    C. 在间接标价法下，本国货币的数额变动

    D. 世界上大多数国家采用直接标价法，而美国和英国则采用间接标价法

7. 下列各种说法中正确的是(　　)。

    A. 世界各金融中心的国际银行采用美元标价法

    B. 银行间买卖汇率之差一般在 1% ~5%

    C. 买卖汇率之和除以 2 即得中间汇率，它可适用于一般顾客

    D. 在间接标价法下，前一个数字为买价

8. 决定汇率基本走势的是(　　)。

    A. 利率水平　　　　　B. 汇率政策　　　　　C. 预期与投机　　　　D. 国际收支

9. 如果一国货币贬值，则会引起(　　)。

    A. 有利于进口　　　　B. 货币供给减少　　　C. 国内物价上涨　　　D. 出口增加

10. 下列被视为狭义外汇的是(　　)。

    A. 以外币表示的有价证券　　　　　　　B. 以外币表示的黄金

    C. 国外银行存款　　　　　　　　　　　D. 外币现钞

11. 国际收支平衡表的分析方法中，(　　)是基础的分析方法。

    A. 动态分析　　　　　　　　　　　　　B. 比较分析

    C. 静态分析　　　　　　　　　　　　　D. 动态分析和静态分析

12. 国际收支是发生在(　　)。

    A. 居民与居民之间的经济交易　　　　　B. 非居民与非居民之间的经济交易

    C. 内部单位之间的经济交易　　　　　　D. 居民与非居民之间的经济交易

13. 投资收益在国际收支平衡表中应列(　　)。

    A. 经常账户　　　　　B. 资本账户　　　　　C. 金融账户　　　　　D. 储备与相关项目

14. 我国的国际收支中，所占地位最重要的是(　　)。

    A. 贸易收支　　　　　B. 非贸易收支　　　　C. 资本输出入　　　　D. 无偿转让

15. 国际收支平衡表的主要内容中，(　　)是一国国际收支平衡表中最基本、最重要的账户。

    A. 资本金融账户　　　B. 净差错与遗漏　　　C. 经常账户　　　　　D. 总差额

16. 国际收支逆差会(　　)。

    A. 导致外汇占款增大　　　　　　　　　B. 货币供应量扩大

    C. 加重通货膨胀　　　　　　　　　　　D. 抑制通货膨胀

三、简答题

1.外汇的直接标价法和间接标价法有什么不同?

2.浮动汇率有哪些形式?

3.比较固定汇率制和浮动汇率制的优劣。

4.简述购买力平价理论。

5.国际储备的构成有哪些?

四、案例分析题

中国人民银行发布的数据显示,截至 2013 年 3 月末,国家外汇储备余额为 3.44 万亿美元,约等于德国的经济总量。英国《金融时报》报道称,中国 2013 年一季度外汇储备出现自 2011 年第二季度以来的最高季度增幅,相当于 2012 年全年外汇储备增幅。有人担心,由于美国、日本都在实行超级量化宽松的货币政策,国际热钱正通过各种渠道流入中国。《金融时报》称,美联储及日中央银行大规模收购债券,令两国货币供应大大增加。产生的现金中,部分资本最终可能流入中国等新兴市场。虽然中国政府一直实行严格的资本管制,以阻止国际热钱的流入,然而,中国 3 月出口总额仅增长了 10%,而相关出口却增长了 93%,这一数据表明,一些企业可能通过虚开贸易发票,通过虚假贸易绕过监管机构,将热钱带入中国。由于一季度中国外汇储备快速增加导致一季度银行信贷大幅增长,与 2012 年一季度相比,中国 2013 年一季度新增贷款总额增长了 58%,达到 6.2 万亿元人民币。2013 年 4 月,惠誉国际出于对中国企业和地方政府积累太多债务的担忧,下调了中国主权信用评级,这是自 1999 年以来,国际主要信用评级机构首次下调中国的信用评级。

思考:

1.中国的外汇储备是不是太多?面临着什么风险?如何化解风险?

2.当前,中国的外汇储备增长加快是不是"热钱"涌入的结果?国际"热钱"涌入的国际背景是什么?对中国经济会造成什么危害?应如何阻止国际"热钱"的涌入?

第四章

金融中介机构

【学习目标】

了解金融中介机构的产生与发展，金融中介机构的概念和分类。了解金融机构存在和发展的必要性。理解金融中介机构的基本结构和内容，掌握西方国家和我国的金融中介机构体系。

案例导入

另类金融机构与金融业务——影子银行

"影子银行"是美国次贷危机爆发后出现的一个重要金融学概念。它是通过银行贷款证券化进行信用无限扩张的一种方式。这种方式的核心是把传统的银行信贷关系演变为隐藏在证券化中的信贷关系。这种信贷关系看上去像传统银行但仅是行使传统银行的功能而没有传统银行的组织机构，即类似一个"影子银行"体系存在。

在中国，"影子银行"的概念至今没有一个明确的界定。"只要涉及借贷关系和银行表外业务都属于'影子银行'。"中国社科院金融研究所发展室主任易宪容给出如此定义。据中国银行业监管机构2013年估计，其规模达到8.2万亿元人民币（合1.3万亿美元）。不过许多分析师表示，真实数字要高得多，德意志银行（Deutsche Bank）估计，中国影子银行业规模为21万亿元人民币，相当于国内生产总值（GDP）的40%。

"影子银行"有以下几个基本特征：第一，资金来源受市场流动性影响较大；第二，由于其负债不是存款，不受针对存款货币机构的严格监管；第三，由于其受监管较少，杠杆率较高。也就是说，它具有和商业银行类似的融资贷款中介功能，却游离于货币当局的传统货币政策监管之外。

从2013年开始，中国影子银行体系的违约事件此起彼伏，给中国金融市场带来了新的风险和监管挑战。2013年8月2日，中国银监会主席在接受新华社访问时表示，影子银行产品的规模增长是当前中国金融风险的一个重要隐患，中国银监会将会针对放大杠杆、期限错配和信用转换三大风险进行重点监管。

思考：

1. 什么是影子银行？它是否属于按职能不同划分的一类专门金融机构？

2. 中国影子银行的监管机构是谁？

第一节　金融中介机构概述

一、金融中介机构的定义

"中介"一词，在金融领域，常常是指信用关系中借者与贷者之间的中介：从贷者那里借入，再向借者那里贷出。金融中介机构是指对资金供给者吸收资金，再将资金对资金需求者融通的媒介机构。笼统地讲，金融中介机构（financial intermediation）是指进行资金融通活动，从事投融资活动和提供各种金融服务的机构，他们是为投资者和筹资者牵线搭桥，促进资金融通，为客户提供各种金融服务的机构或组织。金融中介机构既包括从事融资活动的机构，也包括进行投资活动的机构。

二、金融中介机构的产生与发展

由于银行在金融机构体系中的重要地位，所以，金融机构的产生和发展的历史就是一部以银行产生和发展为代表的历史。银行是经营货币和信用业务的金融机构，通过发行信用货币、管理货币流通、调节资金供求、办理货币存贷和结算，充当信用的中介人。银行是现代金融业的主体，是国民经济的枢纽。

（一）银行的起源

银行一词源于意大利语 Banca，意思是板凳，早期的银行家在市场上进行交易时使用。英语转化为 bank，意思为存放钱的柜子，早期的银行家被称为"坐长板凳的人"。以银行为主体的金融机构体系是商品货币经济发展到一定阶段的产物。它的产生大体上分为三个阶段：

第一阶段：出现了货币兑换业和兑换商。从历史上看，12 世纪中期，在欧洲许多城市随着商业的发展，商品交换的范围不断扩大，不同地区和国家之间的经济往来和交换活动日益增多，由于不同地区和国家所使用的货币不一样，于是，有些意大利商人在威尼斯等地，犹太商人则在巴比伦等地，沿街摆摊设铺，专门从事鉴定、兑换各种货币的业务。由于这些经营货币业务的商人多坐在长凳上做生意，意大利人便将他们形象地称为 banco，于是，英语中的 bank 和法语中的 banguc 就由此演化而来。

第二阶段：增加了货币保管和收付业务，即由货币兑换业演变成货币经营业。货币经营业作为银行的鼻祖，是专门从事货币的兑换、保管、收付、汇兑等与货币流通有关的行业。据历史记载早期的银行业发源于西欧古代社会的铸币兑换业，公元前 2000 年的巴比伦寺庙，公元前 500 年的希腊寺庙，公元前 200 年的罗马帝国，先后出现了银钱商和类似银行的商业机构。

第三阶段：兼营货币保管、收付、结算、放贷等业务，这时货币兑换业便发展为银行业。从 12 世纪中期开始，欧洲地中海沿岸各国的国际贸易异常繁荣，意大利是国际贸易的中心，与此同时，意大利威尼斯等地的货币兑换业和银钱业得到迅速发展，货币兑换商和银钱业主手中积累了大量货币，他们发现客户日常提取的货币额仅占所储存货币的少部分，自己手中经常存有大量的货币余额。于是他们开始秘密地将客户储存的部分货币进行私下放款，收取利息，由于有了利息收入，他们不仅不再收取客户的货币保管费，而且还付给客户一定的利息，贷款业务和存款业务的出现，使钱币兑换业逐渐演变为银行业。

关于银行的起源，还有一个版本，即金匠版本。金匠版本认为，银行的出现是从储蓄功能开始的。由于金匠在打制金品的过程中，储存有金子，因而具有较好的保卫措施，一些有金子的人为了储存安全，将金子存放在金匠铺，同时交付一定额度的保管费。时间久了，金匠发现，存在他那里的金子有一部分是常量，也就是早年黄达教授书中写到的"公共汽车常量"理论，于是金匠把这部分"不动用"的金子借贷出去，以获得利息收入。这样说来，早期的银行就起源于金铺，早期的银行家就起源于金匠。

(二)银行及金融中介机构的发展

贷款业务是货币经营业转化为银行业的重要标志。当存贷款业务等信用业务成为主要业务时，货币经营业就发展成为银行业了，原来的货币经营业主也就成了银行家。从历史上看，意大利于 1711 年建立的威尼斯银行，1407 年建立的热那亚银行，1583 年建立的米兰银行，荷兰于 1609 年建立的阿姆斯特丹银行，德国于 1619 年成立的汉堡银行等都是当时著名的早期银行。这些早期银行虽然具有存、贷、汇的银行基本业务，具备了银行的支付中介、信用中介的基本职能，但与当时的生产方式有关，带有高利贷性质，不能适应社会化大生产的需要，成为现代工商业发展的障碍。与此同时，也催生了现代银行的出现。

金融中介机构的现代形式是在 17 世纪末至 19 世纪初出现的资本主义股份制商业银行。1694 年在英国政府的支持下成立的英格兰银行，是第一个资本主义股份制银行。它的正式贴现率一开始就规定为 4.5% ~ 6%，大大低于早期银行业的贷款利率，英格兰银行的成立标志着高利贷银行垄断地位的终结和现代银行制度的产生。继英格兰银行之后，到 18 世纪末 19 世纪初，欧洲主要资本主义国家先后建立了股份制商业银行，这些银行不仅不再具有高利贷性质，而且资本雄厚、规模巨大，能向社会提供多种多样的金融服务，成为全社会资金融通的枢纽。早期高利贷性质的银行业逐渐适应新的生产方式的转变而转化为现代银行。

现代金融中介机构的进一步发展以 19 世纪中叶中央银行的建立为标志。随着商业银行及金融市场的发展，金融安全及宏观金融的协调控制的需要越来越突出，于是从商业银行中分离出一种专门从事货币发行、保管商业银行准备金、向商业银行提供贷款支持、为商业银行办理结算、对商业银行经营活动实行监管的银行，这就是中央银行。中央银行体系建立以后，就意味着两级银行体制的建立。

金融机构的多元化发展是当今时代趋势。随着社会化大生产的发展，社会分工越来越精细，金融需求也越来越多样化，促进了金融机构专业化发展，各种各样的专业化金融机构不断涌现，形成了以中央银行、商业银行和各种专业银行组成的银行体系为主体，以各种专业化金融企业所组成的非银行金融机构并存的，规模庞大、分工精细的金融体系。

三、金融中介机构的特点和分类

（一）金融中介机构的特点

金融中介，其经济活动的中心产品是金融服务，常常称为金融服务业。和其他产业一样，它也有一定的自有资本、向社会提供特定的商品和服务、必须依法经营、独立核算、自负盈亏、照章纳税等。金融中介也有其自身明显的特点，表现在：

1. 金融资产比率高

在它们的资产负债表中，金融资产与实物资产相比，具有比其他产业不能比拟的极高比率。

2. 资产与资本的比率高

它们所分别支配、营运的资产规模，与各自的权益资本相比，比率高达十几倍、几十倍，甚至更高，并不罕见。平均来说，在其他产业中通常达不到这样高的比率。

3. 高风险

它们均属于高风险产业。金融资产极高的持有率，权益资本极低的保有率，决定了高风险的特点。而且它们之间的联系极为紧密，一个环节的震荡，有可能立即波及其他环节并导致金融领域的一部分乃至整体的震荡，进而影响经济生活的全局。

4. 政府的严格监管

鉴于以上特点，对金融中介的关键部分，特别是大银行，一直存在着必须实施国有化的理论。虽然随后的银行非国有化也有极大的声势，但银行国有在一些国家，依然是客观的现实。同时，不论是国有还是非国有，金融中介通常都是处于政府的严格监管之下。

5. 盈利性与安全性并存

正是由于金融中介机构在整个国民经济中的特殊地位，也导致了其在经营管理过程中，除了单纯地追求盈利性之外，还要兼顾安全性，也就是所谓的稳健经营。

（二）金融中介机构的分类

现代金融机构体系是一个庞大复杂的系统，其构成种类繁多，名称不一，不同的历史阶段，不同的国家，表现都不一样，但又都是按一定的规律形成的有机组合，并对整个国家的经济发挥着重要作用。从不同的角度出发和按不同的标准，可以划分为不同的种类。

1. 按金融机构的业务类别分类

金融中介机构可分为银行类金融机构和非银行类金融机构。前者以吸收存款、发放贷款为主要业务，包括中央银行、商业银行、专业银行等；后者的主要资金来源不是吸收存款，而是以提供各种金融工具或特定的契约投资，并通过特定方式加以运用，主要有保险公司、信托投资公司、证券公司、财务公司、租赁公司等。

2. 按金融机构的业务性质分类

金融中介机构可分为商业性金融机构和政策性金融机构。前者以追求利润最大化为经营目标,是自主经营、自负盈亏、自求平衡、自我发展的金融企业;后者则是一国政府为加强对经济的干预能力,保证国民经济持续、稳定、协调发展而设立的。这类机构大多是政府出资,以政府资本为主,不以营利为目的,所经营的业务与政府的产业政策密切配合。

3. 按是否能够接受公众存款分类

金融中介机构可分为存款性金融机构与非存款性金融机构。存款性金融机构主要通过吸收存款形式向公众举债而获得资金来源,如商业银行、储蓄贷款协会、合作储蓄银行和信用合作社等,非存款性金融机构则不得吸收公众的储蓄存款,如保险公司、信托金融机构、政策性银行以及各类证券公司、财务公司等。

随着金融业的竞争愈演愈烈,金融创新的发展和金融自由化的趋势,使各国金融管理当局的金融管制逐渐放松,金融混业经营不断加强,金融机构的分类标准也在发生变化,尤其是银行与非银行之间的分类将不再明显,各国金融机构体系的类型和构成将主要取决于各国实际经济发展的客观需要和金融管理的需要。

第二节　西方国家的金融机构体系

为适应高度发达的市场经济的要求,西方国家各自都有一个规模庞大的金融中介体系。

一个国家的金融机构体系主要包括:

金融管理机构——中央银行。中央银行是一国控制货币流通和信用的中心机构,在整个金融机构体系中处于核心地位。

业务主体——商业银行和专业银行。专业银行是指专门经营指定范围内的业务和提供专门的金融服务的银行。其业务范围较商业银行小,而且具有专一性。

非银行金融机构——保险公司、信托公司及信用合作社等。

关于银行机构,西方各国的具体设置形式不尽相同,甚至对同类性质的银行也有不同的称谓。同时,与存款货币银行迥然有别的金融机构,如投资银行,也以"银行"为名,这是需要注意的。就全部银行机构的组成来看,大体可分为中央银行和存款货币银行两个构成部分。有些不以银行为名但经营性质类似存款货币银行的也归入存款货币银行一类。

至于非银行金融机构,也称其他金融机构,其构成极为庞杂。例如,保险公司、投资公司、基金组织、消费信贷机构、金融公司、租赁公司等。证券交易所也归属于这一类。

下面,我们以美国的金融中介机构为例,给大家介绍一下西方的金融中介机构的构成。

一、间接金融机构

(一)存款类金融机构

存款类金融机构(Depository Financial Institutions)也称融资类金融中介机构,主要通过吸收存款作为资金来源，并向需要资金的各经济主体发放贷款而获取收益。

1. 存款类金融机构的分类

（1）商业银行

商业银行（Commercial Banks）也称存款货币银行，是以经营工商业存、放款为主要业务，并为客户提供多种服务的规模最大、历史最悠久的存款类金融机构。商业银行是唯一能够吸收各种存款，通过办理转账结算，实现支付结算的非现金周转，并发挥创造存款货币作用的金融机构。虽然随着金融体系的多元化发展，非银行金融机构已得到了空前发展，但是商业银行仍然是主要工业化国家中金融活动的主导力量。自 20 世纪 80 年代以来，由于金融机构间竞争的加剧和金融创新的浪潮，使商业银行业务经营发生了巨大变化，呈现全能化或多元化趋势，能从事多种综合性金融服务，被称为"金融百货公司"或"金融超市"。商业银行在各国都有一些自己的特色。在外部组织形式上只有美国采取单一银行制，而其他大多数国家普遍采取分支制。多数国家包括美国、日本、英国等国家的商业银行大都按照股份制形式建立，私人银行为数较少，而法国、意大利和印度等国家则对商业银行实行完全或不完全的国有化；以美国、日本、英国等国为首的绝大部分西方国家采取了职能分离的银行制度，而德国则代表着全能银行制。

（2）储蓄机构

储蓄机构（Savings Associations）是西方国家一种专门吸收储蓄存款作为资金来源的金融机构，主要功能是鼓励私人储蓄，并通过抵押贷款方式，提供建房、买房和消费信贷融资。储蓄机构汇集起来的储蓄存款余额较为稳定，所以大部分资金都被用来发放不动产抵押贷款，投资于长期国债或者其他证券。与商业银行相比，储蓄机构的资产业务期限长，抵押贷款比重很高。西方政府常利用储蓄机构来实现政府的某些经济目标，其中多为房地产政策目标，因此，一些储蓄机构得到了政府的支持。由于房地产抵押贷款具有自偿性低、资金周转慢的特点，致使储蓄机构的抗风险能力较弱。在美国，储蓄机构包括储蓄信贷协会、互助储蓄银行。储蓄信贷协会是互助合作性质或股份有限公司的组织形式，主要是通过开办各种高利率储蓄账户以鼓励储蓄，为住房的建设、购买和维修提供较优惠的贷款。最早的一家储蓄贷款协会机构于 1831 年出现在费城，之后这种机构逐渐遍布全美国，20 世纪 70 年代末，约有 4 700 多家，数量与规模均仅次于美国的商业银行。但是自 20 世纪 70 年代中后期开始，美国通货膨胀率和利率持续攀升，储蓄信贷协会借贷利率出现严重倒挂现象，到 80 年代初，全行业亏损超过 500 亿美元，此后又由于内部管理混乱、监管不力等原因，到 1989 年，全美倒闭和有问题的储蓄信贷机构数以千计，总亏损达到5 000 亿美元左右，储蓄信贷协会已走到了破产的边缘。之后，虽然美国政府制定了庞大的救助计划，但是储蓄信贷协会从此一蹶不振。互助储蓄银行最早出现在波士顿、费城和纽约等城市，主要吸收小额储蓄和定期储蓄，其管理一直都很稳健。到了 20 世纪 80 年代，互助储蓄银行均参加了存款保险，其中 70% 在联邦存款保险公司投保，其余的在各州保险基金会投保。美国 2007 年爆发次贷危机，到 2008 年，美国互助储蓄银行的亏损总额达到 159 亿美元。截至 2014 年，已经有 73 家互助储蓄银行被监管机构监管，其中有 5 家已经关闭。

（3）信用合作社

信用合作社（Credit Unions）是某些具有共同利益的人们（如某行业雇员、某互助会成员或某教会教徒等)组织起来的,具有互助性质的会员组织。在西方国家,信用合作社是一种普遍存在的互助合作性的金融组织。信用合作社的资金来源主要是会员存款,也有一部分来自非成员的存款。政策扶持,加上信用社合作金融组织的独特优势及配套的保险保障措施,使美国的信用社逐步发展壮大。在美国,信用合作社是美国第三大对个人和家庭提供分期贷款的机构,仅次于商业银行与金融公司,具有很大的影响力。

2.存款类金融机构资产负债的特点

在存款类金融机构中,各类具体机构在发挥中介功能时作用也有所不同,商业银行的功能最全面,而信用合作社、储蓄机构等在提供融资服务方面的功能较为突出。但其共同特点是,存款类金融机构资产的主要表现形式为贷款与证券投资,负债的主要表现形式为各类存款和借入资金。这也是存款类金融机构在资产和负债方面所具有的共同特点。

(二)契约类金融机构

契约类金融机构(Contractual Savings Institutions)是指在契约的基础上按期取得稳定的资金,主要投向股票、抵押贷款和长期债券的金融中介机构,包括各种保险公司和养老基金等。

1.保险公司

西方国家的保险业十分发达,各类保险公司(Insurance Company)是各国最重要的非银行类金融机构。在西方国家,几乎是无人不保险、无物不保险、无事不保险。从保险业务本身看,它不属于金融活动,但因保险公司获得的保费收入大大超过其保费支出,从而可以聚积起大量的货币资本,这些货币资本比银行存款往往更为稳定,运用起来也更加可靠安全,是西方国家金融体系长期资本的重要来源,因而保险公司又是重要的金融企业。

保险公司有多种分类。按照险种划分,可分为财产保险公司、人寿保险公司、灾害与事故保险公司、存款保险公司、再保险公司等。按照组织形式可分为国家政府组织的保险公司,主要办理强制保险和特种保险;私营的股份制保险公司,这是市场经济国家中保险业的核心;合作性的保险公司,是社会上需要保险的人或单位采用合作组织的形式来满足其成员对保险的要求;内部自我保险公司,是大公司为节省保费及避免税赋而成立的专为本公司服务的保险公司。

2.养老基金

养老基金(Pension Funds)也称退休基金,养老基金是第二次世界大战后发展起来的,目前普遍存在于市场经济国家。这是一种向参加养老金计划者以年金形式提供退休收入的金融机构。养老或退休基金的资金来源,一方面来自雇员工资的一定比例扣除及雇主的相应比例缴款;另一方面则来自积聚资金的投资收益。基金主要用于购买公司的绩优股票、长期债券或政府债券。而参加养老金计划的雇员可得到一份保证或退休之后能按月领取一定固定收入的合同。由于雇主与雇员每月的缴款远远超过对退休人员的支出,其大量的多余资金则可用于稳定的投资。而且西方各工业化国家普遍规定缴纳的养老基金的收入是免税的,这更加鼓励了雇员缴纳养老退休基金,而基金资产的增长与收益的增加进一步增强了其基本的保障能力。

（三）投资类金融机构

1. 证券投资基金

证券投资基金（Securities Investment Fund）是指通过公开发售基金份额募集资金，由基金托管人托管，由基金管理人管理和运作资金，为基金份额持有人的利益，以资产组合方式进行证券投资的一种利益共享、风险共担的集合投资方式。

证券投资基金从严格意义上讲，是一种证券投资方式。具体指由基金管理公司通过发行基金单位，集中投资者的资金，由基金托管人（即具有资格的银行）托管，由基金管理人管理和运用资金，从事股票、债券等金融工具投资，然后共担投资风险、分享收益。

基金管理公司也称基金管理人，是指凭借专门的知识与经验，运用所管理基金的资产，根据法律、法规及基金章程或基金契约的规定，按照科学的投资组合原理进行投资决策，谋求所管理的基金资产不断增值，并使基金持有人获取尽可能多收益的金融机构。

基金管理公司在不同的国家或地区有不同的名称。例如，在英国称投资管理公司，在美国称基金管理公司，在日本多称投资信托公司，在我国台湾称证券投资信托事业，但是职责基本一致，即运用和管理基金资产。

2. 货币市场共同基金

货币市场共同基金（Money Market Mutual Funds，MMMFs）是将众多小额投资者的资金集合起来，由专门的经理人进行市场运作，赚取收益后按一定期限及持有份额进行分配的一种金融组织形式。对于主要在货币市场上进行运作的共同基金，则称为货币市场共同基金。货币市场共同基金是一种特殊类型的共同基金，是美国 20 世纪 70 年代以来出现的一种新型投资理财工具。它向投资者出售股份，然后把资金用于投资货币市场工具，如国债、短期存单、商业票据等，货币市场共同基金提供一个支票账户选择权，使其股份持有人可以开具 500 美元以上的支票，从其股份中提款。投资者还可以通过基金向投资者提供的银行账户，以电子转账的方式赎回股份。由于货币市场共同基金的蓬勃发展，个人和机构越来越多地将资金从商业银行和储蓄机构的账户转移到高收益的货币市场基金中，导致商业银行和储蓄机构开办了货币市场存款账户（MMDAs），与货币市场共同基金竞争。

3. 金融公司

金融公司（Financial Companies）在西方国家是一类极其重要的金融机构，但其从事的业务活动与我国的财务公司有很大的不同。我国的财务公司是由大经济集团组建并主要从事集团内部融资的机构。而西方金融公司，其资金的筹集主要靠在货币市场上发行商业票据，在资本市场上发行股票、债券；也从银行借款，但比重很小。汇聚的资金是用于贷放给购买耐用消费品、修缮房屋的消费者以及小企业。一些金融公司由其母公司组建，目的是帮助推销自己的产品。例如，福特汽车公司组建的福特汽车信贷公司就是向购买福特汽车的消费者提供消费信贷。

二、直接金融机构

（一）投资银行

投资银行（Investment Banking，Corporate Finance）是专门针对工商企业办理各项有关投资业务的银行。投资银行的名称，通用于欧洲大陆及美国等工业化国家，在英国称为商人银行，在日本则称证券公司。

投资银行的主要业务有：对工商企业的股票、债券进行直接投资；为工商企业代办发行或包销股票和债券；参与企业的创建、改组、兼并、收购活动；包销本国政府和外国政府的公债券；提供有关投资方面的咨询服务。有些投资银行也兼营黄金、外汇买卖及资本设备或耐用商品的租赁业务等。具体来讲，可以分为以下几种业务类型：

1. 证券承销

证券承销是指在公募发行条件下投资银行以承销商身份依照协议包销或分销发行人的股票、债券等有价证券的业务活动。所谓公募发行(Public Offering)，是指在证券市场，由发行者向非指定的广大投资者公开销售证券。

2. 证券交易

证券交易业务是指投资银行在证券交易市场上作为经纪商从事代理证券买卖业务，以获得佣金收入，作为自营商，运用自有资本自行买卖证券，从中赚取买卖差价的经营活动。

3. 公司并购

公司并购业务是指投资银行在公司收购兼并活动中，作为中介人或代理人为客户公司提供决策和财务服务，或作为产权投资商直接投资于并购公司产权，获取产权交易差价的业务活动。

4. 项目融资

项目融资业务是指投资银行在项目融资过程中所提供的各种服务性业务。项目融资是一种以项目未来的现金流量和项目本身的资产价值为偿还债务的担保条件，以银行贷款为主要资金来源，以对项目发起人无追索权或只有有限追索权为特征的特殊融资方式。

从全球范围来看，投资银行主要有以下三种类型：

①独立的专业性投资银行。在全世界范围内广为存在，例如美国的高盛公司、美林公司、雷曼兄弟公司、摩根士丹利公司；日本的野村证券、大和证券；英国的华宝公司、宝源公司等。

②商业银行拥有的投资银行(商人银行)。主要是商业银行对现存的投资银行通过兼并、收购、参股或建立自己的附属公司形式从事商人银行及投资银行业务。这种形式的投资银行在英国非常典型。

③全能型银行直接经营投资银行业务。主要集中在欧洲大陆，他们在从事投资银行业务的同时也从事一般的商业银行业务。

2008年金融危机的爆发，使美林公司、雷曼兄弟公司破产，高盛公司和摩根士丹利等投资银行也转型为金融控股公司。

投资银行与商业银行的主要区别：从市场定位看，投资银行是资本市场的核心，而商业银行是货币市场的核心；从融资方式看，投资银行服务于直接融资，而商业银行则服务于间接融资；从业务重心看，投资银行的业务重心是证券承销，而商业银行的业务重心是存款和贷款；从基本收入或利润来源看，投资银行的利润主要来自佣金，商业银行的利润则主要来自存贷款利息差；从经营管理策略或方式上看，投资银行倾向于业务开拓和获取风险收益，而商业银行则倾向于稳健经营。

(二)证券公司

证券公司(Securities Agency)是专门经营证券业务的金融中介机构。从证券公司的功能来看,可分为证券经纪商、证券自营商和证券承销商。

①证券经纪商,即证券经纪公司,是代理买卖证券的证券机构,接受投资人委托代为买卖证券,并收取一定手续费即佣金。

②证券自营商,即综合型证券公司,除了证券经纪公司的权限外,还可以自行买卖证券的证券机构,它们资金雄厚,可直接进入交易所为自己买卖股票。

③证券承销商,以包销或代销形式帮助发行人发售证券的机构。实际上,许多证券公司是兼营这三种业务的。按照各国现行做法,证券交易所的会员公司均可在交易市场进行自营买卖,但专门以自营买卖为主的证券公司为数极少。

证券公司与现代投资银行是有区别的,证券公司经营的核心业务是现代投资银行的传统业务,而传统业务收入在现代投资银行收入中所占比重已不到30%。由于发展中国家资本市场不发达,其证券公司并不具有现代投资银行的全部功能,因此不能把这些国家的证券公司称为投资银行,同时,西方发达国家的证券公司(如日本的证券公司)也不再是传统意义上的证券公司,而是现代投资银行。随着资本市场的日益成熟,一些发展中国家的证券公司业务将突破传统业务框架,发展成为真正意义上的投资银行。

(三)证券交易所

证券交易所(Stock Exchange)也称场内交易市场,是设有固定场所,备有各种服务设施、必要的管理和服务人员,有组织而集中进行证券竞价交易的有形场所。证券交易所本身不参与证券买卖,只是提供场所、设备和服务。

在美国证券发行之初,尚无集中交易的证券交易所,证券交易大都在咖啡馆或拍卖行里进行,1792年5月17日,24名经纪人在纽约华尔街和威廉街的西北角一咖啡馆门前的梧桐树下签订了"梧桐树协定",这是纽约交易所的前身。1817年,华尔街上的股票交易已十分活跃,于是市场参加者成立了"纽约证券和交易管理处",1863年,管理处易名为纽约证券交易所。2007年4月4日,纽约证券交易所与泛欧证券交易所合并成纽约-泛欧证券交易所,总部设在纽约,由来自5个国家的6家货币股权交易所以及6家衍生品交易所组成,其上市公司总数约4 000家,日平均交易量接近1 000亿美元。

目前,所有经济发达的国家均拥有规模庞大的证券交易所。美国有12家,其中纽约股票交易所最大;英国有7家,最大的为伦敦股票交易所;日本有8家,东京证券交易所的业务量占全国的85%等。

并不是任何人都能够进入证券交易所从事交易,能进入的只能是取得交易所会员资格的经纪人和交易商。会员资格的取得历来均有各种严格限制并需交纳会费。交易所内的证券交易是通过竞价成交的。所谓竞价成交,是指在对同一种证券有不止一个买方或卖方时,买方交易员和卖方交易员分别从当时成交价逐步向上或向下报价;当任一买方交易员与任一卖方交易员的报价相等时,则这笔买卖即拍板成交。竞价成交后,还需办理交割和过户手续。交割是指买方付款取货与卖方交货收款的手续。过户手续仅对股票购买人而言。如果为记名股票,买者须到发行股票的公司或其委托部门办理过户手续,方可成为该公司股东。

三、政策性金融机构

政策性金融机构主要产生于一国政府提升经济发展水平和安排社会经济发展战略或产业结构调整的政策要求。一般来说，处在现代化建设起步阶段的经济欠发达国家，由于国家财力有限，不能满足基础设施建设和战略性资源开发所需的巨额、长期投资需求，最需要设立政策性金融机构；一些经济结构需要进行战略性调整或升级，薄弱部门和行业需要重点扶持或强力推进的国家，设立政策性金融机构，以其特殊的融资机制，将政府和社会资金引导到重点部门、行业和企业，可以弥补单一政府导向的财政的不足和单一市场导向的商业性金融的不足。

政策性金融机构的主要特点有：①有政府的财力支持和信用保证。②不以追求利润最大化为目的。③具有特殊的融资机制。政策性金融机构的融资机制既不同于商业性金融机构，也不同于政府财政。它的资金来源除了国拨资本外，主要通过发行债券、借款和吸收长期性存款获得，是高成本负债，而它的资金运用则主要是长期低息贷款，通常都是商业性金融机构所不愿或无法经营的，这样的负债和资产结构安排是通过由国家进行利息补贴、承担部分不良债权或相关风险等来实现的。但是，政策性金融机构的融资又明显不同于财政，它的基本运作方式是信贷，通常情况下要保证资金的安全运营和金融机构的自我发展能力，因此，在符合国家宏观经济发展和产业政策要求的前提下，行使自主的信贷决策权，独立地进行贷款项目可行性评价和贷款审批，以保证贷款的安全和取得预期的社会经济效益以及相应的直接经济效益。④具有特定的业务领域，政策性金融机构不与商业性金融机构进行市场竞争，它的服务领域或服务对象一般都不适于商业性金融机构，而是那些受国家经济和社会发展政策重点或优先保护，需要以巨额、长期和低息贷款支持的项目或企业。

按业务领域和服务对象划分的类型，主要有以下四种：

1. 经济开发政策性金融机构

经济开发政策性金融机构是指专门为经济开发提供长期投资或贷款的金融机构。这种金融机构多以"开发银行""复兴银行""开发金融公司""开发投资公司"等称谓出现，例如，日本开发银行、德国复兴信贷银行、美国复兴金融公司、加拿大联邦实业开发银行、意大利工业复兴公司、新加坡开发银行、印度工业开发银行、巴基斯坦工业开发银行、国际复兴开发银行、亚洲开发银行、中国国家开发银行等。这些金融机构多以促进工业化，配合国家经济发展振兴计划或产业振兴战略为目的而设立，其贷款和投资多以基础设施、基础产业、支柱产业的大中型基本建设项目和重点企业为对象。

2. 农业政策性金融机构

农业政策性金融机构是指专门为农业提供中长期低息贷款，以贯彻和配合国家农业扶持和保护政策的政策性金融机构。例如，美国国家农业统计局、英国农业信贷公司、法国农业信贷银行、德国农业抵押银行、日本农林渔业金融公库、印度国家农业及农村开发银行、巴基斯坦农业开发银行、国际农业发展基金、国际农业信贷联合会、亚洲太平洋地区农业信贷协会等。这些金融机构多以推进农业现代化进程、贯彻和配合国家振兴农业计划和农业保护政策为目的而设立，其资金多来源于政府拨款、发行以政府为担保的债券、吸收特定存款和向国内外市场借款，贷款和投资多用于支持农业生产经营者的资金需要、改善农业结构、兴建农业基础设施、支持农产品价格、稳定和提高农民收入等。

3. 进出口政策性金融机构

进出口政策性金融机构是一国为促进进出口贸易、促进国际收支平衡，尤其是支持和推动出口的政策性金融机构。例如，美国进出口银行、加拿大出口发展公司、英国出口信贷担保局、法国对外贸易银行、德国出口信贷银行、日本进出口银行、印度进出口银行、新加坡出口信贷保险公司、非洲进出口银行、拉丁美洲出口银行、中国进出口银行、中国出口信用保险公司等。这些金融机构，有的是单纯的信贷机构，有的是单纯的担保和保险机构，有的则是既提供信贷、又提供贷款担保和保险的综合性机构，其宗旨都是为贯彻和配合政府的进出口政策，支持和推动本国出口。这些机构在经营过程中，以国家财力为后盾，由政府提供必要的营运资金和补贴，承担经营风险。

4. 住房政策性金融机构

住房政策性金融机构是指专门扶持住房消费，尤其是扶持低收入者进入住房消费市场，以贯彻和配合政府的住房发展政策和房地产市场调控政策的政策性金融机构。例如，美国联邦住房贷款银行、美国联邦住房抵押贷款公司、美国联邦全国抵押协会、美国政府全国抵押协会、加拿大抵押贷款和住房公司、法国房地产信贷银行、挪威国家住房银行、德国住房储蓄银行、日本住宅金融公库、印度住房开发金融公司、泰国政府住房银行、新西兰住房贷款公司、韩国住房银行等。这些机构一般都通过政府出资、发行债券、吸收储蓄存款或强制性储蓄等方式集中资金，再以住房消费贷款和相关贷款、投资和保险等形式将资金用以支持住房消费和房地产开发资金的流动，以达到刺激房地产业发展，改善低收入者住房消费水平，贯彻实施国家住房政策的目的。我国一些城市已成立了经政府批准的商品住宅基金会或住房合作基金会，以满足住房基地开发、建设和流通周转性资金的需要，推动住房商品化和房产市场的建立和发展。

第三节 我国的金融机构体系

经过40多年的改革开放，我国目前形成了由中国人民银行、中国证券监督管理委员会、国家金融监督管理总局作为最高金融管理机构，对各类金融机构实行分业经营与分业监管，以国有商业银行为主体，多种金融机构并存的金融机构体系格局。具体构成包括：中央银行、政策性银行、国有商业银行、其他商业银行、投资银行、农村和城市信用合作社、其他非银行金融机构、保险公司、在华外资金融机构。

一、中国人民银行

中国人民银行是我国的中央银行，是国务院领导下制定和执行货币政策、对金融业实施监督管理的国家机关。它是我国的货币发行银行、银行的银行和政府的银行。根据《中华人民共和国中国人民银行法》（以下简称《中国人民银行法》）的规定，中国人民银行的具体职责包括：发表、履行与制作有关的命令和规章；依法制定和执行货币政策；发行人民币，管理人民币流通；监督管理银行间同业拆借市场和银行间债券市场；实施外汇管理，监督管理银行间外汇市场；监督管理黄金市场；持有、管理、经营国家外汇储备、黄金储备；经理国库；维护支付；清算系统的正常运行；指导、部署金融业反洗钱工作，负责反洗钱的资金检测；负责金融业的统计、调查、分析和预测；作为国家的中央银行，从事有关的国际金融活动；执行国务院规定的其他职责。

中国人民银行的最高决策机构是理事会，理事长由中国人民银行行长担任。中国人民银行总行设在北京，1998 年以前按行政区划设置分支机构，1998 年以后按经济区域设立了天津、沈阳、上海、南京、济南、武汉、广州、成都、西安等 9 个跨行政区的分行，各分行下设若干支行。各分支行在总行领导下在各自的辖区内履行中央银行的有关职责。同时，中国人民银行还在北京和重庆分设了直属于总行的营业管理部。

二、政策性银行

政策性银行是由政府投资设立的，不以营利为目的，根据政府的决策和意图专门从事政策性金融业务的银行。

（一）国家开发银行

中国国家开发银行成立于 1994 年 3 月，注册资本 500 亿元人民币，总部设在北京，在国内若干城市设有分行或代表处。其基本职责是为我国的基础设施、基础产业和支柱产业的大中型基本建设、技术改造等政策性项目及其配套工程融资。国家开发银行的业务范围主要是投资于制约国民经济发展"瓶颈"的产业项目，能直接增强综合国力的支柱产业的重大项目，高新技术产业的重大营业性项目，跨地区的重大政策性项目等。

（二）中国进出口银行

中国进出口银行成立于 1994 年 5 月，注册资本 33.8 亿元人民币，总部设在北京，在国内若干城市和个别国家设有代表处。其主要职责是执行国家产业政策和外贸政策，为扩大机电产品和成套设备等资本性货物的出口提供政策性金融支持。中国进出口银行的业务范围主要包括：为机电产品和成套设备等资本性货物的出口提供出口信贷，办理与之有关的各种贷款、混合贷款和转贷款，办理出口信用保险和担保业务。

（三）中国农业发展银行

中国农业发展银行成立于 1994 年 11 月，总部设在北京，在全国各省、自治区、直辖市广泛设立分支机构。其主要职责是以国家信用为基础，筹集农业政策性信贷资金，承担国家规定的农村政策性金融业务，代理财政支农资金的拨付，为农业和农村经济发展服务。其业务范围主要包括：办理粮、棉、油、糖、猪肉等主要农副产品的国家专项储备和收购贷款，扶贫贷款和农业综合开发贷款，以及国家确定的小型农、林、牧、水利基本建设和技术改造贷款等。

(四)商业银行

商业银行是我国金融中介机构的主体，在我国信用活动中起着主导作用。我国融资格局是以间接融资为主，商业银行贷款是企业外源融资的主渠道。商业银行的信贷活动影响着企业经营的方向和规模，业务范围非常广泛，并同其他金融机构发生密切联系。经济活动中绝大部分货币周转都是通过商业银行的转账结算实现的，商业银行的信贷活动还不断派生出新的存款货币，成为一个国家货币供应机制的组成部分。商业银行对一个国家的经济起着举足轻重的作用。

依照《中华人民共和国商业银行法》（以下简称《商业银行法》）的规定，商业银行是指依照本法和《中华人民共和国公司法》（以下简称《公司法》）设立的吸收公众存款、发放贷款、办理结算等业务的企业法人。

按我国现行的《商业银行法》的规定，商业银行可以从事的业务范围包括：吸收公众存款，发放短期、中期和长期贷款，办理国内外结算，办理票据贴现，发行金融债券，代理发行，代理兑付，承销政府债券，从事同业拆借，买卖、代理买卖外汇；提供信用证服务及担保，代理收付款项，代理保险业务，提供保管箱服务，经中国人民银行批准的其他业务。

我国的商业银行分为大型国有控股商业银行、其他股份制商业银行、城市商业银行和农村商业银行等。

1. 大型国有控股商业银行

目前，我国大型国有控股商业银行由六家组成：中国工商银行、中国农业银行、中国银行、中国建设银行、交通银行和中国邮政储蓄银行。前四家商业银行也称四大国有商业银行，是由国家专业银行演变而来。四大国有商业银行的主体地位是在其作为专业银行时期就奠定了的，无论在人员、机构网点数量，还是资产规模及市场占有上，在我国整个金融领域均处于绝对举足轻重的地位，在世界上的大银行排序中也处于较前列的位置。2003年以来，我国加快了国有商业银行改革步伐。中国银行、中国建设银行、中国工商银行、交通银行和中国农业银行先后完成财务重组和股份制改革，成为国家控股商业银行，并成功上市。经过改革，6家国家控股商业银行在公司治理、发展战略和经营理念、透明度建设以及激励约束机制等方面均取得突出成效，资本充足率、资产质量和盈利能力等财务指标较改制前有显著提高，财务可持续能力明显增强，服务水平和竞争能力也在不断提高，与国际先进银行的差距正在不断缩小。

中国工商银行是我国目前规模最大的商业银行，无论是吸收储蓄存款，或是发放中长期贷款，或是办理结算业务上都处于优势地位。它一方面积极开拓、稳健经营，同时又以效益为中心，进行集约化经营。

中国农业银行一方面利用固有优势，继续服务于农村经济，以支持农业产业化经营为基础，将经营重心转移到高效行业和企业；另一方面实行城乡联动的市场定位，拓展城郊与城区的业务，支持城乡经济一体发展。同时，还积极创造条件进入国际金融市场。

中国银行在其作为国家外汇外贸转移银行时期，在发展国际金融业务方面就已奠定了良好基础。现在，作为外汇指定银行，该行继续发挥着支持外贸事业发展、提供国际结算服务、提供进出口融资便利以及作为对外筹资主渠道等业务优势。

中国建设银行在经历了十几年财政、银行双重职能并行阶段后，1994 年进入向国有商业银行转变的新阶段。1996 年 3 月中国人民建设银行更名为中国建设银行。由于该行过去长期专门办理固定资产投资和房地产等基本建设金融业务，与大企业、大行业有着密切的联系，从而继续发挥优势，实施为大行业、大企业服务的经营战略，同时也在积极拓展商业银行的其他业务。

交通银行全称为交通银行股份有限公司，始建于 1908 年，是中国近代以来延续历史最悠久、最古老的银行，也是近代中国的发钞行之一。交通银行是中国境内主要综合金融服务提供商之一，并正在成为一家以商业银行为主体，跨市场、国际化的大型银行集团，业务范围涵盖商业银行、投资银行、证券、信托、金融租赁、基金管理、保险、离岸金融服务等诸多领域。1987 年重新组建成全国第一家股份制商业银行，分别于 2005 年、2007 年先后在香港、上海上市。

中国邮政储蓄银行于 2007 年 3 月 20 日正式挂牌成立，是在改革邮政储蓄管理体制的基础上组建的商业银行。中国邮政储蓄银行承继原国家邮政局、中国邮政集团公司经营的邮政金融业务及因此形成的资产和负债，并将继续从事原经营范围和业务许可文件批准、核准的业务。2012 年 2 月 27 日，中国邮政储蓄银行发布公告称，经国务院同意，中国邮政储蓄银行有限责任公司于 2012 年 1 月 21 日依法整体变更为中国邮政储蓄银行股份有限公司。

2. 股份制商业银行

自 1986 年国家决定重组股份制商业银行以来，我国陆续建立了 12 家股份制商业银行，包括中信银行、中国光大银行、华夏银行、广东发展银行、深圳发展银行、招商银行、浦东发展银行、兴业银行、中国民生银行、恒丰银行、浙商银行和渤海银行。

这些新型商业银行是按照国际通行规则和市场原则开展各项银行业务活动和进行自身经营管理的银行。因此，尽管它们在资产规模、机构数量和人员总数等方面还远不能同国家控股商业银行相比，但其资本、资产及利润的增长速度已经高于国家控股商业银行，呈现出较强的经营活力、强劲的增长势头和良好的经营效益，成为中国银行体系和国民经济发展中的一股有生力量，截至 2015 年，这 12 家银行中先后有 8 家成功上市。通过上市，建立了正常的资本金补充机制，为提高透明度、发挥市场监督功能和建立现代银行制度作出了有益的探索。

3. 城市商业银行

1998 年，从北京开始，陆续出现了以城市名命名的商业银行。城市商业银行的前身是城市合作银行，城市合作银行实际上也属于股份制商业银行性质。我国原有约 5 000 家城市信用社，有相当多城市信用社已失去合作性质，实际上已办成小型商业银行。为规避风险、形成规模，1995 年国务院决定，在城市信用社清产核资的基础上，通过吸收地方财政、企业入股组建城市合作银行。其服务领域是，依照商业银行经营原则为中小企业提供金融支持，为地方经济铺路搭桥。

经过 10 多年的发展，城市商业银行已经逐渐发展成熟，尽管其发展程度良莠不齐，但是相当多的城市商业银行已经完成了股份制改革，并通过各种途径逐渐消化历史上的不良资产，降低了不良贷款率，转变经营模式，在当地占有了相当大的市场份额。目前我国已有 144 家城市商业银行，上海、北京、南京、大连、杭州、宁波等城市商业银行综合实力发展迅速，并实现了跨区域发展，其中南京银行、北京银行、宁波银行已成功上市。

4.农村商业银行

农村商业银行是由辖内农民、农村工商户、企业法人和其他经济组织共同入股组成的股份制地方性金融机构。有些地区的农村信用社，可以实行股份制改造，组建农村商业银行。在经济比较发达、城乡一体化程度较高的地区，"三农"概念已经发生了很大变化，农业贷款比重很低，有些只占5%以下。作为农村信用社服务对象的农民，虽然身份没有变化，但大都已不再从事以传统种养耕作为主的农业生产和劳动，对支农服务的要求较少，农村信用社实际上已经实行商业化经营。对这些地区的农村信用社，可以实行股份制改造，组建农村商业银行。2001年江苏省常熟市农村商业银行、张家港市农村商业银行、江阴市农村商业银行宣告成立，这是我国的首批三家农村商业银行。截至2023年12月1日，我国农村商业银行的数量达到1 607 000家。

5.民营银行

建立民营银行主要是为了打破中国商业银行单一国有垄断，实现金融机构多元化。与国有银行相比，民营银行具有两个重要特征：一是自主性，民营银行的经营管理权，包括人事管理等不受任何政府部门的干涉和控制，完全由银行自主决定；二是私营性，即民营银行的产权结构主要以非公有制经济成分为主，并以此最大限度地防止政府干预行为的发生。

作为金融市场的重要组成部分，民营金融机构特殊的产权结构和经营形式决定了其具有机制活、效率高、专业性强等一系列优点。因此，民营银行是中国国有金融体制的重要补充。民营金融机构的建立必然会促进金融市场的公平竞争，促进国有金融企业的改革。建立一些具有国际先进水平的民营金融机构将有助于金融业参与国际竞争，缓和加入世界贸易组织后外资对国内金融业的冲击。民营银行的资本金主要来自民间，其对利润最大化有着更为强烈的追求，如果没有健全的监管机制进行有效监管，民营银行往往会因风险问题陷入困境。民企办银行的主要动机就是希望为企业搭建一个资金平台，为企业融资提供便利。一旦关联企业出现问题，贷款无法偿还，民营银行就会面临巨大风险。

2014年7月25日，银监会主席尚福林在银监会2014年上半年全国银行业监督管理工作会议上披露，银监会已正式批准三家民营银行的筹建申请。这三家民营银行分别是：腾讯、百业源、立业为主发起人，在广东省深圳市设立深圳前海微众银行；正泰、华峰为主发起人，在浙江省温州市设立温州民商银行；以华北、麦购为主发起人，在天津市设立天津金城银行。

三、非银行金融机构

(一)证券公司

初设时的我国证券公司，或是由某一家金融机构全资设立的独资公司，或是由若干金融机构、非金融机构以入股形式组建的股份制公司。2000年以后，随着分业经营、分业监管原则的贯彻及规范证券公司发展工作的落实，银行、城市信用合作社、企业集团财务公司、融资租赁公司、典当行以及原各地融资中心下设的证券公司或营业机构，陆续予以撤销或转让。在要求证券机构彻底与其他金融机构脱钩的同时，鼓励经营状况良好和实力雄厚的证券公司收购、兼并业务量不足的证券公司。

我国证券公司的业务范围一般包括：代理证券发行业务；自营、代理证券买卖业务；代理证券还本付息和红利的支付；证券的代保管和签证；接受委托代收证券本息和红利；接受委托办理证券的登记和过户；证券抵押贷款；证券投资咨询业务等。

随着我国现代企业制度建立的推进，尤其是随着国有企业股份制改造及更多公司上市的需要，证券公司将迎来蓬勃发展的新时期。部分证券公司向投资银行的过渡也正在酝酿中。

(二)证券投资基金

我国的基金是契约型基金，基金持有人、基金管理人、基金托管人是基金最重要的三方当事人。基金持有人即基金投资者，是基金的出资人、基金资产的所有者和基金投资收益的受益人。基金管理人是基金产品的募集者和基金的管理者，其主要职责是按照基金合同的约定，负责基金资产的投资运作，在风险控制的基础上为投资者争取最大的投资收益。在我国，基金管理人职能由依法设立的基金管理公司担任。为了保证基金资产的安全，基金应按照资产管理和保管分开的原则进行运作，基金托管人独立于基金管理人之外，对基金资产进行保管、清算、会计复核，以及对基金的投资运作进行监督。在我国，基金托管人只能由依法设立并取得基金托管资格的商业银行担任。

随着《中华人民共和国证券投资基金法》(以下简称《证券投资基金法》)的实施，我国基金业的发展进入了一个新的阶段。开放式基金取代封闭式基金成为市场发展的主流。根据基金网站统计，截至2023年12月底，我国境内共有145家基金公司，如华夏、国泰、华安、博时、嘉实、易方达等基金管理公司。我国的基金管理公司除了募集、管理公募基金外，已被允许开展社保基金管理、企业年金管理、QDII基金管理以及特定客户资产管理等其他委托理财业务，可见基金管理公司的业务正日益走向多元化。

(三)保险机构

保险业是一个极具特色而具有很大独立性的系统，这一系统之所以被列入金融体系，是由于经办保险业务的大量保费收入，按世界各国的通例，用于各项金融投资，而运用保险资金进行金融投资的收益又可积累更为雄厚的保险基金，从而促进保险事业的发展。

保险公司的业务范围可分为两大类：一是财产保险业务，包括财产损失保险、责任保险、信用保险等业务；二是人身保险业务，包括人寿保险、健康保险、意外伤害保险等业务。根据《中华人民共和国保险法》的规定，同一保险人不得同时兼营上述两类保险业务。现行法律规定，对保险公司的资金运用，除用于理赔给付外，其余只限于银行存款、买卖政府债券、金融债券和国务院规定的其他资金运用形式，不得用于设立证券经营机构和向企业投资。

目前，我国商业保险公司有国有独资的中国人民财产保险股份有限公司、中国人寿保险(集团)公司和中国再保险公司；还有全国性的股份制的中国太平洋保险(集团)股份有限公司、中国太平洋财产保险股份有限公司、中国太平洋人寿保险股份有限公司，以及一批股份制商业保险公司，如平安、大众、天安、华泰、新华、泰康、华安公司等，现在中国人寿、中国太保、中国平安已实现上市。

（四）信托公司

信托公司，在中国是指依照《中华人民共和国公司法》和根据《信托投资公司管理办法》规定设立的主要经营信托业务的金融机构。信托公司是以信任委托为基础、以货币资金和实物财产的经营管理为形式，融资和融物相结合的多边信用行为。信托业务主要包括委托和代理两个方面的内容。前者是指财产的所有者为自己或其指定人的利益，将其财产委托给他人，要求按照一定的目的，代为妥善地管理和有利地经营；后者是指一方授权另一方，代为办理的一定经济事项。

信托业务的关系人有委托人、受托人和受益人三个方面。转移财产权的人，即原财产的所有者是委托人；接受委托代为管理和经营财产的人是受托人；享受财产所带来的利益的人是受益人。信托的种类很多，主要包括个人信托、法人信托、任意信托、特约信托、公益信托、私益信托、自益信托、他益信托、资金信托、动产信托、不动产信托、营业信托、非营业信托、民事信托和商事信托等。

我国的信托投资公司是在改革开放后开始发展的。我国最早成立的中国国际信托投资公司创办于 1979 年 10 月，后来又陆续设立了一批全国性信托投资公司，如中国光大国际信托投资公司、中国民族国际信托投资公司等，以及为数众多的地方性信托投资公司与国际性信托投资公司。

（五）金融租赁公司

金融租赁公司是指经金融监管部门批准设立的，以经营融资租赁业务为主的非银行金融机构。金融租赁公司开展业务的过程是：租赁公司根据企业的要求，筹措资金，提供以"融物"代替"融资"的设备租赁。在短期内，作为承租人的企业只有使用租赁物件的权利，没有所有权，并要按租赁合同的规定，定期向租赁公司交付租金。租期届满时，承租人向租赁公司交付少量的租赁物件的名义贷价（即象征性的租赁物件残值），双方即可办理租赁物件的产权转移手续。

我国的融资租赁业务起始于 20 世纪 80 年代初，最早的租赁公司以中外合资企业的形式出现，其原始动机是引进外资。目前，经过增资扩股后正常经营的金融租赁公司有 70多家，它们主要从事公交、城建、医疗、航空、IT 等产业。联合资信的研究报告显示，截至 2023 年 9 月末，全国金融租赁公司数量保持在 72 家。

（六）财务公司

财务公司也称金融公司，是为企业技术改造、新产品开发及产品销售提供金融服务，以中长期金融业务为主的非银行机构。各国的名称不同，业务内容也有差异。但多数是商业银行的附属机构，主要吸收存款。中国的财务公司不是商业银行的附属机构，是隶属于大型集团的非银行金融机构。

与发达国家在跨国集团发展到一定规模时自发设立财务公司不同，我国企业集团财务公司是经济体制和金融体制改革的产物，它的产生既是企业集团发展的客观要求，更是我国国有体制改革的必然选择。从经济面上看，财务公司的出现是为了推动经济体制改革并为之提供金融服务的政策需要。从金融面上看，财务公司的出现是金融市场发展的必然结果，是金融机构的一种创新。近年来，在金融服务实体经济的政策指引下，财务公司迎来了重大机遇期。财务公司坚持资金集中管理、提高资金集约化水平、产生规模效益的方针，这正是企业集团发展到一定阶段的必然要求。同时，正因为认识到财务公司作为金融平台的基础作用，设立财务公司的企业集团越来越多了，包括贵州茅台集团等在内的数家知名企业目前都在筹建财务公司。中国南车、中国北车、中信集团、中国铁建等大型央企纷纷设立财务公司，另有多家地方国资企业也在设立财务公司。

中国银行保险监督管理委员会数据显示，截至 2022 年末，财务公司全行业法人机构的表内外资产总额达到 8.89 万亿元。我国企业集团财务公司法人机构数量为 252 家。多数央企已设立财务公司，财务公司已成为管理集团资金和运营创新的重要部门。从近期设立财务公司的企业来看，其行业范围覆盖传统的能源电力、机械制造业以及新兴的高科技、服务等民生产业，涵盖多种所有制企业，分布地区从东南部沿海延伸到中西部内陆。除大型央企外，一些中小企业也开始酝酿设立财务公司，满足日益扩大的资金运营需求。截至 2022 年末，财务公司全行业贷款规模达到 7.53 万亿元，为企业集团转型发展提供了有力的金融支持。到 2021 年末行业平均资本充足率 20.77%，高于监管要求，也高于金融行业平均水平；不良资产率为 0.79%，流动性比率为 63.17%，均高于监管要求。近年来，财务公司在资产规模快速增长的同时，盈利水平也稳步提高，净资产收益率一直维持在 14% 以上的较高水平。

（七）证券交易所

证券交易所是依据国家有关法律，经政府证券主管机关批准设立的集中进行证券交易的有形场所。

我国的证券交易所是按会员制方式组成，为证券集中交易提供场所和设施，组织和监督证券交易，实行自律管理，不以营利为目的的事业法人。其本身不持有证券，也不进行证券的买卖，更不能决定证券交易的价格，而应当创造公开、公平、公正的市场环境，保证证券市场的正常运行。我国内地有三家证券交易所——上海证券交易所、深圳证券交易所和北京证券交易所。

补充阅读

上海证券交易所和深圳证券交易所

上海证券交易所（Shanghai Stock Exchange）是中国大陆两所证券交易所之一，位于上海浦东新区。上海证券交易所创立于 1990 年 11 月 26 日，同年 12 月 19 日开始正式营业。上海证券交易所是国际证监会组织、亚洲暨大洋洲交易所联合会、世界交易所联合会的成员。经过多年的持续发展，上海证券市场已成为中国内地首屈一指的市场，上市公司数、上市股票数、市价总值、流通市值、证券成交总额、股票成交金额和国债成交金额等各项指标均居首位。截至 2013 年 3 月 11 日，上证所拥有 954 家上市公司，上市证券数 2 214个，股票市价总值 160 750.71 亿元。上市公司累计筹资达 25 万亿元；一大批国民经济支柱企业、重点企业、基础行业企业和高新科技企业通过上市，既筹集了发展资金，又转换了经营机制。

深圳证券交易所以建设中国多层次资本市场体系为使命，全力支持中国中小企业发展，推进自主创新国家战略实施。2004 年 5 月，中小企业板正式推出；2006 年 1 月，中关村科技园区非上市公司股份报价转让开始试点；2009 年 10 月，创业板正式启动，多层次资本市场体系架构基本确立。

四、资信评级机构

与国际著名评级机构相比,我国评级机构规模小,经验不足,评级方法落后,评级结果缺乏权威性。现行的国际信用评级体系由美国控制。目前,我国有大公国际资信、中诚信国际、联合资信、上海远东和上海新世纪等5家全国性信用评级机构,除大公国际资信外,其余4家机构都有外资进入。

案例

亚投行

亚洲基础设施投资银行(Asian Infrastructure Investment Bank,AIIB,简称亚投行)是一个政府间性质的亚洲区域多边开发机构,重点支持基础设施建设,成立宗旨是促进亚洲区域的建设互联互通化和经济一体化的进程,并且加强与中国及其他亚洲国家和地区的合作。总部设在北京。亚投行法定资本为1 000亿美元。

2013年10月2日,习近平主席提出筹建倡议,2014年10月24日,包括中国、印度、新加坡等在内21个首批意向创始成员国的财长和授权代表在北京签约,共同决定成立亚洲基础设施投资银行。

截至2015年4月15日,亚投行意向创始成员国确定为57个,其中域内国家37个、域外国家20个。涵盖了除美日和加拿大之外的主要西方国家,以及亚欧区域的大部分国家,成员遍及五大洲。其他国家和地区今后仍可以作为普通成员加入亚投行。

2015年6月29日,《亚洲基础设施投资银行协定》(以下简称《协定》)签署仪式在北京举行,亚投行57个意向创始成员国财长或授权代表出席了签署仪式,其中已通过国内审批程序的50个国家正式签署《协定》。各方商定将于2015年年底之前,经合法数量的国家批准后,《协定》即告生效,亚投行正式成立。

2015年8月24日,筹建亚投行第六次谈判代表会议以共识方式推选现任亚投行多边临时秘书处秘书长金立群为亚投行候任行长。根据亚投行协定有关规定,亚投行正式成立后,将在首次理事会上将候任行长选举为行长。

思考:

1. 亚投行属于什么性质的金融机构?
2. 亚投行的建立对国际金融秩序将产生什么样的影响?

本章小结

金融中介机构是指进行资金融通活动,从事投融资活动和提供各种金融服务的机构,它们是为投资者和筹资者牵线搭桥,媒介资金融通,为客户提供各种金融服务的机构或组织。

金融中介机构从不同的角度出发和按不同的标准,可以划分为不同的种类。按金融机构的主要业务类别可划分为银行类金融机构和非银行类金融机构;按照金融机构的业务性质可以划分为商业性金融机构和政策性金融机构;按照是否能够接受公众存款,可划分为存款性金融机构与非存款性金融机构。

存款性金融机构是指主要通过吸收各类存款而获得资金的金融机构，主要包括商业银行、储蓄银行和信用合作社等。非存款性金融机构主要包括保险公司、证券公司、信托投资公司、金融公司和金融租赁公司等。

政策性金融机构是指那些专门从事政策性金融活动，支持政府发展经济，促进社会全面进步，配合宏观经济调控的金融机构。政策性金融机构的典型特征是不以营利为目的，资金来自财政拨款和以中长期贷款为主。

练习题

一、概念识记

金融中介　直接金融机构　间接金融机构　商业银行　投资银行　保险公司　政策性金融机构　证券交易所

二、选择题

1. 在银行体系中处于核心地位的是(　　　)。
　　A. 中央银行　　　　　B. 政策性银行　　　　C. 商业银行　　　　　D. 投资银行
2. 下列不属于商业银行的是(　　　)。
　　A. 中国工商银行　　　　　　　　　　B. 中国进出口银行
　　C. 中国建设银行　　　　　　　　　　D. 中国农业银行
3. 下列不属于政策性银行的是(　　　)。
　　A. 国家开发银行　　　　　　　　　　B. 中国农业发展银行
　　C. 中国进出口银行　　　　　　　　　D. 中国建设银行
4. 政策性银行的经营目标主要是(　　　)。
　　A. 获取最大限度的利润　　　　　　　B. 追求自身的安全性
　　C. 实现政府的政策目标　　　　　　　D. 保证经营资金的流动性
5. 可以办理社会公众存款业务的金融机构有(　　　)。
　　A. 政策性银行　　　　　　　　　　　B. 商业银行
　　C. 邮政储蓄机构　　　　　　　　　　D. 信用合作社
　　E. 证券公司
6. 下列属于股份制商业银行的有(　　　)。
　　A. 交通银行　　　　　　　　　　　　B. 招商银行
　　C. 国家开发银行　　　　　　　　　　D. 华夏银行
　　E. 中国民生银行
7. 下列属于非银行金融机构的有(　　　)。

A. 信托投资公司　　　　　　　　B. 证券交易所

C. 信用合作社　　　　　　　　　D. 邮局

E. 保险公司

8. 政策性银行具有哪些基本属性？

A. 由政府创立、参股或保证　　　　B. 为政府赚取利润

C. 配合宏观经济调控　　　　　　D. 配合政府的方针政策

E. 不以营利为目的

9. 政策性银行的资金来源包括（　　　）。

A. 政府预算拨款　　　　　　　　B. 发行债券

C. 发行股票　　　　　　　　　　D. 借入财政资金

E. 向中央银行借款

10. 非银行金融机构与商业银行的区别在于（　　　）。

A. 资金来源的主要渠道不同　　　　B. 资金运用的主要形式不同

C. 经营目的不同　　　　　　　　D. 信用创造功能不同

E. 经营方式不同

三、简答题

1. 简述我国的金融体系。
2. 简述金融中介机构存在、发展的必要性。
3. 试述政策性银行与商业银行的区别。

四、案例分析

高盛集团（Goldman Sachs）为跨国银行控股公司集团，被《财富》杂志连续多年评为世界财富500强企业之一，总部位于美国纽约。其业务涵盖：投资银行、证券交易和财富管理。业务对象为企业、金融机构、（国家）政府及富人。业务按地域分为三大块，即美国、亚太地区和欧洲。在19世纪90年代到第一次世界大战期间，投资银行业务开始形成，但与商业银行没有明确区分。高盛公司在此阶段最初从事商业票据交易，创业时只有一名办公人员和一名兼职记账员。创始人马可斯·戈德门每天沿街打折收购商人们的本票，然后在某个约定日期由原出售本票的商人按票面金额支付现金，其中差额便是马可斯的收入。股票包销业务使高盛成为真正的投资银行，公司从迅速膨胀到濒临倒闭。后来高盛增加贷款、外汇兑换及新兴的股票包销业务，规模虽小，却已具雏形。高盛集团在23个国家拥有41个办事处，总部设在纽约，并在伦敦、法兰克福、东京、香港和世界其他主要金融中心设有分支机构。集团拥有丰富的地区市场知识和国际运作能力。

高盛公司推陈出新，把"先起一步"与"率先模仿"作为自己的重要发展战略。1981年，高盛公司收购J. 阿朗公司，进入外汇交易、咖啡交易、贵金属交易等新领域，标志着高盛多元化业务的开始，超越传统的投资银行代理、顾问范围，有了固定收入。到1989年高盛公司7.5亿美元的总利润中，阿朗公司贡献了30%。进入90年代，高盛高层意识到只靠做代理人和咨询顾问，公司不会持久繁荣。于是他们又开设资本投资业务，成

立 GS 资本合作投资基金，依靠股权包销、债券包销或公司自身基金，进行 5~7 年的长期投资，然后出售获利。高盛在 1994 年投资 13.5 亿美元换取一家从事服装业的拉夫·劳伦公司 28% 的股份，并自派总裁。三年后，出售其中 6% 的股份套现 4.87 亿美元。其余股份升值到 53 亿多美元。短短三年内，高盛的资本投资收入翻了近 10 番，而传统业务投资银行部只翻了两番。在 2012 年财富世界 500 强排行榜中排名第 290 位。可见，投资银行业与其他产业一样，一项业务创新并敢于冒风险，能使一家公司一夜成名，一夜暴富。

思考：

1. 投资银行的业务范围是什么？

2. 以 2008 年金融危机为例，说明投资银行业务的金融风险，同时分析投资银行在金融危机中的角色地位。

第五章

商业银行

【学习目标】

　　了解商业银行的产生与形成途径，理解商业银行与其他金融机构的区别；掌握商业银行的职能和主要业务；了解商业银行经营管理的相关理论以及商业银行经营管理的基本方法。

案例导入

互联网金融时代给商业银行带来哪些新挑战？

　　近年来，互联网日益成为社会变革的先导力量，深刻改变着社会生产生活方式。与传统银行业相比，互联网金融具有资金配置效率高、交易成本低、支付便捷、普惠性好等特点，打破了传统银行业的时空限制，给人们带来了前所未有的高效、便捷以及更具可得性的实际利益。与此同时，互联网金融与传统银行的业务边界日趋模糊，通过长尾效应、迭代效应和社区效应等途径冲击传统银行的经营模式与运营格局，弱化银行中介职能，加速金融脱媒，挤压盈利空间。

　　互联网金融对传统商业银行提出了新挑战。

　　第一，商业银行弱中介化。互联网技术拓展了支付方式和渠道，冲击了商业银行的支付中介地位。电子商务的发展，催生了支付宝、财富通等一大批第三方支付平台，其更为快捷、开放、人性化的支付体验以及将商务、理财、物流、结算等环节高度融合的特性，割裂了银行和终端用户的直接联系，吸引了越来越多的支付需求，动摇了传统银行的支付垄断地位，银行从原来支付体系中的唯一主体演变为目前电子支付链中的最末端。

　　第二，收入来源受威胁。随着第三方支付和网络信贷服务内容的不断增加，商业银行传统信贷业务和中间业务都面临新的竞争。随着第三方支付范围的不断延伸，商业银行经营的部分中间业务被逐步取代，威胁银行的中间业务收入来源。按照相关规定，互联网企业可以进入网上或者电话支付结算、部分银行卡业务、货币汇兑等领域开展金融服务，如收付款、转账汇款、电费缴纳、保险代缴、手机话费缴纳等结算和支付服务，且运行成本更低。

　　第三，客户黏性降低。互联网金融市场中的客户一般会主动寻找适合的网络平台，具有开放式网络平台、提倡交互式营销、重视客户个性化服务体验、金融服务与互联网移动通信技术高效融合，可以看作互联网金融相较于传统银行业来说最为鲜明的特点。而商业银行面对激烈竞争，推出的客户策略一般只强调优质客户，且在信息收集、市场定位、个性化营销服务等方面缺乏有效的技术手段，很多大型商业银行并不能完全满足小微客户的金融服务需求。随着互联网技术的飞速发展、移动终端的普及，加上商业银行在金融市场上脱媒的现状，商业银行原有客户群体很可能成为互联网金融市场的目标客户和潜在客户，最终造成商业银行客户群的大量流失。

思考：

未来，商业银行应该如何面对前所未有的挑战？应该采取什么措施才能把握机遇，在未来的竞争中掌握先机？

（资料来源：齐东伟，徐子奇.互联网金融时代商业银行转型战略［N］.金融时报，2016-10-17.）

第一节　商业银行概述

一、商业银行的产生与形成途径

（一）商业银行的产生

最早的现代商业银行产生于英格兰，英文中 Bank 来源于意大利语 Banca 或者 Banco，原意是指商业交易所用的长凳和桌子。英文移植为 Bank，原意是指存放钱财的柜子，后来则泛指专门从事货币存、贷和办理汇兑、结算业务的金融机构。汉语中的"银行"是指专门从事货币信用业务的机构。鸦片战争以后，随着外国金融机构的入侵，"银行"就成为英文"Bank"的对应中文翻译。

如果从历史发展顺序来看，银行业的发源地是意大利。早在 1272 年，意大利的佛罗伦萨就出现了巴尔迪银行。1310 年，佩鲁齐银行成立。1397 年，意大利又设立了麦迪西银行，10 年后又出现了热那亚乔治银行。这些银行都是为方便经商而设立的私人银行，比较具有近代意义的银行则是 1171 年设立的威尼斯银行。

14—15 世纪的欧洲，由于优越的地理环境和社会生产力的较快发展，各国与各地之间的商业往来也逐渐频繁。然而，由于当时正处于封建割据状态，不同国家和地区之间所使用的货币在名称、成色等方面存在很大差异。要实现商品的顺利交换，就必须把各自携带的货币进行兑换，于是就出现了专门的货币兑换商，从事货币兑换业务。

随着商品经济的迅速发展，货币兑换和收付的规模也不断扩大。为了避免长途携带大量金属货币带来的不便和风险，货币兑换商在经营兑换业务的同时开始兼营货币保管业务，后来又发展到办理支付和汇兑。随着货币兑换和货币保管业务的不断发展，货币兑换商集中了大量货币资金，当这些长期大量积存的货币余额相当稳定，可以用来发放贷款，获取高额利息收入时，货币兑换商便开始了授信业务。货币兑换商由原来被动接受客户的委托保管货币转而变为积极主动揽取货币保管业务，并且从降低保管费或不收保管费发展到给委托保管货币的客户一定好处时，保管货币业务便逐步演变成为存款业务。由此，货币兑换商逐渐开始从事信用活动，商业银行的萌芽开始出现。

17 世纪以后，随着资本主义经济的发展和国际贸易规模的进一步扩大，近代商业银行的雏形开始形成。随着资产阶级工业革命的兴起，工业发展对资金的巨大需求，客观上要求商业银行发挥中介作用。在这种形势下，西方现代商业银行开始建立。1694 年，英国政府为了同高利贷作斗争，以维护新生的资产阶级发展工商业的需要，决定成立一家股份制银行——英格兰银行，并规定英格兰银行向工商企业发放低息贷款，利率在 5% ~6%。英格兰银行的成立，标志着现代商业银行的诞生。

（二）商业银行的形成途径

西方国家商业银行产生的社会条件和发展环境虽各不相同，但归纳起来主要有以下两条途径：

1. 从旧的高利贷银行转变而来

早期的银行是在资本主义生产关系还未建立时成立的，当时贷款的利率非常高，属于高利贷性质。随着资本主义生产关系的建立，高利贷因利息过高而影响资本家的利润，制约着资本主义的发展。此时的高利贷银行面临着贷款需求锐减的困境和关闭的威胁。不少高利贷银行顺应时代的变化，降低贷款利率，转变为商业银行。这种转变是早期商业银行形成的主要途径。

2. 按资本主义组织原则，以股份公司形式组建而成的现代商业银行

大多数商业银行是按这一方式建立起来的。最早建立了资本主义制度的英国，也最早建立起资本主义的股份制银行——英格兰银行。当时的英格兰银行宣布，以较低的利率向工商企业提供贷款。由于新成立的英格兰银行实力雄厚，很快就动摇了高利贷银行在信用领域的地位，英格兰银行也因此成为现代商业银行的典范。英格兰银行的组建模式被推广到欧洲其他国家，商业银行开始在世界范围内得到普及。

现代商业银行在商品经济发展较快的国家和地区迅速发展。但是在不同的国家，商业银行的名称各不相同，如英国称为存款银行、清算银行；美国称为国民银行、州银行；日本称为城市银行、地方银行等。

二、商业银行的性质与职能

（一）商业银行的性质

从商业银行的起源与发展历史看，商业银行的性质可以归纳为以追求利润为目标，以经营金融资产和金融负债为对象，具有综合性、多功能的金融企业。商业银行的性质具体体现在以下几个方面：

1. 商业银行具有一般企业的特征

商业银行与一般企业一样，拥有业务经营所需要的自有资本，依法经营，照章纳税，自负盈亏，具有独立的法人资格，拥有独立的财产、名称、组织机构和场所。商业银行的经营目标是追求利润最大化，获取最大利润既是其经营与发展的基本前提，也是其发展的内在动力。

2. 商业银行是特殊的企业——金融企业

商业银行具有一般企业的特征，但又不是一般企业，而是一种特殊的企业。因为一般企业经营的对象是具有一定使用价值的商品，而商业银行经营的对象是特殊商品——货币，商业银行是经营货币资金的金融企业，是一种特殊的企业。这种特殊性表现在以下四个方面：①商业银行经营的内容特殊。一般企业从事的是一般商品的生产和流通，而商业银行是以金融资产和金融负债为经营对象，从事包括货币收付、借贷以及各种与货币有关的或与之相联系的金融服务。②商业银行与一般工商企业的关系特殊。一方面，一般工商企业要依靠银行办理存、贷款和日常结算，而商业银行也要依靠一般企业经营过程中暂时闲置的资金，增加资金来源，并以一般工商企业为主要贷款对象，取得利润。另一方面，一般工商企业是商业银行业务经营的基础，企业的发展和企业的素质影响商业银行的生存。③商业银行对社会的影响特殊。一般工商企业的经营好坏只影响一个企业的股东和这一企业相关的当事人，而商业银行的经营好坏可能影响整个社会的稳定。④国家对商业银行的管理特殊。由于商业银行对社会的特殊影响，国家对商业银行的管理要比对一般工商企业的管理严格得多，管理范围也要广泛得多。

3. 商业银行是特殊的金融企业

商业银行不仅不同于一般工商企业，与中央银行和其他金融机构相比，也存在很大差异：与中央银行相比，商业银行面向工商企业、公众、政府以及其他金融机构，商业银行从事金融业务的主要目的是盈利。而中央银行是指向政府和金融机构提供服务的具有银行特征的政府机关。中央银行具有创造基础货币的功能，不从事金融零售业务，从事金融业务的目的也不是盈利。

与其他金融机构相比，商业银行提供的金融服务更全面、范围更广。其他金融机构，如政策性银行、保险公司、证券公司、信托公司等都属于特种金融机构，只能提供一个方面或几个方面的金融服务，而在有些国家商业银行则是"万能银行"或者"金融百货公司"，业务范围比其他金融机构要广泛得多。

（二）商业银行的职能

作为现代金融业的重要组成部分，商业银行在社会经济结构中发挥着不可替代的重要作用，它具有以下四个方面的职能：

1. 信用中介

信用中介是商业银行最基本、最能反映其经营活动特征的职能。这一职能的实质，是通过银行的负债业务，把社会上的各种闲散货币集中到银行里来，再通过资产业务，把它投向经济各部门；商业银行是作为货币资本的贷出者与借入者的中介人或代表，来实现资本的融通，并从吸收资金的成本与发放贷款利息收入、投资收益的差额中，获取利益收入，形成银行利润。商业银行成为买卖"资本商品"的"大商人"。商业银行通过信用中介的职能实现资本盈余和短缺之间的融通，并不改变货币资本的所有权，改变的只是货币资本的使用权。

2. 支付中介

商业银行除了作为信用中介融通货币资本以外，还执行支付中介的职能。通过存款在账户上的转移代理客户支付，在存款的基础上为客户兑付现款等，成为工商企业、团体和个人的货币保管者、出纳者和支付代理人。以商业银行为中心，形成经济过程中的支付链条和债权债务关系。支付中介和信用中介两种职能相互结合，构成商业银行借贷资本的整体运作。

3. 信用创造

商业银行在信用中介职能和支付中介职能的基础上，产生了信用创造职能。商业银行能够吸收各种存款，能利用其所吸收的各种存款来发放贷款，在支票流通和转账结算的基础上，贷款又派生为存款。在这种存款不提取现金或不完全提现的基础上，增加了商业银行的资金来源，最后在整个银行体系形成数倍于原始存款的派生存款。商业银行通过自己的信贷活动创造和收缩活期存款，如果没有足够的贷款需求，存款贷不出去，就谈不上创造，因为有贷款才派生存款。相反，如果归还贷款，就会相应地收缩派生存款。收缩程度与派生程度相一致。因此，对商业银行来说，吸收存款在其经营中占有十分重要的地位。信用创造的实质是流通工具的创造，而不是资本的创造。

4. 信息中介

信息中介职能是指商业银行通过其所具有的规模经济和信息优势，能够有效解决经济金融生活中信息不对称导致的逆向选择和道德风险。

逆向选择是交易之前发生的信息不对称问题，它指那些最有可能不归还贷款的人最积极地争取贷款，并且最有可能获得贷款。例如，冒险者或纯粹的骗子最急切地想要得到贷款，因为他们知道自己极可能不会偿还贷款。由于逆向选择，贷款成为不良贷款的风险增大，即使市场上有风险较低的贷款机会，放款者也不愿发放任何贷款。要解决逆向选择的问题，金融中介机构就必须尽可能多地收集借款者的信息，在能够分辨信贷风险高低的基础上，决定是否发放贷款。

道德风险是交易发生后的信息不对称问题，它指借款人可能掩盖借款的真实用途，从事对贷款人不利的活动。例如，借款人获得贷款后，由于使用的钱是借来的，他们可能改变初衷，在经营中冒更大的风险。这样，道德风险降低了借款人归还贷款的可能性。为了确保借款人按合约规定的条件及时偿还贷款，需要对整个合约期内借款人的行为进行监督。由于银企关系的广泛存在和该关系的持续性，商业银行等金融中介具有作为"代理监督人"的信息优势，同时它还具有专门技术及个人无法比拟的行业经验，这就降低了在贷款合约中存在的道德风险。

5. 金融服务

随着经济的发展，工商企业的业务经营环境日益复杂，银行间的业务竞争也日益激烈，银行由于联系面广，信息比较灵通，特别是电子计算机在银行业务中的广泛应用，使其具备了为客户提供信息服务的条件，咨询服务、对企业"决策支援"等服务应运而生，工商企业生产和流通专业化的发展，又要求把许多原本属于企业自身的货币业务转交给银行代为办理，如发放工资、提供信用证服务、代理支付其他费用等。个人消费也由原来的单纯钱物交易，发展为转账结算。在激烈的业务竞争下，各商业银行也不断开拓服务领域，通过金融服务业务的发展，进一步促进资产负债业务的扩大，并把资产负债业务与金融服务结合起来，开拓新的业务领域。在现代经济生活中，金融服务已成为商业银行的重要职能。

三、商业银行的类型

从商业银行发展的历史来看，按业务经营范围划分，商业银行主要有职能分工型和全能型两种类型。前者以英国银行为典型，后者以德国银行为代表，故也称"英国模式""德国模式"。

（一）职能分工型商业银行

职能分工型商业银行也称分离型商业银行，主要存在于实行分业经营体制的国家。其基本特点是：法律规定银行业务与证券、信托业务分离，商业银行不得兼营证券业务和信托业务，不能直接参与工商企业的投资。这种模式下的商业银行以融通短期存款为主，资产集中于短期自偿性贷款。而长期资金融通、信托、租赁、证券等业务由长期信用银行、信托银行、投资银行、证券公司等金融机构承担。英国的商业银行是职能分工型商业银行制度的典型代表，在英国，早期银行的资金主要来源于流动性较大的活期存款，商业银行的信用创造能力有限。而且，传统的商业银行理论认为，银行的资金来源于客户的存款，这些存款经常被提取，因此为了应付存款人难以预料的提款，银行只能将资金短期使用，而不能用于长期贷款或进行长期投资。在这种背景下，英国政府就对商业银行业务进行严格限制以保持流动性和安全性。

在 20 世纪 30 年代以前，许多国家对银行经营活动极少给予限制，商业银行大都可以综合经营多种业务。但在大危机中，大量银行的破产倒闭，造成历史上最大的一次货币信用危机。不少西方经济学家归咎于银行的综合性业务经营，尤其是长期贷款和证券业务经营。据此，许多国家认定商业银行只能从事短期工商信贷业务，并以立法的形式将商业银行和投资银行的业务范围做了明确的划分。1933 年美国国会通过《格拉斯-斯蒂格尔法案》，明确禁止商业银行承销公司证券和从事经纪商业活动，同时禁止投资银行从事商业银行业务，禁止银行从事保险及其他被认为是有风险的非银行业务。随后，日本等国都参照这种模式来管理银行体系。

（二）全能型商业银行

全能型商业银行的基本特点是法律允许商业银行可以经营一切金融业务，没有职能分工的限制。这种类型的商业银行，不仅可以经营工商业存款、短期抵押放款、贴现、办理转账结算、汇兑、现金出纳等传统业务，而且可以涉及多种金融业务领域，如信托、租赁、代客买卖有价证券、代收账款、代客保管财产、咨询、现金管理、自动化服务等，因此被称为"金融百货公司"或"金融超市"。德国是全能型商业银行的代表。作为后起的资本主义国家，德国面对英、法等老牌资本主义国家的竞争，企业不仅需要短期流动性贷款，更需要长期固定资产贷款，甚至要求银行参股。在德国，全能型商业银行可购买企业的股票，在许多企业中的股权往往超过 25%，成为企业的大股东，直接干预企业的经营决策。银行为巩固和发展客户关系，也积极提供丰富的综合性金融业务。全能型商业银行有利于开展全方位的业务经营活动，提高竞争实力，同时也加大了银行面临的经营风险。

职能分工型和全能型商业银行制度各有优缺点，但随着经济的不断发展，职能分工型商业银行制度的缺陷和全能型商业银行制度的优点越来越明显。职能分工型商业银行不能满足工商业及社会公众对融资多样化的要求，而全能型商业银行的业务多样化，能向客户提供最广泛的金融服务，增强银行的竞争能力。相比之下，全能型商业银行更能适应经济发展的客观需要。

20 世纪 70 年代以来，伴随着迅速发展的金融自由化浪潮和金融创新的层出不穷，商业银行的上述两个传统特征和界限已被突破，许多欧美发达国家都相继取消了商业银行业务的限制。1986 年，英国颁布了《金融服务法案》，宣布银行业可以直接进入证券交易所进行交易，从而确立了银行金融业混业经营的新时代。1998 年 4 月，日本正式启动"大爆炸"式金融改革，实施了"金融体系改革一揽子法"，放宽了银行、证券和保险等行业的业务限制，废除了银行不能直接经营证券、保险的禁令，允许各金融机构跨行业经营各种金融业务。1999 年 11 月 12 日美国总统克林顿签署了《金融服务现代化法案》，正式放开银行从事其他金融业务的限制，推动了商业银行与投资银行之间的相互渗透，标志着全能型商业银行体制将在美国推行并进而对全球金融体系产生深远影响。

四、商业银行的组织结构

商业银行的组织形式是指商业银行在社会经济生活中的存在形式，主要类型有：单一银行制、分支行制、持股公司制和连锁银行制。

（一）单一银行制

单一银行制也称独家银行制，是指银行业务完全由一个营业机构来办理，不设立和不允许设立分支机构。单一银行制是一种传统的商业银行的组织形式，美国是实行这种制度的主要国家。

单一银行制的优点：可以人为缓和竞争的激烈程度，避免金融垄断；有利于银行与当地政府的协调，促进本地区的经济发展；使商业银行有较大的自主性和独立性；有利于中央银行进行有效调控。

单一银行制的缺点：风险集中且不易分散；单一银行制下，银行规模较小，经营成本高，不易取得规模经济效益；商业银行业务仅局限于某一个地区，不易筹措大量资金；不利于商业银行为社会经济发展提供更多更好的服务。

（二）分支行制

分支行制也称总分行制度，是指银行机构除总行外，还在国内各地设立分支机构，总行一般设在大城市，所有分支行由总行统一领导指挥。目前，世界上大多数国家都采用这种制度，尤其以英国、日本、德国、法国最具代表性。我国也是以分支行制为主的国家。

分支行制的优点：银行规模可以按业务发展需要而扩展，实现规模效益；分支行之间能够相互调度资金，可以提高资金的运用程度；放款分散于各分支行，便于分散风险。

分支行制的缺点：会使银行业过分集中，造成垄断，且分支机构太多会给管理工作带来困难。尽管就其优劣依然有不同的见解，但分支行制已经成为一种基本趋势，为世界各国普遍采用，并且未采取这种制度的国家也在向这个方向发展。

(三)集团银行制

集团银行制也称控股公司制,其特点是由一个集团成立一个股权公司,由其收购或控制两家或两家以上的商业银行,使银行的实际业务与经营决策权同属股权公司控制的组织形式。集团银行制下,被控股的商业银行在法律上是独立法人,但其业务经营和人员管理等均受持股公司控制。目前,集团银行制在美国最为流行,已成为美国银行业最重要的组织形式。

集团银行制的优点:为其所有者在经营管理方面提供了相当大的灵活性,它们可以兼并资产多样化的非银行子公司,并全方位地扩展盈利项目;在经济和税收条件较好的情况下,可设立分支机构,从而弥补了单一银行制的不足;银行持股公司能有更多的机会进入金融市场,以扩大债务和资本总量,因而可以增强实力,提高抵御风险的能力和竞争能力。

集团银行制的缺点:容易形成银行业的集中和垄断,不利于银行间开展竞争,会在一定程度上影响银行经营的自主性和银行的创新能力。

(四)连锁银行制

连锁银行制也称联合制,是由某个人或某个集团购买若干独立银行的多数股票,从而实现对这些银行的控制的一种商业银行组织形式。连锁银行制与集团银行制的不同之处在于:连锁银行制没有持股公司这一实体机构的存在,它只是由一个人或一个集团同时操纵控制着法律上完全相互独立的商业银行。

第二节　商业银行业务

一、商业银行资产负债表

尽管各国商业银行的组织形式、名称、经营内容和重点各异,但就其经营的主要业务来说,一般均分为负债业务、资产业务以及中间业务和表外业务三大类。随着银行业国际化的发展,国内这些业务还可以延伸为国际业务。

商业银行所做的工作,就是在拥有一定量资本的前提下,通过发行对自身的债权(即负债)来获得资金,然后用这些资金去购买资产;通过从资产上获得的收益,来弥补发行各种负债的费用,并且获得一定的剩余(即利润)。要理解银行的业务运作,首先要考察银行的资产负债表,银行的资产负债表也是银行的资金来源(负债)和资金运用(资产)的列表,资产负债表是平衡的,即银行总资产等于银行总负债和银行资本之和。下面,我们以商业银行资产负债表 5-1 为例,分析商业银行的资产和负债业务的构成。

表 5-1 商业银行资产负债表格式

会商银 01 表

编制单位：　　　　　　　　　　　___年__月__日　　　　　　　　　　　单位：元

资产	期末余额	年初余额	负债和所有者权益（或股东权益）	期末余额	年初余额
资产：			负债：		
现金及存放中央银行款项			向中央银行借款		
存放同业款项			同业及其他金融机构存放款项		
贵金属			拆入资金		
拆出资金			交易性金融负债		
交易性金融资产			衍生金融负债		
衍生金融资产			卖出回购金融资产款		
买入返售的金融资产			吸收存款		
应收利息			应付职工薪酬		
发放贷款和垫款			应交税费		
可供出售的金融资产			应付利息		
持有至到期投资			预计负债		
长期股权投资			应付债券		
投资性房地产			递延所得税负债		
固定资产			其他负债		
无形资产			负债合计		
递延所得税资产			所有者权益（或股东权益）：		
其他资产			实收资本（或股本）		
			资本公积		
			减：库存股		
			盈余公积		
			一般风险准备		
			未分配利润		
			所有者权益（或股东权益）合计		
资产总计			负债和所有者权益（或股东权益）总计		

二、负债业务

负债业务是商业银行筹措资金、借以形成资金来源的业务，是商业银行资产业务和其他业务的基础。负债业务主要由银行资本、存款、借入款和其他负债四个方面组成。

（一）银行资本

商业银行资本是银行从事经营活动必须注入的资金，是金融管理部门实施控制的工具。银行面临的未来风险越大，资产增长越快，则银行所需的资本量就越多。商业银行资本是银行开业经营的首要条件。与其他行业一样，银行要取得营业许可，必须具有一定金额的最低注册资本，具备一定的物质条件和基本设施，如营业场所、各种商务和办公用品等。

商业银行的资本主要包括实收资本、资本公积、盈余公积和未分配利润。银行资本一般只占其全部负债的很小一部分，但是却起着极为重要的作用。它不仅是银行存在和发展的先决条件，而且是客户存款免遭损失的保障，同时，它还是银行正常经营的保障。但是，在实际工作中，商业银行持有的长期债券等一些债务也被当作银行资本。因此，从监管角度来理解，银行资本分为核心资本和附属资本。其中，附属资本不得超过核心资本的100%。

1. 核心资本

核心资本包括实收资本、资本公积、盈余公积、未分配利润等。

（1）实收资本

实收资本是指企业投资者按照企业章程或合同、协议的约定，实际投入企业的资本。我国实行的是注册资本制，因此，在投资者足额缴纳资本之后，企业的实收资本应该等于企业的注册资本。为保证商业银行进行正常经营、保护存款人的利益，各国都以法律形式规定商业银行开业时必须具有最低注册资本的限额。我国《商业银行法》规定，商业银行的注册资本最低限额为10亿元人民币。在股份制商业银行中，注册资本主要表现为普通股，它是银行股金资本的基本表现方式。

（2）资本公积

资本公积是指商业银行在筹集资金中的股票溢价、法定资产重估增值，以及接受捐赠的资产价值等。它可以按照法定程序转增资本金。股票溢价是指股票发行价格超过其面值的部分。有些国家法律规定，商业银行在开始营业时，必须拥有至少等于股价总额20%的资本公积。

（3）盈余公积

盈余公积是商业银行按照规定从税后利润中提取的公积金，它是商业银行自我发展的一种积累，既可用以弥补亏损，又可转增银行资本。盈余公积包括法定盈余公积金（达到注册资本金的50%）和任意盈余公积金。

（4）未分配利润

未分配利润是商业银行实现的利润中尚未分配的部分。在其未分配前与实收资本和公积金具有同样的作用。这部分利润尚存于商业银行中，是银行增加自有资金的重要方法，特别是对那些难以进入股市筹资的银行。在经济发展缓慢、资金紧张或所得税税率较高时，也往往选择这种方法增加自有资金。

2. 附属资本

商业银行的附属资本包括贷款呆账准备金、坏账准备金、投资风险准备金、五年及五年期以上的长期债券。

①贷款呆账准备金是商业银行在从事放款业务过程中，按规定以贷款余额的一定比例提取的，用于补偿随时可能发生的贷款呆账的准备金。

②坏账准备金是按照年末应收账款余额的 3‰ 提取，用于核销商业银行的应收账款损失。

③投资风险准备金，按照规定，我国商业银行每年可按上年末投资余额的 3‰ 提取。如达到上年末投资余额的 1% 时可实行差额提取。

④五年及五年以上的长期债券，属于金融债券的一种，是由商业银行发行并还本付息的资本性债券，用来弥补商业银行的资本金不足。

(二)存款业务

存款是商业银行最主要的资金来源。存款业务是指银行客户存入款项，存款人可以随时或如期支取的一种信用业务，也称受信业务，是商业银行最传统的业务之一。在商业银行负债总额中，存款所占比重一般在 70% 以上。因此，商业银行总是千方百计地增加存款来进行放款或投资，以增加利润。银行存款大致可分为活期存款、定期存款和储蓄存款三大类。

1. 活期存款

活期存款是指客户可随时提取的存款。这种存款在客户进行交易和支付的过程中可以直接开出支票或接受转账，因此也称支票账户存款。开立这种存款账户是为了结算便利，但由于收付频繁，银行提供服务的费用较高，一般不计利息。我国商业银行目前对活期存款仍付给较低的利息。

2. 定期存款

定期存款是指事先约定提取期限的存款。定期存款由于存期较长，到期时银行付给较高的利息，原则上不能提前支取。20 世纪 60 年代以来，银行为了更广泛地吸收存款，推出了大额可转让定期存单，这种存单在到期日前可在金融市场上流通转让。

3. 储蓄存款

储蓄存款是指为了方便居民个人积蓄货币而开办的一种存款业务。储蓄存款不使用支票，而是采用存折或存单等，手续较简单。储蓄存款多属于个人存款业务。为了保护存款者的利益，西方国家对经营储蓄存款业务要求比较严格，一般只能由商业银行的储蓄部门和专门的储蓄机构来经营。

在上述三种存款类型的基础上，商业银行还发展出许多新品种。以美国为例，包括：可转让支付命令账户，客户既可以用支付命令办理转账，又可从银行取得存款利息；自动转账服务账户，当客户可开支票的活期存款账户金额不足时，银行可从该客户有存款利息收入的活期储蓄转款。

(三)借款业务

借入资金是商业银行一种持久地增加资金来源的手段。它使商业银行可以持有较高比例的流动性较差的生息资产。商业银行的借入资金主要包括中央银行借款、银行同业拆入、发行金融债券、国际金融市场借款和其他借款等。

1. 向中央银行借款

向中央银行借款是商业银行融资的一条主渠道。中央银行是商业银行"最后的贷款者"。商业银行向中央银行借款的方式主要有两种:一是再贷款,二是再贴现。所谓再贷款,是指商业银行从中央银行得到的直接借款。再贴现则是一种间接借款,是指向此银行持对客户贴现得来的未到期的商业票据向中央银行再次贴现,从而取得现款。在市场经济发达的国家,由于商业票据和贴现业务的广泛运用,再贴现成为商业银行向中央银行借款的主渠道。而在商业票据信用不发达的国家,则主要采取再贷款的形式。

中央银行通过不断调整再贴现率和再贴现额度,来执行中央银行的货币政策。当执行紧缩政策时,就会提高再贴现率和压缩再贴现额度,从而使商业银行的贴现融通受到限制,成本提高。因此,商业银行不能过分依赖于中央银行。商业银行在向中央银行申请贴现时,必须提供财务报表和其他有关情况。

2. 同业借款

同业借款主要是指商业银行向往来银行或通过同业拆借市场向其他金融机构借入短期性资金而形成的银行借款负债。同业借款具有调剂各商业银行储备头寸的作用,目前也被当作商业银行资产负债管理的手段。

同业借款一般都是短期的,可以是一天或几天,甚至可以是几小时。尽管时间较短,但可以维持资金的正常周转,实现其流动性的需要,避免或减少因出售银行资产而发生的损失。同业借款一般都通过各商业银行在中央银行的存款账户进行。同业借款的利率以高于存款利率低于贷款利率为限,一般也总是略低于中央银行的再贴现率。

同业借款还包括转贴现、转抵押、回购协议。

3. 发行金融债券

金融债券是银行等金融机构为筹措资金而发行的一种债务凭证。以发行债券的方式借入资金与存款负债相比,其特点在于不需提取法定存款准备金,属于主动性负债,对债券购买人,除到期还本付息外,不承担其他责任和义务。当然,发行金融债券也有一些局限,如金融债券的发行数量、期限等要受到管理机构有关规定的严格限制;利率较同期银行存款要高,还要承担一定的发行费用;债券的流动性受有关因素制约。

4. 境外借款

境外借款是指商业银行从国际市场筹资来弥补自身资金的不足。境外借款的商业银行需要有较高的资信度。境外借款的形式主要有固定利率的定期存单、固定利率的欧元美元存单、浮动利率的欧元美元存单以及本票等。与境内借款相比,借款用途、利率及法定存款准备金等方面不受国内金融管理机构及规定的约束,当然,风险也较大。

三、资产业务

商业银行的资产业务，是指商业银行运用资金的业务，也就是商业银行将其吸收的资金贷放或投资出去赚取收益的活动。商业银行盈利状况如何、经营是否成功，很大程度上取决于资金运用的结果。商业银行的收益是由贷款、贴现和证券投资等主要资产业务形成，但为了满足商业银行经营的安全性、流动性和收益性的基本原则要求，商业银行的资产中必然有部分属于无收益或低收益的资产，因此，商业银行的资产业务除了贷款业务、贴现业务和证券业务等主要业务外，还有一部分是现金资产。通常我们可以将商业银行的资产业务分为现金资产、贷款业务、贴现业务和证券投资业务四大类。

(一)现金资产

现金资产作为银行流动性需要的第一道防线，是非营利性的资产，从经营的观点出发，银行一般都尽可能地把它降低到法律法定的最低标准。现金资产没有利息收入，只要不造成交易障碍，银行总是尽可能少地保留现金。如果银行把腾出的资金用于别的投资，即可获得利润收入，因此过量的现金准备具有较高的机会成本，并且随着投资利率水平的上升，机会成本也随之增加。相反，银行现金准备过少，又存在很大的风险。如果银行没有足够的现金满足储户的提款需求，就将丧失储户对银行的信任。故银行现金资产应保持一个合理适度的水平。现金资产一般包括银行库存现金、在途托收现金、代理行存款和在中央银行的存款四部分。

1.库存现金

库存现金是指商业银行保存在金库中的现钞和硬币。库存现金的主要作用是银行用来应付客户提取现金和银行本身的日常零星开支。从经营角度来讲，库存现金不宜太多。库存现金的经营原则就是保持适度的规模。

2.在中央银行存款

这是指商业银行存放在中央银行的资金，即存款准备金。在中央银行存款由两部分构成：一是法定存款准备金；二是超额准备金。超额准备金是指商业银行的可用资金。法定存款准备金是按照法定准备率向中央银行缴存的存款准备金。规定缴存存款准备金的最初目的，是为了银行备有足够的资金以应付存款人的提取，避免流动性不足而产生流动性危机，导致银行破产。目前，存款准备金已经演变成为中央银行调节信用的一种政策手段，在正常情况下一般不得动用。缴存法定比率的准备金具有强制性。所谓超额准备金有两种含义：广义的超额准备金是指商业银行吸收的存款中扣除法定存款准备金以后的余额，即商业银行可用资金；狭义的超额准备金是指在存款准备金账户中，超过了法定存款准备金的那部分存款。超额准备金是货币政策的近期中介指标，直接影响社会信用总量。

3.存放同业存款

存放同业存款是指商业银行存放在代理行和相关银行的存款。在其他银行保持存款的目的，是为了便于银行在同业之间开展代理业务和结算收付。由于存放同业的存款属于活期存款性质，可以随时支用，因此可以视同银行的现金资产。

4. 在途资金

在途资金，也称托收未达款，是指在本行通过对方银行向外地付款单位或个人收取的票据。在途资金在收妥之前，是一笔占用的资金，通常又由于在途时间较短，收妥后即成为存放同业存款，所以将其视同现金资产。

(二)贷款业务

贷款业务是商业银行最重要的资产业务。它是商业银行将其所吸收的资金，按照一定的条件贷放给需要补充资金的企业，从而获得收益的业务。虽然各国商业银行所处的经济环境、经营的方针策略不同，放款在其资产中所占的比重存在差异，但大都占到总资产的50%~70%。商业银行的贷款可以按照不同的标准划分为不同的种类。

1. 按贷款期限长短分类

按贷款期限长短可分为短期贷款、中期贷款和长期贷款。

短期贷款，是指贷款期限在1年以内(含1年)的贷款。中期贷款，是指贷款期限在1年以上(不含1年)5年以下(含5年)的贷款。长期贷款，是指贷款期限在5年(不含5年)以上的贷款。

2. 按贷款有无担保分类

按贷款有无担保分为信用贷款和担保贷款。

信用贷款是指以借款人的信誉发放的贷款，借款人不需要提供担保。其特征就是债务人无需提供抵押品或第三方担保，仅凭自己的信誉就能取得贷款，并以借款人的信用程度作为还款保证。这种信用贷款是中国商业银行长期以来的主要放款方式。由于这种贷款方式风险较大，一般要对借款方的经济效益、经营管理水平、发展前景等情况进行详细考察，以降低风险。信用贷款通常只对资信良好、有市场、高效益的借款人发放。

担保贷款是指由借款人或第三方依法提供担保而发放的贷款。担保贷款包括保证贷款、抵押贷款、质押贷款。

保证贷款是指按《中华人民共和国担保法》(简称《担保法》)规定的保证方式，以第三人承诺在借款人不能偿还贷款时，按约定承担连带责任而发放的贷款。抵押贷款是指按《担保法》规定的抵押方式，以借款人或第三人的财产作为抵押物发放的贷款。质押贷款是指按《担保法》规定的抵押方式，以借款人或第三人的动产或权利作为质押物发放的贷款。

3. 按贷款风险程度分类

按贷款风险程度可分为正常贷款、关注贷款、次级贷款、可疑贷款和损失贷款。

(1)正常贷款

借款人能够履行合同，一直能正常还本付息，不存在任何影响贷款本息及时全额偿还的消极因素，银行对借款人按时足额偿还贷款本息有充分把握。贷款损失的概率为0。

(2)关注贷款

尽管借款人目前有能力偿还贷款本息，但存在一些可能对偿还产生不利影响的因素，如这些因素继续下去，借款人的偿还能力将会受到影响，贷款损失的概率不会超过5%。

（3）次级贷款

借款人的还款能力出现明显问题，完全依靠其正常营业收入无法足额偿还贷款本息，需要通过处分资产或对外融资乃至执行抵押担保来还款付息。贷款损失的概率为30%～50%。

（4）可疑贷款

借款人无法足额偿还贷款本息，即使执行抵押或担保，也肯定会造成一部分损失，只是因为存在借款人重组、兼并、合并、抵押物处理和未决诉讼等待定因素，损失金额的多少还不能确定，贷款损失的概率为50%～75%。

（5）损失贷款

指借款人已无偿还本息的可能，无论采取什么措施和履行什么程序，贷款都要发生损失，或者能收回极少部分，但其价值也微乎其微，从银行的角度看，也没有意义和必要再将其作为银行资产在账目上保留下来，对于这类贷款在履行了必要的法律程序之后应立即予以注销，其贷款损失的概率为75%～100%。

（三）贴现业务

贴现是银行应客户的要求，买进未到期的票据。它是在商业票据的基础上产生的一种融资行为，故也称贴现贷款。从表面上看，贴现是一种票据的买卖，实际上是银行的信用业务。因为票据的支付人对持票人是一种负债关系，在票据未贴现以前，票据是银行客户的债权；贴现以后，票据转为银行的债权。因此，票据买卖实际上是债权的转让，相当于银行间接贷款给票据支付人。银行把资金支付给申请贴现的企业，却要在票据到期时才能从付款人手中收回资金，因此，银行就要向客户收取一定的利息，称为贴息。

贴现业务和普通贷款相比，虽然都是资金运用并收取利息，但二者之间却有许多区别。主要表现在：①资金流动性不同。由于票据的流通性，票据持有者可到银行或贴现公司进行贴现，换得资金。一般来说，贴现银行只有在票据到期时才能向付款人要求付款，但银行如果急需资金，它可以向其他商业银行转贴现或向中央银行再贴现。但贷款是有期限的，在到期前是不能回收的。②利息收取时间不同。贴现业务中利息的取得是在业务发生时即从票据面额中扣除，是预先扣除的利息。而贷款是事后收取利息，它可以在期满时连同本金一同收回，或根据合同规定，定期收取利息。③利息率不同，票据贴现的利率要比贷款的利率低，因为持票人贴现票据的目的是得到当前资金的融通，并非缺乏该笔资金。如果贴现率太高，则持票人取得融通资金的负担过重，成本过高，贴现业务就不可能发生。④资金使用范围不同。持票人在贴现了票据以后，就完全拥有了资金的使用权，他可以根据自己的需要使用这笔资金，而不会受到贴现银行的任何限制。但借款人在使用贷款时，要受到贷款银行的审查、监督和控制，因为贷款资金的使用情况直接关系到银行能否按期回收贷款。⑤债务债权的关系人不同。贴现的债务人不是贴现申请人而是出票人即付款人，遭到票据拒付时，贴现银行才能向贴现人或背书人追索票款。而贷款的债务人就是申请贷款的人，银行直接与借款人发生债务关系。有时银行也会要求借款人寻找保证人以保证偿还款项，但与贴现业务的关系人相比要简单得多。⑥资金的规模和期限不同。票据贴现的金额一般不太大，每笔贴现业务的资金规模有限，可以允许部分贴现。票据的期限较短，一般为 3~6 个月。然而贷款的形式多种多样，期限长短不一，规模一般较大，贷款到期的时候，经银行同意，借款人还可继续申请贷款。

(四)证券投资业务

商业银行的证券投资业务是指商业银行运用资金购买有价证券的行为。银行购买的有价证券包括债券(国债、公债、公司债券)和股票。但对股票的购入，国家一般多加以限制或禁止。目前，各国商业银行的证券投资主要用于购买政府债券，特别是短期国库券。例如，按照我国《商业银行法》的规定，商业银行的证券投资仅限于信用可靠、安全性高、流动性强的政府债券(如国库券)和金融债券，禁止从事企业债券、股票投资。按照规定，我国商业银行不得向以下五个方面投资：不得从事信托投资；不得从事证券经营业务；不得投资于非自用不动产；不得向非银行机构投资；不得向企业投资，但国家另有规定的除外，这为今后业务的拓展和扩大经营范围留有余地。

商业银行证券投资的主要目的是提高资金运用的收益率、为保证银行资产流动性提供第二储备以及降低风险。从资金运用的收益率来看，贷款要比证券投资的收益高，但是贷款的需求和风险不稳定，在贷款需求旺盛、风险较低时，银行资金应主要用于放款，而在贷款需求减弱或风险较高时，则应将一部分资金转到投资上，否则银行收益就会下降，所以证券投资是贷款需求不旺、风险较高时保持或提高银行收益水平的一种选择。另外，从保证银行资产流动性来看，银行将一部分资金用于投资建立第二储备也是很有必要的，为了应付客户提现的需要，银行要建立流动性储备，包括商业银行的库存现金、在中央银行的准备金存款、存放同业等，这就是所谓的第一储备，但这部分资金占用收益率为零或很低，所以第一储备的数额是十分有限的，但是银行如果遇到集中提款，往往会因第一储备不足而产生流动性危机，为了避免支付困难，又能保证一定的收益率，就要求保存一部分变现能力强的盈利性资产，由于国库券、公债信用品质高，变现能力强，其安全性、流动性与现金几乎没有差别，所以是商业银行投资的首选对象，一般占商业银行投资总额的70%左右。

四、中间业务和表外业务

对于商业银行资产负债表内所显示的资产业务、负债业务之外的其他业务，金融界并没有一个统一的认识，或者称为中间业务，或者称为表外业务，国内则一般称为中间业务。巴塞尔委员会将中间业务表述为表外业务，简称 OBS(Off-Balance Sheet Activities)，即"不列入资产负债表，而尽可能出现在财务报表脚注中的交易活动"。巴塞尔委员会还对表外业务的狭义、广义概念进行了区分，广义的表外业务是指包括所有不在资产负债表中反映的一切业务。具体包括金融服务类表外业务和或有债权、或有负债类表外业务。狭义的表外业务是指或有债权、或有负债类表外业务。金融服务类表外业务是指只能为银行带来服务性收入而不会影响银行表内业务质量的业务。主要包括与贷款有关的服务、信托与咨询服务、支付服务、经纪人、代理人服务、进出口服务等业务。或有债权、或有负债表外业务是指不在资产负债表内反映，但在一定条件下会转变为资产业务和负债业务的或有资产、或有负债的业务。主要包括贷款承诺、担保和金融衍生业务三大类，这也是通常指的表外业务。

从上述定义可以看出，巴塞尔协议定义的广义的表外业务的内容与我国《商业银行中间业务暂行规定》定义的中间业务内容基本一致，仅仅是称呼上的区别。我国适用备案制的中间业务基本上就是巴塞尔协议定义的金融服务类表外业务，而我国适用审批制的中间业务基本就是或有债权、或有负债的表外业务，是巴塞尔协议定义的狭义表外业务。根据习惯，我们仍将商业银行资产负债表内所显示的资产业务、负债业务之外的其他业务划分为中间业务和表外业务。

（一）中间业务

中间业务是指不构成商业银行表内资产、表内负债，形成银行非利息收入的业务，主要包括：支付结算业务、信托银行、银行卡业务、代理业务、租赁业务、咨询顾问类业务等。

1. 支付结算业务

支付结算业务是指银行接受客户的委托，根据各种收付凭证，为客户办理各种货币收付，主要有银行汇票、商业汇票、银行本票、支票结算、汇兑结算、委托收款和托收承付、信用证结算等结算方式。

2. 信托业务

信托业务是指商业银行作为受托人接受客户委托，代为经营、管理或处置有关资产或其他事项，为信托人谋取利益的业务。信托业务最初由个人或保险公司经营，后来随着业务范围的扩展，债权债务关系日益复杂，出现了专门的信托公司。同时，商业银行由于资本雄厚，业务经验丰富，也开始介入这一领域。目前，美国约有1/4的商业银行设有信托部。

商业银行对信托业务一般只收取有关的手续费，而营运中所获得的收入则归委托人或其指定的受益人所有。同时，信托也不同于简单的代理活动，因为在代理关系中，代理人只是以委托人的名义、按委托人指定的权限范围办事，在法律上，委托人对委托财产的所有权并没有改变；而在信托关系中，信托财产的所有权则从委托人转移到了受托人（商业银行信托部或信托公司）手中，受托人以自己的名义管理和处置信托财产。

3. 银行卡业务

银行卡是由经授权的金融机构（主要指商业银行）向社会发行的具有消费信用、转账结算、存取现金等全部或部分功能的信用支付工具。银行卡业务的分类方式一般包括以下六类：

①依据清偿方式，银行卡业务可分为贷记卡业务、准贷记卡业务和借记卡业务。借记卡可进一步分为转账卡、专用卡和储值卡。

②依据结算的币种不同，银行卡可分为人民币卡业务和外币卡业务。

③按使用对象不同，银行卡可分为单位卡和个人卡。

④按载体材料的不同，银行卡可分为磁性卡和智能卡（IC卡）。

⑤按使用对象的信誉等级不同,银行卡可分为金卡和普通卡。

⑥按流通范围,银行卡可分为国际卡和地区卡。

4. 代理业务

代理类中间业务,指商业银行接受客户委托、代为办理客户指定的经济事务、提供金融服务并收取一定费用的业务,包括代理政策性银行业务、代收代付款业务、代理证券业务、代理保险业务、代理银行卡收单业务等。

5. 租赁业务

租赁是出租人以收取租金为条件,将财产出租给承租人使用的经济行为。承租人按期缴纳租金,享有使用权,所有权仍归出租人。商业银行的租赁业务是指商业银行作为出租人,向客户提供租赁形式的融资业务,包括融资性租赁和经营性租赁。融资性租赁是指当客户需更新或添置大型设备、仪器而资金不足时,由银行出资购买这些设备出租给客户,客户对此具有使用权,并按时缴纳租金,银行通过租金逐步收回资金。经营性租赁是一种短期租赁方式。指出租人向承租人提供短期设备出租,出租人负责设备的安装、保养、维修、纳税、支付保险费和提供专门的技术服务等,租金高于融资性租赁。经营性租赁是一个反复出租的过程,出租人与多个承租人签订出租合同,租赁物件一般是通用设备或技术含量高,更新速度快的设备。

6. 咨询顾问类业务

咨询顾问类业务是指商业银行依靠自身在信息、人才、信誉等方面的优势,收集和整理有关信息,并通过对这些信息以及银行和客户资金运用的记录和分析,形成系统的资料和方案,提供给客户,以满足其业务经营管理或发展需要的服务活动。

(二)表外业务

商业银行表外业务是指商业银行所从事的,按照同行的会计准则不计入资产负债表,不影响资产负债总额,但能改变当期损益及营运资金,从而提高银行资产报酬率的活动。表外业务也有狭义和广义之分。狭义的表外业务是指或有债权、或有负债类表外业务。广义的表外业务除了狭义的表外业务外,还包括结算、代理、咨询等无风险的经营活动,也就是前述的中间业务。这里仅讨论狭义的表外业务,包括担保类、承诺类和金融衍生类三种业务。

1. 担保类表外业务

担保类表外业务指商业银行为客户债务清偿能力提供担保,承担客户违约风险的业务。主要包括银行承兑汇票、备用信用证、各类保函等。

①银行承兑汇票,是由收款人或付款人(或承兑申请人)签发,并由承兑申请人向开户银行申请,经银行审查同意承兑的商业汇票。

②备用信用证,是开证行应借款人要求,以放款人作为信用证的受益人而开具的一种特殊信用证,以保证在借款人破产或不能及时履行义务的情况下,由开证行向受益人及时支付款项。

③各类保函业务,包括投标保函、承包保函、还款担保函、借款保函等。

2. 承诺类表外业务

承诺类表外业务，是指商业银行在未来某一日期按照事前约定的条件向客户提供约定信用的业务，主要包括贷款承诺、票据发行便利等。

①贷款承诺是指银行承诺在一定时期内或者某一时间按照约定条件提供贷款给借款人的协议，是一种承诺在未来某时刻进行的直接信贷。可以分为不可撤销贷款承诺和可撤销贷款承诺两种。对于在规定的借款额度内银行已经作出承诺但尚未贷出的款项，客户必须支付一定的承诺费。

②票据发行便利（Note issuance facilities NIFS）也称票据发行融资安排，是指银行同客户签订一项具有法律约束力的承诺，期限一般为 5~7 年，银行保证客户以自己的名义发行短期票据，银行则负责包销或提供没有销售出部分的等额贷款。

3. 金融衍生类表外业务

金融衍生类表外业务是指商业银行为满足客户保值或自身风险管理等方面的需要，利用各种金融工具进行的资金交易活动，主要包括远期合约、金融期货、互换、期权等金融衍生业务。

商业银行的中间业务和表外业务之间既有联系，又有区别，极易混淆。两者的联系表现为：二者都不在商业银行的资产负债表中反映，二者的业务并不都占用银行资金、银行在当中发挥代理人、被客户委托的身份；收入来源主要是服务费、手续费、管理费等。两者的区别表现为：中间业务更多地表现为传统业务，而且风险较小；表外业务则更多地表现为创新业务，风险较大，这些业务与表内业务一般有密切的联系，在一定条件下还可以转化为表内业务。

五、商业银行的业务创新

随着金融市场的蓬勃发展，金融机构之间的竞争越来越激烈，金融创新不断出现。不少发达国家的商业银行业务经营逐渐多元化：一是业务品种增加，在原有业务的基础上，通过对资产、负债和中间业务产品进行整合及完善，创造出新的业务品种。二是业务领域的扩大，即银行的经营范围从传统的银行业扩展到证券、基金、保险、信托等领域。三是业务国际化，即越来越多的商业银行抓住经济、金融全球一体化的趋势，扩大国际业务的规模与范围，在国外设立分支机构，提高金融服务的水平和质量，加入到跨国银行的行列中。

（一）商业银行负债业务创新

20 世纪 30 年代经济危机之后，西方各国纷纷立法，对银行经营实施严格管制，利率管制是金融管制的核心内容之一。当时对存款利率的管制叫 Q 条例，该条例的主要内容包括：禁止对活期存款支付利息，对定期存款和储蓄存款规定利率最高限。当时，这一上限规定为 2.5%，此利率一直维持至 1957 年都不曾调整过。在 20 世纪 60 年代西方市场利率大幅上升的背景下，Q 条例的限制导致存款类金融机构发现法规存在漏洞率先创新。

1. 可转让支付命令账户

可转让支付命令账户(Negotiable Order of Withdrawal account，NOW)是一种对个人和非营利性机构开立的、计算利息的支票账户，也称付息的活期存款。它以支付命令书取代了支票，实际上是一种不使用支票的支票账户。开立这种账户的存户，可随时开出支付命令书，或直接提现，或直接向第三方支付，对其存款余额可知的利息收入。如 1984 年规定，对不满 2 500 美元的可转让支付命令账户可以支付的最高利率限额为 5.5%。通过这一账户，商业银行既可以提供支付上的便利，又可以支付利息，而存款客户既得到了支付上的便利，也满足了收益上的要求，从而吸引了大批客户，扩大了存款来源。

2. 货币市场存款账户

货币市场存款账户(Money Market Deposit Account，MMDA)起源于美国，其性质介于储蓄存款和活期存款之间，开户时的最低金额为 2 500 美元，平均余额(每月、每旬或每周的平均余额都由各银行自定)不低于 2 500 美元；对存款最高利率无限制，如余额低于 2 500 美元，则改按储蓄存款计息，利率每周按货币市场利率调整，每天复利，于月底打入该账户；对存款不规定最短期限，但银行规定客户提取存款应在 7 天前通知银行。存款人每月可从账户上进行 6 次转账，其中 3 次可以是支票转账；储户对象不限，个人、非营利性机构、工商企业都可开户。在西方国家，目前货币市场账户和可转让支付命令账户得到非常普遍的应用，有取代储蓄存款账户之势。

3. 自动转账制度

自动转账制度(Automatic Transfer service account，ATs)在 1978 年以后开始出现，是由早期的电话转账制度演变而来的。自动转账服务账户的主要内容是，存户同时在银行开立两个账户：即储蓄账户和活期存款账户。活期存款账户的余额始终保持 1 美元，其余额转入储蓄账户可获得利息收入。当银行收到存户开出的支票付款时，可将支付款项从储蓄账户转到活期存款账户上进行自动转账，及时支付支票上的款项。开立自动转账服务要求缴纳存款准备金，而存户对于银行提供的转账服务需要支付一定的服务费。

4. 协定账户

协定账户是对自动转账制度的进一步创新，该账户是银行与客户达成的一种协议，客户授权商业银行将款项存在活期存款账户、可转让支付命令账户和货币市场账户中的任何一个账户上。活期存款账户和可转让支付命令账户都设定一个最低金额，超过最低金额的部分由银行自动转入货币市场账户，以便获得较高的利息；如果不足最低金额，银行也可自动将货币市场账户中的款项转入活期存款账户或可转让支付命令账户，以补足余额。

5. 大额可转让定期存单

大额可转让定期存单(Negotiable Certificates of Deposits，CDs)也称大额可转让存款证，是银行印发的一种定期存款凭证，凭证上印有一定的票面金额、存入和到期日以及利率，到期后可按票面金额和规定利率提取全部本利，逾期存款不计息。大额可转让定期存单可流通转让，自由买卖。1965 年 2 月，纽约花旗银行率先发行大额可转让定期存单，它是作为逃避政府最高利率限期与存款准备金规定的一种手段。大额可转让定期存单的主要特点：不记名，可以自由转让；存单面额大，金额固定，如当时最低起价面额为 10 万美元，最大面额达到 100 万美元；期限固定，多为 3～6 个月，一般不超过一年；利率高于同期的定期存款利率，与当时的货币市场利率一致。可转让定期存单集中了活期存款和定期存款的优点，对于银行来说它是定期存款，可作为相对稳定的资金用于放款和投资；对于存款人来说，它既有较高的利息收入，又能在需要时转让出售迅速变为现金，是一种理想的金融工具。目前，大额可转让定期存单已成为公司、养老金协会、政府机构以及个人的主要投资对象。我国也于 2015 年开始了大额可转让定期存单的试点。

案例 5-1

9 家银行首发大额存单

现在，在银行除了存款和购买理财产品，中国的投资者又多了一个新的选择，那就是大额存单。

大额存单是由银行业存款类金融机构面向非金融机构投资人发行的、以人民币计价的记账式大额存款凭证，是银行存款类金融产品，属一般性存款，因此也受存款保险制度的保护。

不过，大额存单还是与一般存款有所区别的。拿活期存款来讲，二者截然不同。大额存单都需要一定的储蓄期，有点类似定期存款。同时，大额存单与一般定期存款也不一样。定期存款储户无法在市场上进行交易或者转让，大额存单则可以公开转让或交易。大额存单相对于一般性存款，还有一个重要区别是大额存单有投资的起点要求。按照目前中央银行《大额存单管理暂行办法》的规定，不能低于 30 万元。

当然，从收益率上讲，大额存单的利率也要比定期存款相对高一点。以目前公开发行大额存单的 9 家商业银行的利率情况来看，普遍在中央银行基准利率基础上上浮 40%。但是从各家商业银行的定期存款利率来看，最高仅上浮 35%。与定期存款和理财产品相比，大额存单最大的亮点是可以转让和质押。大额存单可以转让和赎回，将有效提升存款的流动性。与此同时，大额存单作为银行主动进行负债管理的工具，其推出意味着银行存款自主定价的能力进一步增强，管理流动性也更灵活。

截至目前，中国共有 9 家大型商业银行宣布发行大额存单。

商业银行推出的大额存单，从定价水平以及存单期限来看，反映了利率市场化背景下不同商业银行的选择。当然，这样的定价利率还是稍微显得整齐划一了一点，期限也相对雷同。未来随着利率市场化进程的深入，商业银行为投资者提供的存单产品种类将更为丰富，利率定价也将明显分化。

思考：

我国可转让定期存单的推出将对银行现行理财产品产生哪些影响？

(二)商业银行资产业务创新

20 世纪 80 年代的金融证券化，大公司进一步从银行脱媒，客观上增加了银行公司信贷业务的风险。为了适应金融环境的巨大变化，银行必须调整资产结构，大力发展更多品种的资产业务来降低经营风险。

1. 贷款买卖

20 世纪 70 年代以后，西方商业银行为了规避《巴赛尔协议》关于资本充足率的要求，增强信贷资产的流动性，同时转移和分散信用风险，从资产存量方面研究信贷资产的可变换性，创造出代客买卖业务。商业银行之间在遵守监管当局制定的有关制度规定的条件下买卖贷款。对于卖方银行而言，由于摆脱了原先的贷款承诺，获得了新的贷款机会，并获得了大额的附加手续费；对于买方银行来说，则获得了一个向一流客户提供贷款的机会，还能获得较高的投资收益率。

2. 项目融资

项目融资是指贷款人向特定的工程项目提供贷款协议融资，对于该项目所产生的现金流量享有偿债请求权，并以该项目资产作为附属担保的融资类型。它是一种以项目的未来收益和资产作为偿还贷款的资金来源和安全保障的融资方式。项目融资具有以下几个特点：商业银行不是凭主办单位的资产和信誉作为发放贷款的原则，而是根据为营造某一工程项目而组成的承办单位的资产状况和项目完工后的经济效益作为发放贷款的原则；由与该工程项目有利害关系的很多单位对贷款可能发生的风险进行担保，以保证该工程按计划完工、运营，有足够的资金偿还贷款；工程所需资金来源多样化；项目融资属于有限追索权筹资方式，贷款风险大，贷款利率高。项目融资的创新形式还有银团贷款、BOT 项目贷款、TOT 项目贷款等。

3. 投资银行业务

商业银行资产业务中的投资银行业务，是指商业银行运用资金头寸投资获取预期收益的经济行为，可以增强资产的流动性、增加盈利性、降低经营风险。它分为直接投资和间接投资，直接投资是将资金投资于社会再生产活动，间接投资是通过购买国债、公司债券、金融债券以及股票等有价证券来获取预期收益。由于西方国家监管政策较为宽松，投资银行业务在西方商业银行中很快得到创新与发展。在我国由于受分业经营的限制，商业银行投资银行业务的空间很小。

4. 资产证券化

资产证券化是指商业银行将具有共同特征的、流动性较差但能产生可预见现金流的创利资产，如抵押品和消费贷款等，在金融市场上以发行证券的方式出售。当这些资产带来现金流入时，如借款人向银行偿还本金和利息时，证券持有人将从银行手中取得该部分收入。贷款证券化参与者包括发起人、特殊目的实体和受托人。贷款被证券化的银行称为发起人，贷款被转移到了特殊目的实体的手中，两者完全独立，即使发起人破产，也不会影响该笔贷款的信用等级。受托人的责任是确保发起人在资产证券化中履行各项义务，并向证券持有人提供各种合同规定的服务。对银行来讲，通过证券化能够筹集资金，并且能够利用该笔资金取得新的资产，弥补银行的部分经营成本，调整自己的资产组合，更好地匹配银行资产与负债期限，进行利率风险管理。另外，如果该笔贷款的平均收益率高于发行证券的息票率，那么银行将从中获得一定比例的差额收益。通过资产证券化提供服务，收取还本付息的资金以及对借款人的还本付息进行监督，银行会获得费用收入。

(三)商业银行表外业务创新

20世纪70年代以后是西方各国商业银行表外业务范围不断扩大的过程，也是表外业务不断创新的过程。目前西方商业银行表外业务创新具有以下几个特点：电子网络技术成为表外业务产品创新的重要依托；信息资源和信息处理技术在中间业务产品创新中起着实际的导向作用；产品创新打破了传统的商业银行分业经营的界限；中间业务产品从创新结构上看呈多元化和多层次趋势，各类关联产品和"套餐"不断推出。

1. 金融衍生工具创新业务

在金融创新广泛涌现以前，商业银行从事的表外业务活动主要是传统的中间业务，而各种新型的金融工具，如互换、远期利率协议、期权、期货等则是银行新开发的表外业务。这些新型的金融工具能改善资本比率，有利于提高银行收益与竞争能力，但同时也隐含着高风险。由于许多金融创新产品交易在资产负债表上没有相应科目，因此也被称为"资产负债表外交易"，简称"表外交易"。目前市场上令人眼花缭乱的针对机构和个人的理财产品，其实质都是银行利用衍生产品交易进行资产负债管理，降低银行潜在利率、汇率风险，帮助客户提高预期收益率。

2. 投资银行业务

投资银行业务的基本种类有：证券的发行与承销、证券交易、并购、融资融券、顾问咨询等。国外很多银行都是综合性的，因此可以涉足投资银行业务，我国目前还不允许。

3. 信息咨询业务

商业银行利用自身在知识、信息、人才、技术和信誉等方面的优势，接受客户委托，根据客户要求，采取科学的手段和方法，对有关信息进行收集、整理、分析、论证，向客户提供具有一定权威性、可靠性的经济金融信息、企业管理策划方案等。

4. 网络银行

网络银行是指商业银行利用互联网技术，通过互联网向客户提供开户、销户、查询、对账、行内转账、跨行转账、信贷、网上证券、投资理财等服务项目，使客户足不出户就能安全便捷地管理存款、支票、信用卡及个人投资等。网络银行是互联网上的虚拟银行柜台。

5. 国际中间业务

国际中间业务的基本种类主要有：国际结算业务、外汇买卖业务、外汇信托业务、国际信托投资业务、国际租赁业务、咨询业务、外汇担保业务等。国际结算业务主要有国外汇款、托收和信用证业务。外汇买卖业务是指商业银行按客户要求买入或卖出外汇的业务，包括即期、远期、掉期外汇买卖、套汇交易和期权交易等。国际信托业务是商业银行接受客户委托所从事的外汇信托存款、信托贷款以及信托投资业务。国际租赁业务是出租人用自筹或借入的资金从国外购入或租入设备，供承租人在约定的期限内使用。外汇担保业务是商业银行以开具保函形式进行的一种向投资方提供某些有价值保证的书面凭证。

第三节 商业银行的经营管理

一、商业银行经营管理的原则

商业银行经营的高负债率、高风险性以及受到监管的严格性等特点决定了商业银行的经营原则不能是单一的，而只能是几个方面的统一，商业银行的经营管理一般概括为三大原则，即安全性原则、流动性原则和盈利性原则。

（一）安全性

安全性是指商业银行在运营过程中资产免遭损失的可靠程度。由于银行经营是在一个不确定的、变化多端的环境中进行的，所以需要尽可能地规避风险，排除各种不确定性因素对其资产、负债、利润、信誉及一切经营发展条件的影响，保证收益的安全与稳定，使其健康安全地发展。这不仅是银行自身发展的要求，而且还是社会对在经济领域中居于重要地位的商业银行的客观要求，也是商业银行社会责任感、优良社会形象的体现。

（二）流动性

商业银行能够在不遭受损失的条件下满足存款客户提存或贷款、投资、内部管理等对现金的要求。保持流动性对商业银行来说之所以重要，是因为商业银行在经营中面临着负债和资产的不稳定性，一旦商业银行的本金与利息收回额与其准备金额之和还不能应付客户提存与贷款需求及银行本身需求时，便出现了流动性危机。流动性危机将严重损害商业银行的信誉，影响其业务量并增加经营成本，妨碍其进一步发展。由此可见，商业银行在经营中必须十分注意保持良好的流动性。

商业银行的流动性包括资产的流动性和负债的流动性。资产的流动性是指资产的变现能力，衡量资产流动性的标准有两个：一是资产变现的成本，某项资产变现的成本越低，该项资产的流动性就越强；二是资产变现的速度，某项资产变现的速度越快，则该项资产的流动性就越强。负债的流动性是指银行以适当的价格取得可用资金的能力。衡量银行负债流动性的标准也有两个：一是取得可用资金的价格，取得可用资金的价格越低，该项负债的流动性就越强；二是取得可用资金的时效，取得可用资金的时效越短，则该项负债的流动性就越强。

（三）盈利性

盈利性是指商业银行获得利润的能力。商业银行作为金融企业，在业务经营活动中同样力求获得最大限度的利润。盈利性水平提高，可以增强银行信誉，增强银行实力，吸引更多的客户，同时也可以增强银行承担经营风险的能力，避免因资本大量损失而带来破产倒闭的危险。

　　盈利性原则和安全性原则、流动性原则在一定意义上是统一的。但是在实际经营活动中，它们之间往往又存在一定的矛盾和冲突。从盈利性角度看，商业银行的资产可以分为盈利性资产和非营利性资产，资金用于盈利资产的比重较高，商业银行收取的利息就越高，盈利规模也越大。从流动性角度看，非营利资产如现金资产可以随时用于应付存款的提现需要，具有十足的流动性，因此现金资产的库存额越高，商业银行体系应付提现的能力越强，商业银行的流动性越强。从安全性角度看，一般情况下，具有较高收益的资产，其风险总是较大的。为了降低风险，确保资金安全，商业银行不得不把资金投资于收益率较低的资产。

二、商业银行经营管理理论

　　资产负债管理理论是现代商业银行管理的基础和核心，商业银行其他方面的管理都是在这一基础上进行的。随着各个历史时期经营条件的变化，西方商业银行经营管理理论在不断变化和创新的过程中大致经历了四个阶段，即资产管理、负债管理、资产负债综合管理和资产负债外管理。

（一）资产管理理论

　　资产管理理论产生于商业银行建立初期，一直到 20 世纪 60 年代，都在银行管理领域中占据着统治地位。该理论认为，由于银行资金的来源大多是吸收活期存款，提存的主动权在客户手中，银行管理起不了决定作用；但是银行掌握着资金运用的主动权，于是银行侧重于资产管理，争取在资产上协调流动性、安全性与盈利性问题。

　　随着经济环境的变化和银行业务的发展，资产管理理论的演进经历了三个阶段，即商业贷款理论、转移理论和预期收入理论。

　　1. 商业性贷款理论

　　商业性贷款理论也称真实票据理论。这一理论认为，银行资金来源主要是吸收流动性很强的活期存款，银行经营的首要宗旨是满足客户兑现的要求，所以，商业银行必须保持资产的高流动性，才能确保不会因为流动性不足给银行带来经营风险。因此，商业银行的资产业务应主要集中于以真实票据为基础的短期自偿性贷款，以保持与资金来源高度流动性相适应的资产的高度流动性。短期自偿性贷款主要是指短期的工商业流动资金贷款。

　　商业性贷款理论的思想为早期商业银行进行合理的资金配置与稳健经营提供了理论基础。它提出银行资金的运用受制于其资金来源的性质和结构，并强调银行应保持资金来源的高度流动性，以确保银行经营的安全性。但是，商业性贷款理论也存在一定的局限性：首先，这一理论没有认识到活期存款余额的相对稳定性，即在活期存款的存取之间，总会有一个相对稳定的资金余额可用于发放长期贷款，反而将银行资产过多地集中于盈利性很差的短期自偿性贷款上。其次，这一理论忽视了贷款需求的多样性。此外，它还忽视了贷款自偿性的相对性，即在经济衰退时期，即便是有真实票据做抵押的商业性贷款，也会出现缺乏偿还性的情况，从而增加了银行的信贷风险。

2. 转移理论

转移理论也称转换理论，这一理论认为，银行保持资产流动性的关键在于资产的变现能力，因而不必将资产业务局限于短期自偿性贷款上，也可以将资金的一部分投资于具有转让条件的证券上，作为银行资产的二级准备，在满足存款支付时，把证券迅速而无损地转让出去，兑换成现金，保持银行资产的流动性。

转移理论是在第一次世界大战以后，西方国家金融市场不断完善和发展的历史背景下产生的。转移理论沿袭了商业性贷款理论应保持高度流动性的主张，但突破了商业性贷款理论对银行资金运用的局限性，扩大了银行资金组合的范围，增强了商业银行的盈利性。但转移理论也存在不足，它对银行短期资产的变现能力缺乏全面认识，对短期证券自身的变现能力考虑得多，而对短期证券变现的外部环境考虑得少。实际上，在经济危机时期或在证券市场不旺盛的情况下，商业银行不能顺利地通过出售证券而保证资产的流动性，继而影响盈利性目标的实现。

3. 预期收入理论

预期收入理论是一种关于资产选择的理论，它在商业性贷款理论的基础上，进一步扩大了银行资产业务的选择范围。这一理论认为：贷款的偿还或证券的变现能力，取决于将来的收入即预期收入。如果将来收入没有保证，即使是短期贷款也可能发生坏账或到期不能收回的风险；如果将来的收入有保证，即便是长期放款，仍可以按期收回，保证其流动性。只要预期收入有保证，商业银行不仅可以发放短期商业性贷款，还可以发放中长期贷款和非生产性消费贷款。

预期收入理论具有积极的意义。首先，它深化了对贷款清偿的认识，指出贷款清偿的来源是借款人的预期收入，找到了银行资产流动的经济动因，要求银行的资产与预期收入直接挂钩，克服了商业性贷款理论的缺陷。其次，这一理论促成了贷款形式的多样化，拓宽了银行的业务范围。银行由生产经营的局外人变成了企业扩大再生产的参与者，从而加强了银行对经济活动的渗透和控制。预期收入理论的不足之处在于：银行对借款人未来收入的预测建立在银行主观判断的基础之上，由于预期收入很难预测，客观经济条件又经常发生变化，借款人将来收入的实际情况往往与银行预期存在一定的差距，所以以这种理论为依据发放贷款，常常会给银行带来更大的经营风险。

以上三种资产管理理论反映了商业银行在不同发展阶段经营管理的特点，在保证银行资产流动性方面各有侧重。商业贷款理论，主要通过短期放款来保证银行资产流动性；转移理论，是在金融市场得到一定发展、金融资产交易普遍化的条件下，通过金融资产的交易来保证流动性；而预期收入理论，则主要是从贷款和投资的清偿条件来考虑资产安全性和流动性。

（二）负债管理理论

负债管理理论盛行于20世纪五六十年代的西方商业银行，它在很大程度上缓解了商业银行流动性与盈利性的矛盾。该理论认为，银行资金的流动性不仅可以通过强化资产管理获得，还可以通过灵活地调剂负债来达到目的。商业银行保持资金的流动性无需经常保有大量的高流动性资产，通过发展主动型负债的形式，扩大筹集资金的渠道和途径，也能够满足多样化的资金需求，以向外借款的方式也能够保持银行资金的流动性。

负债管理理论意味着商业银行经营管理思想的创新，它变被动的存款观念为主动的借款观念，为银行找到了保持流动性的新方法。根据这一理论，商业银行的流动性不仅可以通过调整资产来保证，还可以通过调整负债来保证，变单一的资产调整为资产负债双向调整，从而减少银行持有的高流动性资产，最大限度地将资产投入到高盈利的贷款中去。而且，商业银行根据资产的需要调整和组织负债，让负债适应和支持资产，也为银行扩大业务范围和规模提供了条件。

负债管理理论也存在缺陷，由于它建立在对吸收资金抱有信心，并能如愿以偿的基础上，因此在一定程度上带有主观色彩。通过借款融资保持银行的流动性，不仅提高了银行的融资成本，而且不利于银行稳健经营。所以，负债管理理论的运用必须谨慎，应当经常注意一些基本指标，如存贷款比率、资本充足率、流动资产比率等，并随时注意防范经营风险。

（三）资产负债综合管理理论

20 世纪 70 年代后期，伴随金融创新的不断涌现，各种新型金融工具和交易方式以各种形式抬高资金价格，市场利率大幅上升，致使负债管理理论在提高负债成本和增加银行经营风险等方面的缺陷越来越明显地暴露出来，单纯的负债管理已经不能满足银行经营管理的需要。同时，随着西方各国银行管制的放松和金融自由化浪潮的涌现，商业银行在金融市场上主动融资的权力增加，吸收存款的压力减少，这一切使商业银行由单纯的负债管理转向资产负债综合管理。

资产管理理论过于注重流动性和安全性，而忽视了盈利性；负债管理理论虽然较好地解决了盈利性和流动性之间的矛盾，但过多的负债经营又会给银行带来更大的经营风险。资产负债综合管理理论总结了资产管理和负债管理的优缺点，通过资产与负债结构的全面调整，实现商业银行流动性、安全性和盈利性管理目标的均衡发展。

这一理论的产生是银行管理理论的一大突破，它为银行乃至整个金融业带来了稳定和发展的局面，对完善和推动商业银行的现代化管理具有积极意义。

资产负债管理理论的主要内容：

①流动性问题。流动性问题是该理论首要解决的核心问题，它要求从资产和负债两个方面去预测流动性问题，同时又要从这两个方面去寻找满足流动性需要的途径。

②风险控制问题。在控制经营风险方面，明确规定自有资本比例，根据不同的经营环境制定各类资产的风险度标准和控制风险的方法，以资产收益率和资本收益率作为考察银行收益性的主要评估标准。

③资产与负债的对称。通过调整各类资产和负债的搭配，使资产规模与负债规模、资产结构与负债结构、资产与负债的偿还期限相互对称和统一平衡，保持一定的对称关系。这种对称是一种原则和方向上的对称，并不要求银行资产与负债逐笔对应。

（四）资产负债外管理理论

20 世纪 80 年代后期以来，由于商业银行作为信用中介的地位受到削弱，银行发展的重心和银行竞争的焦点已逐渐转向金融服务领域，以服务为重点的经营管理理论应运而生。

资产负债外管理理论主张银行应从正统的负债和资产业务以外的范围去寻找新的经营领域，从而开辟新的盈利源泉。该理论认为，存贷业务只是银行经营的一条主轴，在其旁侧可以延伸发展起多样化的金融服务。同时，该理论还提倡原本资产负债表内的业务转化为表外业务，以降低成本。在信息时代到来和电子计算机技术普及运用的今天，以信息处理为核心的服务领域成为银行除资产负债以外业务发展的重点。如商业银行通过贷款转让、存款转售等方法，使表内经营规模维持现状甚至缩减，银行收取转让的价格差额，既可以增加收益，又可逃避审计和税务部门的检查。在资产负债外管理理论的影响下，商业银行的表外业务迅速发展，各种服务费收益在银行盈利中比重已日益上升。

本章小结

银行是历史发展的产物，是商品经济高速发展的必然要求。英格兰银行的建立标志着现代商业银行制度的建立。商业银行是一国经济中最重要的金融中介机构，具有不可替代的作用。商业银行的产生与发展促进了世界经济的发展，提高了世界范围内资金融通的效率。

商业银行具有支付中介、信用中介、信用创造、信息中介和金融服务的职能。其中信用中介是商业银行最基本、最能反映其经营活动特征的职能。一个国家商业银行的组织形式主要受到该国的社会政治、经济环境和经济发展程度的影响，概括起来大致分为单元制、分支行制、持股公司制、连锁银行制等。

负债业务是商业银行形成的资金来源的业务。负债业务是商业银行资产业务和中间业务的基础，主要由自有资本、存款和借款构成，其中存款和借款属于吸收的外来资金。

商业银行的资产业务是指商业银行将其形成的货币资金加以运用以获得利润的业务。资产业务的内容主要包括现金资产、证券投资和贷款业务。

商业银行除了通过负债业务吸收资金，通过资产业务利用所吸收的资金盈利外，还利用自身在技术、机构、资金和信息等方面的优势从多方面开拓中间业务，为客户提供广泛的服务，并从中获取手续费赢得利润。所谓中间业务是指商业银行不运用或较少运用自己的资金，以中介人的身份代客户办理委托事项，并从中收取手续费的业务。中间业务主要包括汇兑业务、结算类业务、代理业务、信托业务、租赁业务、咨询业务和银行卡业务等。

广义的表外业务泛指所有能给银行带来收入但是又不在资产负债表内反映的内容，即包括中间业务。但二者的性质是不同的：中间业务不涉及资产负债及其风险，但是表外业务虽然并不直接改变资产负债表，但却是一种潜在的资产负债活动并产生一定的风险。可见广义的表外业务包括中间业务，中间业务属于无风险的表外业务，此外还存在有风险的表外业务。有风险的表外业务主要包括贸易融通业务、金融保证业务和金融衍生工具交易。

　　商业银行在经营中必须遵循一定的行为准则，即盈利性、流动性和安全性的原则。如何解决好盈利性、流动性和安全性三项原则之间的关系是商业银行经营管理的主题。

　　商业银行经营管理理论经历了一个管理重心由资产转向负债，又由负债转向全面综合管理的变化过程。资产管理理论强调在负债一定的情况下，通过调整资产结构来满足流动性要求；而负债管理理论则强调通过扩大负债来获得银行的流动性；资产负债综合管理理论认为，单纯的资产管理或负债管理，都难以在经营上达到安全性、流动性、盈利性三者之间的均衡，只有对资产和负债同时进行协调管理，才能达到银行经营的总目标。

练习题

一、概念识记

　　商业银行　信用中介　支付中介　单一银行制　连锁银行制　负债业务　资产业务中间业务　表外业务　盈利性　流动性　安全性

二、选择题

　　1.商业银行利用其吸收的存款，通过发放贷款的方式，创造出更多的存款，体现了商业银行以下职能中的哪一项职能？（　　　）

　　　　A.信用中介　　　　　B.支付中介　　　　　C.信用创造　　　　D.金融服务职能

　　2.在活期存款的各种取款方式中，最传统的是支票取款，因此，活期存款也称（　　　）。

　　　　A.交易账户　　　　　　　　　　　　B.支票存款

　　　　C.可转让支付凭证账户　　　　　　　D.货币市场存款账户

　　3.票据发行便利属于商业银行的一项什么业务？（　　　）

　　　　A.担保业务　　　　B.贷款业务　　　　　C.负债业务　　　　D.承诺业务

　　4.在商业银行的发展过程中，以英国式银行为代表的商业银行的经营活动主要是受（　　　）理论的支配。

　　　　A.商业贷款理论　　B.可转换理论　　　　C.预期收入理论　　D.销售理论

　　5.在商业银行资本的构成中，（　　　）是为了防止意外损失而从收益中提留的资金，包括资本准备金和放款与证券损失准备金。

　　　　A.债务资本　　　　B.股本　　　　　　　C.储备金　　　　　D.盈余

　　6.按贷款的质量进行分类，（　　　）贷款的损失概率最多不超过5%。

　　　　A.正常贷款　　　　B.关注贷款　　　　　C.次级贷款　　　　D.可疑贷款

7. 商业银行通过负债业务将社会闲散资金集中起来，然后通过资产业务将其运用于社会需要资金的部门，体现了商业银行以下职能中的哪项职能？（　　）

　　A. 信用中介　　　　　B. 支付中介　　　　　C. 信用创造　　　　D. 金融服务

8. 强调银行贷款以商业行为为基础、以真实票据作抵押的理论，被称为（　　）。

　　A. 资金转移理论　　　　　　　　B. 预期收入理论

　　C. 资产管理理论　　　　　　　　D. 商业贷款理论

9. 商业银行的长期资金业务主要是指（　　）。

　　A. 发行金融债券　　　　　　　　B. 向中央银行借款

　　C. 从国际金融市场借款　　　　　D. 同业拆借

10. 银行对抵押品失去控制的贷款属于（　　）。

　　A. 关注贷款　　　　B. 次级贷款　　　　C. 可疑贷款　　　　D. 损失贷款

11. 股份制商业银行内部组织机构中的最高权力机构是（　　）。

　　A. 董事会　　　B. 股东大会　　　C. 工会　　　　　D. 监事会

12. 世界上大部分国家实行（　　）。

　　A. 单一银行制　　　B. 分行制　　　C. 银行持股公司制　　D. 连锁银行制

13. 历史上第一家资本主义股份制银行是（　　）。

　　A. 阿姆斯特丹银行　B. 英格兰银行　　C. 汉堡银行　　　　D. 纽伦堡银行

14. 以下属于商业银行被动负债的是（　　）。

　　A. 同业拆借　　　B. 发行金融债券　　C. 再贴现　　　　D. 长期存款

15. 我国商业银行的组织形式是（　　）。

　　A. 单一银行制　　　B. 连锁银行制　　　C. 分行制　　　　D. 银行持股公司制

16. 下列不属于货币市场存款账户特点的是（　　）。

　　A. 平均余额不低于 2 500 美元　　　　B. 对存款最高利率无限制

　　C. 对存款规定最短期限　　　　　　　D. 对开户对象不限制

17. 被投资者称为"金边债券"的是（　　）。

　　A. 中央政府债券　B. 政府机构债券　　C. 地方政府债券　　D. 公司债券

三、简答题

1. 商业银行的主要业务有哪些？

2. 抵押贷款和质押贷款有哪些共性和区别？

3. 简述商业银行的资金来源主要有哪些？

4. 商业银行的中间业务与表外业务有何联系和区别？

四、案例分析

巴克莱银行扮演财务顾问角色

在香港东部隧道工程建设初期，巴克莱银行对项目建设的内外部条件进行了深入的调查分析，认为该项目采取 BOT 方式建设是可行的。于是，该银行积极与项目的主发起人和承包商磋商，为该项目提出了全部融资方案。在此基础上，巴克莱银行被聘为该项目的财务顾问。在做财务顾问的同时，该行还扮演起组织银团贷款主牵头行和发债信用主承诺人的角色。

巴克莱银行在担任该项工程的财务顾问方面主要做了以下工作：

(1) 由巴克莱银行提供咨询建议，政府批准成立了香港新立隧道公司 (NHKTC) 和香港东部海港隧道公司 (EHCC)，其中 NHKTC 为总承包公司。

(2) 参照巴克莱银行的咨询建议，香港特区政府分别给予这两家公司下列特许权：①批准 NHKTC 在 42 个月内设计和建设完毕项目中的铁路和公路隧道工程；工程交付后，该公司可继续经营公路隧道管理 26.5 年，继续经营铁路隧道管理 18.5 年。②NHKTC 作为总承包商将经营铁路隧道的特许权转让给 EHCC，而 EHCC 又将经营权转让给香港大众铁路公司，后一种转让只是经营权的转让，铁路的所有权仍属 EHCC 所有。

(3) 该项目的产权投资人分别来自 NHKTC 公司和 EHCC 公司，它们分别投入的股本比例为 3:1。巴克莱银行为两家公司安排的融资金额分别为：NHKTC 18 亿港元，偿还期为 18 年，EHCC 9 亿港元，偿还期为 15 年。

(4) 组织租赁集团为项目安排了部分租赁性融资，定向解决通信设备、列车设备的购置资金。为了解决这项资金来源，该行承诺租赁费的偿还由银行贷款担保解决。

(5) 为了解决不同时期提款的便利，做到项目资金的合理运用，对于某些时间不确定的用款融资，巴克莱银行为该项目组织了以下两项银团承诺：①循环贷款融资额度承诺；②备付信用证融资协议。这两项协议可以保证隧道公司在协议的有效期内随时向银行提款，以保证项目的应急用款需要。

巴克莱银行为香港东部海港隧道工程项目进行的融资安排具有以下特点：①为项目的总承包人提供了长期的融资承诺，这种高信誉的承诺有利于将总承包人引入资金市场，使投资者承认它的信誉，为承包人顺利地发行债券提供了保证。②融资安排中利用了多种融资手段，包括银团贷款、信用额度承诺、租赁融资、债券发行等；在融资的期限安排方面有长期固定利率信贷和债券融资，也有不定期信用承诺融资，从而使该项目融资的利率风险和汇率风险得以控制，同时使融资的结构、资金来源、市场的选择、资金使用的时效选择具有相当的灵活性和可调性。③融资安排和政府政策相吻合，即总承包人得到的经营特许权期限是在参考了该行的建议后批准的，这样就使总承包人在项目的经营期内偿还各种债务具有科学的依据和信用保障。

大型基础公用设施项目和大型基础工业项目的建设，如高速公路、桥梁、海港、隧道、大型电站、钢铁、石油化工等大规模建设项目，需要长期、巨额的建设投资。通常情况下，商业银行出于流动性和安全性的考虑，难以单独承担这类项目的融资风险，大型建设项目必须通过银团贷款、发行债券等多种融资方式来筹集资金。世界资金市场日新月异的发展，使单独依靠贷款方式融资已与现代金融市场的发展不相适应。为此，在大型项目的前期建设工作中选择信誉卓著的大银行做财务顾问，按照项目的投资特点和资金市场状况，科学地安排筹资方案和计划，及时合理地注入建设资金，以保证建设项目的顺利实施，是十分必要的。同时，为大项目建设进行项目融资，使现代商业银行担任财务顾问的职能得以迅速发展，已成为大商业银行的一项重要业务。积极地开展项目融资和财务顾问业务不仅是大型建设项目的需要，而且是商业银行提高自身竞争实力、开拓业务领域的需要。近年来，现代商业银行的融资财务顾问业务不断发展、创新和完善，成为一项非常活跃的业务。

思考：

1. BOT 这种方式具有哪些特点？

2. 商业银行在 BOT 方式中起到了怎样的作用？

3. 香港巴克莱银行的项目财务顾问业务的开展及其所起的作用，对我国商业银行业务的开拓有哪些可供借鉴的经验？

4. BOT 方式的出现，对于商业银行的项目财务顾问业务为什么既是机遇又是挑战？

第六章

中央银行

【学习目标】

了解中央银行的产生和发展，掌握中央银行的主要职能及主要业务，理解中央银行相对独立性的含义。

案例导入

中央银行是如何出现的

一个国家有很多银行。这么多的银行，出了问题该怎么办呢？又由谁来监管这些银行呢？于是，专门负责管理这些银行的银行即中央银行应运而生。中国的中央银行是中国人民银行，美国的中央银行是美联储。现在，世界上绝大部分国家都有自己的中央银行。

中央银行的出现远远晚于商业银行。世界上最早的中央银行是英格兰银行。1694 年创建的英格兰银行本来是私有的商业银行——发行钞票、吸收存款、发放贷款，那时的商业银行都能办理这些业务。不过，英格兰银行一开始就与政府维系着一种特殊而密切的关系，一直向政府提供贷款，负责筹集并管理政府国债，还逐渐掌握了绝大多数政府部门的银行账户。正是凭借这一关系，英格兰银行的实力和声誉迅速超越了其他银行。1837 年，英格兰银行不但安然挺过当年的银行危机，还拿出大笔资金，帮助那些有困难的银行渡过难关，这也是英格兰银行充当"最后贷款人"角色的开始。1844 年，英国议会通过《银行特许法》，让英格兰银行在发行钞票方面享有许多特权。自此，英格兰银行逐渐退出一般性的商业银行业务，专注于货币发行，并开始承担起维护英国金融市场稳定和监督其他商业银行的职能。1928 年，英国议会通过《通货与钞票法》，使英格兰银行垄断了在英格兰和威尔士地区的货币发行权。1946 年，英国议会通过《英格兰银行法》，赋予英格兰银行更为广泛的权力，包括对商业银行进行监督和管理(后来这项职能移交给 1997 年 10 月成立的金融服务局)，以及负责利率的制定及修改，英格兰银行终于名正言顺地成为英国的中央银行，英国各商业银行都需以英格兰银行各类政策为引导。英格兰银行对维护英国金融稳定、安全与发展起到了至关重要的作用。

(资料来源：严亦强.历史悠久的中央银行：英格兰银行 [N].英中时报，2008-02-12.)

当今世界上大多数国家都实行中央银行制度，各国的中央银行或类似于中央银行的金融管理机构，均处于金融体系的核心地位，对整个国民经济发挥着宏观调控作用。中央银行牵扯到一国宏观经济运行的方方面面，本章只讨论中央银行的演进、职能以及独立性问题，其余诸如支付清算体系、货币创造机制、货币政策等内容将在后续章节中论述。

第一节 中央银行的产生及类型

一、中央银行产生的经济背景及客观要求

(一)中央银行产生的经济背景

中央银行产生于 17 世纪后半期,形成于 19 世纪初叶。其产生有着深刻的经济背景:

1. 商品经济的迅速发展

18 世纪初,西方国家开始了工业革命,当人类把蒸汽机同工具机结合起来的时候,落后的手工业和工场手工业被机器大工业代替。社会生产力的快速发展和商品经济的迅速扩大,促使货币经营业越来越普遍,而且日益有利可图。与此同时,资产阶级政府也产生了对货币财富进行控制的欲望。

2. 资本主义经济危机的频繁出现

由资本主义经济自身的固有矛盾所决定,伴随着资本主义经济的空前发展,必然出现连续不断的经济危机。以大不列颠的纺织工业为例,在 1770—1815 年的 45 年中有 5 年是处于危机和停滞状态,在 1815—1863 年的 48 年中有 28 年是处于不振和停滞时期。面对当时状况,资产阶级政府开始从货币制度上寻找原因,并企图通过发行银行券来控制、避免和挽救频繁的经济危机。

资本主义产业革命促使生产力空前提高,生产力的提高又促使资本主义银行信用业蓬勃发展。主要表现在:①银行经营机构不断增加。以资本主义发展最早的英国为例,1776 年有银行 150 家,到 1814 年则发展到 940 家,增加了 5 倍多。美国 1830 年共有 329 家银行,到 1840 年已达到 901 家。②银行业逐步走向联合、集中和垄断。一些私人银行限于资历,在竞争中不断衰败和改组,最终被大银行控制。以英国为例,私人银行的数量从 1826 年的 554 家减少到 1842 年的 310 家。相反,股份制银行却在一天天地扩大。1827—1942 年,英国的股份银行数量从 6 家发展到 118 家。

(二)中央银行产生的客观要求

中央银行产生的经济背景,即资本主义商品经济的迅速发展,经济危机的频繁出现,银行信用的普遍化和集中化等,既为中央银行的产生奠定了经济基础,又是中央银行产生的客观要求。

1. 政府对货币财富和银行的控制

资本主义商品经济的迅速发展,客观上要求建立相应的货币制度和信用制度。资产阶级政府为了开辟更广泛的市场,也需要有巨大的货币财富作后盾。政府的这种强烈欲望,早在资本主义工场手工业发展阶段就已萌生,但由于当时政府没有控制大银行而未能如愿。在英国,政府为了筹备费用不得不转向高利贷。英王查理二世曾以 20%～30% 的巨额

高利贷利息和贴水向"金匠"借款，同时还以国家的税收和议会通过的拨款作抵押。马克思曾引用约翰·弗兰西斯在《英格兰银行史》一书中的话："仅就遭受高利贷者盘剥的政府来说，要以议会的拨款作为担保获得适当利息的贷款，就已经有必要设立银行。"这充分表明在英国建立大银行的必要性。为了适应资本主义商品经济的进一步发展，对付私人银行经营业的不断扩大，要求政府以国家的名义建立资产阶级大银行。1694 年创立的英格兰银行，取得了半国家机构的地位，它作为一个受国家保护并赋有国家特权的公共机构，不仅获得了较大的资本权力，还获得了巨大的利润，终于形成了代表"国家银行"的资本主义初期中央银行的雏形。它不仅为国家财政服务，而且为国家积累了巨额储备。

2. 统一货币发行

在银行业发展初期，几乎每家银行都有发行银行券的权力，许多商业银行除办理存贷和汇兑等业务外，还从事银行券的发行。这些银行只要能够保证自己所发行的银行券随时兑现，就能稳妥经营。但随着经济的发展、市场的扩大和银行机构的增多，银行券分散发行的弊端越来越明显：一是在资本主义竞争加剧、危机四伏、银行林立的情况下，一些银行特别是小商业银行由于信用能力薄弱、经营不善或同业挤兑，无法保证自己所发银行券的兑现，从而无法保证银行券的信誉及其流通的稳定，由此还经常引起社会混乱。二是一些银行由于资历、信用和分支机构等问题，其信用活动的领域受到限制，所发行的银行券只能在国内有限的地区流通，从而给生产和流通带来困难。因此，客观上要求有一个资本雄厚并在全国范围内享有权威的银行来统一发行银行券。

3. 信用集中的需要

在众多的商业银行中，经常有银行因营运资金不足、头寸调度不灵、周转困难而濒临挤兑、倒闭的边缘，这就从客观上要求有一家大的银行，它既能集中众多银行的存款准备，又能不失时宜地为其他商业银行提供必要的周转资金，为银行充当最后的贷款人。中央银行的出现正适应了这样的客观需求。

4. 建立票据清算中心

随着银行业的不断发展，银行经营必然日趋扩大，银行每天收受票据的数量增多，各家银行之间的债权债务关系复杂化，由各家银行自行轧差进行当日清算已发生困难。这种状况不仅表现为异地结算矛盾突出，即使同城结算也成问题。因此，客观上要求建立一个全国统一的、有权威的、公正的清算中心，而这个中心只能由中央银行承担。

5. 统一金融管理

银行业和金融市场的发展，需要政府出面进行必要的管理，通过一个专门的机构来实施政府对银行业和金融市场的管理，是一个有效的方法。这一机构不仅在业务上与一般银行有密切联系，而且能依据政府的意图制定一系列金融政策和管理条例，以此来统筹、管理和监督全国的货币金融活动，这一使命由中央银行承担最为合适。

二、中央银行的历史发展进程

纵观中央银行的发展历史，大致可以分为以下三个阶段：

(一)中央银行的初创时期

建立于1656年的瑞典银行在1668年被收归国有并执行部分中央银行职能，因此有些学者将1668年的瑞典银行作为中央银行的正式开端。建立于1694年的英格兰银行虽比瑞典银行晚成立38年，但从法律赋予中央银行货币发行特权来看，英格兰银行是历史上第一家中央银行，这一观点已得到大多数学者的赞同。从1668年算起到第一次世界大战结束是中央银行的初步形成时期。

中央银行的初创时期，只是在个别国家设立了中央银行，其中最具典型代表意义的是英格兰银行。这一时期，中央银行的产生主要通过两条途径实现：第一条途径是由资本实力雄厚、社会信誉卓著、与政府有着特殊关系的大型商业银行逐步发展而来。在演变过程中，政府根据客观需要，不断赋予这家大银行具有货币发行、清算中心、最后贷款人、金融监管等权力和职责，逐步具备中央银行的某些性质，并最终发展成为中央银行，这种途径的典型代表就是英国的中央银行——英格兰银行。第二种途径是由政府出面通过法律规定直接组建一家银行作为一国的中央银行，这种途径的典型代表是美国的中央银行——美国联邦储备银行。

英格兰银行创建于1694年，成立之初虽为私人股份银行，但从一开始就与政府有着密切的联系，为政府筹资、接受政府存款和向政府提供贷款是该行成立之初最主要的业务，交换条件是该行有权发行货币。1833年，英国议会通过法案，规定英格兰银行发行的银行券是全国唯一的法偿货币，这对英格兰银行转化为中央银行起到了决定性的作用。1844年通过了《比尔条例》，确定了英格兰银行的货币发行权，而且其他银行必须把准备金存入该行，至此已初步奠定了其作为中央银行的基础。1854年英格兰银行成为英国银行业的票据交换中心，取得清算银行的地位。1872年又肩负起"最后贷款人"的责任，特别是对当时发生的几次金融危机处理得当进而成为全国金融管理机构。1946年，英格兰银行开始实行国有化管理。西方国家视英格兰银行为中央银行的典范而纷纷效仿，在当时资本主义经济和金融比较发达的地区出现了中央银行成立的第一次高潮，许多国家的中央银行相继成立。如法兰西银行(1948年)、西班牙银行(1874年)、德国国家银行(1875年)、美国联邦储备银行(1913年)等，而在此之前被收归国有、执行部分中央银行职能的芬兰银行(1811年)、荷兰国家银行(1814年)、挪威银行(1816年)、奥地利国家银行(1817年)、丹麦国家银行(1818年)、希腊国家银行(1840年)等也开始明确其中央银行地位。

1913年成立的美国联邦储备银行是美国的中央银行，它的建立标志着中央银行制度在世界范围的基本确立。美国联邦储备银行体系的成立经历了一个长期的摸索过程，此前，美国先后成立过美国第一银行和第二银行，这两家银行都具有一定的中央银行性质，但自身经营目标不明确，均在20年经营期满后被迫停业。1913年12月，美国国会通过《联邦储备法》，根据该法律规定成立了联邦储备体系，联邦储备银行的主要任务：集中货币发行、根据经济发展需要调节货币供应量、提供最后贷款、为商业银行贴现并实施对银行更有效的监管。其主要特点是不以营利为目的，从而使中央银行能够代表国家，发挥宏观经济管理的职能。

(二)中央银行制度的普遍推行时期

从第一次世界大战结束到第二次世界大战结束是中央银行的普遍推行期。第一次世界大战之前采用金本位制的国家，战时纷纷停止或限制银行券兑换黄金或禁止黄金出口。同时，为了战争的需要，中央银行大肆发行纸币，导致了严重的通货膨胀。各国政府当局和金融界人士都深切感到必须加强中央银行的地位和对货币信用的控制。于是，1920 年在比利时首都布鲁塞尔召开国际金融会议，明确提出，凡未设立中央银行的国家应尽快建立中央银行，已经建立中央银行的国家应摆脱各国政府政治上的控制，要进一步发挥中央银行的作用，实行稳健的金融政策。1922 年在瑞士日内瓦召开国际经济会议，又重申和强调了布鲁塞尔会议的决议，再次建议尚未建立中央银行的国家尽快建立中央银行，以共同维持国际货币体系和经济稳定，由此推动了中央银行产生和发展的又一次高潮。这一时期，世界各国改组或建立的中央银行约有 40 多家。如苏联国家银行（1921 年）、南斯拉夫国家银行（1925 年）、国民党统治时期的中国中央银行（1928 年）、印度储备银行（1935 年），南非联邦储备银行（1921 年）等。这一时期新建或改建的中央银行大多是借助政府的力量并根据前一时期中央银行创设和发展的经验直接设计建立的。

（三）中央银行制度的强化时期

从第二次世界大战结束至今是中央银行制度的强化时期。第二次世界大战后，各国政治、经济发生了重大变化，都面临经济重建的任务，同时，在凯恩斯宏观经济理论的指导下，西方国家对经济的干预日益增强，货币政策成为许多国家调节宏观经济的最重要政策工具。中央银行作为货币政策的制定者和执行者，其地位和作用也得到了进一步加强。这一时期，中央银行制度的发展主要体现在以下方面：

①许多国家的中央银行实行了国有化，如法兰西银行于 1945 年、英格兰银行于 1946 年都被收归国有。尽管有的国家仍维持私有或公私混合所有，但都在中央银行相对独立的情况下加强了国家控制。

②亚非国家普遍设立中央银行。如朝鲜中央银行（1946 年）、巴基斯坦银行（1948 年）、菲律宾银行（1948 年）、加纳银行（1957 年）、尼日利亚银行（1958 年）等。亚非国家中央银行的普遍设立，使中央银行制度在全世界范围内得以扩展，目前全世界绝大部分国家都设立了中央银行，中央银行制度已成为各国的一项基本经济制度。

③中央银行日益成为国家调节宏观经济的重要工具，且调节经济的货币政策手段逐步成熟。中央银行逐步摆脱商业银行的日常业务，其主要任务转向制定和执行一国货币政策，调节货币供应量，稳定货币和金融秩序。随着实践经验的积累，其调控手段逐步成熟，公开市场业务及存款准备金制度的实施，进一步增强了中央银行的宏观经济调控能力。

三、中央银行制度的类型

虽然目前世界各国基本上实行中央银行制度，但并不存在一个统一的模式。归纳起来，有单一式中央银行制度、复合式中央银行制度、准中央银行制度和跨国中央银行制度四种类型。

（一）单一式中央银行制度

单一式中央银行制度是指国家建立单独的中央银行机构，使其全面行使中央银行职能的中央银行制度。这种类型又分为两种情况。

1. 一元式中央银行制度

一元式中央银行制度是指一国只设立一家统一的中央银行行使中央银行的权力和履行中央银行的全部职责，中央银行机构自身上下是统一的，机构设置一般采取总分行制，逐级垂直隶属。这种组织形式下的中央银行是标准意义上的中央银行，目前世界上绝大多数国家的中央银行实行这种制度，如英国、法国、日本等。中央银行的总行或总部通常设在首都，根据客观经济需要和本国有关规定在全国范围内设立若干分支机构。英国的中央银行英格兰银行总行设在伦敦，在伯明翰、利物浦等8个城市设有分行；法国的中央银行法兰西银行总行设在巴黎，在国内设有200多家分支机构和办事处；日本的中央银行日本银行总行设在东京，在全国设有32家分行和14个办事处，还在纽约、伦敦、巴黎、法兰克福、香港等城市设有7个海外代表处。也有少数国家的中央银行总行不设在首都，而设在该国的经济金融中心城市，如印度的中央银行印度储备银行总行设在孟买。一元式中央银行制度的特点是权力集中统一、职能完善、有较多的分支机构。我国的中央银行中国人民银行也采用一元式组织形式。

2. 二元式中央银行制度

二元式中央银行制度是指中央银行体系由中央和地方两级相对独立的中央银行机构共同组成。中央级中央银行和地方级中央银行在货币政策方面是统一的，中央级中央银行是最高金融决策机构，地方级中央银行要接受中央级中央银行的监督和指导。但在货币政策的具体实施、金融监管和中央银行有关业务的具体操作方面，地方级中央银行在其辖区内有一定的独立性，与中央级中央银行也不是总分行关系，而是各自按法律规定分别行使职能。这种制度一般与联邦制的国家体制相适应，目前如美国、德国实行此种中央银行制度。

美国的中央银行称为联邦储备体系，也称联邦储备系统。在中央一级设立联邦储备理事会(委员会)，并有专门为其服务的若干职能部门；在地方一级设立联邦储备银行。美国联邦储备理事会设在华盛顿，负责管理联邦储备体系和全国的金融决策，对外代表美国中央银行。美国联邦储备体系将50个州和哥伦比亚特区划分为12个联邦储备区，每一个区设立一家联邦储备银行。联邦储备银行在各自辖区内履行中央银行职责。德国中央银行在中央一级设立中央银行理事会和为其服务的若干业务职能机构，在地方一级设立了9个州中央银行。

(二)复合式中央银行制度

复合式中央银行制度是指国家不单独设立专司中央银行职能的中央银行机构，而是由一家集中央银行与商业银行职能于一身的国家大银行兼行中央银行职能的中央银行制度。这种中央银行制度往往与中央银行在初级发展阶段和国家实行计划经济体制相对应，以前多数东欧国家实行这种制度，我国在1983年前也实行这种制度。

(三)准中央银行制度

准中央银行制度是指国家不设通常完整意义上的中央银行，而设类似中央银行的金融管理机构来执行部分中央银行的职能，并授权若干商业银行也执行部分中央银行职能的中央银行制度。采取这种中央银行组织形式的国家有新加坡、沙特阿拉伯、阿拉伯联合酋长国、塞舌尔等国。在这类中央银行制度下，国家设立的专门金融管理机构的名称和职责在各国也有所不同，如新加坡设立金融管理局，隶属财政部，该金融管理局不负责发行货币，货币发行权授予大商业银行，并由国家货币委员会负责管理。此外，金融管理局全面行使中央银行的其他各项职能，包括制定和实施货币政策、监督管理金融业、为金融机构和政府提供各项金融服务等。例如，沙特阿拉伯所设的金融管理局，阿拉伯联合酋长国所设的金融局，塞舌尔所设的货币局，都是类似中央银行的金融管理机构。准中央银行制度通常与国家或地区较小而同时又有一家或几家银行在本国一直处于垄断地位有关。

中国香港在回归之前，基本上也是属于准中央银行制度类型。香港在很长时期内，并无一个统一的金融管理机构。在货币制度方面，港元发行由渣打银行和汇丰银行负责，长期实行英镑汇兑本位。1972 年改行港元与美元挂钩，1983 年 10 月开始实行与美元挂钩的联系汇率制度。20 世纪 60 年代以前，香港基本上没有金融监管，1964 年《银行业条例》颁布后，金融监管的趋势才有所加强。1993 年 4 月 1 日，香港成立了金融管理局，集中行使货币政策、金融监管和支付体系管理职能，但货币发行仍由渣打银行、汇丰银行负责。1994 年 5 月 1 日起，中国银行香港分行成为香港第三家发钞银行。票据结算仍然由汇丰银行负责。1997 年按照"一国两制"原则和《中华人民共和国香港特别行政区基本法》的规定，香港仍然实行独立的货币与金融制度，其货币发行与金融管理自成体系。

(四)跨国中央银行制度

跨国中央银行制度是指由若干国家联合组建一家中央银行，由这家中央银行在其成员国范围内行使全部或部分中央银行职能的中央银行制度。这种中央银行制度一般与区域性多国经济的相对一致性和货币联盟体制相对应。第二次世界大战后，一些地域相邻的欠发达国家建立了货币联盟，并在联盟内成立了由参加国共同拥有的中央银行。这种跨国的中央银行为成员国发行共同使用的货币和制定统一的货币金融政策，监督各成员国的金融机构及金融市场，对成员国的政府进行融资，办理成员国共同商定并授权的金融事项等。实行跨国中央银行制度的国家主要集中在非洲和东加勒比海地区，目前，西非货币联盟、中非货币联盟、东加勒比海货币区属于跨国中央银行的组织形式。

随着欧洲联盟成员国经济一体化进程的加快，一种具有新的性质和特点的区域性货币联盟诞生了。1998 年 7 月 1 日欧洲中央银行正式成立，1999 年 1 月 1 日欧元正式启动。欧洲中央银行的成立和欧元的正式启动，标志着现代中央银行制度又有了新的内容，并进入了一个新的发展阶段。

第二节　中央银行的性质与职能

一、中央银行的性质

中央银行的性质是指中央银行自身所具有的不同于商业银行等其他金融机构的特有属

性。中央银行的性质一般可以表述为：中央银行是国家赋予其制定和执行货币政策，对国民经济进行宏观调控和监督管理的特殊金融机构。中央银行的性质集中表现在它是一个"特殊的金融机构"，其特殊性主要体现在以下三个方面：

1. 地位的特殊性

中央银行处于一个国家金融体系的中心环节，居于一般金融机构之上，它是统领全国货币金融的最高权力机构，也是全国信用制度的枢纽和金融管理最高当局。中央银行代表政府，对整个国民经济进行宏观调控和监督管理，以实现金融业的稳健经营和规范发展，并参与国际之间的货币金融合作。

2. 业务的特殊性

从业务对象看，服务对象是金融机构和政府部门，不直接与工商企业和居民个人发生业务往来；从业务经营目的看，不以营利为目的，以促进经济稳定健康发展和稳定货币为宗旨；从业务经营特征看，中央银行不经营普通商业银行的业务，中央银行享有政府赋予的若干特权，如发行货币、代理国库、保管存款准备金等。

3. 管理的特殊性

中央银行与一般的政府管理机构不同，一方面，中央银行在行使这些管理职能时，都是以"银行"身份出现，而不仅仅是一个行政管理机构；另一方面，中央银行不是仅凭行政权力行使职能，而是通过其特定的金融业务活动发挥其管理作用，对金融和经济的管理基本上是采用经济手段，如调整利率和存款准备金率，进行公开市场业务操作等。中央银行行使管理职能时，处于特殊地位，不偏向任何一家银行。

二、中央银行的职能

中央银行的职能是中央银行性质的具体体现。从中央银行业务活动的特征分析，中央银行具有发行的银行、银行的银行、政府的银行三大职能。

（一）发行的银行

所谓发行的银行，首先是指中央银行垄断纸币的发行权，成为全国唯一的现钞发行机构；其次是指中央银行作为货币政策的最高决策机构，在决定一国的货币供应量方面具有至关重要的作用。在现代银行制度中，发行银行是中央银行首要的、基本的职能。

中央银行制度的一个基本特点是中央银行垄断银行券的发行，中央银行发行的银行券作为现钞（即纸币）在全国范围内流通（除了少数国家，如美国、日本的铸币由财政部发行）。一般商业银行向中央银行转化的历史，首先是它独占银行券发行权的历史。

垄断货币发行权，是中央银行发挥其他职能的基础。发行银行券是中央银行最重要的资金来源。由中央银行发行的银行券，一部分形成银行等金融机构的库存现金，大部分则形成流通中的现金。它们和存款机构在中央银行缴纳的准备金存款一起（以及银行和公众手中的少量硬币），共同构成了一个非常重要的变量——基础货币，对货币供应量产生决定性影响。

中央银行垄断银行券的发行，并不意味着中央银行可以将其当作筹集资金的来源，随心所欲地发行货币，当银行券发行量超过一定数额，便会引起通货膨胀，从而使银行券贬值。如果通货膨胀严重到使人们对银行券的稳定性丧失信心，人们就会迫不及待地将银行券脱手，以换回某些价值较为稳定的商品，进而加剧它的贬值，导致更恶性的通货膨胀，这当然不是中央银行所希望看到的。因此，在金币流通条件下，中央银行所发银行券的发行必须以相应的黄金储备为前提。20 世纪 30 年代大危机之后，各国都相继放弃了金本位，转而实行不兑现银行券的货币制度，为了取信于民，各国政府往往也规定中央银行发行银行券要以一定数量的国债、特别提款权、外汇及部分黄金作保证。

（二）银行的银行

银行的银行职能是指中央银行充当商业银行和其他金融机构的最后贷款人。银行的银行这一职能体现了中央银行是特殊金融机构的性质，是中央银行作为金融体系核心的基本条件。中央银行通过这一职能对商业银行和其他金融机构的活动施加影响，以达到调控宏观经济的目的。中央银行作为银行的银行需履行以下职责：

1. 集中存款准备金

集中商业银行的存款准备金。其必要性在于：

①为保障存款人的资金安全，以法律形式规定商业银行和其他存款机构必须按存款的一定比例向中央银行缴存存款准备金，以保证商业银行和其他金融机构具备最低限度的支付能力。

②有助于中央银行控制商业银行的信用创造能力，从而控制货币供应量。

③强化中央银行的资金实力，存款准备金是中央银行的主要资金来源之一。

④为商业银行之间进行非现金清算创造条件。

2. 充当商业银行等金融机构的"最后贷款人"

"最后贷款人"一词最早由白哲特于 1873 年提出，他主张当某家银行出现流动性不足时，中央银行有责任对其进行贷款支持，以帮助其渡过难关，从而避免因银行破产倒闭而带来巨大负面效应。"最后贷款人"责任的最初目的是避免银行倒闭引发金融危机。后来其内涵逐步扩展，发展为中央银行与商业银行之间短期资金融通的渠道，从而使商业银行又增加了一条从外部获得流动性的重要途径。

中央银行主要通过以下两种途径为商业银行充当"最后贷款人"：

①票据再贴现，即商业银行将持有的票据转贴给中央银行以获取资金；

②票据再抵押，即商业银行将持有的票据抵押给中央银行获取贷款。

中央银行向商业银行发放贷款的资金主要来源于国库存款和商业银行缴存的存款准备金，如果中央银行资金不足，则可以通过增发货币的方式解决。中央银行的"最后贷款人"角色确立了中央银行在金融体系中的核心和主导地位，确定了中央银行对金融机构实施监督管理的必然性和必要性。

3. 组织和管理全国票据清算

存款准备金制度建立后，由于各商业银行都在中央银行开设了存款准备金账户和超额准备金账户，各银行之间发生的资金往来业务，都要通过中央银行划拨转账，于是中央银行成为全国的票据清算中心。中央银行通过组织全国银行系统的资金清算，一方面减少了清算费用，提高了清算效率，解决了单个银行资金清算所面临的困难；另一方面也便于中央银行利用清算系统强化对整个金融体系的监管和控制。

案例分析 6-1

抢救伊利诺斯银行

美国伊利诺斯银行 1984 年拥有 400 多亿美元的资产，该行的营业地点设在芝加哥金融区。根据该州的法律，银行不允许设立分支机构。这使银行的个人存款仅占总负债的 10% ~ 12%。这家银行主要从事批发业务，即其贷款对象主要是大公司。其贷款来源是没有保险的大额公司存款和存单、欧洲美元和附属债务等形式的资金。20 世纪 80 年代初期，伊利诺斯银行因坏账过多、资金无保险的存款人和一般债权人的挤兑出现了严重的流动性危机。该行向作为中央银行及最后贷款人的联邦储备银行大量举债，以应对流动性危机。但不久就发现，该行已不能满足债权人的要求，而且由坏账已经造成的和预期造成的损失使资本严重不足。伊利诺斯银行开始摇摇欲坠。

伊利诺斯银行发生流动性危机后，美国银行监管当局（联邦存款保险公司、货币监理署、美联储）认为伊利诺斯银行倒闭会严重威胁整个银行体系的稳定，因此决定对该行予以挽救。

拯救该行的第一个措施是保持货币市场的稳定，通过建立公众对该行的信任而使该行能在货币市场上继续出售可转让定期存单或借入资金。摩根保证信托公司很快牵头组成一个银团为该行筹集了 45 亿美元的贷款额度；美联储要求该行把 170 亿美元的资产存入美联储作为今后借款的抵押品。由于这些措施仍不足以平息恐慌，政府又安排管理当局采取了其他一些措施：联邦存款保险公司（FDIC）宣布为该行的所有存款者（无论额度大小）提供担保；联邦存款保险公司和 7 家大银行联合向该行注入 20 亿美元资本金；美联储保证继续向该行提供贴现窗口借款等。1984 年 7 月，管理当局建议对该行进行彻底的财务整顿，随后股东批准了这一计划，该计划通过一系列复杂的交易使联邦存款保险公司成为该行的所有者。通过这种方式，伊利诺斯银行基本被国有化了。

在新的管理层的领导下，贷款问题得到了处理，银行的规模缩小，逐渐恢复盈利能力。它还清了美联储的贷款。新的资本注入后，联邦存款保险公司最后转手出售了它的股份，使该行重归私人所有。在这个过程中，一场银行危机勉强被避免了，许多通过同业市场与该行有联系的存款人和机构避免了重大损失。

银行业务面对社会大众，经营中出现的问题往往波及社会各阶层、经济各部门的利益。银行的安全问题是社会最敏感的问题之一，往往影响到社会心理。因此，对有问题银行进行抢救，是银行业务监管的最后一道防线，对于创造一个安定、高效的金融环境，稳定整个金融形势具有十分重要的意义。

美国监管当局对伊利诺斯银行的成功抢救是一起十分典型的国家挽救银行的实例。联邦储备银行作为中央银行体系的核心，在对伊利诺斯银行实行国家管理的同时，要求联邦存款保险公司给予援助，请摩根银行等商业银行集团提供紧急融资。在联邦存款保险公司和银团的共同努力下，成功地阻止了伊利诺斯银行的倒闭。

思考：

为什么各国中央银行要对濒临倒闭的金融机构实施抢救行动？

（三）政府的银行

政府的银行职能是指中央银行为政府提供服务，是政府管理国家金融的专门机构。具体体现在：

①代理国库。国家财政收支一般不另设机构经办具体业务，而是交由中央银行代理，主要包括按国家预算要求代收国库库款、拨付财政支出、向财政部门反映预算收支执行情况等。

②为政府融通资金。在政府财政收支出现失衡、收不抵支时，中央银行具有为政府融通资金以解决政府临时资金需要的义务。中央银行对政府融资的方式主要有两种：第一种，为弥补财政收支暂时不平衡或财政长期赤字，直接向政府提供贷款。为防止财政赤字过度扩大造成恶性通货膨胀，许多国家明确规定，应尽量避免发行货币来弥补财政赤字。第二种，中央银行直接在一级市场上购买政府债券。

③为国家持有和经营管理国际储备。国际储备包括外汇、黄金、在国际货币基金组织中的储备头寸、国际货币基金组织分配的尚未动用的特别提款权等。对储备资金总量进行调控，使之与国内货币发行和国际贸易等所需的支付需要相适应；对储备资产结构特别是外汇资产结构进行调节；对储备资产进行经营和管理，负责储备资产的保值增值；保持国际收支平衡和汇率基本稳定。

④代表政府参加国际金融活动，进行金融事务的协调与磋商，积极促进国际金融领域的合作与发展。参与国际金融重大决策，代表本国政府与外国中央银行进行两国金融、贸易事项的谈判、协调与磋商，代表政府签订国际金融协定，管理与本国有关的国际资本流动，办理政府间的金融事务往来及清算，办理外汇收支清算和拨付等国际金融事务。

⑤为政府提供经济金融情报和决策建议，向社会公众发布经济金融信息。中央银行处于社会资金运动的核心，能够掌握全国经济金融活动的基本信息，为政府的经济决策提供支持。

第三节　中央银行的业务

中央银行的各项职责主要是通过各种业务活动来履行的。中央银行特殊的性质与职能，决定了它的业务活动原则、业务范围与业务种类均有其特殊性。

一、中央银行业务活动的一般原则

中央银行业务活动的原则不同于一般商业银行和其他金融机构。从总体来看，中央银行最基本的业务活动原则是必须服从于履行职责的需要。从具体业务活动来看，中央银行一般遵循以下几个原则。

（一）中央银行业务活动不以营利为目的

由于中央银行特殊的地位和作用，决定了中央银行以调控宏观经济、稳定货币、稳定金融、为银行和政府服务为己任，是宏观金融管理机构而非营业性机构，这就决定了中央银行的一切业务活动不能以追求盈利为目标。只要是宏观金融管理所必需的，即使不盈利甚至亏损的业务也要做。

（二）中央银行的资产要保持最大流动性

中央银行一般不做期限长的资产业务，在充当金融机构的"最后贷款人"进行货币政策操作和宏观经济调控时，必须拥有相当数量的可用资金，才能及时满足其调节货币供求、稳定币值和汇率、调节经济运行的需要。所以，为了保证银行资金可以灵活调度，及时运用，中央银行必须使自己的资产保持最大的流动性，不能形成不易变现的资产。例如，中国人民银行对商业银行贷款的期限不得超过一年。在公开市场买卖有价证券时，也要尽量避免购买期限长、流动性弱的证券。

（三）中央银行的资产负债业务要保持主动性

由于中央银行的资产负债业务直接与货币供应相联系，因此，中央银行必须使其资产负债业务保持主动性，这样才能根据履行职责的需要，通过资产负债业务实施货币政策和金融监管，有效控制货币供应量和信用总量。

（四）中央银行业务活动要保持公开性

中央银行定期向社会公布业务与财务状况，并向社会提供有关的金融统计资料。中央银行的业务活动保持公开化，一是可以使中央银行的业务活动置于社会公众的监督之下，有利于中央银行依法规范其业务活动，确保其业务活动的公平合理性，保持中央银行的信誉和权威；二是可以增强中央银行业务活动的透明度，使国内外有关方面及时了解中央银行的政策、意图及其操作力度，有利于各界分析研究金融和经济形势，也便于他们进行合理预期，调整经济决策的行为。正因如此，目前各国大多以法律形式规定中央银行必须定期公布其业务状况和金融统计资料。

（五）中央银行业务要保持相对独立性

中央银行业务活动的目的是对宏观经济进行调控，对金融业进行监管。如果政府干涉太多，不利于其职责的履行，甚至可能使中央银行的业务活动背离其根本职能。因此，中央银行的业务必须保持相对的独立性，不受地方政府、政府部门、社会团体或个人的干涉或干预，依法行使权力开展业务活动，保证制定和执行货币政策的独立性和金融监管职能的履行。

二、中央银行业务活动的分类

按中央银行的业务活动是否与货币资金的运动有关，一般可分为银行性业务和管理性业务两大类，如图6-1所示。

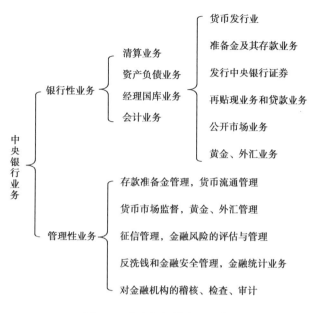

图 6-1　中央银行的主要业务

（一）银行性业务

银行性业务是中央银行作为发行的银行、银行的银行、政府的银行所从事的业务。这类业务都直接与货币资金有关，都将引起货币资金的运动或数量变化，具体又可分为两种，见表 6-1。

表 6-1　简化的中央银行资产负债表

资产	负债
有价证券（A1）	通货发行（L1）
再贴现贷款（A2）	商业银行等金融机构存款（L2）
政策借款或透支（A3）	财政性存款（L3）
黄金、外汇（A4）	其他负债（L4）
在途资金（A5）	延期支付（L5）
其他资产（A6）	资本（L6）
合计	合计

①形成中央银行的资金来源和资金运用的资产负债业务，主要有货币发行业务、存款准备金业务、其他存款或发行中央银行债券、再贴现业务和贷款业务、公开市场证券买卖业务、黄金外汇业务、其他贷款或融资业务等。

②与货币资金运用相关但不进入中央银行资产负债表的银行业务，主要有清算业务、经理国库业务、代理政府向金融机构发行及兑付债券业务、会计业务等。

（二）管理性业务

管理性业务是中央银行作为一国最高金融管理当局所从事的业务。这类业务主要服务于中央银行履行宏观金融管理的职责，其最大特点：一是与货币资金的运用没有直接关系，不会导致货币资金的数量或结构变化；二是需要运用中央银行的法定特权。管理性业务主要有金融调查统计业务，对金融机构的稽核、检查、审计业务等。

三、中央银行的负债业务

(一)货币发行业务

在中央银行成立后，货币发行大都集中由中央银行统一办理。原因在于：①钞票可以整齐划一，在全国范围内流通，不至造成币制混乱；②便于政府监督管理，推行国家的货币政策；③中央银行可以随时根据社会经济发展变化进行调节和控制，使货币数量和流通需要尽可能相适应；④中央银行处于相对独立地位，可以抵制政府滥发钞票的要求，使货币供应量相适应；⑤中央银行统一发行货币，可以掌握一定量的资金来源，增强资金实力，有利于调控货币供应量。中央银行发行纸币，是通过再贴现、再贷款、购买证券、收购金银外汇等投入市场，从而形成流通中的货币。但每张纸币投入市场后，都是中央银行对社会公众的负债。因此，货币发行成为中央银行一项重要的负债业务。

各国中央银行对货币(现钞)发行均有以下三个原则。

1. 集中垄断发行

中央银行发行的货币具有无限法偿的能力，在一切对公对私交易中可以无限地使用，并且现代中央银行均不承担兑现义务。

2. 有可靠的信用基础

在纸币流通条件下，货币的发行是有客观限制的，不能随意发行，必须有一定的发行保证制度，必须有独立的发行体制，不受政治压力和外界影响，使货币的发行建立在可靠的信用基础之上。

3. 维持高度弹性

中央银行发行货币应当适应经济变化的客观要求，有一定的收缩弹性。随着生产和流通的发展，中央银行应该相应增加货币数量，避免货币数量过少，形成通货紧缩，影响商品生产和流通的扩大；同时中央银行要适度控制，以免货币数量过多，形成通货膨胀，影响经济稳定。因此，要求中央银行经常研究市场，研究货币供应、需求和均衡，使市场货币供应适应经济发展的要求。

我国现行的货币发行原则是集中统一发行原则、经济发行原则、计划发行原则。

图6-2集中展示了中国人民银行人民币发行和回笼的过程。

(二)代理国库业务

中央银行经办政府的财政收支，执行国库的出纳职能。如接受国库的存款，兑付国库签发的支票，代理收解税款，替政府发行债券并还本付息等。此外，国家财政拨给行政经费的行政事业单位的存款，也都由中央银行办理。财政金库存款与机关、团体、部队等行政事业单位存款在其支出之前存在中央银行，属于财政性存款，是中央银行的重要资金来源，构成中央银行的负债业务。中央银行代理国库业务，可以沟通财政与金融之间的联系，使国家的财源与金融机构的资金来源相联系，充分发挥货币资金的作用，并为政府资

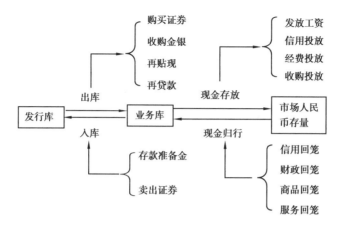

图 6-2　人民币发行和回笼过程示意图

金的融通提供一个有力的调节机制。

（三）集中存款准备金业务

各商业银行吸收的存款不能全部贷出，必须保留一部分现款，以备存款人提取。但是商业银行的现金准备，并不能都存在自己的金库里，必须按照规定比率将其中一部分存储于中央银行。这样就使商业银行的现金准备集中于中央银行，形成法定存款准备金和超额准备金。中央银行掌握了各商业银行的准备金存款，形成中央银行的资金来源，便可运用这些准备金支持银行的资金需要。现金准备集中存放中央银行，除了增强整个银行体系的后备力量，防止商业银行倒闭外，更重要的是中央银行通过存款准备金可以控制商业银行的贷款量。中央银行降低法定存款准备金率，即可扩大商业银行的贷款和投资；提高法定存款准备金率，就可减少商业银行的贷款和投资。日本银行规定法定存款准备金率的最高限度是 20%，如果普通银行没有按规定比例缴足法定存款准备金，就要再加 3.75% 的贴现率向日本银行付息。

四、中央银行的资产业务

（一）再贴现和再贷款业务

全国商业银行缴存在中央银行的存款准备金，构成商业银行吸收存款的主要部分。当商业银行资金短缺时，可从中央银行取得借款。其方式是把公司企业贴现的票据向中央银行办理再贴现，或以票据或有价证券作为抵押向中央银行申请借款。意大利银行再贴现的额度相当于商业银行负债额的 3%~5%。德意志联邦银行对金融机构发放的抵押贷款期限最长为 3 个月。中央银行可以配合政府的经济政策，把贴现业务作为调节资金的一种手段。这主要是通过提高或降低再贴现率，紧缩或扩张信用，加强对商业银行的监督、管理，达到稳定通货的目的。中央银行对商业银行办理再贴现和再抵押业务，要注意这种资产业务的流动性和安全性，注意期限的长短，以保证资金的灵活周转。

（二）对政府的贷款

中央银行对政府的贷款是政府弥补财政赤字的途径之一，但如果对这种贷款不加限制，则会从总量上削弱中央银行宏观金融控制的有效性，因此，各国中央银行法对此都作了明确的规定。美国联邦储备银行对政府需要的专项贷款规定了最高限额，而且以财政部的国库券作为担保。英格兰银行除少量的政府隔日资金需要可以融通外，一般不对政府垫款，政府需要的资金通过发行国库券的方式解决。

《中国人民银行法》规定，中国人民银行不得对政府财政透支，不得直接认购、包销国债和其他政府债券，不得向地方政府、各级政府部门提供贷款。

(三)金银、外汇储备业务

目前各国政府都赋予中央银行掌管全国国际储备的职责。所谓国际储备，是指具有国际性购买能力的货币，主要有黄金(包括金币和金块)、白银(包括银币和银块)和外汇(包括外国货币、存放外国的存款余额和以外币计值的票据及其他流动资产)。此外，还有特别提款权和在国际货币基金组织的头寸等。中央银行执行这一职责的意义如下：

①有利于稳定币值。不少国家的中央银行对其货币发行额和存款额，都保持一定比例的国际储备，以保证币值的稳定。当国内物资不足，物价波动时，可以使用国际储备进口商品或抛售黄金回笼货币，平抑物价，维持货币对内价值的稳定。

②有利于稳定汇价。在浮动汇率制度下，各国中央银行在市场汇率波动剧烈时，可运用国际储备进行干预，以维持货币对外价值的稳定。

③有利于保证国际收支平衡。当外汇收支经常发生逆差时，中央银行可以使用国际储备抵补进口外汇的不足。当国际储备充足时，中央银行可以减少向外借款，用国际储备清偿债务或扩大资本输出。

由上可见，金银、外汇不仅是稳定货币的重要储备，而且也是用于国际支付的国际储备，因此成为中央银行的一项重要资产业务。当代世界各国国内市场上并不流通和使用金银币，纸币也不兑换金银，而且多数国家实行不同程度的外汇管理，纸币一般也不与外汇自由兑换，在国际支付中发生逆差时一般也不直接支付黄金，而是采取出售黄金换取外汇来支付。这样，各国的金银、外汇自然要集中到中央银行储存。需要金银、外汇者，一般向中央银行申请购买，买卖金银、外汇是中央银行的一项业务。

中央银行的金银、外汇储备业务，各国都有明确的规定。在瑞典，允许国家银行收购和出售黄金、白银、外汇，在国会许可下可向国际金融机构贷款。在德国，规定联邦银行可以对信用机构从事买卖以外汇货币支付的汇票、支票、有价证券，以及黄金、白银，可以从事所有与外国银行交往的业务。

(四)证券买卖业务

各国中央银行一般都经营证券业务，主要是买卖政府发行的长期或短期债券。在一些经济发达国家，政府债券发行量大，市场交易量也大，仅以政府债券为对象进行买卖，中央银行即可达到调节金融的目的。一般来说，在金融市场不太发达的国家，中央政府债券在市场上流通量小，中央银行买卖证券的范围就要扩大到各种票据和债券，如汇票、地方政府债券等。

中央银行持有证券和买卖证券的目的，不在于盈利，而是为了调节和控制市场货币供应量。中央银行买进有价证券，向市场投放了货币，可以增加商业银行的原始存款，用以创造存款货币，扩大货币供应量；反之，中央银行卖出有价证券，则可减少货币供应量。

同时，中央银行买卖有价证券会影响利率的变化。当中央银行买进有价证券时，促使市场上有价证券减少，从而提高有价证券价格，降低银行利率；反之，中央银行卖出有价证券会造成银行可贷资金减少，致使利率上升。

可见，中央银行买卖证券会直接影响有价证券的价格和利率，影响商业银行现金准备的增减，从而影响信贷规模，影响货币供应量。但是中央银行经营这项业务，应当具备以下条件：一是中央银行处于领导地位，且有雄厚的资金力量；二是要赋予中央银行弹性操作的权利，即在买卖证券的数量、种类等方面有一定的机动权限；三是金融市场较发达，组织也较健全；四是证券的数量和种类要适当，长期、中期及短期各类齐备，便于选择买卖；五是信用制度要相当发达。各国中央银行买卖证券业务的做法基本上是一致的。我国中央银行已于1996年4月1日开始参与公开市场业务操作，主要是买卖国库券，近年来也买卖中央银行发行的定向票据。

五、中央银行的中间业务

由于各商业银行都有法定存款准备金缴存于中央银行，并在中央银行设有活期存款账户。这样就可以通过存款账户，在全国范围内划拨清算，了结银行之间的债权债务关系。中央银行的清算业务大体可分为三项：①办理票据集中交换，主办票据交换所；②办理交换差额的集中清算，通过各商业银行在中央银行开设的账户划拨；③办理异地资金转移，提供全国性的资金清算职能。目前各国做法不一，英国以伦敦为全国清算中心；美国各联邦储备银行代收外埠支票，并以华盛顿为全国最后清算中心；德国、法国则利用遍布全国的中央银行机构，建立转账账户，为银行界服务。

（一）集中票据交换

这项业务是通过票据交换所进行的。票据交换所是同一城市内银行间清算各自应收应付票据款项的场所。票据交换所一般每天交换两次或一次，根据实际需要而定。所有银行间的应收应付款项，都可相互轧抵后收付其差额。

各行交换应收应付差额后，即可通过其在中央银行开设的往来存款账户，进行转账收付，不必收付现金，如图6-3所示。

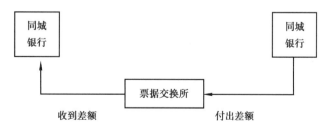

图6-3 票据交换流程示意图

（二）办理异地资金转移

各城市、各地区间的资金往来，通过银行汇票传递，汇进汇出，最后形成异地间的资金划拨问题。这种异地间的资金划拨，必须通过中央银行统一办理。

办理异地资金转移，各国的清算办法有很大不同，一般有两种类型：一是先由各金融机构内部组成联行系统，最后各金融机构的总管理处通过中央银行总行办理转账结算。二是将异地票据统一集中传送到中央银行总行办理轧差转账，如图6-4所示。

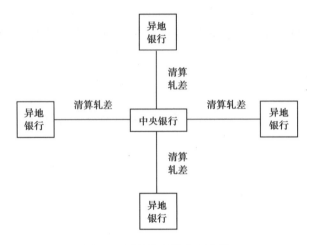

图6-4　异地资金转移示意图

第四节　中央银行的独立性

中央银行的独立性问题主要是与货币政策密切相关的。在市场经济体制下，所谓中央银行的独立性问题是指在货币政策的决策和运作方面，中央银行由法律赋予或实际拥有的自主程度。根据国际货币基金组织公布的文献，中央银行独立性是指中央银行在公布通货膨胀率、汇率或货币政策目标以及根据自己的操作决定货币供应量和利率水平时不受政府的干预，在解决中央银行与政府间的矛盾时存在公开、透明的程序，并且中央银行的管理和财务是独立的。显然，这一问题结合货币政策讨论是较为理想的。但作为金融的宏观方面，货币政策将在后面讨论。

一、中央银行独立性的含义

中央银行独立性问题的提出，最早是要使其与一般商业银行相对脱离，不以营利为目的，而专注于中央银行业务。但随着国家对中央银行影响和干预的加强，中央银行日益沦为"政府的工具"以致其固有职能难以发挥。因此，目前各国中央银行的独立性主要是强调中央银行与政府之间的相对独立。所谓中央银行的独立性，是指中央银行在履行法定职能时的自主性，能不受外界压力、干扰的影响。当然这种独立性是有限制的，一般是相对于政府的独立。中央银行的独立性有两方面的内涵：

1. 中央银行在履行通货管理职能时，制定与实施货币政策时的自主性

制定与实施货币政策必然要涉及货币政策目标与货币政策手段两个方面的问题，因此中央银行的独立性包括确定目标的独立性和运用工具的独立性。现代中央银行的货币政策

目标包括稳定物价、充分就业、经济增长和国际收支平衡四个方面。这四个方面虽然有着密切的内在联系，但稳定物价和币值是中央银行的中心目标。事实上，货币政策目标不明确或者币值不稳定的国家，或不能坚持以稳定币值为中心目标的国家，大多是由于中央银行缺乏独立性所致。即使在确定了以稳定币值为中心目标的国家，中央银行在选择货币政策工具时也会遇到来自各方面的压力，如果中央银行的独立性不强，其所选择的货币政策工具也很可能受到不同利益集团的影响而不是最佳的工具，从而不能实现既定的货币政策目标。

2. 金融监管上的独立性，也成为中央银行独立性的新内容

1997 年 9 月，巴塞尔银行监管委员会发布《银行业有效监管核心原则》，明确提出："在一个有效的银行监管体系下，参与银行组织监管的每个机构要有明确的责任和目标，并应享有工作上的自主权和充分的资源。""为有效执行其任务，监管者必须具备操作上的独立性、现场和非现场收集信息的手段和权力以及贯彻其决定的能力。"

二、中央银行的法律地位

中央银行的法律地位问题主要是界定中央银行与中央政府、地方政府和普通银行的关系，其核心是中央银行与中央政府和国家权力机关（如国会等）的地位关系。这方面世界各国的主要模式有四种：

①中央银行直接对国会负责，具有较强的独立性，以德国和美国等最为典型。

②中央银行名义上隶属财政部但具有相对独立性。如英国《银行法》授权英格兰银行，在财政部指导下享有统治银行系统的权力。尽管法律上英格兰银行隶属于财政部，但是实践中，财政部一般尊重英格兰银行的决定，英格兰银行也主动寻求财政部支持而互相配合，几乎从未发生独立性危机。1997 年 5 月英国《银行法》条例修订又在法律上承认英格兰银行事实上的独立地位，使之向第一种模式转化。

③中央银行隶属财政部，独立性较小。韩国以及 1998 年以前的日本较为典型。韩国的中央银行职权受到财政部较大干涉，无法实现对商业银行的有效监管，这也是导致韩国金融危机的一个重要因素。日本是高度行政集权的国家，日本政府拥有较大的经济管理调控职能和权限。日本银行自成立之日起一直绝对服从政府，听命于大藏省的指令。

④中央银行隶属于政府，与财政部并列。中国中央银行制度就是这种模式。

三、中央银行独立性的原则

中央银行保持其相对独立性，必须遵循两大基本原则：

①中央银行货币金融政策的制定及整个业务操作必须以国家的宏观经济目标为基本出发点，不能自行其是，既要考虑自身所承担的任务及责任，但也不能独立于国家的宏观经济目标之外，甚至与国家的宏观经济目标相对立。

②中央银行货币金融政策的制定及整个业务操作都必须符合金融活动自身的规律性。也就是说，中央银行的业务操作及货币金融政策的制定，不能完全受制于政府的短期行为，而应遵循金融活动的特有规律，应对政府的短期行为起到一定的抑制作用，防止其为

了特定的政治需要和一些脱离实际的发展计划而牺牲货币政策，使中央银行的决策也坠入短期化的陷阱，从而影响社会经济的稳定与协调发展。在当今之际，若是丝毫不受政府的监督和制约，不顾货币金融政策与国家宏观经济政策的协调性，为所欲为地完全独立于政府的中央银行，那么它只是一个无政府集团，既不可能在现实中存在，也不可能在一定的经济生活中发挥重要作用；相反，若是对政府百依百顺，俯首帖耳，成为政府附庸的中央银行，这也不是真正意义上的中央银行，而只是政府的一个出纳机构，它既不可能担负起应该承担的社会责任，也不可能在经济生活中有效地发挥作用。因此，中央银行完全独立于政府或附庸于政府都不可接受，与政府的关系只能是相对独立，即在政府的监督和国家总体经济政策指导下的独立性。

四、中央银行独立性的内容

在任何一个国家，中央银行的独立性再强，也不能脱离政府及政治的影响，只能是相对独立性。一般来说，中央银行的独立性主要体现在以下几个方面：

（一）建立独立的货币发行制度，以维持货币的稳定

这里包括三层含义：一是货币发行权必须高度集中于中央银行，必须由中央银行垄断货币发行，不能搞多头发行，不能由政府或财政部来发行，也不能由中央银行和财政部及其他部门共同发行。二是一定时期内，中央银行发行多少货币、什么时间发行、货币的地区分布、面额比例等，应由中央银行根据国家的宏观经济政策，以及经济发展的客观需要自行决定，而不应受到来自政府或其他部门以及党派、个人的干扰，以保证中央银行独立地发行货币，从而保护货币的稳定。三是中央银行不应在政府的干预和影响下搞财政发行，也没有向财政长期无限地提供资金或为财政透支的义务。也就是说，中央银行应按经济发行的原则独立地发行货币，不能承担财政透支，不能在发行市场上直接购买政府公债，不能给财政长期融通资金，不能代为行使其他应由财政行使的职能，以保证货币发行权牢牢地掌握在中央银行手中。

（二）独立地制定或执行货币金融政策

内容包括：一是货币政策的制定权和操作执行权，必须掌握在中央银行手中，而不是掌握在政府及政府其他部门的手中。当然，中央银行在制定货币政策时，必须体现或考虑政府的宏观经济政策及意图，尽可能地使中央银行的货币政策与国家的宏观经济政策保持一致，但是在货币政策的执行过程中，必须保持高度的独立性，不受各级政府和部门的干预。只要中央银行的货币政策没有违背国家的总体经济目标和其他的大政方针，政府和其他部门、党派、个人均无权干涉中央银行的政策行动。二是中央银行的货币政策在制定和执行上与政府发生分歧时，政府应充分尊重中央银行方面的经验和意见，尽可能地采取相互信任、相互尊重、平等讨论问题的方式来解决，以防止由政府对中央银行的行政干预而造成宏观决策的失误。三是在中央银行货币政策的执行过程中，各级政府及有关部门应尽可能给予配合，以便中央银行的货币政策能更有效地发挥作用，而不应采用各种直接或间接的方式来抵消货币政策的作用。

（三）独立地管理和控制整个金融体系和金融市场

中央银行应在国家法律的授权和法律的保障下，独立地行使对金融体系和金融市场的管理权、控制权和制裁权。所谓管理权，是指中央银行有权管理金融市场的交易，有权管理金融机构的建立和撤并，有权对金融机构的业务活动、经营状况进行定期或不定期的检查，并做出一些具体的规定。所谓控制权，是指中央银行有权把金融体系和金融市场的业务活动置于自己的监督和控制之下，使整个金融活动按货币政策的需要正常地进行。所谓制裁权，是指中央银行有权对违反金融法规、抗拒管理的金融活动和金融机构给予经济的、行政的制裁。此外，中央银行在行使上述权利时，不应受到来自政府或其他部门的干扰。

五、关于国外中央银行独立性的考察

第二次世界大战后，各国总结经验教训，逐渐感悟到保持本国币值稳定以及经济的稳步发展，必须存在一个相对独立的中央银行，并形成以下三种模式：

①中央银行直接对国会负责，具有较强独立性。以德国、美国为代表。该类型的中央银行直接对国会负责，可以独立地制定和执行货币政策。政府不能对其直接发号施令，不得直接干预货币政策的制定和执行。当中央银行的货币政策与政府发生矛盾时，则通过协商来解决。如《德意志联邦银行法》规定：德意志联邦银行是联邦直接法人，独立制定和执行货币政策，独立于政府，政府不能对联邦银行直接发布命令和指示。《美国联邦储备法》规定：联邦储备系统直接向国会负责，理事会每年向众议院议长呈交其业务的详细报告，由该议长将报告提供给国会；国会授权联邦理事会可以独立自主地选择合理的政策目标、政策工具和运作方式，无须经总统和联邦政府批准；如果政府和联邦政策相左，则通过有财政部国务秘书、经济顾问委员会主席和预算局长参加的会议进行磋商解决；除个别情况总统可对其发号施令外，其他任何机构或部门均无权干涉。

②中央银行名义隶属财政部，但实际上具有相对独立性。该类型的中央银行，立法上虽规定隶属于政府财政部门，但实际业务操作却保持较大的独立性。英国、日本、加拿大、挪威、马来西亚等国中央银行属此类型。以英国为例，1946年英格兰银行国有化法案规定，财政部有权向英格兰银行发布命令，但在实践中，财政部一般尊重英格兰银行决定，英格兰银行也主动寻求财政部支持，互相配合，从未发生过"独立性"危机。1997年5月《英格兰条例》的修改，进一步在法律上承认英格兰银行事实上的独立地位。

③中央银行隶属政府，自主性较小。此类型的中央银行，不论在组织管理的隶属关系上，还是在货币政策的制定、执行上，都受政府的严格控制。货币政策的制定和执行须经政府批准，政府有权暂停、否决中央银行的决议。意大利等国属此类型。如意大利银行法规定，中央银行隶属于财政部，财政部派代表出席意大利银行理事会，如认为董事会的决议违反政府意志或与中央银行的地位不相称时，有权暂停会议决议的执行。

通过对以上三种模式的对比，我们可以发现，不论哪种模式，中央银行的独立性基本上都是从以下三个方面体现出来的：一是组织上的独立性，如中央银行是否从属于政府，其领导人任免程序与任期是否受到政府影响。《德意志联邦银行法》规定：德意志联邦银行是联邦直接法人，独立制定和执行货币政策，独立于政府。二是职能上的独立性，如中央银行能否独立地制定和实施货币政策，能否抵制财政透支及其他不合理的融资要求。

《美国联邦储备法》规定：国会授权联邦理事会可以独立自主地选择合理的政策目标、政策工具和运作方式，无须经总统和联邦政府批准。三是经济上的独立性，如中央银行是否依赖于财政拨款，有无可供独立支配的财源。如果中央银行在组织上、职能上与经济上均能独立，则有较高独立性，会更有利于其货币政策目标的实现；反之则独立性较低，其货币政策目标的实现易受到来自政府的干扰。

六、中国人民银行独立性问题

与西方国家相比，中国中央银行制度形成的历史较短，并且由于长期实行中央政府集权的计划经济和社会主义商品经济，中央银行对政府的依附性较强，独立性较差。目前不少学者认为中国应当加强中央银行的独立性，甚至有人认为应当以此作为中国金融体制改革的目标之一。但也有一些学者对此提出了不同的观点。

（一）中央银行独立性的悖论

主张强化中央银行独立性的基本观点是中央银行的独立性与通货膨胀呈负相关关系，与经济增长呈正相关关系。这些学者的研究试图说明，中央银行独立性的加强并不是以牺牲经济增长速度为代价的。例如，第二次世界大战后中央银行独立性较高的德国、美国和加拿大等国都实现了较低的通货膨胀率，其经济增长率也并不比中央银行独立性较低、通货膨胀率较高的英国、法国、意大利低。但是这些实证研究存在的局限性，使这种观点受到了质疑。因为另外的一些证据和实证分析证明，中央银行的独立性并不一定确保实现价格稳定的目标，即便是要追求价格稳定的目标，通过其他一些手段也是可以实现的。例如，日本中央银行虽然独立性较弱，但也同样实现了长期价格稳定的目标。

反对派的最重要观点是，由中央银行独立性导致的非民主性矛盾、宏观协调困难和中央银行官员的非正当行为等问题，至少可以证明中央银行独立性并不一定能够带来低通货膨胀率，或者说中央银行独立性并非实现物价稳定目标的充分条件。首先，在一个以民主和法制为最重要公共利益的国家，是无法接受一个不受任何直接和有效的政治控制但却集中了对货币政策乃至经济总量的巨大影响力的中央银行存在的。这种非民主性的矛盾使理想状态下的中央银行独立性难以实现，从而以"独立的中央银行"来确保价格稳定的目标实现也就无从谈起。其次，独立的中央银行将造成宏观经济政策协调困难，从而产生货币政策的"摩擦损失"。最后，根据公共选择学派的看法，政府官员并非从本意上就追求公共利益，实际上他们也像普通人一样追求个人或机构利益的最大化。因此，需要某种权力制约以防止中央银行主要官员通过非正当行为危害公众利益的可能。

（二）加强中央银行的独立性

针对这一问题，应当把握以下几点基本认识：

1. 中央银行的独立性是相对的

即使是西方市场经济发达的国家，中央银行的独立性也要受制于不同的国家权力机构，主要区别在于是直接受制于政府还是超越政府直接受制于国会。虽然加强中国中央银行的独立性也绕不开这一话题，但不能以此作为判断独立性强弱的唯一标准。

2. 中央银行的独立性表现在多方面

在货币政策的决策权方面，《中国人民银行法》第七条规定："中国人民银行在国务院领导下依法独立执行货币政策，履行职责，开展业务，不受地方政府、各级政府部门、社会团体和个人的干涉。"但第五条又规定："中国人民银行就年度货币供应量、利率、汇率和国务院规定的其他重要事项作出的决定，报国务院批准后执行。"因此，中国人民银行的货币决策权直接受制于中央政府。

在中央银行行为目标上，《中国人民银行法》第三条规定为"保持货币币值的稳定，并以此促进经济增长"。但第二条第二款对中央银行使命的限定却是"中国人民银行在国务院领导下，制定和执行货币政策，防范和化解金融风险，维护金融稳定"。这就从法律上赋予了中央银行行为的多重目标，从而难免与货币政策目标发生一定的冲突。

在中央银行的经济地位上，中央银行通过再贷款的方式承担了很多金融改革和防范化解金融风险的成本，这实际上是让中央银行牺牲信用独立性来承担和减轻本来应由财政负担的成本，从而弱化了中央银行的经济地位。另外，在强制结售汇的外汇管理体制下，外汇占款成了中央银行不得不被动地增加基础货币供给的一个重要渠道和机制，也从另一方面弱化了中央银行的信用独立性。

3. 加强中央银行独立性本身不是目的

中国中央银行独立性较弱反映了中国中央银行体制方面仍然存在一定的问题，这些问题的存在不利于充分发挥中央银行的职能。因此，我们认为，中国中央银行的独立性有待进一步提高。但也要认识到，加强中央银行独立性本身并不是目的，而是为了适应中国经济体制向市场经济转轨的要求，提高中央银行维持经济稳定发展的工作效率，更好地实现中央银行保持货币稳定、促进经济发展的目标。在这方面，中央政府与中央银行的总体目标是一致的，具体问题可以通过沟通和协调予以解决。

本章小结

中央银行制度的类型有单一式中央银行制度、复合式中央银行制度、准中央银行制度和跨国中央银行制度四种类型。

中央银行的职能有发行的银行、银行的银行和政府的银行。

按中央银行的业务活动是否与货币资金的运用有关，一般可分为银行性业务和管理性业务两大类。主要有货币发行业务、存款准备金业务、其他存款或发行中央银行债券、再贴现业务和贷款业务、公开市场证券买卖业务、黄金外汇业务、其他贷款或融资业务等。

中央银行的相对独立性，是指中央银行要为政府服务，同时中央银行独立地制定和执行符合国民经济发展的根本需要，并适应国民经济发展特定阶段要求的货币政策措施。

练习题

一、单选题

1. 世界大多数国家的中央银行采用(   )。
   A. 单一型　　　　　B. 复合型　　　　　C. 跨国型　　　　　D. 准中央银行型

2. 下列中央银行的行为和服务中,体现银行职能的是(   )。
   A. 代理国库　　　　　　　　　　　B. 对政府提供信贷
   C. 集中商业银行现金准备　　　　　D. 发行货币

3. 中央银行是国家的银行,它代理国库,集中(   )。
   A. 国库存款　　　　B. 企业存款　　　　C. 团体存款　　　　D. 个人存款

4. 中央银行在经济衰退时,(   )法定准备率。
   A. 调高　　　　B. 降低　　　　C. 不改变　　　　D. 取消

5. 中央银行若提高再贴现率,将(   )。
   A. 迫使商业银行降低贷款利率　　　　B. 迫使商业银行提高贷款利率
   C. 使商业银行没有行动　　　　　　　D. 使企业得到成本更高的贷款

6. 中央银行再贴现率的调整主要着眼于(   )的考虑。
   A. 短期　　　　B. 中期　　　　C. 长期　　　　D. 年度

7. 下列银行中,不同于其他三家银行的是(   )。
   A. 英格兰银行　　　B. 东京—三菱银行　　　C. 中国银行　　　D. 花旗银行

8. 下列针对中央银行负债的变动中,使商业银行体系准备金增加的是(   )。
   A. 财政部在中央银行的存款增加　　　B. 外国在中央银行的存款增加
   C. 流通中的通货减少　　　　　　　　D. 其他负债的增加

9. 在下列针对中央银行资产项目的变动中,导致准备金减少的是(   )。
   A. 中央银行给存款机构贷款增加　　　B. 中央银行出售证券
   C. 向其他国家中央银行购买外国通货　　　D. 中央银行增加在国外存款

二、多选题

1. 中央银行是(   )。
   A. 发行的银行　　　B. 国家的银行　　　C. 银行的银行　　　D. 监管的银行

2. 中央银行的作用有(   )。
   A. 稳定货币与稳定经济　　　　　　B. 调节信用与调节经济
   C. 集中清算,加速资金周转　　　　D. 开展国际金融的合作与交流

3. 中央银行的"银行的银行"的职能体现在(   )。
   A. 集中存款准备　　　　　　　　　　B. 金融监管

C. 最终的贷款人　　　　　　　　　　　　D. 组织全国的清算

4. 中央银行的三大政策工具是(　　　)。

　　A. 法定准备金率　　　B. 再贴现　　　　　C. 公开市场业务　　　D. 信用配额

5. 中央银行要实现"松"的货币政策可采取的措施有(　　　)。

　　A. 提高法定存款准备金率　　　　　　　　B. 降低再贴现率

　　C. 提高证券保证金比率　　　　　　　　　D. 在公开市场上购买有价证券

6. 以下属于人民币发行保证的有(　　　)。

　　A. 掌握在国家手中的生产资料和生活资料

　　B. 商业票据

　　C. 黄金储备

　　D. 外汇储备

三、简答题

1. 简述中央银行产生的必然性。

2. 简述中央银行资产负债表结构和资产负债业务。

3. 中央银行区别于一般商业银行的特点是什么?

四、论述题

既然中央银行是国家的银行,为什么还要强调中央银行相对于政府的独立性?

第七章

金融市场

【学习目标】

掌握金融市场的构成要素、金融市场的分类；理解金融市场的职能与作用；熟悉各种金融工具的特点与功能；掌握货币市场、资本市场和衍生产品市场的构成、交易机制和参与主体；了解债券、股票的发行与流通情况。

案例导入

2015 全球性股灾该如何避险

2015 年 8 月 24 日全球股市迎来"黑色星期一"，上证指数暴跌 8.49%，创 8 年最大单日跌幅，跌破年线 3 395 点；两市逾 2 000 余股跌停，上涨股票仅 15 只，一日 A 股市值蒸发 3.96 万亿。与此同时，美股、欧股、亚太股市全面暴跌，跌幅普遍在 3% 以上。据专业机构统计，当日 A 股共有 2 187 只股跌停，市值总蒸发 3.96 万亿，相当于 4 个阿里巴巴集团、27 个华人首富王健林的财富值。以目前 9 328 万投资者数量计算，股民人均亏损 4.25 万。

8 月 25 日，全球股市持续大跌。截至收盘，上证指数报 2 964.97 点，跌 244.94 点，失守 3 000 点，跌幅 7.63%，成交 3 587.36 亿元；深成指报 10 197.94 点，跌 772.35 点，跌幅 7.04%，成交 2 879.67 亿元。业内人士认为，目前针对股市的政策有些低于预期，市场难以形成拐点，投资者不应对超跌后的反弹抱太大希望。

未来全球股市下跌将演化到什么程度，业内人士无统一定论。有分析师认为，此番下跌调整需要一段时间，出现强劲反弹的机会不大。全球性股灾袭来，投资者、股民需合理配置资产避险，可以通过以下方法为资产保值：

1. 买黄金

自 2013 年以来，黄金价格下跌已有近两年时间。近来，随着资本市场的走弱，尤其是美国市场受到波及，金价重新进入上升通道。作为最常用的储备货币，黄金走势持续坚挺，在全球股市大跌引发的避险需求下，后市涨势可期。

2. 资产变现

在全球股市大跌的情况下，期货、外汇市场风险升高。如果股市暴跌引发市场效应持续发酵，不动产的价格也会受到影响。目前全球经济面临通缩的风险，因此将资产变现将是避险的较佳选择。

3.兑换美元等强势货币

除了股市的下跌，期货、外汇市场同样风险升高。倘若市场下跌持续发酵，不动产价格也会受到影响。当前全球面临通缩的风险，因此将资产变现将是一个不错的选择。如果担心人民币出现进一步贬值，不妨考虑将现金兑换成美元等强势货币。

思考：

目前，金融市场可供投资者选择的投资工具，你能想到哪些？

金融市场是人们从事金融活动、资金进行流动的场所。一个国家经济的发展离不开发达的金融市场，只有发达的金融市场才能够提供充足的资金。金融市场有哪些子市场？它们的重要作用是什么？与其对应的又有哪些融资工具？通过本章的学习，你会对这些问题有一个清晰的认识。

第一节　金融市场的要素和功能

市场是提供资源流动和资源配置的场所。在市场中，依靠价格信号，引领资源在不同部门之间流动并实现资源配置。一个好的市场，可以帮助社会资源实现最优配置。社会再生产活动是由生产、交换、分配和消费四大环节组成的循环过程，与之相适应的资源配置也主要分为两大类：一类是提供产品的市场，进行商品和服务的交换；另一类是提供生产要素的市场，进行劳动力和资本的交易。金融市场属于要素市场，专门提供资本。它与消费品市场、生产资料市场、劳动力市场、技术市场、信息市场、房地产市场、旅游服务市场等各类市场相互联系，相互依存，共同形成统一市场的有机整体。在整个市场体系中，金融市场是最基本的组成部分之一，是联系其他市场的纽带。因为在现代市场经济中，无论是消费资料、生产资料的买卖，还是技术和劳动力的流动等，各种市场的交易活动都要通过货币的流通和资金的运动来实现，都离不开金融市场的密切配合。从这个意义上说，金融市场的发展对整个市场体系的发展起着举足轻重的制约作用，市场体系中其他市场的发展则为金融市场的发展提供了条件和可能。

一、金融市场的概念与特征

（一）金融市场的概念

金融市场是买卖金融工具以融通资金的场所或机制。把它视为一种场所，是因为只有这样才与市场的一般含义相吻合；把它视为一种机制，是因为金融市场上的融资活动既可以在固定场所进行，也可以不在固定场所进行，不在固定场所进行的融资活动可以理解为一种融资机制。

金融市场有广义和狭义之分。广义的金融市场包括资金借贷、证券、外汇、保险、信托、租赁和黄金买卖等一切金融业务，是各类金融机构、金融活动所推动的资金交易的总和。狭义的金融市场特指证券市场，即股票和债券的发行与流通市场。

（二）金融市场的特征

1. 交易对象具有特殊性

普通商品市场上的交易对象是具有各种使用价值的普通商品，而金融市场上的交易对象则是形形色色的金融工具。

2. 交易商品的使用价值具有同一性

普通商品市场上交易商品的使用价值是千差万别的，而金融市场上交易对象的使用价值则往往是相同的，即给金融工具的发行者带来筹资的便利，给金融工具的投资者带来投资收益。

3. 交易活动具有中介性

普通商品市场上买卖双方多采用直接见面方式，而金融市场的融资活动大多通过金融中介进行。

4. 交易双方地位具有可变性

普通商品市场上交易双方的地位具有相对的固定性，例如个人或家庭通常是只买不卖，商品生产经营者通常是以卖为主，有时也可能买，但买的目的还是卖。而金融市场上融资双方的地位是可变的，此时可能因资金不足成为资金需求者，彼时可能因资金充裕成为资金供应者。

二、金融市场的分类

金融市场的构成十分复杂，它是由许多不同的市场组成的一个庞大体系。但是，一般根据金融市场上交易工具的期限，可把金融市场分为货币市场和资本市场两大类。货币市场是融通短期（一年以内）资金的市场，资本市场是融通长期（一年以上）资金的市场。货币市场和资本市场又可以进一步细分为若干不同的子市场。货币市场包括金融同业拆借市场、回购协议市场、商业票据市场、银行承兑汇票市场、短期政府债券市场、大额可转让存单市场等。资本市场包括中长期信贷市场和证券市场。中长期信贷市场是金融机构与工商企业之间的贷款市场；证券市场是通过证券的发行与交易进行融资的市场，包括债券市场、股票市场、基金市场、保险市场、融资租赁市场等。

为了更充分地理解金融市场，表7-1从多个角度对金融市场进行了分类。

表7-1　金融市场的分类

标志	分类	构成/说明
交易期限	货币市场	同业拆借、短期债券、商业票据、CD、回购协议
	资本市场	股票、债券、证券投资基金
交割期限	现货市场	成交后立即交割，或三个交易日内交割
	期货市场	先成交，后交割（按约定的价格、数量和标的）
市场功能	一级市场	新证券发行：筹资功能
	二级市场	已发证券买卖：流动性功能+发行价格决定

续表

标志	分类	构成/说明
交易标的	证券市场	各种证券的发行、交易场所
	外汇市场	所有外汇交易—银行间外汇交易
	黄金市场	既是金融市场，又是商品市场(工业用途)
	保险市场	保险和再保险业务的交易

(一)按交易的金融工具期限分类

1. 货币市场

货币市场是指期限在一年以下的金融资产为交易标的物的短期金融市场，主要解决市场主体的短期性、临时性资金需求。包括同业拆借市场、回购协议市场、商业票据市场、银行承兑汇票市场、短期政府债券市场、大面额可转让存单市场。

2. 资本市场

资本市场是指融资工具期限超过一年的长期融资市场，是提供长期性资本的市场。资本市场的融资工具主要包括股票、债券和基金等，主要满足政府或企业部门对长期资金的需求。

(二)按金融交易的方式分类

1. 直接金融市场

直接金融市场是指资金供给者和资金需求者不通过任何中介机构直接进行融资的金融市场，或者通过金融中介机构进行融资，但是金融中介机构仅充当帮助资金融通的经纪人，从事的是经纪业务，它与资金供求双方并不形成债权债务关系，例如企业发行股票、债券的证券市场。

2. 间接金融市场

间接金融市场是指资金供给者和资金需求者通过金融中介机构进行融资的金融市场，在这里金融中介从事的是信用业务，它与资金供求双方之间都是债权债务关系，例如银行信贷市场。

(三)按交割期限分类

1. 现货市场

现货市场是指金融工具的买卖双方在谈妥一笔交易以后，马上办理交割手续，一手交钱一手交货，钱货当场两清。随着金融市场的发展，大宗交易的钱货往往难以当即两清，于是现货市场允许交易双方在一定期限内完成钱货两清的交割，这个期限一般是指在谈成交易的当天算起三个交易日内。

2. 期货市场

期货市场是指金融工具买卖双方在达成一项交易后，立即签订合约，合约双方就交易品种、数量、成交价格、交割时间等达成协议，交易完成后双方不必立即付款提货，而是到了合约规定的交割日才履行钱货两清手续。期货市场上期货合约约定的交割时间一般在3天以上1年以内。到期交割时，交易双方既可以进行实物交割，也可以按合约标的物交割时的市场价格与合约价格的差额进行差价结算。

（四）按金融交易的功能分类

1. 一级市场

一级市场也称初级市场、发行市场，是新证券的发行市场。在这个市场上投资者可以认购公司发行的证券。通过一级市场，发行人筹措到了公司所需资金，而投资人则购买了公司的证券成为公司的股东或债权人，实现了储蓄转化为资本的过程。一级市场具有以下几个主要特点：一是发行市场是一个抽象市场，其买卖活动并非局限于一个固定场所；二是发行是一次性行为，其价格由发行公司决定，并经过有关部门核准。投资人以同一价格购买股票。

2. 二级市场

二级市场是指流通市场，是已发行证券进行买卖交易的场所。二级市场的主要功能在于有效地集中和分配资金：①促进短期闲散资金转化为长期建设资金；②调节资金供求，引导资金流向，沟通储蓄与投资的融通渠道；③二级市场的证券价格变动能反映出整个社会的经济情况，有助于调节劳动生产率和新兴产业的兴起；④维持证券的合理价格，交易自由、信息灵通、管理缜密，保证买卖双方的利益都受到严密的保护。已发行的证券一经上市，就进入二级市场。投资人根据自己的判断和需要买进和卖出有价证券，其交易价格由买卖双方决定，投资人在同一天中买入有价证券的价格可能不同。

一级市场是二级市场的基础和前提，没有一级市场就没有二级市场，并且一级市场的质与量会直接影响二级市场的规模与发展。反过来，二级市场是一级市场存在与发展的重要条件：首先，二级市场是一级市场流动性的保证，投资者持有的金融资产需要变现时，可以在二级市场卖出；而拥有资金的投资者没有进入一级市场购买金融资产，可以随时在二级市场购买。其次，一级市场发行时，发行价格的制定必须参考二级市场的交易价格。

（五）按交易对象分类

按交易对象可分为资金市场、外汇市场、黄金市场、证券市场、理财产品市场和保险市场等。资金市场是指以本国货币表示的资金作为买卖对象的市场，往往是指银行存贷款市场；外汇市场是指以外国货币、外币有价证券、外币支付凭证等作为交易对象的市场；黄金市场是指以黄金作为交易对象的市场；证券市场是指以股票、债券等有价证券作为交易对象的市场；理财产品市场是指以理财机构发行的理财产品作为投资对象的市场；保险市场是指进行各种保险和再保险业务的市场。

三、金融市场的构成要素

（一）金融市场的主体

金融市场的主体就是金融市场的参加者。如果按交易关系划分，可以分为两大类：一类是资金需求者，另一类是资金供给者。资金需求者与资金供给者并不是截然分开的，大多数金融市场的交易者既是资金需求者，同时也是资金供给者。金融市场的交易者如果按经济部门来划分，通常包括居民家庭、企业和政府部门。

（二）金融市场的客体

金融市场的客体就是金融市场的交易对象。从表面上看，金融市场是以金融工具为主要交易对象，但实质上金融市场真正的交易对象是货币资金，人们在金融市场上交易的最终目的是获得货币资金，并将其投向商品生产和流通领域，金融工具只是货币资金融通的载体而已。

（三）金融市场中介

金融市场中介是指在金融市场上充当交易中介，从事交易或促使交易完成的组织、机构或个人。金融市场中介是金融市场上资金供应者与需求者之间的桥梁，在信息不完全的市场中，金融中介机构可以克服直接融资信息不对称的问题，为不同的资金供应者和需求者服务，促进资金融通顺利高效地实现。

（四）金融市场价格

金融市场上的交易价格与商品市场上的交易价格在表现形式上是不一样的，商品市场上的交易价格是商品的全价值，而金融市场上的交易价格分为两种：①借贷资金的交易价格——利率，因为资金借贷只是让渡了资金的使用权，而没有让渡所有权，利率是让渡资金使用权应获得的报酬。②金融工具交易的买卖价格或转让价格，其价格也和商品市场一样，按金融工具的全价值计算，因为这种交易的本质是所有权或债权的转移，例如，股票、债券一旦卖出，资金所有权或债权就转移了。

四、金融市场的功能

（一）融通资金功能

融通资金是指将储蓄转化为投资，是金融市场最基本的功能，通过这个功能可以有效地筹集和调剂资金。金融市场是一种多渠道、多形式、自由灵活地筹资与融资的场所。在金融市场上，金融工具多种多样，能适应不同资金供应者在利率、期限、方式等方面的要求，具有高度的选择性。因此，通过金融工具的买卖既能使资金增强流动性，调节货币资金余缺，又可增加收益性；对资金需求者来讲，可以根据生产经营活动状况，季节性、临时性的变化和资金需求的数量、期限，在金融市场上通过贷款和发行证券等方式来筹措资金；对金融机构来讲，它为金融机构之间的资金相互融通、交换金融票据或银行间同业拆借、调剂金融机构的头寸提供了方便。可见，金融市场不仅起到了广泛动员、筹集调剂资金和分配社会闲散资金的功能，也有利于社会经济的发展。

（二）资源配置功能

在金融市场上，随着金融工具的流动，相应地发生了价值和财富的再分配。金融是物资的先导，金融资产的流动带动了社会物质资源的流动和再分配。金融市场中的供求双方通过竞争决定了金融资产的价格，或者说确定了金融资产要求的收益率。公司所发行的金融资产，其回报越丰厚，金融资产的价格也就越高。营运效率越高的公司，其股价也就越坚挺。金融市场的这一特点引导着资金在金融资产间进行分配。金融市场能够将资源从低效率利用的部门转移到高效率利用的部门，从而实现稀缺资源的有效利用和合理配置。

（三）流动性功能

流动性功能是指金融市场通过转换证券将其他金融资产变现，为人们提供一系列筹集资金的手段。对于以金融工具形式保有财富的持有者，金融市场为其提供了低风险变现的机会。现金与活期存款是现代社会最主要的支付方式，不需要变成其他形式来支付。但是，这些货币资产的回报率较低，因此，财富的持有者通常会尽量减少现金与活期存款的持有。当他们需要花钱时，必须将各种形式的金融资产换成现金与活期存款。金融市场提供了这种变现机会，满足着人们对资金流动性的要求。从经济总体来看，金融市场的流动性是经济健康运行的保证。

（四）风险分散功能

在市场经济中，经济主体面临各种各样的风险，无论是投资实业还是投资金融资产，都可能面临价格风险、通货膨胀风险、利率风险、汇率风险、经营风险等。风险是客观存在的现象，人们无法消灭风险，但可以利用金融市场分散风险、回避风险。金融市场为它的参与者提供了分散、降低风险的机会，利用投资组合，可以分散投资于单一金融资产所面临的非系统性风险。金融衍生品，已成为各类经济主体进行风险管理的重要工具。

（五）信息反映功能

金融市场之所以有信息反映功能，是因为金融市场的存在与高度发达的市场经济是一国市场体系的枢纽。首先，金融市场是反映微观经济运行状况的指示器。由于证券买卖大部分是在证券交易所进行的，人们可以随时通过市场了解各种上市证券的交易行情，并据此制定投资决策。在一个有效的市场中，证券价格的涨跌实际上反映着发行企业的经营管理情况和发展前景。一个健全、有序的市场要求证券上市公司定期或不定期地公布其经营信息和财务状况，以帮助投资者及时、有效了解及判断上市公司及其相关企业、行业的发展前景。其次，金融市场交易直接或间接地反映了国家货币供应量的变动。货币是宽松还是紧缩均是以金融市场为媒介来实现的，实施货币政策时，金融市场通过出现相应的波动来反映货币放松或紧缩的程度。金融市场反馈的宏观经济运行方面的信息，有助于政府部门及时制定和调整宏观经济政策。最后，金融市场有大量专门人才长期从事商情研究和分析，他们与各类工商企业保持着不间断的直接接触，能及时、充分地了解企业发展动态。而且金融市场有着广泛而及时地收集和传播信息的通信网络，使人们可以及时了解世界经济的变化。

（六）宏观调控功能

宏观调控功能是指金融市场作为政府宏观调节机制的重要组成部分，具有调节宏观经济的作用。在现代市场经济中，货币像一根无形的纽带，把众多分散的局部经济运行联合起来，形成社会经济的整体运动。国家对国民经济运行的计划调控，转换成一系列金融政策，通过中央银行传导到金融市场，引起货币流量和流向的变动。货币流量和流向变动产生的一系列金融信号又通过金融市场传导到国民经济的各个部门，引起国民经济的局部变动或整体变动。中央银行正是利用金融市场宏观调控功能，通过公开市场业务，在金融市场上买卖有价证券，回笼货币，收缩货币供应量；当流通中货币量过少时，中央银行在金融市场上购买有价证券，增加货币供应量，从而使货币供给与需求相适应。

第二节 货币市场

货币市场是短期资金市场，是指融资期限在一年以下的金融市场，是金融市场的重要组成部分。由于该市场所容纳的金融工具，主要是政府、银行及工商企业发行的短期信用工具，具有期限短、流动性强和风险小的特点，在货币供应量层次划分上被置于现金货币和存款货币之后，称为"准货币"，该市场称为"货币市场"。

货币市场是典型的以机构投资人为主的融资市场。货币市场一般没有确定的交易场所，当今货币市场的交易均通过计算机网络进行。货币市场可以按金融产品的不同划分为许多子市场，例如同业拆借市场、票据市场、大额可转让定期存单市场（CDs 市场）、国库券市场、企业短期融资券市场和回购协议市场等。

一、同业拆借市场

同业拆借市场，是指金融机构之间以货币借贷方式进行短期资金融通活动的市场。同业拆借的资金主要用于弥补银行短期资金的不足，票据清算的差额以及解决临时性资金短缺需要。亦称"同业拆放市场"，是金融机构之间进行短期、临时性头寸调剂的市场。

（一）同业拆借市场的形成

同业拆借市场最早出现于美国，其形成的根本原因在于法定存款准备金制度的实施。按照美国 1913 年通过的《联邦储备法》的规定，加入联邦储备银行的会员银行，必须按存款数额的一定比率向联邦储备银行缴纳法定存款准备金。但由于清算业务活动和日常收付数额的变化，总会出现有的银行存款准备金多余，有的银行存款准备金不足的情况。存款准备金多余的银行需要把多余部分运用，以获得利息收入，而存款准备金不足的银行又必须设法借入资金以弥补准备金缺口，否则就会因延缴或少缴准备金而受到中央银行的经济处罚。在这种情况下，存款准备金多余和不足的银行，在客观上需要互相调剂。于是，1921 年在美国纽约形成了以调剂联邦储备银行会员银行的准备金头寸为内容的联邦基金市场。

在经历了 20 世纪 30 年代第一次资本主义经济危机之后，西方各国普遍强化了中央银行的作用，相继引入法定存款准备金制度作为控制商业银行信用规模的手段，与此相适应，同业拆借市场也得到了较快发展。在经历了长时间的运行与发展之后，当今西方国家的同业拆借市场，较之形成时，无论在交易内容开放程度方面，还是在融资规模等方面，都发生了深刻变化。拆借交易不仅仅发生在银行之间，还扩展到银行与其他金融机构之间。从拆借目的看，已不仅限于补足存款准备和轧平票据交换头寸，金融机构如在经营过程中出现暂时性、临时性的资金短缺，也可进行拆借。更重要的是，同业拆借已成为银行实施资产负债管理的有效工具。由于同业拆借的期限较短、风险较小，许多银行都把短期闲置资金投放该市场，以便及时调整资产负债结构，保持资产的流动性。特别是那些市场份额有限、承受经营风险能力脆弱的中小银行，更是把同业拆借市场作为短期资金经常性运用的场所，力图通过这种方式提高资产质量、降低经营风险、增加利息收入。

（二）同业拆借市场的特点

同业拆借是临时调剂性借贷行为，一般具有以下几个特点：

①融资期限较短。我国同业拆借资金的最长期限为4个月（修订后的《商业银行法》第四十六条取消了拆借期限不超过4个月的规定），因为同业拆借资金主要用于金融机构短期、临时性资金需要。

②同业拆借的参与者是商业银行和其他金融机构。参与拆借的机构基本上都在中央银行开立了存款账户，在拆借市场交易的主要是金融机构存放在该账户上的多余资金。

③同业拆借基本上是信用拆借，拆借活动在金融机构之间进行，市场准入条件较严格，金融机构主要以信誉参与拆借活动。

④利率相对较低。一般来说，同业拆借利率是以中央银行再贷款利率和再贴现率为基准，再根据社会资金的松紧程度和供求关系由拆借双方自由议定。由于拆借双方都是商业银行或其他金融机构，其信誉比一般工商企业要高，拆借风险较小，加之拆借期限较短，因而利率水平较低。

（三）同业拆借市场的交易类型

同业拆借交易种类繁多，按照交易方式划分，可分为信用拆借和抵押拆借；按期限长短划分，可分为隔夜（1天）、7天、1个月、4个月等品种。

①头寸拆借。头寸拆借是指银行同业之间为了轧平头寸、补足存款准备金或减少超额准备金而进行的短期资金融通活动。一般为日拆。

②同业借贷。同业借贷一般是指银行间为了调剂临时性、季节性的业务经营资金余缺而进行的融通资金活动。它的期限较长，从数天到一年不等。

（四）同业拆借的交易方式

同业拆借一般通过各商业银行在中央银行的存款准备金账户，由拆入银行与拆出银行之间用电话或电传通过以下三种方式进行：

①要求拆入的银行直接与另一家商业银行接触并进行交易。

②通过经纪人从中做媒，促成借贷双方面议成交。

③通过代理银行沟通成交，即拆出行和拆入行都用电话通知代理行，由代理行代办交易，其流程如下：由拆出银行通知中央银行将款项从其准备金账户转到拆入银行的账户，中央银行借方记拆出银行账户，贷方记拆入银行账户，由此完成拆借过程。

(五)同业拆借利率

同业拆借市场有两个利率，拆进利率表示金融机构愿意借款的利率；拆出利率表示金融机构愿意贷款的利率。

在直接交易情况下，拆借利率由交易双方通过直接协商确定；在间接交易情况下，拆借利率根据借贷资金的供求关系通过中介机构公开竞价或从中撮合确定。当拆借利率确定后，拆借交易双方就只能是这一既定利率水平的接受者。

目前，国际货币市场上较有代表性的同业拆借利率有四种：美国联邦基金利率、伦敦同业拆借利率（LIBOR）、新加坡同业拆借利率和香港同业拆借利率。

同业拆借利率是拆借市场的资金价格，是货币市场的核心利率，也是整个金融市场上具有代表性的利率，它能及时、灵敏、准确地反映货币市场乃至整个金融市场短期资金供求关系。当同业拆借率持续上升时，反映资金需求大于供给，预示市场流动性可能下降；当同业拆借利率下降时，情况正好相反。

二、票据市场

票据市场是指以商业票据的发行、担保、承兑、贴现、转贴现、再贴现来实现短期资金融通的市场，包括商业本票市场和商业汇票市场，而商业汇票市场又包括票据贴现市场。票据市场是短期资金融通的主要场所，是直接联系产业资本和金融资本的枢纽，作为货币市场的一个子市场，票据市场是整个货币市场体系中最基础、交易主体最广泛的组成部分。

(一)商业本票市场

随着信用制度的发展，商业本票不再限于商业信用中使用，逐渐演变成为金融市场上筹措资金的一种工具，即由企业向金融市场发行，拥有筹措短期资金的工具，也成为融资性商业本票。为了便于流通，融资性商业本票只列明出票人，也就是付款人，不再注明收款人，所以也称单名票据，票面金额也由原来因商品交易而发生的零整不一，变成整数金额。

商业本票的发行者从市场筹措资金，一般是为了解决临时性的资金需要，所以偿还期限较短，通常为20天到一个半月不等；由于发行者的信用等级高，所以，利率较低。商业本票的面额一般比较人，例如美国市场上的商业本票票面金额大都在10万美元以上，市场规定只有10万美元以上的本票才能上市交易。

企业发行商业本票筹措短期资金，可以免去申请贷款的烦琐手续，又无须任何抵押、担保，随要随筹，比较灵活；通过发行本票还可以提高企业的信誉，因为融资性商业本票的发行者必须是具有较高信用等级的大型企业，发行本票相当于做广告。

融资性商业本票的发行方式通常有两种：一种是发行企业直接发行，这样可以节省中间人费用，但手续较烦琐；另一种是委托交易商代收，大多数工商企业都采取这种方式。由于商业本票偿还期短，一般较少转让，二级市场很弱，商业本票没有专门的流通市场，基本上只有发行市场。

(二)商业汇票市场

1.票据的承兑

承兑汇票分为银行承兑汇票和商业承兑汇票。

银行承兑汇票是由债权人开具的要求债务人付款的命令书。当这种汇票得到银行的付款承诺后，即成为银行承兑汇票，银行承兑汇票作为短期融资工具，期限一般在30天到180天，90天最为普遍。银行承兑汇票由在承兑银行开立存款账户的存款人出票，对出票人签发的商业汇票进行承兑是银行基于对出票人资信的认可给予的信用支持。

商业承兑汇票是出票人签发的，委托付款人在指定日期无条件支付确定的金额给收款人或持票人的票据，由银行以外的付款人承兑的汇票即为商业承兑汇票。商业承兑汇票是由银行以外的付款人承兑的票据。商业承兑汇票可以由付款人签发并承兑，也可以由收款人签发并交由付款人承兑。商业承兑汇票的出票人，为在银行开立存款账户的法人以及其他组织，与付款人具有真实的委托付款关系。

2.票据的流通

商业汇票必须到期以后才能偿付，一些持有未到期商业汇票，却急于使用现金的债权人，就要设法让债权变为现金，于是产生了商业汇票的流通。商业汇票的流通形式包括背书转让和贴现两种。

(1)票据的背书转让

票据法规定，持票人将票据权利转让给他人，应当背书并交付票据。所以，当持票人为了转让票据权利，在票据背面或者粘单上记载有关事项并签章，就是在进行背书转让。背书转让一经成立，即产生法律效力，产生票据权利移转的效力、票据权利的证明效力和票据责任的担保效力等背书效力。

背书人一经背书，即为票据的第二债务人，若票据的出票人或承兑人不能按期支付款项，票据持有人有权要求第二债务人——背书人付款。由于转让可能是多次的，所以可能有多个背书人，在追偿债务时应按转让的相反次序，依次追偿。

(2)票据的贴现

贴现是指远期汇票经承兑后，汇票持有人在汇票尚未到期前在贴现市场上转让，受让人扣除从贴现日至到期日的贴息后，将票款付给出让人的行为。票据贴现对于持票人来说，等于提前收回了垫付于商业信用的资金；对银行来说，等于向票据的债务人提供了一笔相当于票据金额的贷款。

一般而言，根据参与主体的不同，票据贴现可以分为三种，即贴现、转贴现和再贴现。

贴现是指客户(持票人)将没有到期的票据出售给贴现银行，以便提前取得现款。工商企业向银行办理的票据贴现大都属于这种情况。

转贴现是指银行以贴现购得的尚未到期的票据向其他商业银行所作的票据转让，转贴现一般是商业银行间相互拆借资金的一种方式。

再贴现是指贴现银行持未到期的已贴现汇票向中央银行的贴现，通过转让汇票取得中央银行再贷款的行为。再贴现是中央银行的一种信用业务，是中央银行为执行货币政策而运用的一种货币政策工具。

（3）票据的贴现率及价格的决定

票据的贴现率决定是票据贴现市场运作机制的一个重要环节，贴现率是商业银行办理贴现时预扣的利息与票面金额的比率。从理论上讲，合理的贴现率水平应比照相同档次的贷款利率水平来确定。不过，由于票据贴现率是提前预扣利息，相当于预先占用了客户贴息的时间价值，因而贴现率水平应比同档次贷款利率低一些。

贴限额是指票据贴现时银行付给贴现申请人的实付贴现金额，计算公式如下：

$$贴现利息 = \frac{票面金额 \times 贴现率 \times 贴现天数}{360}$$

$$贴现额 = 票面金额 - 贴现利息$$

例如，某企业持有一张 100 万元的银行承兑汇票请求贴现，时间为某年 5 月 20 日，该票据于同年 8 月 20 日到期，当时贴现率为 10.2%，则：

$$贴现利息 = \frac{1\,000\,000 \times 10.2\% \times 90}{360} = 25\,500（元）$$

$$贴现额 = 1\,000\,000 - 25\,500 = 974\,500（元）$$

三、大额可转让定期存单市场

大额可转让定期存单市场，是指以大额可转让定期存单的发行和流通来实现短期资金融通的市场。大额可转让定期存单集中了活期存款和定期存款的优点，且面额大而不固定，一般不记名，允许流通转让。大额可转让定期存单的作用：对银行而言，可以获得相对稳定的资金，用于期限较长的放款；对存款人而言，既可以获得较高的利息收入，又能在需要时转让出售，迅速变为现金。

大额可转让定期存单市场包括银行发行大额可转让定期存单和买卖银行已经发行的大额可转让定期存单两级。

大额可转让定期存单的发行通常有两种形式：一是批发式发行，即发行银行预先公告拟发行大额存单的总额、利率、发行日期、到期日及存单面额等信息，供投资者选购；二是零售式发行，即发行银行根据投资者的要求，随时在柜台出售存单，利率、存单面额及期限等信息由双方约定。存单的发行一般是由银行直接进行，不需要中介机构帮助发行。存单一般按面额发行，投资人购买后，按存单规定的利率获取利息收益。大额可转让定期存单的利率，由发行人根据市场利率水平和银行自身的信用而定，通常情况下，比同期限银行定期存款利率和国库券的利率水平高。各银行所发行的大额可转让定期存单，由于各银行的资信及其他情况不同，其信用风险程度也不同，由此造成了各银行所发行的可转让定期存单的利率也不一致。资信高的大银行所发行的存单比资信相对低的银行所发行的存单利率要低。交易市场上的利率，与到期日长短挂钩，到期日越长，利率越高。

由于大额可转让定期存单期限较短，很受投资人欢迎，所以在发达的发行市场，一般转让较少，次级市场不发达。如需转让，通常通过交易商为中介实现交易。大额可转让定期存单市场的参与主体主要由商业银行、货币市场基金、政府、企业和票据经销商组成。世界上大多数国家或地区都禁止发行银行在流通市场上购回自己发行未到期的大额存单，商业银行只能买卖其他银行发行的未到期的大额可转让定期存单。货币基金、政府和企业是大额定期存单的主要投资者，它们通过购买大额可转让定期存单为自己手中大额、暂时闲置的资金寻求利用渠道，提高资金使用效率。票据经销商一般是大额可转让定期存单流通市场上的中介，它们在买卖双方之间牵线搭桥，沟通信息，促成交易。

与其他西方国家相比，我国大额可转让存单业务起步较晚。据记载，我国第一张大额可转让存单于1986年面世，最初由交通银行和中国人民银行发行，1989年经中国人民银行审批其他的专业银行也陆续开办了此项业务，大额存单的发行者仅限于各类专业银行，不准其他非银行金融机构发行。存单的主要投资者是个人，企业为数不多。由于对大额可转让定期存单的利率限制，加上二级市场发展严重滞后，使这种金融工具的优势不复存在，中国人民银行于1996年12月14日公布取消该业务。2015年6月2日，中国人民银行公布《大额存单管理暂行办法》，正式宣布恢复面向机构及个人推出大额存单。

补充阅读 7-1

大额存单同普通存款有啥区别

所谓大额存单，是由银行业存款类金融机构面向非金融机构投资者发行的记账式大额存款凭证，可以转让、质押，是有流动性的存款。与理财产品不同的是，大额存单计入一般性存款，需缴准和纳入存贷比考核，可作银行主动负债管理工具。

2015年6月2日，中国人民银行正式发布《大额存单管理暂行办法》，允许商业银行、政策性银行、农村合作金融机构等可面向个人、非金融企业等主体发行记账式大额存款凭证，发行采用电子化方式，利率以市场化方式确定。根据《大额存单管理暂行办法》，大额存单利率将以市场化方式确定，个人投资者认购起点为30万元。那么，大额存单同普通存款有什么不同？

据了解，大额存单属于可转让存单，最早产生于美国。持有大额存单的客户，可以随时将存单在市场上出售变现，通过以"实际上的短期存款"取得"按长期存款利率计算的利率收入"。

在《大额存单管理暂行办法》中，最引人注目的内容是大额存单发行利率以市场化方式确定。固定利率存单采用票面年化收益率的形式计息，浮动利率存单以Shibor为浮动利率基准计息。

大额存单的推出，有利于有序扩大负债产品市场化定价范围，健全市场化利率形成机制；也有利于进一步锻炼金融机构的自主定价能力，培育企业、个人等零售市场参与者的市场化定价理念，为继续推进存款利率市场化进行有益探索并积累宝贵经验。同时，通过规范化、市场化的大额存单逐步替代理财等高利率负债产品，对于促进降低社会融资成本也具有积极意义。

大额存单的推出实质上属于渐进式利率市场化，遵循了中国人民银行提出的"先大额后小额"的改革顺序，对商业银行的负债稳定性冲击较小。从短期来看，这会导致商业银行存款成本的轻微上升，但从中长期来看有利于丰富负债手段和主动调整负债结构，应对互联网金融和其他非银行金融机构的冲击，更多地将资金留在银行体系。

大额存单对于银行、企业和个人是一个共赢的选择。对于银行来说，一方面丰富了主动负债的渠道，吸收资金的规模、期限、时机都由银行自主决定，利率随行就市，提高了负债的主动性。同时，大额存单的推出，将使商业银行以往在揽储大战中的隐性成本显性化，有助于减少存款营销中的不规范行为。同时，根据银监会关于调整商业银行存贷比计算口径的通知，对企业、个人发行的大额存单列入存贷比分母项，也增加了大额存单的吸引力。

那么，大额存单的推出对于个人和机构投资者分别有何门槛呢？根据《大额存单管理暂行办法》，大额存单采用标准期限的产品形式。个人投资者认购大额存单起点金额不低于 30 万元，机构投资者认购大额存单起点金额不低于 1 000 万元。大额存单期限包括 1 个月、3 个月、6 个月、9 个月、1 年、18 个月、2 年、3 年和 5 年共 9 个品种。对此，杨驰表示："由于大额存单的投资要求一般在 30 万元以上，远远高于银行理财 5 万元的门槛，因此预计可参与的个人投资者群体有限。"

但是，如果将大额存单利率和保本型银行理财产品相比较，不难发现大额存单的推出或将使保本型银行理财产品收益优势不再明显。此外，由于大额存单算作一般性存款，且纳入存款保险的保障范围，而银行理财产品并不受其保障，从而使二者具有明显区别。

根据普益财富推算，一年期大额存单的利率约为 4.1% ~ 4.2%；而保本型银行理财产品在经过 4 月降准、5 月降息之后，其收益率已经出现了大幅下滑。"因此，从收益率上看，保本型银行理财产品对于以往定期存款的高收益优势在不断丧失。"大额存单或许还具备某些银行理财产品不具备的附加功能。例如，大额存单不仅可作为出国保证金开立存款证明，还可用作贷款抵押，这对于有出国需求或者贷款需求的人士是一个较好的选择，可以在满足自身需求的同时获得额外的收益。

值得注意的是，《大额存单管理暂行办法》规定，大额存单可以转让、提前支取和赎回。大额存单转让可以通过第三方平台开展。从国际经验来看，成熟金融市场国家的大额存单都可以流通转让，而且活跃的二级市场是推进存单市场发展的重要前提。由于大额存单或将实现在二级市场进行转让，因而具有极强的流动性。当投资者出现紧急情况需要调用资金时，可以快速地在二级市场进行套现，且交易成本较低，这也是银行理财产品无法比拟的优势。

（资料来源：《新浪财经网-南方日报》2015-06-03）

四、国库券市场

国库券市场即国库券发行与流通形成的市场。国库券是为解决国库资金周转困难而发行的短期债务凭证，期限短，流动性强；国库券发行频率高，但存量可观；国库券发行一般采用间接发行方式，由金融机构承销；国库券安全性高，收益率合理且可以免税。因此，国库券市场交易活跃，既是投资者的理想场所，也是商业银行调节流动性和中央银行公开市场操作的场所。

美国的国库券市场是世界上最活跃的市场之一，在美国国库券市场上有每周发行、每月发行和不定期发行的国库券。美国财政部每周发行一次偿还期为 3 个月和 6 个月的国库券，每月发行一次偿还期为 9 个月和 12 个月的国库券，当财政出现临时性资金短缺时，可以不定期地发行计划外国库券。

国库券市场的流动性在货币市场中是最高的，几乎所有的金融机构都参与这个市场的交易。另外，也包括一些非金融的公司、企业。在众多参与者中，中央银行公开参与市场交易，以实现货币政策的调控目标。许多国家的中央银行之所以愿意选择国库券市场开展公开市场业务，主要是因为这个市场有相对大的规模和很好的流动性。

五、回购市场

回购是指按照交易双方的协议，由卖方将一定数额的证券卖给买方，同时承诺若干日后按约定价格将该种证券如数买回的一种交易方式。以回购方式进行交易实质是一种有抵押的贷款：证券的购买，实际是买方将资金出借给卖方；约定卖方在规定的时间购回，实际是通过购回证券归还借款；抵押品就是相关的证券。

对于卖方来说，回购这一过程是售出国债取得资金的过程，融资期限一到，则把售出的国债从买方购回，同时归还借入的资金，这一过程称为正回购。

对于买方来说，回购这一过程是买入国债借出资金的过程，融资期限一到，则将购入的国债回售给卖方，同时收回借出的资金，这一过程称为逆回购。

无论在我国还是西方国家，国债都是主要的回购对象。另外，高品质的企业债券、金融债券也可以成为回购对象。回购期限分为隔夜、定期和连续性三种。隔夜回购是最常见的，融资时间为一个营业日，即今日卖出证券，明日买回，相当于日拆；也有30天的，最长可达3~6个月，超过30天的回购协议也称定期回购协议；还可以签订连续性合同，即每天按不同的利率连续进行交易，这种交易称为连续性合约。

回购交易一般在证券交易所进行，目前我国不仅在上海、深圳两个证券交易所开展了回购交易，而且全国银行间同业拆借市场也开展了此项业务。已推出的回购交易品种包括1天、7天、14天、21天、1个月、2个月、3个月、4个月、6个月、9个月和1年期债券共11种，但交易所回购市场远不如银行间债券市场活跃，后者已经成为金融机构短期资金融通的主要场所。

六、企业短期融资券市场

(一)企业短期融资券的概念和特点

企业短期融资券发源于商品交易，是买方因一时资金短缺而开给卖方的付款凭证。但是现代企业短期融资券大多已和商品交易脱离关系，成为出票人(债务人)融资、筹资的手段。企业短期融资券具有以下特点：

①获取资金的成本较低。即利用企业短期融资券融资的成本通常低于银行短期借款的成本。一些信誉卓著的大企业发行企业短期融资券的利率，有时甚至可以低至同等条件下的银行同业拆借利率。

②筹集资金的灵活性较强。用企业短期融资券筹资，发行者可在约定的某段时期内，不限次数及不定期地发行企业短期融资券。

③对利率变动反应灵敏。在西方国家金融市场上，企业短期融资券利率可随资金供需情况随时发生变动。

④有利于提高发行公司的信誉。企业短期融资券在货币市场上是一种标志信誉的工具，公司发行短期融资券实际上达到了免费宣传和提高公司信用的效果。

⑤一级市场发行量大而二级市场交易量很小。这主要是由于大多数短期融资券的偿还期很短，一旦买入一般不会再卖出。

（二）企业短期融资券市场的主体

名义上，各类金融公司、非金融公司（如大企业、公用事业单位等）及银行控股公司等都是企业短期融资券的发行者，但实际上只有资本雄厚、信誉卓著，经过评级被称作主要公司的一些企业才能享有经常大量发行短期融资券的条件。经过十几年的发展，商业银行已成为企业短期融资券发行市场上的重要角色。它们通过提供信贷额度支持、代理发行短期融资券等形式，促进了企业短期融资券市场的发展。企业短期融资券的主要投资者是大商业银行、非金融公司、保险公司、养老金、互助基金会、地方政府和投资公司等。通常个人投资者很少，这主要是由于企业短期融资券面值较大或购买量较大，个人一般无力购买。

（三）发行企业短期融资券需要考虑的因素

①发行成本。发行者往往要对各种借款方式进行成本比较，确定是否采取发行短期融资券来筹资。

②发行数量。一般来讲，其发行数量主要取决于市场短期资金的供求状况。

③发行方式。企业短期融资券的发行方式主要分为直接发行和交易商发行。直接发行一般为资信卓著的大公司，而且发行量巨大，发行次数频繁。交易商发行虽然简便，但费用高。

④发行时机。企业发行短期融资券往往与其资金使用计划相衔接，发行过早，筹集到的资金不能立即使用，就会增加利息负担；发行时间过晚，需用资金时又无法补足资金缺口，从而影响生产周转。

⑤发行承销机构。直接发行由大公司附设的金融公司发行；如果采用交易商发行，通常应选择那些资本雄厚、社会信誉高，又与发行公司有密切合作关系的交易商作为代理发行人。

⑥发行条件。发行条件主要包括利率、发行价格、发行期限、兑付和手续费等。

⑦评级。未经评级的短期融资券发行较为困难，特别是那些资信不为投资者广泛了解的企业，发行的短期融资券很可能无人问津。

七、证券回购市场

某一证券公司刚刚用手头可以动用的全部资金购买了面值 5 000 万元的人民币国债，却发现一家收益前景十分看好的公司将于次日上市，证券公司打算以不多于 5 000 万元资金购入这种股票。虽然两天后证券公司将有现款收入足以支付这个款项，但次日手头上却无现款，这时，证券公司可以到回购市场上，将手中持有的 5 000 万元国债以回购协议方式出售，并承诺在第三天如数购回。这就是典型的回购事例，证券公司充当资金借入方，为正回购交易。

证券回购市场也称回购协议市场，是指通过回购协议进行短期资金融通交易的场所，市场活动由正回购与逆回购组成。这里的回购协议是指资金融入方在出售证券的同时和证券购买者签订的、在一定期限内按原定价格或约定价格购回所卖证券的协议。

从回购形式上看，证券回购包括买断式和质押式。买断式回购是指债券持有人将债券卖给债券购买方的同时，与买方约定在未来某一日期，由卖方再以约定价格从买方买回相等数量同种债券的交易行为。质押式回购是指债券持有人将债券质押给资金融出方的同时，与买方约定在未来某一日期，以约定价格从资金融出方买回该债券。二者的主要区别在于标的券种的所有权归属不同。买断式回购债券所有权发生了转移，具备了融资和融券双重功能；质押式回购融券方不拥有标的券种的所有权，在回购期内，融券方无权对标的债券进行处置，只具备融资功能(买断式拥有所有权)。在我国二级交易市场，国债交易绝大部分交易量都集中在回购上，而回购形式则主要表现为质押式回购。

从本质上看，回购协议是一种质押贷款协议。应把握两个要点：一是回购交易虽然是以签订协议的形式进行，但协议的标的物却是有价证券；二是我国回购协议市场上回购协议的标的物是经中国人民银行批准的，适用于在回购协议市场上进行交易的政府债券、中央银行债券及金融债券。证券回购市场之所以吸引投资者，是因为该市场为剩余资金的短期投资提供了现成工具。

第三节　资本市场

资本市场是政府、企业、个人筹措长期资金的市场，包括长期借贷市场和长期证券市场。在长期借贷市场，一般是银行向个人提供消费信贷；在长期证券市场，主要是股票市场和长期债券市场。本节仅讨论长期证券市场。

一、股票市场

股票市场是专门对股票进行公开交易的市场，包括股票的发行和转让。股份公司通过面向社会发行股票，迅速集中大量资金，实现生产的规模经营；而社会上分散的资金盈余者本着"利益共享、风险共担"的原则投资股份公司，谋求财富的增值。

股票市场一般分为一级市场和二级市场两部分。

(一)股票一级市场

一级市场也称发行市场，是指公司直接或通过中介机构向投资者出售新发行的股票的市场。所谓新发行的股票，包括初次发行和再发行的股票，前者是公司第一次向投资者出售的原始股，后者是在原始股基础上新增的份额。

1.股票发行的方式

(1)私募发行

私募发行也称不公开发行、内部发行，是指面向少数特定投资人发行证券的方式。私募发行的对象分两类：一类是个人投资者，例如公司老股东或发行机构自己的员工(俗称"内部职工股")；另一类是机构投资者，例如大的金融机构或与发行人有密切往来关系的企业等。私募发行有确定的投资人，发行手续简单，可以节省发行时间和费用。私募发行的缺点是投资者数量有限，流通性较差，也不利于提高发行人的社会信誉。不公开发行方式主要在以下几种情况下采用：①以发起方式设立公司；②内部配股；③私人配股，也称第三者分摊。目前，我国境内上市外资股(B股)的发行几乎全部采用私募方式进行。

（2）公募发行

公募也称公开发行，是指发行人通过中介机构向不特定的社会公众广泛地发售证券，通过公开营销等方式向没有特定限制的对象募集资金的业务模式。在公募发行情况下，所有合法的社会投资者都可以参加认购。为了保障广大投资者的利益，各国对公募发行都有严格要求，例如发行人要有较高的信用，并符合证券主管部门规定的各项发行条件，经批准后方可发行。为适应更广大投资者的需求，公募没有合同份数和起点金额的限制。因为涉及众多中小投资人的利益，监管当局对公募资金的使用方向、信息披露内容、风险防范要求都非常高。

公募发行的优点是发行范围广、发行对象多，易于足额募集资本，可筹集较多的资金；可提高发行者在证券市场上的知名度，扩大其影响力；可以公开上市交易，变现性强，流动性较好。公募发行的缺点是必须公布一系列的报表和有关文件，或者取得资信等级，因而手续比较复杂，发行成本较高。

公募发行可以采用直接发行方式，也可以采用间接发行方式。

直接发行是指发行者不通过承销机构而是自己承担证券发行的一切事务和发行风险，直接向认购者推销出售证券的方式。这种销售方式可由发行公司直接控制发行过程，实现发行意图，并可节省发行费用；但筹资时间往往较长，发行公司自己要承担全部风险，并需要发行公司具有较高的知名度、信誉和实力，并且熟悉发行手续、精通发行技术，有较为广泛的推销对象。

间接发行也称委托发行，发行者并不直接将所要发行的证券出售给一般投资者，而是委托投资银行或者证券公司等金融中介机构代理发行。间接发行须支付手续费从而增加了发行成本，但优点在于：可以给发行者节省许多时间和精力，减少发行风险，保证及时筹措到资金；还可以借助代理发行的证券中介机构提高发行者的社会知名度。由于这种发行方式依靠专门的中介机构，借助该机构资金实力强、网点广、专业人才多和经济信息灵、社会信誉好等优势，能迅速、可靠地完成销售任务，因而已成为证券发行的主要方式。

大多数证券的发行都是采用公开间接发行方式，由证券公司充当中介人。具体来讲，间接发行又分为以下三种：

①代销。推销者只负责按照发行者的条件推销证券，但不承担任何发行风险，在约定期限内能销多少算多少，期满仍销不出去的退还给发行者。由于全部发行风险和责任都由发行者承担，证券发行中介机构只是受委托代为推销，因此，代销手续费较低。

②余额包销。也称承销，是指证券发行者与证券发行中介机构签订的推销合同明确规定，在约定期限内，如果中介机构实际推销的结果未能达到合同规定的发行数额，其差额部分由中介机构自行承购的发行方式。这种发行方式的特点是能够保证完成证券发行额度，一般较受发行者的欢迎，而中介机构因需承担一定的发行风险，故承销费高于代销手续费。

③包销。当发行新证券时，证券发行中介机构先用自己的资金一次性买下将要公开发行的证券，然后根据市场行情逐渐卖出，该机构从中赚取买卖差价。若有滞销证券，中介机构减价出售或自己持有，由于发行者可以快速获得全部所筹资金，而推销者则要承担全部发行风险，因此，包销费高于代销费和承销费。

究竟采用哪一种间接发行方式，发行者和推销者考虑的角度是不同的，需要双方协商确定。一般说来，发行者主要考虑自己在市场上的信誉、用款时间、发行成本和对推销者的信任程度；推销者则主要考虑将承担的风险和所获得的收益。

2. 股票发行的条件

《中华人民共和国证券法》（以下简称《证券法》）规定，公司公开发行新股，应当具备健全且运行良好的组织机构；具有持续盈利能力，财务状况良好，最近3年财务会计文件无虚假记载；无其他重大违法行为以及经国务院批准的国务院证券监督管理机构规定的其他条件。

《首次公开发行股票注册管理办法》规定，首次公开发行的发行人应当是依法设立并合法存续的股份有限公司；持续经营时间应当在3年以上；注册资本已足额缴纳；生产经营合法；最近3年内主营业务、高级管理人员、实际控制人没有重大变化；股权清晰。发行人应具备资产完整、人员独立、财务独立、机构独立、业务独立的独立性。发行人应规范运行。

发行人财务指标应满足以下要求：①3个会计年度净利润均为正数且累计超过人民币3 000万元，净利润以扣除非经常性损益后较低者为计算依据；②连续3个会计年度经营活动产生的现金流量净额累计超过人民币5 000万元；或者3个会计年度营业收入累计超过人民币3亿元；③发行前股本总额不少于人民币3 000万元；④至今连续1期末无形资产（扣除土地使用权、水面养殖权和采矿权等后）占净资产的比例不高于20%；⑤至今连续1期末不存在未弥补亏损。

3. 股票发行的程序

根据《证券法》等有关规定，新股发行程序如下：

①新股发行的决议。股份有限公司发行新股是公司的增资行为，应当由股东大会作出决议，经出席股东大会的股东所持表决权的2/3以上通过。

②新股发行的申请。股东大会作出发行新股的决议后，董事会应聘请会计师事务所、资产评估机构、律师事务所等专业机构，对公司的资信状况、财务状况进行评估，并就有关事项出具法律意见书。然后，公司向证券监督管理部门申请批准。

③公开有关新股发行的文件。公司取得发行新股的权利时，应当公告新股的招股说明书和财务会计报表。

④办理认购事宜。

⑤登记和公告。公司发行的新股募足后，应当向公司的登记机构办理登记事项，并在指定报刊上进行公告。

补充阅读 7-2

"多渠道促进居民储蓄有效转化为资本市场长期资金"是鼓励居民炒股吗？

这种认识是有偏差的。首先，资本市场包括股票市场以及由国债、地方债、企业债等组成的债券市场；其次，将居民储蓄有效转化为资本市场长期资金不是通过个人炒股，而是由机构投资者配置，通过年金、理财产品、信托产品等多个渠道进入资本市场，而不是储蓄资金直接进入资本市场。

自2000年以来，中国经济进入高速发展期，居民财富高速增长，储蓄率与储蓄规模不断提高，同时房价和物价也持续上涨。为了实现储蓄的增值保值，中国居民增值保值的投资选择非常少，只有买房和炒股。事实上，人们以购房为主的投资行为助长了资产泡沫，给宏观经济带来了严重影响。当地产投资遇冷后，居民储蓄需要新的投资渠道。

股市在过去30多年并没有给大多数投资者带来保值增值的功能，过于波动的市场也影响了直接融资功能。首先，上市公司存在很多问题，缺少足够有吸引力的分红，鼓励了投资者运作股价。其次，大部分机构投资者不能为中小投资者带来安全的、可持续的收益，导致股市散户化严重，人们不相信机构投资。

对于市场而言，散户化的市场以及高度的投机性会增加许多偶发因素，散户为主的交易结构也推动机构投资者倾向于"散户化操作"，这必然导致股市缺乏长期投资价值支撑，成为日交易量巨大的"互割市场"。

股市的这种高风险特征迫使资金另寻他路。

于是，各类理财产品应运而生。由于债务刚兑现象的存在以及地方政府、国企和地产企业对资金的渴求，以及互联网理财带来的竞争，致使我国的理财收益率在相当长的一段时间内居高不下，不仅抬高了融资成本，也导致了金融机构通过加杠杆以不透明方式在金融体系内进行投机。与此同时，缺乏监管的互联网金融以高收益吸引投资者，最终导致大量投资者血本无归。

可见，在高速增长阶段伴随着资产价格持续上涨，中国居民对收益率有过高期待，一定程度上助长了投资行为的扭曲。中国资本市场的不发达、不健全也影响了直接融资，依附于需求扭曲结构上的金融机构表现出缺乏长期投资的能力而呈现短期化特征。

我国启动供给侧结构性改革后，不断理顺需求侧结构，同时推动金融供给侧结构性改革，大力推进证券市场改革，恢复资本市场正常融资功能。同时，房住不炒的政策定位，逐步解决P2P等互联网金融业务存在的问题。那些高风险、投机性的个人投资渠道被关闭。

我国居民需要安全的、可持续的长期投资渠道，因此大力发展投资机构，给予居民通过年金、理财产品、信托产品等渠道进行长期投资的选择，变得十分必要和紧迫。而这种稳定的长期投资有利于扩大直接融资。考虑到金融业不断扩大开放，带给居民更多国际金融服务选择，必将进一步刺激国内金融机构提升竞争力。但是，整个金融体系与资本市场的有效性最终还得依赖监管机构的大力改革与有效监管，这是确保整个市场健康运行的关键。

（资料来源：促进居民存款进入资本市场不等于鼓励炒股［N］.21世纪经济报道，2020-01-09(001).）

4.股票的发行价格

（1）股票发行价格的种类及基本规定

股票的发行价格是股票发行时使用的价格，亦即投资者认购股票时所支付的价格。确定股票的发行价格很重要。股票的发行价格过高则难以出售，会使股票的发行数量减少，进而使发行公司不能筹到所需资金，股票包销商也会遭受损失；股票的发行价格过低，股票销售虽比较容易，但发行公司却蒙受损失。

股票的发行价格可以和股票的面额一致，也可能不一致。

股票的发行价格通常有三种：即平价、溢价和折价。平价是指股票的票面金额为发行价格；溢价是指以高于股票票面金额的价格为发行价格；折价则是以低于股票票面金额的价格为发行价格。

　　股票发行价格通常由发行公司根据股票面额、股市行情和其他因素决定。以募集设立方式设立公司首次发行的股票价格，由发起人决定；公司增资发行新股的股票价格，由股东大会作出决议。世界上许多国家不允许折价发行股票，例如英国《公司法》原则上不准折价发行。我国《公司法》规定："面额股股票的发行价格可以按票面金额，也可以超过票面金额，但不得低于票面金额。"

　　（2）确定股票发行价格的方法

　　确定股票发行价格的基础是对发行股票企业的估值。对企业的估值主要考虑股票发行公司的盈利能力、行业背景、业务特点、管理层素质、未来增长潜力等因素。确定股票发行价格的方法有市盈率法、净资产倍率法、现金流量法和竞价确定法。

　　①市盈率法

　　市盈率定价法是指依据注册会计师审核后发行人的盈利情况计算发行人的每股收益，然后根据二级市场的平均市盈率、发行人的行业状况、经营状况和未来成长情况拟定市盈率，是新股发行定价方式之一。

　　对于盈利高且保持快速成长势头的上市公司，市场价格所反映的每股市盈率水平也越高。反之，盈利越差，市盈率水平越低。因此，我们可以将市盈率作为股票定价的一种依据。如果我们能够找到一家上市公司的合理市盈率，就可以从已知流通股的市盈率和股本结构倒推出该股的市盈率。

　　以市盈率定价方式是参照拟发新股的所在行业平均市盈率，结合拟发新股的收益、净资产、成长性、发行数量、市场状况以及可比上市公司二级市场表现来确定。按照以下公式计算确定：

$$发行价格＝每股收益×发行市盈率$$

　　市盈率定价法作为近年来主要新股发行定价的方法在市场化定价趋势中具有不可替代的作用。由于这种定价方式考虑到发行风险，因此定价时通常会留有一定的空间。

　　②净资产倍率法

　　净资产倍率法也称资产净值法，是指通过资产评估和相关会计手段，确定发行公司拟募股资产的每股净资产值，然后根据证券市场的状况将每股净资产值乘以一定的倍率，以此确定股票发行价格的方法。

　　以净资产倍率法确定发行股票价格的计算公式为：

$$发行价格＝每股净资产值×溢价倍数$$

　　净资产倍率法在国外常用于房地产公司或资产现值偏重于商业利益的公司的股票发行，但是国内一直未采用。以这种方式确定每股发行价格不仅应考虑公平市值，还需考虑市场所能接受的溢价倍数。

　　③现金流折现法

　　现金流折现法是指通过预测公司未来盈利能力，计算出公司存续期间每年的净现金流量，然后按一定的贴现率将企业存续期间各年的净现金流量折算为净现值，从而确定股票发行价格的方法。

　　④竞价确定法

　　竞价确定法是指在投资者发行底价的基础上，按价格优先和同价位时间优先的原则竞价申购所形成的竞争价格确定发行价格的方法。

　　竞价申购方法：投资者在指定时间内通过交易柜台或者证券交易所交易网络，以不低于底价的价格并按限购比例或数量进行竞价认购委托，申购期满后，由交易所的交易系统将所有投资者的有效申购委托按照价格优先、同价位申报时间优先的原则进行排队，并由高价位到低价位累计有效认购数量，当累计数量恰好达到或超过本次发行数量时的价格，即为本次发行股票的价格。

（二）股票二级市场

二级市场也称交易市场，是投资者之间买卖已经发行股票的场所。这一市场为股票创造流动性，即能够迅速脱手换取现金。

股票二级市场包括了股票交易流通的一切活动，它的存在和发展为股票发行者创造了有利的筹资环境，投资者可以根据自己的投资计划和市场变动情况，随时买卖股票。由于解除了投资者的后顾之忧，他们可以放心地参加股票发行市场的认购活动，有利于公司筹措长期资金、股票流通的顺畅也为股票发行起到了积极的推动作用。对于投资者来说，通过股票流通市场的活动，可以使长期投资短期化，在股票和现金之间随时转换，增强了股票的流动性和安全性。股票流通市场上的价格是反映经济动向的晴雨表，它能灵敏地反映出资金供求状况、市场供求、行业前景和政治形势的变化，是进行预测和分析的重要指标。对于企业来说，股权的转移和股票行市的涨落不仅是其经营状况的指示器，还能为企业及时提供大量信息，有助于企业的经营决策和改善经营管理。可见，股票流通市场具有重要的作用。

二级市场与初级市场关系密切，既相互依存，又相互制约。初级市场所提供的股票及其发行的种类、数量与方式决定着二级市场上流通股票的规模、结构与速度，而二级市场作为股票买卖的场所，对初级市场起着积极的推动作用。组织完善、经营有方、服务良好的二级市场将初级市场上所发行的股票快速有效地分配与转让，使其流通到其他更需要、更适当的投资者手中，并为股票的变现提供现实的可能。此外，二级市场上的股票供求状况与价格水平等都有力地影响着初级市场上股票的发行。因此，没有二级市场，股票发行不可能顺利进行，初级市场也难以为继，扩大发行则更不可能。

1.股票二级市场的组织形式

股票二级市场分为两大类：一类是大型、活跃而有秩序的场内交易，即在证券交易所内进行的交易；另一类是没有固定地点的场外交易，大多是电话中成交。

（1）场内交易市场

场内交易市场也称证券交易所市场或集中交易市场，是指由证券交易所组织的集中交易市场，有固定的交易场所和交易活动时间，它还是多数国家唯一的证券交易场所，因此是一国最重要、最集中的证券交易市场。证券交易所接受和办理符合有关法律规定的证券上市买卖，投资者则通过证券商在证券交易所进行证券买卖。证券交易所是指经国家批准有组织、专门集中进行有价证券交易的有形场所。证券交易所实行"公平、公开、公正"的原则，交易价格由交易双方公开竞价确定，实行"价格优先、时间优先"的竞价成交原则。竞价一般有集合竞价和连续竞价两种方式。①集合竞价是指在每日开盘时，交易所电脑主机对开市前（我国是每个工作日上午9：15—9：25）接受的全部有效委托进行一次性撮合处理的过程。②连续竞价是指在开市后的正常交易时间内不断竞价成交的过程。证券交易所有会员制和公司制两种形式，但大多数国家通常都实行会员制。

（2）场外交易市场

证券市场，除了交易所外，还有一些其他交易市场，这些市场没有集中的统一交易制度和场所，因而统称为场外交易市场，也称柜台交易或店头交易市场，是指在交易所外由股票买卖双方当面议价成交的市场。场外交易市场没有固定的场所，其交易主要利用电话进行，交易的股票以不在交易所上市的股票为主。它主要由柜台交易市场、第三市场、第四市场组成。

柜台交易市场是指在证券公司的柜台上交易未上市股票的市场。第三市场是在证券交易所之外交易上市股票的市场，其交易主体多为拥有巨额资金的机构投资者。第四市场是指计算机终端联结的在有组织的集体投资者之间直接进行大额交易的证券交易市场。

场外交易市场是一个分散的无形市场。它没有固定的、集中的交易场所，而是由许多各自独立经营的证券经营机构分别进行交易，并且主要依靠电话、电报、传真和计算机网络联系成交。场外交易市场的组织方式是采取做市商制。场外交易市场与证券交易所的区别在于不采取经纪制，投资者直接与证券商进行交易。场外交易市场是一个拥有众多证券种类和证券经营机构的市场，以未能在证券交易所批准上市的股票和债券为主。由于证券种类繁多，每家证券经营机构只固定地经营若干种证券。场外交易市场是一个以议价方式进行证券交易的市场。在这个市场上，证券买卖采取一对一交易方式，对同一种证券的买卖不可能同时出现众多的买方和卖方，也不存在公开的竞价机制。场外交易市场的价格决定机制不是公开竞价，而是买卖双方协商议价。具体地说，就是证券公司对自己所经营的证券同时挂出买入价和卖出价，并且无条件地按买入价买入证券和按卖出价卖出证券，最终的成交价是在牌价基础上经双方协商决定的不含佣金的净价。券商可根据市场情况随时调整所挂的牌价。场外交易市场的管理比证券交易所宽松。由于场外交易市场分散，缺乏统一的组织和章程，不易管理和监督，其交易效率也不及证券交易所。但是，美国的NASDAQ市场借助计算机将分散于全国的场外交易市场联成网络，在管理和效率上都有很大提高。

2. 股票上市交易的程序

股份有限公司申请股票上市，必须经过一定的程序。按照《公司法》的规定，股票上市的程序如下：股票上市申请；证券交易所委员会审查批准；订立上市协议书；股东名册送交证券交易所或证券登记公司备案；发表上市公告；股票上市交易。

3. 股票的交易价格

股票交易价格是股票的持有者和购买者在股票交易市场中买卖股票时形成的股票成交价格，目的是完成股票交易过程，实现股票所有权的转移。与其他商品的价格一样，股票的价格也是由其内在的价值和外在的供求关系所决定的。

股票交易价格的特点包括两个方面：

①事先的不确定性，表现为它总是处于不断变动中，而且这种变动具有连续性和非间断性。

②股票交易价格的市场性。股票交易价格一般不受其发行价格的制约，也不受股份有限公司的直接支配，而是取决于股票市场供求关系，随市场供求关系的变化而变化。

影响股票价格的因素很多，大致可分为以下三类：市场内部因素、基本面因素、政策因素。市场内部因素主要是指市场的供给和需求，即资金面和筹码面的相对比例，如一定阶段的股市扩容节奏将成为该因素重要部分。基本面因素包括宏观经济因素和公司内部因素，宏观经济因素主要是指能影响市场中股票价格的因素，包括经济增长、经济景气循环、利率、财政收支、货币供应量、物价、国际收支等，公司内部因素主要指公司的财务状况。政策因素是指足以影响股票价格变动的国内外重大活动以及政府的政策、措施、法令等重大事件，政府的社会经济发展计划，经济政策的变化，新颁布法令和管理条例等均会波及股价的变动。

具体来说，可以分为以下几个方面：

（1）经济周期或者经济景气循环

经济周期或者经济景气循环是指经济从萧条、回升到高涨的过程。当预期经济不久将走出低谷开始回升时，商人会补充存货，生产者利润将增加，相应地投资机会也会增加，工资、就业及货币所得水平也将随之增加，此时，由于利率仍然处于较低水平，故股票的价值（股息、红利及资产净值增加）将增加，股票价格也会上涨，并会持续到经济回升或扩张的中期。

（2）财政政策

财政政策的重点，对企业业绩的好坏，也有很大影响。如果政府采取产业倾斜政策，重点向交通、能源、基础产业投资，则这类产业的股票价格，就会受到影响。财政支出的增减，直接受到影响的是与财政有关的企业，例如与电气通信、房地产有关的产业。因此，每个投资者都应了解财政预算实施的重点。股价发生变化的时点，通常在政府的预算原则和重点施政还未发表前，或者在公布预算之后的初始阶段。故，投资者对国家财政政策的变化，必须给予密切的关注，关心财政政策变动的初始阶段，适时做出买入和卖出的决策。

（3）汇率变动

汇率变动对股价的影响，最直接的体现是那些从事进出口贸易的公司股票。它通过对公司营业及利润的影响，进而反映在股价上，其主要表现为：若公司有相当部分的产品销往海外市场，当汇率提高时，则产品在海外市场的竞争力将变弱，公司盈利情况下降，股票价格下跌。若公司的某些原料依赖进口，产品主要在国外销售，那么汇率提高，使公司进口原料成本降低，盈利上升，从而使公司股价趋于上涨。如果预测某国汇率将上涨，那么货币资金就会向上转移，其中部分资金将进入股市，股票行情也可能因此上涨。因此，投资者可根据汇率变动对股价的上述影响，并参考其他因素的变化进行正确的投资选择。

（4）物价变动

普通商品价格变动对股票市场有重要影响。具体来说，物价上涨，股价上涨；物价下跌，股价下跌。具体分析商品价格对股票市场价格的影响，主要表现在以下四个方面：①商品价格出现缓慢上涨，幅度不是太大，且物价上涨率大于借贷利率的上涨率时，公司库存商品的价格会上升，由于产品价格上涨的幅度高于借贷成本的上涨幅度，于是公司利润会上升，股票价格随之也会上升。②商品价格上涨幅度过大，股价没有相应上升，反而可能下降。这是因为，物价上涨引起公司生产成本上升，但上升成本却无法通过商品销售完全转嫁出去，从而使公司利润降低，股价也随之降低。③物价上涨，商品市场的交易呈现繁荣兴旺时，有时是股价正陷于低迷的时候，人们热于即期消费，使股价下跌；当商品市场上涨回跌时，反而成了投资股票的最好时机，从而引起股价上涨。④物价持续上涨，引起股票投资者保值意识的增强，因此使投资者从股市中抽出资金，转而投向动产或不动产，例如房地产、贵重金属等保值性强的物品上，带来股票需求量降低，从而使股价下跌。

(5)通货膨胀

通货膨胀是影响股票市场价格的一个重要宏观经济因素。这一因素对股票市场趋势的影响比较复杂，它既有刺激股票市场的作用，又有打压股票市场的作用。通货膨胀主要是因为过多地增加货币供应量造成的。货币供应量与股票价格一般呈正比关系，即货币供应量增大使股票价格上升；反之，货币供应量缩小则使股票价格下降。

(6)政治因素与自然因素

政治因素与自然因素将最终影响经济，影响股票上市公司经营，从而影响股票价格波动。

①政治因素，包括战争因素、政局因素、国际政治形势的变化以及劳资纠纷等。

②自然因素，主要指自然灾害。

(7)人为因素

在正常的股票市场上，能操纵股价的往往不是个人，而是一个大集团，例如某些金融巨头运用手头的财势，在市场上兴风作浪，推波助澜，促使某些股票在市场上时而狂涨、时而暴跌，从而使他们在股票价格的剧烈波动中大发横财，而另一些中、小股东在这场恶战中就会倾家荡产。这些金融集团利用股市处于疲软之时，低价大量买进，然后设法哄抬价格，以便低进高出。一般来说，这些大集团在哄抬股价的过程中，仍在不断买进，并散布各种似是而非的谣言，引诱散户跟进，从而在股市中营造一种"利多"效应，待股价达到相当高位时，再不声不响地将低价购进的股票卖出，从而赚取巨额暴利。相反地，某机构也可以在股价高峰不断卖出并设法压底行情，造成一种股价下跌的气氛，待股价低到某一价位时，再把高价卖出的股票全部买回，以达到高出低进的目的，这样可使操纵者获取暴利。这种方法，主要是通过哄抬股价或压低股价来达到目的。但不论哄抬或压低行情，都必须营造一种有利于诱惑散户盲目跟进的市场环境，最终获利的是操纵者，吃亏的是盲目跟进的中、小股东。所以，每个投资者都要善于观风向，提高识别多头、空头陷阱的能力，在股市交易场所中保持头脑清醒和高度的警惕性。

(8)公司自身的因素

公司自身的因素主要包括公司利润、股息及红利的分配、股票是否为首次上市、股票分割、公司投资方向、产品销路及董事会和主要负责人调整等。

①公司利润因素。公司利润的大小直接影响到股息、红利的多少，从而影响该公司的股票价格。一般来说，公司利润上升时，股价会上升；盈利下降时，股价随之下降。二者的变动方向是一致的。

②股息、红利因素。一般情况下，股价与股利呈同方向变动，公司分发股利的消息对股票价格有显著影响。公司宣布分发红利，将引起股价上升；公司宣布取消红利，股价会应声下跌。

(9)产业和区域因素

产业和区域因素主要是指产业发展前景和区域经济发展状况对股票市场价格的影响。它是介于宏观和微观之间的一种中观影响因素，因此它对股票市场价格的影响主要是结构性的。

上述经济、政治、市场、心理等方面的因素，主要是通过影响股票的供求关系来影响股价。一般情况下，股价的变动很难说是某一因素影响的结果，往往是受多种因素的综合影响。

4. 股票价格指数

股票价格指数是由证券交易所或金融服务机构编制的表明股票行市变动的一种供参考的指示数字。由于股票价格起伏无常，投资者必然面临市场价格风险。对于某一种股票的价格变化，投资者容易了解，但多种股票的价格变化，要逐一了解，既不容易，也不胜其烦。为此，一些金融服务机构利用自己的业务知识和熟悉市场的优势，编制了股票价格指数并公开发布，作为市场价格变动的指标。投资者据此可以检验自己投资的效果，并用以预测股票市场的动向。同时，新闻界、公司老板乃至政界领导人等也以此作为参考指标，来观察、预测社会政治、经济发展形势。

这种股票指数，就是表明股票行市变动情况的价格平均数。编制股票指数，通常以某年某月为基础，假定这个基期的股票价格为100，将其与以后各时期的股票价格和基期价格作比较，计算出升降百分比，就是该时期的股票指数。投资者根据指数的升降，可以判断出股票价格的变动趋势。为了能实时向投资者反映股市动向，几乎所有的股市都在股价变化的同时及时地公布股票价格指数。

计算股票指数应考虑三个因素：一是抽样，即在众多股票中抽取少数具有代表性的成分股；二是加权，按单价或总值加权平均，或不加权平均；三是计算程序，计算算术平均数、几何平均数，或兼顾价格与总值。

补充阅读 7-3

道琼斯指数

道琼斯指数最早是在 1884 年由道琼斯公司创始人查尔斯·亨利·道开始编制的，是一种算术平均股价指数。

最初的道琼斯股票价格平均指数是根据 11 种具有代表性的公司股票编制的，该指数目的在于反映美国股票市场的总体走势，涵盖金融、科技、娱乐、零售等多个行业。

自 1897 年起，道琼斯股票价格平均指数开始分成工业与运输业两大类，其中工业股票价格平均指数包括 12 种股票，运输业股票价格平均指数则包括 20 种股票，并且开始在道琼斯公司出版的《华尔街日报》上公布。1929 年，道琼斯股票价格平均指数又增加了公用事业类股票，从而使扩容后的股票达到 65 种，并一直延续至今。

道琼斯指数亦称 $US30，即道琼斯股票价格平均指数，是世界上最有影响、使用最广的股价指数。它以在纽约证券交易所挂牌上市的一部分具有代表性的公司股票作为编制对象，由 4 种股价平均指数构成。

这 4 种股价平均指数分别为：

①以 30 家著名的工业公司股票为编制对象的道琼斯工业股价平均指数；

②以 20 家著名的交通运输业公司股票为编制对象的道琼斯运输业股价平均指数；

③以 15 家著名的公用事业公司股票为编制对象的道琼斯公用事业股价平均指数；

④以上述三种股价平均指数所涉及的 65 家公司股票为编制对象的道琼斯股价综合平均指数。

在 4 种道琼斯股价指数中，以道琼斯工业股价平均指数最著名，为大众传媒广泛地报道，并作为道·琼斯指数代表加以引用。道琼斯指数由美国报业集团——道琼斯公司负责编制并发布，登载于《华尔街日报》上。

道琼斯指数(Dow Jones Indexes)是一种算术平均股价指数。人们通常所说的道琼斯指数很可能是指道琼斯工业平均指数(Dow Jones Industrial Average)。

二、债券市场

债券市场是发行和买卖债券的场所,是金融市场的一个重要组成部分。债券市场是一国金融体系中不可或缺的部分。

一个统一、成熟的债券市场可以为全社会的投资者和筹资者提供低风险的投融资工具;债券的收益率曲线是社会经济中一切金融商品收益水平的基准,因此债券市场也是传导中央银行货币政策的重要载体。可以说,统一、成熟的债券市场构成了一个国家金融市场的基础。

(一)债券一级市场

债券一级市场也称发行市场,是发行单位初次出售新债券的市场。债券发行市场的作用是将政府、金融机构以及工商企业等为筹集资金向社会发行的债券,分散发行到投资者手中。

1. 债券发行的基本条件

根据《证券法》《公司法》《公司债券发行试点办法》的有关规定,发行公司债券,应当符合下列条件:

①股份有限公司的净资产不低于人民币 3 000 万元,有限责任公司的净资产不低于人民币 6 000 万元;

②本次发行后累计公司债券余额不超过最近一期期末净资产额的40%;金融类公司的累计公司债券余额按金融企业的有关规定计算;

③公司的生产经营符合法律、行政法规和公司章程的规定,募集的资金投向符合国家产业政策;

④最近三个会计年度实现的年均可分配利润不少于公司债券 1 年的利息;

⑤债券的利率不超过国务院规定的利率水平;

⑥公司内部控制制度健全,内部控制制度的完整性、合理性、有效性不存在重大缺陷;

⑦国务院规定的其他条件。

另外,公开发行公司债券筹集的资金,必须用于核准的用途,不得用于弥补亏损和其他非生产性支出。上市公司发行可转换为股票的公司债券,除应当符合第一款规定的条件外,还应当符合《公司债券发行试点办法》关于公开发行股票的条件,并报国务院证券监督管理机构核准。

2. 债券的信用评级

债券信用评级(bond credit rating)是以企业或经济主体发行的有价债券为对象进行的信用评级。债券信用评级大多是企业债券信用评级,是对具有独立法人资格的企业所发行的某一特定债券,按期还本付息的可靠程度进行评估,并标示其信用程度的等级。这种信用评级,是为投资者购买债券和证券市场债券的流通转让活动提供信息服务。国家财政发行的国库券和国家银行发行的金融债券，由于有政府的保证，故不参加债券信用评级。地方政府或非国家银行金融机构发行的某些有价证券，则有必要进行评级。

（1）债券信用评级的原因

进行债券信用评级的最主要原因是方便投资者进行债券投资决策。投资者购买债券是要承担一定风险的。如果发行者到期不能偿还本息，投资者就会蒙受损失，这种风险称为信用风险。债券的信用风险因发行后偿还能力不同有所差异，对广大投资者尤其是中小投资者来说，事先了解债券的信用等级是非常重要的。由于受时间、知识和信息的限制，中小投资者无法对众多债券进行分析和选择，因此需要专业机构对准备发行的债券还本付息的可靠程度，进行客观、公正和权威的评定，即进行债券信用评级，以方便投资者决策。

债券信用评级的另一个重要原因，是减少信誉良好的发行人的筹资成本。一般来说，资信等级越高的债券，越容易得到投资者的信任，能够以较低的利率出售；而资信等级低的债券，风险较大，只能以较高的利率发行。

（2）信用评级机构

目前国际上公认的最具权威性的信用评级机构，主要有美国标准普尔公司和穆迪投资服务公司。上述两家公司负责评级的债券种类很广泛，包括地方政府债券、公司债券、外国债券等，由于这两家公司搜集了详尽的资料，采用先进科学的分析技术，又有丰富的实践经验和大量专门人才，因此它们的信用评级具有很高的权威性。标准普尔公司信用等级标准从高到低可划分为：AAA 级、AA 级、A 级、BBB 级、BB 级、B 级、CCC-CC 级、C 级和 DDD-D 级。穆迪投资服务公司信用等级标准从高到低可划分为：Aaa 级、Aa 级、A 级、Baa 级、Ba 级、B 级、Caa 级、Ca 级、C 级。两家机构信用等级划分大同小异。前四个级别债券信誉高、风险小，是"投资级债券"；第五级开始的债券信誉低，是"投机级债券"。

标准普尔公司和穆迪投资服务公司都是独立的私人企业，不受政府控制，也独立于证券交易所和证券公司。它们的信用评级不具有向投资者推荐这些债券的含义，只是供投资者决策时参考，因此，它们对投资者负有道义上的义务，但并不承担法律上的任何责任。

（3）债券信用等级评定的原则和依据

信用评级机构评定债券等级时主要考虑三个因素：①债券发行单位的偿债能力，重点考虑发行者的预期盈利、负债比率，能否按期还本付息。②发行者的资信，重点考虑发行者在市场上的声誉，历次发行及偿债情况。③投资者承担的风险，根据对发行者破产可能性的分析，预计一旦发生偿债风险，债权人可能受到的法律保护程度和投资补偿程度。

（4）债券的等级。证券评级机构根据对债券的发行质量、债券发行公司的资信以及债券投资者所承担的风险等方面的评价，将债券划分为若干等级，见表7-2。

表 7-2 美国评级公司评定公司债券等级划分

标准普尔	穆迪	性质	级别	说明
AAA	Aaa	投资性	最高级	信誉最高，债券本息支付无问题
AA	Aa		高级	有很强的支付本息的能力
A	A		中上级	仍有较强的支付能力，当经济形势发生逆转时，较为敏感
BBB	Baa		中级	有一定的支付能力，当经济形势发生逆转时，较 A 级更易受影响

续表

标准普尔	穆迪	性质	级别	说明
BB	Ba	投机性	中下级	有投机因素，但投机程度较低
B	B		投机级	投机的
CCC-CC	Caa			可能不还的
C	Ca			不还，但可以收回很少一点
DDD-D	C			无收回的可能

3.债券发行要素的确定

债券发行要素主要是指面值、发行利率(包括计息方式)、偿还期限和发行价格四个要素。

面值是债券的票面价值，包括债券的面值单位、数额及币种。付息债券的面值是指本金，贴水债券的面值是指本利和，二手债券的面值是计算收益率的主要依据。

发行利率即发行债券时所规定的票面利率。债券发行利率由发行人确定，通常要考虑多种因素，主要考虑大多数投资者的接受程度，如债券的信用等级、期限的长短、有无可靠的抵押或担保、计息方式、支付频率、市场利率水平、市场资金的供求状况、主管部门的有关规定等。

计息方式包括计息次数、计息方法等。在我国，债券付息一般是到期支付一次利息。但在有些国家，债券是半年或一年支付一次利息。如果是三年期债券，若半年支付一次，则需支付6次。究竟多长时间支付利息，并没有统一标准，但支付间隔时间越长，越不利于吸引投资者。计息方式有单利、复利和累进三种。

确定债券期限，发行人主要考虑以下三个方面的因素：①资金需求的性质。如果发行债券是为了筹集固定资金，则期限可设定得长一些；如果发行债券是为了筹集流动资金，则期限可设定得短一些。②对未来市场利率的预测。由于债券利率是固定的，一般不随市场利率的变化而变化，所以，如果预测今后一段时间内市场利率会下降，发行人通常愿意发行期限较短的债券，待利率下降后再发行新的债券，以降低筹资成本；反之，若预测今后的市场利率要上升，发行人通常愿意发行长期债券。③流通市场的发达程度。流通市场发达，投资人敢于购买长期债券，因为投资人随时可以在市场上将债券转化为现金。如果流通市场不发达，发行人只能发行短期债券，否则，发行将受阻。

债券的发行价格是债券投资者认购新发行的债券时实际支付的价格。其主要以债券的发行条件(债券票面金额、票面利率、计息方式、债券期限)为基础，结合市场利率、供求关系和发行成本来确定。

投资者的认购价格大致可分为三种：①平价，即认购价与面额相等。②折价，即认购价低于面额。③溢价，即认购价高于面额。在西方国家，折价和溢价都是常见的；而我国，目前债券的认购价格以平价为主。因为债券到期时是按面额偿还本金，因此当债券利率、期限等发行条件确定后，通过折价和溢价发行，可以使投资者获得与市场利率相当的投资回报。

（二）债券二级市场

债券二级市场也称债券流通市场，是指已发行债券买卖转让的市场。债券一经认购，即确立了一定期限的债权债务关系，但通过债券流通市场，投资者可以转让债权，把债券变现。

1. 债券上市的条件和程序

债券上市是指债券经批准后在交易所挂牌交易。债券上市的条件，在不同国家不尽相同：在实行审批制和核准制的国家，债券上市首先需经金融或证券监管部门批准，然后才能向证券交易所提出申请；在实行注册制或登记制的国家，债券上市，通常只需经过证券交易所依法审批通过即可。为了保护投资者利益，债券上市应满足以下条件：发行人需有较强的盈利能力；已发行的债券数量超过一定的金额，且有较长的存续期；符合规定的净资产比例和符合规定的信用等级等。

根据《证券法》《公司法》有关规定，我国公司债券发行程序如下：

（1）作出发行债券的决议

我国股份有限公司、有限责任公司发行公司债券，由董事会制定方案，股东会作出决议。

（2）公司债券的资信评估

债券的资信评估实质上是对发行人的偿债能力进行评价。对公司债券进行资信评估是国际通行做法。我国现行的企业资信评估分为 10 级，即 AAA、AA、A、BBB、BB、B、CCC、CC、C、D。

（3）发行债券的申请

发行公司债券，发行人必须向国务院授权部门提交《公司法》规定的申请文件和国务院授权部门规定的有关条件。

2. 债券流通价格及收益率

（1）债券的流通价格

债券的流通价格也称债券行市，是指在流通市场买卖双方的成交价格。债券的转让价格并不是任意决定的，其形成有一定的依据，这个依据便是债券的理论价格。债券的理论价格是把债券的期望值折算为转让时的现值计算出来的。债券的期望值是指债券到期后给持有人带来的全部收益，也称债券的终值。债券的现值是指债券的期望值按一定贴现率折算成转让时的现在价值。由于市场供求、利率变动和人们预期的影响，转让价格可以高于或低于理论价值。

（2）债券的收益率

债券的收益率是债券投资收益与投资额的比率，通常用年收益率表示，即：

$$收益率 = \frac{年均收益率}{投资额} \times 100\%$$

同样，证券投资基金市场也分为一级市场和二级市场，因前面在讲金融工具时，证券投资基金已做过详细介绍，这里不再赘述。

第四节　其他金融市场

一、黄金市场

(一)黄金市场的交易主体

1.金融机构

金融机构主要有两类：一类是中央银行。世界黄金存量的一半掌握在各国中央银行及各种官方机构手中。其目的是通过持有黄金储备并通过买卖黄金来安排国际储备资产和调节国际收支，持有量一般较为稳定。另一类是商业银行。商业银行虽然不生产和消费黄金，但其市场重要程度甚至超过了黄金生产商和黄金首饰加工商。因为商业银行是一个居于市场中枢地位的具有多重功能的角色。

2.金商和经纪人

如果金商的固定成本高于利息、储存与保险费用等黄金流动成本，则他们就会买进黄金现货，卖出期货合同。这样，他们既能有效地储备黄金，又能贷款给市场。反之，如果固定成本低于流动成本，他们就会卖出黄金现货，买进期货，在有效地出让黄金的同时向市场借款。

3.其他主体

其他主体包括黄金生产商、黄金首饰加工商、牙科医院、居民个人等。

(二)黄金市场的分类

1.基本分类法

(1)黄金现货市场

黄金现货市场也称实物黄金市场，是指黄金买卖成交后即期交割的市场。所买卖的实物黄金有金条、金块、金币、金丝、金叶和各种黄金首饰等。

(2)黄金期货市场

黄金期货市场是指成交后在未来规定日期交割的市场。目前世界主要黄金期货交易所黄金期货交易单位都是100盎司的精炼黄金，其成色不得低于99.5%。黄金期货合约的月份从1个月到12个月不等。

(3)黄金期权市场

黄金期权市场包括买权和卖权。买权就是买方支付一定的权利金，获得在一定时间内以一定价格买入某种商品的权利，买方无义务行使这种买权。卖权就是买方支付一定的权利金，获得在一定时间内以一定价格卖出某种商品的权利。同样，卖方也无义务行使这种卖权。

2. 其他分类法

黄金市场除了基本的分类法以外，目前国际上还有两种分类法：

①按交易场所不同，可将黄金市场分为开放式市场和交易中心式市场。前者无固定交易地点，主要利用电信工具联系成交，如伦敦、苏黎世等欧式黄金市场；后者是主要集中在交易所面对面的成交，如纽约、芝加哥、香港等美式黄金市场。

②按政府对黄金交易管制程度，可将黄金市场分为三类：对黄金输出、输入加以限制，只允许非居民参与的黄金市场；对黄金输出、输入不加限制，无论是居民还是非居民均可参与的市场；禁止黄金输出、输入，但允许居民参与的市场。

(三)影响黄金价格的因素

1. 黄金的货币属性

黄金的货币属性是对黄金价格影响最深刻的要素。从布雷顿森林体系解体开始的黄金非货币化革命被认为是导致 20 世纪 80 年代以来黄金价格下跌最关键的背景因素。1978 年国际货币基金组织第二次修正案中关于黄金的相关决定，进一步削弱了黄金在货币体系中的地位。

2. 黄金的一般商品属性

黄金作为一般商品，其价格变动必然受制于成本。例如 2017 年，全球黄金生产平均成本为 1 150 美元/盎司，这无疑会对 2018 年全球黄金市场价格的下跌起到重要的支撑作用。

3. 存量和储量

黄金的特殊性还在于它的不可消费性。黄金并不会因被购买和使用而消失，只不过换一种形式存在。这意味着，任何需求方一旦获得黄金即成为潜在的供给方。因此，黄金每年产量越大，存量就越大，而存量越大对金价的长期压力就越大。同时，黄金价格的长期走势还受到资源储量的影响，探明储量越多，黄金的稀缺性就越弱，对价格下跌的潜在压力就越大。

4. 供求状况

黄金供不应求，金价必然上涨；供过于求，金价必然下跌。而影响供求关系的因素有很多，从供应来看，金价受制于矿产金的供应量、再生金的供应量、中央银行抛售数量、套期预售数量以及投资与逆投资量的大小。从需求分析，金价受制于制造业需求、投资需求、净套期需求等因素。

除上述因素以外，还有一些其他因素，例如汇率水平、国民经济景气程度、证券市场状况、通货膨胀程度、国际政治局势、战争、突发事件等，都会或多或少地影响金价的变动。

(四)中国的黄金市场

1. 中国黄金市场的开放历程

自中华人民共和国成立到 20 世纪 80 年代末期，中国实行"统购统配"黄金管理体制，不存在真正意义上的黄金市场。从 20 世纪 90 年代初开始，中国围绕黄金的定价机制、供应制度、金饰品零售审批制度等方面进行了一系列改革。1993 年，将黄金固定定价制度改为浮动定价制度。2001 年 11 月，将黄金制品零售管理审批制改为核准制。2001 年 10 月，国务院批准成立上海黄金交易所，同年 11 月 28 日，上海黄金交易所开始模拟运行。2002 年 10 月 30 日，上海黄金交易所正式开业运行。上海黄金交易所的开业，既标志着 50 多年"统购统配"黄金管理体制的终结，也标志着中国真正意义上的黄金市场开始形成。

2. 中国的黄金交易所概况

①中国黄金交易所实行会员制。截至 2017 年年末，上海黄金交易所有会员 253 家。其中，国内金融类、综合类会员共 165 家，特别会员 19 家，国际会员 69 家，国内会员单位年产金、用金量占全国的 90%，冶炼能力占全国的 95%；国际会员均为国际知名银行、黄金集团及投资机构。机构客户 12 269 户，个人客户 931.22 万户。

②中国黄金交易所实行标准化撮合交易方式。交易时间为每周一至周五(节假日除外)9：00—11：30，13：30—15：30，19：50—2：30。

③中国黄金交易所目前交易的品种主要有黄金、白银和铂金；有现货实盘合约、现货即期合约和现货延期交收合约等 16 个合约。

④中国黄金实物交割实行"一户一码制"的交割原则，在全国 35 个城市设立了 47 家指定仓库，金锭和金条由交易所统一调运配送。

⑤中国黄金交易所是一个多层次的国际化市场。它由竞价、询价、定价和租赁等市场共同组成，融境内主板市场与国际板市场于一体，已发展成为中国黄金市场的核心、枢纽以及全球重要的黄金、白银、铂金等贵金属交易市场。自 2007 年起，其交易量连续 10 年位居全球场内黄金现货场所之首。

二、外汇市场

(一)外汇市场的概念

外汇市场是指在国际上从事外汇买卖、调剂外汇供求的交易场所。它有狭义和广义之分。狭义的外汇市场是指进行外汇交易的有形市场，即外汇交易所或外汇交易中心。广义的外汇市场是指有形和无形外汇买卖市场的总和，它不仅包括封闭式外汇交易中心，而且包括没有特定交易场所，通过电话、传真、互联网等方式进行的外汇交易。随着先进通信技术手段的广泛运用，世界各国的外汇交易大多是通过现代化通信工具来进行的，形成了以各外汇市场为中心、以全球为整体的世界性外汇市场，外汇交易也由局部或地区交易扩展为全国性及全球性交易。

(二)外汇市场的结构

1. 柜台市场与交易所市场

柜台市场也称无形市场，是一种既无固定场所又无固定开盘、收盘时间的外汇市场。它是从事外汇交易的银行与经纪人，通过电话、传真、互联网及其他现代通信载体组成的一个庞大的信息报价及交易系统来进行交易的。交易所市场也称有形市场，是一种有固定交易场所和交易时间限制的市场。外汇交易所多处于国际金融中心的所在地,有固定的营业日和开盘、收盘时间,从事外汇交易的外汇经纪商会在每个营业日规定的时间内集中在交易所进行交易。

2. 零售市场与批发市场

零售市场由外汇银行与个人及公司客户之间的交易所构成。在零售市场上,每笔交易数额虽不一定很大,但交易笔数较多,交易频繁,共同构成银行外汇交易的重要组成部分。批发市场由外汇银行同业间的买卖外汇活动所构成。从总的外汇市场交易份额或结构来看,绝大部分的外汇交易是银行间的外汇交易即批发交易,其目的往往是调整自身的外汇头寸,以减少和防止因汇率变动所产生的风险。

3. 官方外汇市场与自由外汇市场

官方外汇市场是指受所在国政府控制,按照中央银行或外汇管理机构规定的官方汇率进行交易的外汇市场,这种市场对参与者的资格、交易的对象、所使用的汇率、外汇的用途、每笔外汇交易的金额等都有一定的限制。在 1973 年固定汇率制崩溃之前,官方外汇市场一直处于主导地位。自 1973 年以后,由于西方国家普遍实行了浮动汇率制,官方外汇市场便逐步让位于自由外汇市场。但在大部分发展中国家,迄今为止官方外汇市场仍占主导地位。自由外汇市场是指不受所在国(地区)政府控制,汇率由外汇市场供求自由决定的外汇市场。目前,伦敦是世界上最大的自由外汇市场。此外,纽约、苏黎世、法兰克福、中国香港、东京等地,都形成了比较发达的自由外汇市场。

4. 现货市场与期货市场

现货市场一般是指外汇交易协议达成后,必须在数日内交割清算的市场。期货市场是指外汇交易在现在完成而在未来某一规定日期进行交割的市场。

(三)外汇市场的交易方式

1. 即期交易

即期交易包括顺汇买卖和逆汇买卖两种方式。前者是指汇款人委托银行以某种信用工具,通过其国外分行或代理行将款项付给收款人,受托银行在国内收进本币,在国外付出外汇的一种方式。因其汇兑方向与资金流向一致,故称顺汇买卖。后者也称托收方式,是由收款人出票,通过银行委托其国外分支行或代理行向付款人收取汇票上所列款项的一种方式。因其资金流向与信用工具的传递方向相反,故称逆汇买卖。

2. 远期交易

远期交易包括固定交割日的远期交易和选择交割日的远期交易。前者是指事先具体规定交割日期的远期外汇买卖。其目的是避免一段时间内汇率变动造成的风险。后者是指交易的一方可在成交日的第三天起至约定期限内的任何一个营业日,要求交易的另一方,按照双方约定的远期汇率进行交割的一种交易方式。

3. 套汇交易

套汇交易是指利用两个或两个以上外汇市场上某些货币的汇率差异进行外汇买卖,从中套取差价利润的交易方式,包括时间套汇和地点套汇两种。

4. 套汇交易

套汇交易也称利息套汇方式，是指利用不同国家或地区短期利率的差异，将资金由利率较低的国家或地区转移到利率较高的国家或地区进行投放，从中获取利息差额收益。套利活动使各国货币利率和汇率形成了一种有机联系，两者相互影响、相互制约，致力于推动国际金融市场一体化。

5. 掉期交易

掉期交易是指在买进或卖出某种货币的同时，卖出或买进同种货币的一种外汇交易。掉期交易包括三种做法：①即期对远期的掉期交易。包括：纯粹的掉期交易，即所有外汇买卖都发生于银行与另一家银行或客户之间；分散的掉期交易，即银行与一方进行即期交易的同时与另一方进行远期交易。②即期对即期的掉期交易，即在买进或卖出一笔即期交易的同时，卖出或买进同种货币的另一笔即期交易。③远期对远期的掉期交易，即买进并卖出两笔同种货币不同交期的远期外汇。

6. 套期保值交易

套期保值(Hedging)也称抵补保值，是指当有预期的外汇收入或支出、外币资产或负债时，为了规避汇率波动风险，采取卖出或买入一笔金额相等的同一外币远期的行为。包括：①买入套期保值。也称多头套期保值或买入抵补保值，是指买入一笔金额相等的远期外汇合同，以防止因外汇升值而遭受损失的一种外汇买卖，其目的是对外币债务进行保值。②卖出套期保值。也称空头套期保值或卖出抵补保值，是指卖出一笔金额相等的远期外汇合同，以防止因外汇贬值而遭受损失的一种外汇买卖，其目的是对外币资产进行保值。

7. 外汇投机交易

外汇投机交易也称外汇投机(Exchange Speculation)，是指在预测外汇汇率将要上升时先买进后卖出外汇，在预测外汇汇率将要下降时则先卖出后买进外汇的行为。包括：①先卖后买，即卖空(Sell Short)，也称做空头(Bear)。当投机者预测某种外币(如美元)将贬值或汇率将大幅度下跌，就在外汇市场美元价格相对较高时，先行预约卖出，到期如果美元真的下跌，投机者就可按下跌的汇率买进美元现汇来交割美元远期，赚取差价利润。②先买后卖，即买空(Buy Long)或称做多头(Bull)。当投机者预期某种货币将升值，就在外汇市场上外币价格相对较低时，先行预约买进该种货币的远期，到期该货币汇率真的上升，投机者就按上升的汇率卖出该货币现汇来交割远期，从中赚取投资利润。

(四)中国的外汇市场

1. 银行与客户之间的零售市场

银行与客户之间的零售市场即银行与客户之间的结售汇市场。外汇指定银行每天根据中央银行公布的人民币兑换美元等货币的中间价，在一定浮动范围内制定对客户的挂牌价，其成交额约占成交总额的15%。

2. 银行间外汇交易市场

银行间外汇交易市场的交易载体是中国外汇交易中心暨全国银行间同业拆借中心，总部设在上海，备份中心建在北京，目前在广州、深圳、天津等18个中心城市设有分中心。交易时间为周一至周五(北京时间)9：30—16：30(中国法定节假日不开市)。其成交额约占成交总额的85%。提供交易服务的品种主要有：

（1）人民币外汇即期交易

交易品种有美元、港元、日元、欧元、英镑、澳元、加元、林吉特、卢布共9种外币兑人民币的即期交易。

（2）人民币外汇远期交易

交易的外币币种、金额、期限、汇率、保证金和结算安排等由交易双方协商议定，为明确交易双方的权利和义务，远期外汇市场会员应签订银行间远期外汇交易主协议。

（3）人民币外汇掉期交易

人民币外汇掉期交易是指交易双方约定一前一后两个不同的交割日、方向相反的两次本外币交换，在前一次货币交换中，一方用外汇按照约定汇率从另一方换入人民币，在后一次货币交换中，该方再用人民币按照另一约定汇率从另一方换回相同币种和数量的外汇。

（4）人民币外汇货币掉期

人民币外汇货币掉期是指交易双方在约定期限内交换约定数量人民币与外币本金，同时定期交易两种货币利息的交易。

（5）人民币对外汇期权交易

人民币对外汇期权交易是指在未来某一交易日以约定汇率买卖一定数量外汇资产的权利。期权买方以支付期权费的方式拥有权利；期权卖方收取期权费，并在买方选择行权时履行义务（普通欧式期权）。

（6）外币对外币交易

外币对外币交易是指中国外汇交易中心提供的外币对外币之间的外汇交易业务，包括美元/日元、英镑/美元、美元/瑞郎、纽元/美元、澳元/美元、美元/加元、欧元/美元、欧元/英镑、欧元/瑞郎、欧元/澳元、英镑/瑞郎、澳元/日元、欧元/日元、英镑/日元等货币对货币的即期、远期与掉期交易。

（7）外币拆借

外币拆借是指中国外汇交易中心作为经纪商，帮助外币拆借会员寻找最优报价和交易对手，促成交易达成。

三、保险市场

（一）保险市场的含义

保险市场有广义和狭义之分。前者是指有固定的保险交易场所，如保险交易所。后者是指所有实现保险商品让渡的交换关系的总和。随着保险业的不断发展，保险活动日益深入我们的现实生活，因而应从广义上理解保险市场的含义。

（二）保险市场的要素

1. 保险市场的主体

（1）保险商品供给者

保险商品供给者即保险市场上提供各类保险商品，承担、分散和转移他人风险的各类保险人，主要是各类保险公司。

（2）保险商品需求者

保险商品需求者即保险市场上所有现实的和潜在的保险商品的购买者，即各类投保人。

（3）保险市场中介

保险市场中介既包括活动于保险人与投保人之间充当保险供需双方媒介的人，也包括独立于保险人与投保人之外，以第三者身份处理保险合同当事人委托办理有关保险业务的人（公司），如保险代理人或保险代理公司、保险经纪人或保险经纪公司、保险公证人（行）或保险公估人（行）、保险律师、保险理算师、保险精算师、保险验船师等。

2. 保险市场的客体

保险市场的客体是指保险市场上供求双方具体交易的对象，即保险保障。保险保障是一种特殊形态的商品。

①保险保障是一种服务性商品。保险人接受了投保人的投保后，便开始了对投保人承担约定的责任和提供相应的售后服务。

②保险保障是一种未寻觅商品或者非渴求商品。它是很多人不主动考虑或不愿意考虑的商品。因为，保险商品在很大程度上与死亡、伤残、损失等"不吉利"字眼相联系。

③保险保障具有明显的期限性。大多数保险商品的期限都在一年以上，寿险商品的期限则往往是几年甚至几十年。

④保险保障具有损失补偿性。保险商品是一种避害性商品，能使被保险人在发生合同约定的损失时，按合同规定得到一定的经济补偿。

（三）保险市场的特征

1. 直接的风险市场

一般商品市场交易的对象，其本身并不与风险发生直接联系，而保险企业的经营对象就是风险，保险市场所交易的对象是保险保障，所以，其本身就直接与风险相关联，是一个直接的风险市场。

2. 非即时清结市场

一般的商品市场交易一旦结束，供需双方就能立刻知道确切的交易结果，而保险交易活动，因风险的不确定性使交易双方都不可能确切知道交易结果。如保险单的签发，看似保险交易已经完成，实则是保险保障的起点，最终的交易结果要看双方约定的保险事件是否发生。所以，保险市场是非即时清结市场。

3. 特殊的期货交易市场

保险市场成交的任何一笔交易，都是保险人对未来风险事件发生导致经济损失进行补偿的一种承诺。而保险人是否履约，则取决于保险合同约定时间内是否发生约定的风险事件以及这种风险事件造成的损失是否符合保险合同约定的补偿条件。从期货角度可以认为，保险市场是一种特殊的"灾难期货"。

(四)保险市场的供求

1. 保险市场供给

保险市场供给是指在一定的费率水平下，各保险企业愿意并且能够提供保险商品的数量。保险市场供给可以用保险市场上的承保能力来表示，它是各保险企业承保能力之和。影响保险市场供给的主要因素有：

(1)保险费率

保险供给与保险费率呈正相关关系。保险费率上升，会刺激保险供给增加；反之，保险供给则会减少。

(2)偿付能力

各国法律对于保险企业都有最低偿付能力标准的规定，因而保险供给会受到偿付能力的制约。

(3)保险技术

受保险的专业性、技术性所限，有些险种很难设计，因而即使有市场需求，也难以供给。

(4)市场的规范程度

竞争无序的市场会抑制保险需求，减少保险供给；竞争有序、行为规范的市场则会提高保险市场的信誉，刺激保险需求，进而刺激保险供给。

(5)政府的监管

即使保险费率上升，但由于政府的严格监管，保险供给也可能难以扩大。

2. 保险市场需求

保险市场需求是指在一定的费率水平下，保险消费者从保险市场上愿意并有能力购买的保险商品数量。可以用投保人投保的保险金额总量来计量。影响保险市场需求的主要因素有：

(1)风险因素

一般而言，风险程度越大，风险所致的损失越大，保险需求越强烈。

(2)保险费率

从总体上讲，费率上升会导致保险需求的减少，费率下降通常会导致保险需求的增加。但是，费率对保险需求变化的影响会因不同的保险商品品种而有所差异。

(3)保险消费者的货币收入

当国民收入增加时，消费能力增强，保险需求可能随之扩大。

(4)互补品与替代品价格

例如汽车保险与汽车，当汽车价格下降时，会引起汽车需求量的增加，从而导致汽车保险商品需求量的扩大；反之，则会引起汽车保险商品需求量的减少。又如，一些保险商品特别是人寿保险商品是储蓄的替代商品，当储蓄利率上升时，人寿保险商品品种的需求就会减少；反之，则会增加。

(5)文化传统

保险需求在一定程度上受特定文化环境的影响和控制，例如中国，由于保险业起步较晚，人们保险意识不强，所以保险需求弱于发达国家。

（6）经济体制

计划经济体制下，人们的生老病死全由国家包揽，谈不上对保险有需求。在市场经济条件下，个人与企业面临的风险不再由国家包揽，人们不得不居安思危，保险作为规避风险的有效手段自然受到了人们的青睐。

（五）中国的保险市场

1. 发展的内在动力

我国自经济体制改革以来，保险市场出现了长期高速增长，年平均增长率超过25%。截至2017年年底，保险机构共达228家，保险业总资产达16.75万亿元，保费收入达3.7万亿元，保险赔付支出1.12万亿元，提供的风险保障达到4 154万亿元，我国保险密度（保险与人口之比）从1980年的0.47元上升到2017年的2 631.72元；保险深度（保费与GDP总量之比）从1980年的0.1%上升到2017年的4.42%。之所以呈现这样高速增长的势头，主要原因是：

（1）国民经济的发展

当人们满足了吃、穿、住等基本需求后，安全需要就成为人们的追求之一，人们风险意识的不断增强，促进了保险业的蓬勃发展。

（2）经济体制的转轨

随着经济体制转轨，承担风险的主体发生了变化，企业和个人成为承担风险的主体，劳动者需要通过参加社会保险和购买商业保险来获得保障。同时，一些潜在性风险，如通货膨胀风险等显性化，人们迫切需要运用保险来抵御可能出现的各种风险。

（3）医疗保险制度改革

与中国现阶段的经济发展水平相适应，中国医疗制度改革的指导思想是"低水平、广覆盖"，这就决定了基本医疗保险难以完全解决人们医疗，尤其是大病医疗费用问题。这就为商业性人身保险，特别是医疗保险的发展提供了广阔的市场空间。

（4）互联网技术的渗透

互联网保险凭借其宽覆盖、低成本和高效率的优势，受到保险业界的广泛认同。截至2018年6月底，互联网保险公司达4家，开展互联网保险业务的公司达117家，互联网保费收入占总保费收入的7%左右。

2. 保险市场不断成熟

（1）保险商品意识在不断提高

各保险公司开始重视塑造企业形象，打造企业品牌，提高服务质量，占领市场份额。

（2）市场竞争意识在不断提高

随着保险供给主体的增加，各保险公司在险种开发、人才引进、智力投资以及展业和售后服务等方面展开了激烈的竞争，一些保险公司抓住良机，适时开发新险种，扩大保险服务范围，提高保险服务质量，增强自身经济实力和竞争能力，促进了保险公司综合素质和经营水平的提高。

（3）保险服务意识在不断提高

保险公司开始注重为投保人提供各种保险服务，在保险条款中融入更多的服务理念。

（4）保险合作意识不断提高

例如，为了抵御航天风险，中国航天保险联合体于 1997 年宣告成立；为承保中国境内的核电站和其他商业民用核设施的核物质损失险、责任险以及参与国际市场核物质损失险和责任险，中国再保险公司、中国人民财产保险公司、中国太平洋保险公司、中国平安保险公司和华泰财产保险有限公司于 1999 年成立中国核保险共同体；为缓解航空旅客人身意外伤害保险的恶性竞争，许多城市的保险公司之间实行共保。

（5）保险风险意识不断提高

一些保险公司开始着力于：完善公司内部的治理结构，逐步落实统一法人制度；完善内部控制制度，健全业务规程，强化单证管理；建立风险分摊机制，及时、足额地进行分保；建立统一核算、统一调度资金、分级管理的财务制度，推行财务收支两条线管理；强化资金管理制度，强调资金运用与保险业务的分离，建立内部稽核机构；提高电子化管理水平等。

3. 未来发展方向

（1）投资主体多元化

即随着市场准入门槛的降低，外资和民营资本持股比例的限制会被打破，对保险业的投资不再局限于国家或代行国有资产管理权的部门和单位，将允许其他资本，如海外资本、私营资本投资中国保险业，从而使保险公司在产权结构上实现多元化。

（2）市场主体多元化

在市场主体结构上，既要有经营直接保险业务的原保险公司，又要有经营分保险的再保险公司；既有保险代理人、保险经纪人，又有保险公估人、保险顾问；既有国有控股公司，又有股份有限公司以及其他组织形式的保险机构；既有外国保险公司在中国设立的分支机构，又有中外合资公司和中资公司在海外设立的分支机构；既有经营财产保险业务的保险公司，又有经营人身保险业务的保险公司，还有经营信用险、责任险业务的保险公司。

（3）市场功能多元化

保险市场除了最基本的转移风险和赔偿补损的功能外，还具有给社会各细胞提供风险管理、设计风险保障、减少社会损失以及活化、融通社会资金，影响社会资金走向和经济发展的社会功能。与此相关的投联险、分红险、万能险的规模将会不断扩大。

（4）投资渠道多元化

一方面，保费收入规模的扩大和固定收益投资收益率的大幅下降为拓宽保险资金运用带来了内在的需求。另一方面，国家对保险资金投资领域的松绑也为保险资金投资领域的拓宽提供了可能，创业投资企业、交通、通信、能源等基础设施和农村基础设施项目逐渐成为保险资金的投资领域。

（5）产业链升级

时下，虽然运用互联网技术拓展保险市场得到了业内的高度重视，但囿于保险行业的IT 基础较差，互联网仅主要作用于保险业前端获客上，保险产品创新仅主要集中在基于互联网场景碎片化的保险产品上。随着互联网保险业务系统改造升级，互联网保险不仅作用于前端获客上，而且会作用于售后服务上，让理赔和客服走向智能化；保险产品创新不仅作用于碎片化的保险产品上，而且会作用于传统保险产品的设计上。

四、证券投资基金市场

证券投资基金（Securities Investment Fund）是指通过公开发售基金份额募集资金，由基金托管人托管，由基金管理人管理和运作资金，为基金份额持有人的利益，以资产组合方式进行证券投资的一种利益共享、风险共担的集合投资方式。

（一）证券投资基金的特征

证券投资基金作为一种现代化的投资工具，主要具有以下三个特征：

1. 集合投资

基金作为一种投资方式，能将零散的资金巧妙地汇集起来，交给专业机构投资于各种金融工具，以谋取资产的增值。基金对投资的最低限额要求不高，投资者可以根据自己的经济能力决定购买数量，有些基金甚至不限制投资额大小，完全按份额计算收益。因此，基金可以最广泛地吸收社会闲散资金，集腋成裘，汇成规模巨大的投资资金。在参与证券投资时，资本越雄厚，优势越明显，而且可能享有大额投资在降低成本上的相对优势，从而获得规模效益的好处。

2. 分散风险

以科学的投资组合降低风险、提高收益是基金的另一大特点。在投资活动中，风险和收益总是并存的，因此，"不能将所有的鸡蛋都放在一个篮子里"，这是证券投资的箴言。但是，要实现投资资产的多样化，需要一定的资金实力，对小额投资者而言，由于资金有限，很难做到这一点，而基金则可以帮助中小投资者解决这一难题。基金可以凭借其雄厚的资金实力，在法律规定的投资范围内进行科学组合，分散投资于多种证券，借助于资金庞大和投资者众多的优势使每个投资者面临的投资风险变小，同时又利用不同的投资对象之间的互补性，达到分散投资风险的目的。

3. 专业理财

基金实行专家管理制度，这些专业管理人员都经过专门训练，具有丰富的证券投资和其他项目投资经验。他们善于利用基金与金融市场的密切联系，运用先进的技术手段分析各种信息资料，能对金融市场上各种品种的基金价格变动趋势作出比较准确的预测，最大限度地避免投资决策的失误，提高投资成功率。对于那些没有时间，或者对金融市场不太熟悉，没有能力专门研究投资决策的中小投资者来说，投资基金，实际上就可以借助专家们在市场信息、投资经验、金融知识和操作技术等方面所拥有的优势，最大限度地避免盲目投资带来的失败。

（二）证券投资基金的主体

基金参与主体一般包括三类，即基金当事人、市场服务机构、行业监管自律组织。

（1）基金当事人

份额持有人（即投资者）、基金管理人、基金托管人（一般为商业银行）。

（2）市场服务机构

基金销售机构、基金注册登记机构、律师事务所和会计师事务所。

（3）监管自律组织

基金监管机构（证监会）、基金自律机构（证券业协会）。

（三）证券投资基金的类型

1. 按基金的组织形式分类

（1）契约型基金

契约型基金也称单位信托基金，是指把投资者、管理人、托管人作为基金的当事人，通过签订基金契约的形式，发行受益凭证而设立的一种基金。契约型基金起源于英国，后在香港、新加坡、印度尼西亚等国家和地区十分流行。契约型基金是基于契约原理而组织起来的代理投资行为，既没有基金章程，也没有董事会，而是通过基金契约来规范三方当事人的行为。基金管理人负责基金的管理操作。基金托管人作为基金资产的名义持有人，负责基金资产的保管和处置，对基金管理人的运作实行监督。

（2）公司型基金

公司型基金是按照《公司法》以公司形态组成的，该基金公司以发行股份的方式募集资金，一般投资者则为认购基金而购买该公司的股份，从而成为该公司的股东，凭借持有的股份依法享有投资收益。这种基金要设立董事会，重大事项由董事会讨论决定。公司型基金的特点：基金公司的设立程序类似于一般股份公司，基金公司本身依法注册为法人，但不同于一般股份公司的是，它是委托专业的财务顾问或管理公司来经营与管理；基金公司的组织结构也与一般股份公司类似，设有董事会和持有人大会，基金资产由公司所有，投资者则是这家公司的股东，承担风险并通过股东大会行使权利。

2. 按基金运作方式分类

（1）封闭式基金

封闭式基金也称固定型投资基金，是指基金发起人在设立基金时，限定了基金单位的发行总额，筹集到这个总额后，基金即宣告成立，并进行封闭，在一定时期内不再接受新的投资。基金单位的流通采取在证券交易所上市的办法，投资者日后买卖基金单位都必须通过证券经纪商在二级市场上进行竞价交易。封闭式基金的期限是指基金的存续期，即基金从成立到终止之间的一段时间。决定基金期限长短的因素主要有两个：一是基金本身投资期限的长短，如果基金目的是进行中长期投资（如创业基金），其存续期就可能长一些；反之，如果基金目的是进行短期投资（如货币市场基金），其存续期就可能短一些。二是宏观经济形势，如果经济稳定增长，基金存续期可长一些；若经济波澜起伏，则可相对地短一些。在现实中，存续期还应考虑基金发起人和众多投资者的需求。基金期限届满即为基金终止，管理人应组织清算小组对基金资金进行清产核资，并将清产核资后的基金净资产按照投资者的出资比例进行公正合理的分配。

如果基金在运行过程中，由于出现了某些特殊情况，使基金的运作无法继续进行下去，报经主管部门批准后，可以提前终止。提前终止的一般情况有：

①国家法律和政策的改变使该基金的继续存在为非法或者不适宜；

②管理人因故退任或被撤换，无新的管理人承继的；

③托管人因故退任或被撤换，无新的托管人承继的；

④基金持有人大会上通过提前终止基金的决议。

（2）开放式基金

开放式基金是指基金管理公司在设立基金时，发行基金单位的总份额不固定，可视投资者的需求追加发行。投资者也可根据市场状况和各自的投资决策，或者要求发行机构按现期净资产值扣除手续费后赎回股份或受益凭证，或者再买入股份或受益凭证，增持基金单位份额。为了应付投资者中途抽回资金，实现变现的要求，开放式基金一般都从所筹资金中拨出一定比例，以现金形式保持这部分资产。这虽然会影响基金的盈利水平，但作为开放式基金来说，这是必需的。

封闭式基金与开放式基金的区别：

①期限不同。封闭式基金有固定的封闭期，通常在 5 年以上，一般为 10 年或 15 年，经受益人大会通过并经主管机关同意可以适当延长期限。而开放式基金没有固定期限，投资者可随时向基金管理人赎回基金单位。

②发行规模限制不同。封闭式基金在招募说明书中列明其基金规模，在封闭期限内未经法定程序认可不能再增加发行。而开放式基金没有发行规模限制，投资者可随时提出认购或赎回申请，基金规模就随之增加或减少。

③基金单位交易方式不同。封闭式基金的基金单位在封闭期限内不能赎回，持有人只能寻求在证券交易场所出售给第三者。而开放式基金的投资者则可以在首次发行结束一段时间（多为 3 个月）后，随时向基金管理人或中介机构提出购买或赎回申请，买卖方式灵活，除极少数开放式基金在交易所作名义上市外，通常不上市交易。

④基金单位的交易价格计算标准不同。封闭式基金与开放式基金的基金单位除了首次发行价都是按面值加一定百分比的购买费计算外，以后的交易计价方式不同。封闭式基金的买卖价格受市场供求关系的影响，常常出现溢价或折价现象，并不必然反映基金的净资产值。而开放式基金的交易价格则取决于基金每单位净资产值的大小，其申购价一般是基金单位资产值加一定的购买费，赎回价是基金单位净资产值减去一定的赎回费，不直接受市场供求影响。

⑤投资策略不同。封闭式基金的基金单位数不变，资本不会减少，因此基金可进行长期投资，基金资产的投资组合能有效地在预定计划内进行。而开放式基金因基金单位可随时赎回，为应付投资者随时赎回兑现，基金资产不能全部用来投资，更不能把全部资本进行长线投资，必须保持基金资产的流动性，在投资组合上需保留一部分现金和高流动性的金融商品。

从发达国家金融市场来看，开放式基金已成为世界投资基金的主流。从某种意义上说，世界基金发展史就是从封闭式基金走向开放式基金的历史。

3. 按投资目标分类

（1）成长型基金

成长型基金是最常见的一种基金，它追求的是基金资产的长期增值。为了达到这一目标，基金管理人通常将基金资产投资于信誉度较高、有长期成长前景或长期盈余的所谓成长公司的股票。成长型基金可分为稳健成长型基金和积极成长型基金。

（2）收入型基金

主要投资于可带来现金收入的有价证券，以获取当期的最大收入为目的。收入型基金资产成长的潜力较小，损失本金的风险相对较低，一般可分为固定收入型基金和股票收入型基金。固定收入型基金的主要投资对象是债券和优先股，因而尽管收益率较高，但长期成长的潜力很小，而且当市场利率波动时，基金净值容易受到影响。股票收入型基金的成长潜力较大，但易受股市波动的影响。

（3）平衡型基金

平衡型基金将资产分别投资于两种不同特性的证券上，并在以取得收入为目的的债券及优先股和以资本增值为目的的普通股之间进行平衡。这种基金一般将25%～50%的资产投资于债券及优先股，其余资产投资于普通股。平衡型基金的主要目的是从投资组合的债券中得到适当的利息收益，同时又可以获得普通股的升值收益。投资者既可获得当期收入，又可得到资金的长期增值，通常是把资金分散投资于股票和债券。平衡型基金的特点是风险比较低，缺点是成长的潜力不大。

4. 按投资标的分类

（1）债券型基金

债券型基金以债券为主要投资对象，债券比例须在80%以上。由于债券的年利率固定，因此这类基金的风险较低，适于稳健型投资者。通常债券基金收益会受货币市场利率的影响，当市场利率下调时，其收益就会上升；反之，若市场利率上调，则基金收益下降。此外，汇率也会影响基金的收益，管理人在购买非本国货币的债券时，往往还要在外汇市场上做套期保值。

（2）股票型基金

股票型基金以股票为主要投资对象，股票比例须在60%以上。股票基金的投资目标侧重于追求资本利得和长期资本增值。基金管理人拟定投资组合，将资金投放到一个或几个国家，甚至是全球的股票市场，以达到分散投资、降低风险的目的。投资者之所以钟爱股票基金，原因在于可以有不同的风险类型供选择，而且可以克服股票市场普遍存在的区域性投资限制的弱点。此外，还具有变现性强、流动性强等优点。由于募集了巨额资金，几只甚至一只基金就可能引发股市动荡，所以各国政府对股票基金的监管都十分严格，均在不同程度上规定了基金购买某一家上市公司的股票总额不得超过基金资产净值的一定比例，防止基金过度投机和操纵股市。

（3）货币市场基金

货币市场基金是以货币市场工具为投资对象的一种基金。货币市场基金通常被认为是无风险或低风险的投资。其投资对象的期限一般在一年内，包括银行短期存款、国库券、公司债券、银行承兑票据及商业票据等。通常，货币市场基金的收益会随着市场利率的下跌而降低，与债券基金正好相反。

（4）混合型基金

混合型基金主要从资产配置的角度看，股票、债券和货币的投资比例没有固定的范围。

（四）证券投资基金市场的参与者

1. 管理人

根据现行《证券投资基金法》的规定，证券投资基金管理人由依法设立的基金管理公司担任。设立基金管理公司，须具备有关法律所规定的系列条件，并经国务院证券监督管理机构批准。

2.托管人

证券投资基金托管人也称证券投资基金保管人，是证券投资基金的名义持有人与保管人。《证券投资基金法》规定，证券投资基金托管人由依法设立并取得基金托管资格的商业银行担任。申请取得基金托管资格，须具备相关条件，并经国务院证券监督管理机构和国务院银行业监督管理机构核准。

3.投资人

证券投资基金投资人也就是证券投资基金的实际持有人，是指投资购买并实际持有基金份额的自然人和法人。在权益关系上，基金持有人是基金资产的所有者，对基金资产享有资产所有权、收益分配权和剩余资产分配权等法定权益。

4.服务机构

(1)代销业务机构

从事开放式基金代销业务的机构必须具备下列条件：有专门管理开放式基金认购、申购和赎回业务的部门，有足够熟悉开放式基金业务的专业人员，有便利、有效的商业网络，有安全有效的技术设施等。

(2)代办注册登记业务机构

代办开放式基金注册登记业务的机构可以接受以下委托业务：建立并管理投资人基金份额账户，负责基金份额注册登记，基金交易确认，代理发放红利，建立并保管基金投资人名册等。

(3)其他服务机构

包括为基金投资提供咨询服务的基金投资咨询公司，为基金出具会计、审计和验资报告的会计师事务所、审计师事务所和基金验资机构，为基金出具律师意见的律师事务所，为封闭式基金提供交易场所和登记服务的证券交易所、登记公司等。

(五)证券投资基金的市场价格

1.封闭式基金市场价格的确定

封闭式基金上市后，其市场价格的确定主要受以下因素影响：

(1)基金份额的资产净值

这是封闭式基金市场交易价格的基础，是封闭式基金交易价格波动的轴心。

(2)基金供求关系

由于封闭式基金有规模限制，因此，当供不应求时，其市场价格可能高于基金份额的资产净值，形成溢价；反之，当供过于求时，其市场价格可能低于基金份额的资产净值，形成折价。比较而言，封闭式基金折价现象比溢价更常见，例如在中国，封闭式基金长期处于高折价状态，不少大盘基金的折价率长期保持在10%以上。

(3)其他因素

例如国家的优惠政策、人为炒作、国外经验和惯例等因素都有可能导致封闭式基金价格的上下波动。

2. 开放式基金市场价格的确定

（1）卖出价或申购价的确定

卖出价或申购价（Offer Price）的报价公式：

$$卖出价=基金份额资产净值+交易费+申购费$$

其中，中国开放式基金申购费率不超过5%。比较而言，投资于本地基金市场的申购费相对较低，而投资于境外基金市场的申购费则相对较高。交易费一般占基金单位资产的0.5% ~ 1%。当然，也有不少开放式基金为了吸引投资，采取了既不收取交易费也不收取申购费的促销策略。此时，卖出价即是基金份额资产净值。

（2）买入价或赎回价的确定

买入价或赎回价（Bid Price）的确定有三种方式：

$$买入价=基金份额的净资产值（基金管理公司用单位资产净值赎回基金份额）$$
$$买入价=基金份额的净资产-交易费用$$
$$买入价=基金份额的净资产-赎回费$$

基金管理公司具体采取何种方法计算基金单位的净资产值和价格，通常会在基金招募说明书或基金交易合同中加以明确规定。

（六）封闭式基金市场的运作

1. 封闭式基金的发行

（1）发行方式

按发行对象和发行范围，封闭式基金的发行可以分为公募与私募两种发行方式。公募发行是指面向广大社会公众发行的方式，具体包括包销、代销和自销三种形式。我国目前不允许封闭式基金采用自销方式，必须委托证券承销机构代销。私募发行是指基金发起人面向少数特定的投资者发行基金的方式，由于发行对象特定，故发行费用相对较低。

（2）发行价格

发行价格是指投资者购买封闭式基金的单价。封闭式基金的发行有网上定价发行与网下发行两种方式。其发行价格由两部分组成：一是基金面值，一般为人民币1元；二是发行费用，一般为人民币0.01元。发行时每份基金份额的发行价格一般为1.01元。

（3）发行费用

目前规定，网上定价发行封闭式基金的手续费由沪深证券交易所按实际认购基金成交金额的0.35%提取。

（4）发行期限

基金管理人应当自收到核准文件之日起6个月内进行基金募集，在规定募集期内只有当实际募集规模超过规定募集规模的80%时，基金方可成立；当实际募集规模不足规定募集规模的80%时，基金不得成立。一旦募集失败，基金发起人必须将已募集资金和按活期存款利率计算的活期存款利息一并在30天内退还给基金认购人。

2. 封闭式基金的流通

（1）上市交易的条件与程序

封闭式基金申请上市交易应当符合《证券投资基金法》的规定，基金合同期限为5年以上，基金募集金额不低于 2 亿元人民币，基金份额持有人不少于 1 000 人，以及基金份额上市交易规则规定的其他条件。

（2）交易账户的设立

根据现行规定，每个身份证只允许开设一个基金账户，已开设股票账户的投资者不得再开设基金账户；开设基金账户需本人亲自在本地办理，既不能由他人代办，也不得在异地开办；一个资金账户只能对应一个基金账户或股票（证券）账户；基金账户不得用于买卖股票，而股票（证券）账户既可以买卖基金，也可以买卖股票；基金账户的开户费用为每户 5 元人民币。

（3）交易的委托与交收

封闭式基金的委托和交易与股票类似，不同的是，价格变化单位不是 0.01 元，而是 0.001 元。

（4）交易的费用

在沪深证券交易所上市的封闭式基金，其佣金统一为成交金额的 0.25%，起点为 5 元，不收过户费，免征印花税。

（七）开放式基金市场的运作

1. 营销

（1）代理销售

目前世界上开放式基金的销售代理机构主要由商业银行充当。例如，中国香港有四成的开放式基金是通过商业银行来销售的，德国开放式基金全部是通过商业银行来销售和赎回的。

（2）直接销售

即投资者通过邮寄、电话、银行电汇、到基金公司开设的办事处购买等途径直接从基金管理人处购买基金份额。对于投资金额庞大的客户，基金管理公司会指派专人对客户提供一对一的售前与售后服务。

2. 申购

（1）开立账户

开立账户时，投资人需要提供姓名、身份证复印件以及印章（或签名）等信息，如果是每月自动扣款或是网络交易，投资人还需与银行签订自动扣款委托协议或网上交易协议。

（2）确认申购金额

由于开放式基金申购价格是以当日原基金净值作为参考，因此，申购基金时只能填写购买多少金额的基金，至于能购买多少份额的基金只有到第二天公布了前一天的基金净值以后才能知晓。

（3）支付款项

在国外，银行汇款和支票是投资人支付开放式基金款项的主要方式。

（4）申购确认

基金公司在确认投资人的申购款项确已划出后，按照申购日的基金净值将相应的基金单位数记入投资人账户，并向投资人提交成交确认书。投资人也可以通过语音电话查询最终申购的基金份额数。

3. 赎回

即投资者卖出基金份额收回投资的过程。基金持有人可以通过直销和代销机构向基金公司发出赎回指令。基金的赎回价格是赎回当日的基金净值，有些基金公司会加上赎回手续费，从而有买进和赎回两种报价。当市场急跌、赎回压力增加到一定程度时，基金公司可启用公开说明书中规定的暂停赎回条款。

4. 费用

（1）销售手续费

目前国内开放式基金的销售手续费费率一般为基金金额的 1% ~ 1.5%。在基金发行期的销售手续费称认购费，发行期结束后的日常销售费称申购费。一般来说，基金公司为了吸引投资者在基金发行时买入基金，认购费率比申购费率要便宜一些。

（2）赎回费

一般的赎回费率为赎回金额的 0.5% 左右。为鼓励投资者长期持有基金，一些基金公司推出了赎回费随持有时间增加而递减的收费方式。

（3）管理费

目前国内的年管理费率一般在 0.3% ~ 1.5%，视投资目标和管理的难易程度不同而有所区别。一般而言，收益和风险较高的品种，管理难度较大，如股票型基金，管理费较高；收益和风险较低的品种，如货币市场基金，管理费较低。

（4）托管费

在中国，年托管费占基金资产净值的 0.25% 左右。

五、金融衍生产品市场

（一）金融远期市场

金融远期市场是指进行远期合约交易的市场，交易按约定条件在未来某一日期交割结算。合约规定，在将来买入标的物的一方为多方（long position），而卖出标的物的一方为空方（short position）。合约中规定的未来买卖标的物的价格称为交割价格。在远期合约的有效期内，合约的价值随着相关资产市场价格的波动而变化。若合约到期时以现金结清，当市场价格高于执行价格（合约约定价格）时，应由卖方向买方按价差支付结算金额；若市场价格低于执行价格，则由买方向卖方支付金额。这种交易方式，远期合约的买卖双方可能形成的收益或损失都是无限大的。

远期合约是非标准化的，因此它不在交易所交易，而是在金融机构之间或金融机构与客户之间通过谈判后签署。已有的远期合约也可以在场外市场交易。

在签署远期合约之前，双方可以就交割地点、交割时间、交割价格、合约规模、标的物的品质等进行谈判，以便尽量满足双方需要。故远期合约与期货合约相比，灵活性较大。这是远期合约的主要优点，但是远期合约也有明显的缺点。首先，由于远期合约没有固定、集中的交易场所，不利于信息交流与传递，不利于形成统一的市场价格，市场效率较低。其次，由于每份远期合约千差万别，这就为远期合约的流通造成极大不便，因此远期合约的流动性较差。最后，远期合约的履约没有保证。当价格变动对一方有利时，对方

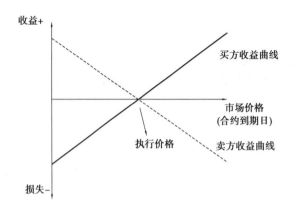

图 7-1 远期交易的收益/损失示意图

有可能无力或无诚意履行合约，因此远期合约的违约风险较高。

(二)金融期货市场

金融期货市场是国际资本市场创新和发展的产物，也是比传统商品期货市场更新的交易市场，它仍然保留价格发现、套期保值等风险转移、附加提供投机平台等有效市场功能，并继承了期货市场已有的法律监管机制。20世纪70年代，由于布雷顿森林体系国际货币制度的崩溃，以及金融自由化和金融创新浪潮的冲击，国际资本市场上利率、汇率和股票价格指数波动幅度加大，市场风险急剧增加。为了规避这些风险，金融期货市场应运而生，为保证资本市场的良性运转发挥了不可替代的作用。

1.期货交易的方式

所有期货交易都必须在主管部门批准的期货交易所进行。期货交易所必须确保交易的商品符合合约规定的等级，并制定相应的交易规则，如每次报价的最小波动幅度，以及每天的最大价格波动幅度等。更重要的是，只有所谓交易所成员的经纪商和自营商才能进场交易，并通过收取保证金方式来确保合约的履行，因而履约保障性较好。具体交易方式如下：

（1）开仓与平仓

开仓(opening)是指投资者最初买入或卖出某种期货合约，从而确立自己在该种合约交易中的头寸位置。期货合约的买入者处于多头头寸，卖出者处于空头头寸。原先拥有多头或空头头寸的投资者可以通过一笔反向交易来结清头寸，这就是平仓(closing out a position)。例如，在3月的某一天买入一份9月到期的玉米合约的投资者，可以在4月的某一天卖出一份该种合约，从而使自己的净头寸为零；在4月卖出一份6月到期的玉米合约的投资者，也可以在该种合约的最后交易日之前买入一份该种合约来冲销原先的空头头寸。实际上大部分的期货交易都是以上述方式对冲的，大约只有5%的合约需到期实际交割。

（2）保证金制度

在期货交易中，任何一名交易者都必须按照其所买卖期货合约价值的一定比例（通常为5%~15%）缴纳少量资金，作为其履行期货合约的财力担保，然后才能参与期货合约的买卖，并视价格变动情况确定是否追加资金。这种制度就是保证金制度，所缴纳的资金就是保证金。

在国际期货市场上，一般将保证金分为初始保证金和维持保证金。初始保证金是建立一个头寸所必需的最低资金需求，在香港称为基本保证金或基本按金。维持保证金是一个资金水平：一个账户的资金必须维持在这个水平之上，如果账户资金下降到维持保证金水平之下，经纪公司就会通知交易者追加保证金，该账户的资金必须追加到初始保证金水平。维持保证金要比初始保证金低，或者相等。接到追加保证金通知时，交易者可以存入额外的资金，或者将这个头寸平仓。

（3）每日结算制度

每日结算制度也称逐日盯市、每日无负债结算制度，是指每日交易结束后，交易所按当日结算价结算所有合约的盈亏、交易保证金及手续费、税金等费用，对应收应付的款项同时划转，相应增加或减少会员的结算准备金。若结算时，会员（或客户）的保证金不足，交易所（或期货经纪公司）应立即向会员（或客户）发出追缴保证金通知，会员（或客户）应在规定时间内向交易所（或期货经纪公司）追加保证金。

（4）限仓和大户报告制度

限仓制度（Position limit system）是期货交易所为了防止市场风险过度集中于少数交易者和防范操纵市场行为，对会员或客户的持仓数量进行限制的制度。规定会员或客户可以持有的、按单边计算的某一合约持仓的最大数额，不允许超量持仓。

大户报告制度（Major reporting system）是与限仓制度紧密相关的另外一个控制交易风险、防止大户操纵市场行为的制度。期货交易所建立限仓制度后，当会员或客户某品种持仓合约的投机头寸达到交易所对其规定的投机头寸持仓限量80%以上（含本数）时，必须向交易所申报。申报内容包括客户的开户情况、交易情况、资金来源、交易动机等信息，便于交易所审查大户是否有过度投机和操纵市场行为以及大户的交易风险情况。

2. 金融期货简介

（1）外汇期货

外汇期货交易是指在约定的日期，按照已经确定的汇率，用一种货币买卖一定数量的另一种货币。外汇期货是最早出现的金融期货，其主要品种有美元、英镑、欧元、日元、加拿大元等可兑换货币。外汇期货主要是用来防范汇率波动的风险。例如，假定在6月1日，某公司有100万暂时闲置的美元，可以进行3个月的短期投资，当时英镑的存款利率高于美元，所以该公司打算把美元换成英镑存款。但是它又担心3个月后英镑贬值，反而得不偿失，则这时可以利用期货市场来套期保值。该公司可以在现货市场上买进100万美元的英镑，并把它变成3个月的存款，同时在期货市场上卖出金额大致相当的9月英镑期货。一旦3个月后英镑真的贬值，那么它的期货价格也将下降，该公司就可以在现汇市场卖出英镑的同时，在期货市场上买进与先前卖出数量相同的9月英镑期货，从而消除其英镑期货的多头地位，并获得差价，以此来弥补现汇市场上的损失。

（2）利率期货

由于债券的价格是同利率成反向变化的，这些债券期货合约的价格都受利率波动的影响，所以它们被称为利率期货。利率期货可以用来防范利率风险。例如，假定某人预计在3个月后有一笔收入，他准备用来购买短期政府债券。但是，他又担心3个月后利率下降（也就意味着债券价格会上升）使他蒙受损失。这时，他可以先买入一定数量的政府债券期货。假定3个月后利率真的下降，他在现货市场上就会遭受损失，因为政府债券的价格上升后,他能够购买的债券数量减少了。但这种损失可以在期货市场上得到弥补,因为此时债券期货的价格也必将随着现货价格的上升而上升,从而为他带来一定的价差收入。

(3)股票指数期货

股票指数期货是指以股票价格指数作为标的物的金融期货合约。

进行股票价格指数期货交易并不意味着买卖股票价格指数所包含的股票,而是要求在未来特定的日期,按照合约规定的股价指数与市场上的即时股价指数进行差额结算。股价指数期货的价格通常以股价指数的若干倍来表示,这个倍数称为指数乘数。例如,日经指数期货的指数乘数为 1 000 日元,当日经指数为 18 000 点时,每张日经指数期货合约的价格就为 1 800 万日元。股票指数期货是目前金融期货市场最热门和发展最快的期货交易。

目前,国际金融期货交易市场上常涉及的股价指数期货主要有标准普尔指数期货、纽约证券交易所综合指数期货、金融时报 100 种股票指数期货、日经指数期货、恒生指数期货等。中国沪深 300 股指期货于 2010 年 4 月 16 日正式开始交易,中证 500 和上证 50 股指期货也于 2015 年 4 月 16 日正式推出。

(三)金融期权市场

金融期权市场是指交易以金融商品或金融期货合约为标的物的期权交易场所。金融期权是赋予购买者在规定期限内按双方约定的价格或执行价格购买或出售一定数量某种金融资产的权利的合约。期权是一种选择权,是买卖某种特定商品的选择权利。作为选择权,意味着可以根据需要放弃行使这一权利,但期权合约的购买者须向卖方支付一定数额的期权费。

1. 期权的分类

(1)按合约可执行的时间分类

期权按合约可执行的时间可分为美式期权和欧式期权。美式期权在到期日前的任何时候或在到期日都可以执行合同,结算日则是在履约日之后的一天或两天,大多数的美式期权合同允许持有者在交易日到履约日之间随时履约,但也有一些合同规定一段比较短的时间可以履约,如"到期日前两周"。欧式期权合同要求持有者只能在到期日履行合同,结算日是履约后的一天或两天。目前,国内的外汇期权交易都采用欧式期权合同方式。欧式期权本少利大,但在获利时间上不具灵活性;美式期权虽然灵活,但付费十分昂贵。因此,目前国际上大部分的期权交易都是欧式期权。

(2)按合约的性质分类

期权按合约的性质可分为看涨期权和看跌期权。看涨期权(call option)也称买进期权、买方期权,是指期权的购买者拥有在期权合约有效期内按执行价格买进一定数量标的物的权利。看跌期权也称卖权选择权、卖方期权,是指期权购买者拥有在期权合约有效期内按执行价格卖出一定数量标的物的权利,但不承担必须卖出的义务。

(3)按合约标的资产分类

期权按合约标的资产可分为股票期权、外汇期权和债券期权。

2. 期权交易双方的盈利分析

期权的最大魅力,在于可以使期权买方将风险锁定在一定范围内。因此,期权是一种有助于规避风险的理想工具,也是投机者理想的操作手段。对于看涨期权的买方来说,当市场价格高于执行价格时，他会行使买的权利，反之他会放弃行使权利，所亏仅限于期权费；对于看跌期权的买方来说，当市场价格低于执行价格时，他会行使卖的权利，反之则放弃权利，所亏也仅限于期权费。因此，期权对于买方来讲，可以实现有限的损失和无限的收益，对于卖方则刚好相反，损失无限而收益有限。我们可以通过图 7-2、图 7-3 来表示这种盈亏情况。

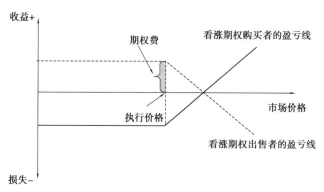

图 7-2　看涨期权双方盈亏示意图

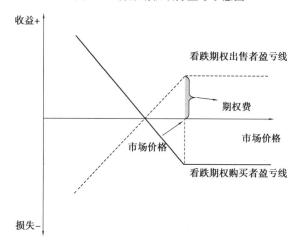

图 7-3　看跌期权双方盈亏示意图

（四）金融互换市场

1. 互换的定义

所谓"互换"是指交易双方达成协议，约定在未来某个时间以事先约定的方法交换两笔货币或资产的金融交易。从本质上看，互换是远期合约的一种延伸。互换交易在国际及金融市场上主要用于降低长期资金筹措成本，并对利率和汇率等风险进行防范。可见，互换交易既是融资工具的创新，又是风险管理的新手段。

互换交易是基于不同投资者在不同资金市场上具有不同比较优势的情况产生的，较高信用级别的机构与较低信用级别的机构在筹集固定利率资金上的利率差幅，比筹集浮动利率资金时的利率差幅要大。换句话说，信用级别较低的机构在浮动利率市场筹资比信用级别较高的借款人具有一定的比较优势，反之，信用级别较高的借款人在固定利率市场上筹资比信用级别较低的借款人具有一定的比较优势。因此，如果借款人都在各自具有比较优势的市场上筹资，然后再互相交换相应的利息支付，那么双方都能降低融资成本。

2. 互换的种类

按照基础资产的种类，互换交易可以分为利率互换、货币互换两种类型。

（1）利率互换

利率互换也称利率掉期，是指两笔货币相同、债务额相同（本金相同）、期限相同的资金，但交易双方分别以固定利率和浮动利率借款，为了降低资金成本和利率风险，双方做固定利率与浮动利率的调换。

具体来说，利率互换是指参与互换的合约双方（甲方和乙方），在合约中约定一笔名义的本金数额，然后甲方承诺在约定的未来一定时期内支付乙方一笔货币，其金额为事先在合约中约定的按固定利率计算利息，而乙方则按合约中约定支付给甲方一笔货币，其金额为事先在合约中约定的按市场浮动利率计算的利息。在实际操作中，利率互换的交易双方只需要有一方向另一方支付两种利息的差额即可，即若固定利率利息大于浮动利率利息，则由固定利率支付方向浮动利率支付方按两种利息的差额进行支付。利率互换通过对净现金流量的改变达到改变资产或负债所承担风险性质的目的。例如，通过利率互换可以把一项固定利率负债转化成一项浮动利率负债，也可以把一项浮动利率负债转化成一项固定利率负债。

在利率互换中，市场浮动利率是以伦敦同业拆借利率（LIBOR）为基准，参与交易双方根据各自的情况在 LIBOR 上附加一定的加息率作为浮动利率。在利率互换中，由于固定利率借款与浮动利率借款的本金数目是相同的，所以本金不用交易，只是交易不同形式的利息。

（2）货币互换

货币互换也是常见的互换，简单来说，利率互换是相同货币债务间的调换，而货币互换则是不同货币债务间的调换。货币互换中双方互换的是货币，它们之间各自的债权债务关系并没有改变。初次互换的汇率以协定的即期汇率计算。货币互换的目的在于降低筹资成本及防止汇率变动风险造成的损失。

（五）我国的衍生金融工具市场

2006 年 9 月 8 日，中国金融期货交易所成立，标志着我国衍生金融工具市场建设进入了一个崭新的发展阶段。目前已推出的衍生金融工具交易品种有：①沪深 300 股指期货。它以沪深 300 指数为标的物，于 2010 年 4 月 16 日推出，以大中盘股指数为追踪对象。②中证 500 股指期货。它以中证 500 指数为标的物，于 2015 年 4 月 16 日推出，以小盘股指数为追踪对象。③上证 50 股指期货。它以上证 50 指数作为标的物，在 2015 年 4 月 16 日推出，以大盘股指数为追踪对象。

补充阅读 7-4

上证 50 和中证 500 股指期货简介

千呼万唤始出来。沪深 300 股指期货 5 周岁生日当天迎来"双胞胎兄弟"，上证 50 和中证 500 股指期货，并于 2015 年 4 月 16 日挂牌交易。

作为两大重量级品种，上证 50 和中证 500 股指期货的推出使股指期货产品线逐渐丰富，为投资者、做市商等金融市场参与者提供了更为丰富的投资手段和风险管理工具。随着金融产品和风险管理手段的丰富，金融市场将日趋稳定。

当天，中金所公布了上市合约的挂牌基准价。上证 50 股指期货 IH1505、IH1506、IH1509、IH1512 合约的挂盘基准价分别为 3 058.8 点、3 051.6 点、3 036.8 点和 3 066.6 点。中证 500 股指期货 IC1505、IC1506、IC1509、IC1512 合约的挂盘基准价分别为 7 818.6 点、7 830.6 点、7 866.8 点和 7 928.8 点。

根据合约规则，上证 50 期指合约乘数每点 300 元，中证 500 期指合约乘数每点 200 元，目前，中金所最低交易保证金为 8%。按照上证 50 期指 3 058.8 点挂牌价计算，交易一手最低 9.18 万元，中证 500 期指按 7 818.6 点挂牌价计算，交易一手最低 15.64 万元。

股指期货新品种的推出，丰富了机构的套保工具，特别是首次覆盖中小盘个股的中证 500 股指期货，成为市场关注的焦点。截至当天收盘，上证 50 收报 3 053.30 点，涨 0.03%；中证 500 收报 7 802.75 点，跌 3.91%。

六、风险投资与创业板市场

（一）风险投资市场

1. 风险投资的概念

风险投资有广义和狭义之分。广义的风险投资是指投资人将资本投向高风险领域，以期获得高收益的投资行为。狭义的风险投资是指投资人将资本投向创业时间短、资产规模小、成长性高和竞争潜力大的企业，以期获得高收益的投资行为。风险投资市场是指狭义的风险投资（Venture Capital）活动。因此，风险投资市场也称创业投资或 VC 市场。

2. 风险投资市场的特点

（1）面对风险具有主动性

风险是投资人为了实现高额利润而主动承担的风险，并不是传统意义上的不可测和不确定性。

（2）投资与融资具有相互融合性

一个好的投资项目会使融资变得更加容易。同时，投资过程往往伴随着第二轮或第三轮的融资，投资和融资构成一个不可分割的整体。

（3）风险投资利益分享具有攸关性

投资和融资工具以权益形式存在，风险资本家的利益与风险企业的利益息息相关。

（4）风险资本家介入程度深

风险资本家不仅参与风险企业发展规划的制定和企业营销方案的设计，而且参与风险企业资本运作过程，甚至涉足风险企业高管的聘用和解雇。

（5）潜在的风险性和收益性更高

在风险投资最活跃的硅谷，风险投资的成功、不赔不赚和失败的比率为 2∶6∶2，有八成投资呈无利或血本无归的状态，成功概率只有 20%。

（6）投资周期长

短则 3～5 年，长则可达 10 年之久。

（7）退出是风险投资市场必不可少的环节

建立以公开上市、并购和清算协议为核心的退出制度是保持风险投资市场流动性和保证风险投资收益实现的关键。

3. 风险投资市场的参与主体

（1）目标企业

其特点是：一般为刚刚起步的高新技术企业；规模普遍较小，无形资产所占比例高，没有太多的固定资产作为贷款的抵押和担保；市场竞争能力和研究开发能力较强，企业一旦成功，其投资利润率远远高于传统企业和产品；在经营中信息不对称和激励机制问题更突出，可能面临更大的运作风险。

（2）风险资本家或风险投资家

它是风险投资市场的资金供应者，其成员既可以是政府和企业，也可以是家庭和个人。风险资本家与风险投资家可以是分离的，也可以是合二为一的。最典型的风险投资家有公司（机构）型基金、私募基金（PE）和天使投资人（Angel Investor）三种。

（3）中介

它包括律师事务所、会计师事务所、资产评估师事务所、投资银行、信用评估机构、项目评估机构、投资管理咨询公司、风险投资行业协会、标准认证机构、知识产权评估机构、科技项目评估机构等。

4. 中国风险投资市场概况

风险投资概念进入中国已有 20 多年的历史，但真正发展起来则是 1998 年以后的事情。目前，中国风险投资市场的特点可以概括为：

（1）发展起伏大

例如，2005 年和 2006 年，由于大量海外风险资本的涌入，风险投资市场迅速升温；而 2008 年，受到海外金融风暴和境内资本市场调整的影响，风险投资市场则迅速降温。2015 年和 2016 年风险投资市场再度升温，风险投资交易数量和交易额均分别超过 900 起和 150 亿美元。

（2）海外风险资本占比高

自 2001 年开始，红杉资本、软银中国、凯雷投资集团、礼来投资集团、德丰杰全球创业投资基金、高盛、新桥等海外资本占据风险资本市场的大半壁江山。

（3）投资热点不局限于新兴产业

自 2006 年起，中国风险投资热点突破了以互联网、软件为代表的高科技产业的限制，风险投资者将更多的注意力从互联网转到传统产业上来，投资行业囊括了科技互联网产业、媒体产业、电信产业、医药产业、环保产业、休闲产业、教育培训产业、新能源产业等，甚至把投资方向锁定在小肥羊、真功夫、一茶一座等餐饮服务企业上。

（4）投资地区主要集中在一线城市

目前，全国有 80% 以上的风险投资集中在北京、上海、深圳和广州这四个一线城市。

（5）种子期项目融资不足

目前，中国风险投资的 69% 投向了扩张期和成长期的项目，而投向种子期的项目数不足 1/3。

（6）民间资本介入风险投资市场的热情不高

目前，有80%以上的内资风险资本来自政府或者与政府有关的国有企业。在欧洲，只有25%的风险投资来源于投资银行，其余均是私人投资和民间投资基金；在中国台湾地区，风险投资的民间成分甚至是100%。

（二）创业板市场

1.创业板市场的概念

顾名思义，创业板市场就是给创业型企业上市融资的股票市场。由于创业型企业一般是高新技术企业或中小企业，世界上几乎所有的创业板市场都明确表示鼓励高新技术企业或者成长型中小企业申请在创业板发行上市。同时，由于其对单个上市公司规模以及对上市公司条件的要求上都要低于主板市场，所以创业板的性质属于二板市场。国际上，成熟的证券市场大都设有创业板或二板市场，只是名称不同而已。

2.创业板市场的发展历程

国际上，创业板市场的发展可分为两个阶段：①20世纪70年代到90年代中期。这一阶段大多经历了创建初期的辉煌，但基本上在20世纪90年代中期以失败告终。②90年代中期到现在。随着知识经济的兴起，各国（地区）政府都很重视高新技术产业的发展，于是大量高新技术企业迅速成长起来，各国（地区）证券市场又开始了新一轮的设立二板市场热潮，主要有：香港创业板市场（GEM，1999）、台湾柜台交易所（OTC，1994）、伦敦证券交易所（AIM，1995）、法国新市场（LNA，1996）、德国新市场（NM，1996）、中国创业板市场（2009）等。比较而言，此阶段的二板市场发育和运作远强于第一阶段，大多数发展较顺利。其中，美国纳斯达克（NASDAQ）和韩国KOSDAQ的交易量甚至一度超过了主板市场。经过十余年的准备和借鉴海外创业板市场的经验教训，中国创业板也取得了举世瞩目的成就，截至2018年6月底，创业板上市公司达730家，总市值超过5.8万亿元。但从整体上看，二板市场份额还是低于主板，甚至有二板市场（如欧洲的EASDAQ）曾一度陷入经营困境。

3.创业板市场的模式

（1）完全独立型

即创业板本身是一个独立的证券交易系统，拥有独立的组织管理系统、报价交易系统和监管系统，上市标准和监管标准也与主板明显不同。美国纳斯达克市场就是这种模式的典型代表。日本OTC Exchange、欧洲EASDAQ和法国New Market等都是采用的这种模式。

（2）准独立型

也称一所二板平行式。即创业板市场在交易制度、市场规则等方面与主板市场相同，且依托主板的交易和结算体系，有些还采用与主板相同的监管标准，不同的只是上市标准的差异，且二者不存在主板与二板的转换关系。欧洲新市场（EURO-NM）的几个成员如巴黎、法兰克福以及香港创业板等都属于这种模式。

（3）附属型

也称一所二板升级式。即创业板市场完全附属于主板市场，与主板市场拥有共同的交易系统和监管系统，不同的只是上市标准的差别，主板市场与二板市场之间是一种从低级到高级的提升关系。例如，英国伦敦证券交易所的 AIM 市场、吉隆坡证券交易所的 KLSE、新加坡证券交易所的 SESDAQ、马来西亚证券交易及自动报价系统市场（MESDAQ）、泰国证券交易所的二板市场等。

4.创业板市场的风险

（1）市场运作风险更大

如果说全球主板市场成功的喜悦远远大于失败的痛苦的话，那么，创业板市场失败的痛苦则远远大于成功的喜悦。例如，美国证券交易所推出的中小企业市场及新西兰、澳大利亚、英国和欧洲许多国家的创业板市场都失败了，新加坡、韩国、中国香港等创业板市场的发展也并非一路坦途。

（2）挂牌公司的经营风险更高

这是因为创业板市场的上市标准低、回报期长、失败率高。例如，纳斯达克自开市以来共安排了 8 500 多家公司上市，但被摘牌的公司高达 3 200 多家，摘牌比例超过 1/3。

（3）市场流动性风险和波动风险更大

因为市场上上市公司的流通盘普遍偏小，投资者尤其是机构投资者进出极不方便。

本章小结

金融市场是以金融资产为对象形成的供求关系及其价格机制的总和，它有广义和狭义之分。金融市场与商品市场的区别在于交易关系的不同、交易场所的区别、交易对象的差异、交易方式的复杂性。金融市场的基本要素包括交易主体、交易对象、交易工具、交易价格。

金融市场与整个国民经济息息相关，它具有配置资金、分散和转移风险、降低交易成本、价格发现、提供流动性以及调节经济六大功能。

货币市场是金融工具的交易期限在一年以内的短期资金融通和借贷的市场，其职能在于提供短期流动性和调剂头寸盈余。货币市场最主要特点是风险性低和流动性高。货币市场可以细分为同业拆借市场、商业票据市场、回购市场、大额可转让定期存单市场、国库券市场等若干子市场，不同的子市场具有不同的特点。

资本市场是金融工具的交易期限在一年以上的中长期资金融通和借贷的市场，其主要职能是筹集中长期资金。同货币市场相比，资本市场的主要特点有融资期限长、流动性相对较差、风险大、收益率较高。资本市场可以分为股票市场、债券市场和投资基金市场，不同的市场有不同的运作原理。

金融衍生产品市场是各种金融衍生工具流通和交易的市场。具体可分为远期市场、期货市场、期权市场和金融衍生品市场。

练习题

一、概念识记

资本市场　原生金融工具　金融市场　货币市场　金融互换　溢价发行　期权合约
金融期货合约　商业票据　股票　股票价格指数

二、选择题

1. 下列金融工具中属于间接融资工具的是(　　)。
    A. 可转让大额定期存单　　　　　　　　B. 公司债券
    C. 股票　　　　　　　　　　　　　　　D. 政府债券

2. 短期金融市场也称(　　)。
    A. 初级市场　　　　B. 货币市场　　　　C. 资本市场　　　　D. 次级市场

3. 长期金融市场也称(　　)。
    A. 初级市场　　　　B. 货币市场　　　　C. 资本市场　　　　D. 次级市场

4. 一张面额为 2000 元差半年到期的票据，到银行得到 1 900 元的贴现金额，则年贴现率为(　　)。
    A. 5%　　　　　　　B. 10%　　　　　　C. 2.56%　　　　　D. 5.12%

5. 现货市场的实际交割一般在成交后(　　)天内进行。
    A. 2　　　　　　　　B. 5　　　　　　　　C. 7　　　　　　　　D. 30

6. 下列属于所有权凭证的金融工具是(　　)。
    A. 商业票据　　　　　　　　　　　　　B. 股票
    C. 政府债券　　　　　　　　　　　　　D. 可转让大额定期存单

7. 下列属于优先股股东权利范围的是(　　)。
    A. 选举权　　　　　B. 被选举权　　　　C. 收益权　　　　　D. 投票权

8. 金融工具的价格与其盈利率和市场利率分别是哪种变动关系(　　)。
    A. 反方向，反方向　　　　　　　　　　B. 同方向，同方向
    C. 反方向，同方向　　　　　　　　　　D. 同方向，反方向

9. 在代销方式中，证券销售的风险由(　　)承担。
    A. 经销商　　　　　B. 发行人　　　　　C. 监管者　　　　　D. 购买者

10. 期权合约买方可能形成的收益或损失状况是(　　)。
    A. 收益无限大，损失有限大　　　　　　B. 收益有限大，损失无限大
    C. 收益有限大，损失有限大　　　　　　D. 收益无限大，损失无限大

三、简答题

1. 金融交易主要有哪些组织方式？请各举一例。
2. 金融市场有哪些基本功能？
3. 金融工具的基本特征是什么？
4. 优先股与普通股的主要区别是什么？
5. 简要说明期货合约、期权合约、互换合约。

四、案例分析

巴林银行破产案

1763 年，弗朗西斯·巴林爵士在伦敦创建了巴林银行，它是世界上第一批"商业银行"，既为客户提供资金和有关建议，自己也做买卖。当然，它也像其他商人一样承担买卖股票、土地或咖啡的风险。由于经营灵活变通、富于创新，巴林银行很快就在国际金融领域获得了巨大成功。

20 世纪初，巴林银行荣幸地签下了一个特殊客户：英国皇室。由于巴林银行的卓越贡献，巴林家族先后获得了五个世袭爵位。这可算得上一个世界纪录，从此奠定了巴林银行在国际金融界显赫地位的基础。

里森于 1989 年 7 月 10 日正式到巴林银行工作。之前，他是摩根·士丹利银行清算部的一名职员，进入巴林银行后，他很快争取到印尼分部工作的机会。由于他富有耐心和毅力，善于逻辑推理，能快速地解决以前久拖不决的许多问题，很快就使工作有了起色。因此，他被视为期货与期权结算方面的专家，伦敦总部对里森在印尼的工作相当满意，并允许在海外给他安排一个合适的职务。1992 年，巴林总部决定派他到新加坡分行成立期货与期权交易部门，并出任总经理。

无论做什么交易，错误都在所难免。但关键在于你怎么处理这些错误，在期货交易中更是如此。有人会将"买进"手势误认为"卖出"手势；有人会在错误的价位购进合同；有人可能不够谨慎；有人可能本该购买 6 月期货却买进了 3 月期货等。一旦发生失误，就会给银行造成损失。当错误发生后，银行必须迅速妥善处理，如果错误无法挽回，就将该项错误转入电脑中一个被称为"错误账户"的账户中，然后向银行总部报告。

里森于 1992 年在新加坡任期货交易员时，巴林银行原本有一个账户为"99905"的"错误账户"，专门处理交易过程中因疏忽所造成的错误。这原是一个金融体系运作过程中正常的错误账户。1992 年夏天，伦敦总部全面负责清算工作的哥顿·鲍塞给里森打电话，要求里森另设立一个"错误账户"，记录较小的错误，并自行在新加坡处理，以减少伦敦总部的工作。于是，里森马上找来了负责办公室清算的利塞尔，向她咨询是否可以另立一个档案。很快，利塞尔就在电脑里键入了一些命令，问他需要什么账户，在中国文化里"8"是一个非常吉利的数字，因此里森以此作为他的吉祥数字，由于账户必须是五位数，这样账户为"88888"的"错误账户"便诞生了。

几周之后，伦敦总部又打来电话，总部配置了新的电脑，要求新加坡分行按老规矩行事，所有的错误记录仍由"99905"账户直接向伦敦报告。"88888"账户刚刚建立就被搁置不用了，但它却成为一个真正的"错误账户"存于电脑之中。而且伦敦总部这时已经注意到新加坡分行出现的错误很多，但里森都巧妙地搪塞而过。"88888"这个被人忽略的账户，提供了里森日后制造假账的机会，如果当时取消这一账户，则巴林的历史可能会被重写。

1992年7月17日，里森手下一名加入巴林仅一星期的交易员金·王犯了一个错误：当客户（富士银行）要求买进20口日经指数期货合约时，此交易员误为卖出20口，这个错误在里森当天晚上进行清算工作时发现。欲纠正此项错误，须买回40口合约，以当日的收盘价计算，其损失为2万英镑，并应报告伦敦总部。但在种种考虑下，里森决定利用错误账户"88888"，承接了40口日经指数期货空头合约，以掩盖这个失误。然而，如此一来，里森所进行的交易便成了"业主交易"使巴林银行在这个账户下，暴露在风险部位。数天之后，更由于日经指数上升200点，此空头部位的损失便由2万英镑增为6万英镑了（注：里森当时年薪还不到5万英镑）。此时，里森更不敢将此失误向上呈报。

除了为交易员遮掩失误，另一个严重的失误是为了争取日经市场上最大的客户波尼弗伊。1993年下旬，接连几天，每天市场价格破纪录地飞涨1000多点，用于清算记录的电脑屏幕故障频繁，无数笔的交易入账工作都积压起来。由于系统无法正常工作，交易记录都靠人力，等到发现各种错误时，里森在一天之内的损失已高达将近170万美元。在无路可走的情况下，里森决定继续隐瞒这些失误。

1994年，里森对损失金额已经麻木了，"88888"号账户的损失，由2000万、3000万英镑，到7月已达5000万英镑。事实上，里森当时所做的许多交易，是被市场走势牵着鼻子走，并非出于他对市场的预期。他已成为被风险部位操纵的傀儡。他当时能想的，是哪一种方向的市场变动能使他反败为胜，能补足"88888"号账户的亏损，便试着影响市场往哪个方向变动。

在损失达到5000万英镑时，巴林银行曾派人调查里森的账目。事实上，每天都有一张资产负债表，都有明显的记录，可看出里森的问题，即使是月底，里森为掩盖问题所编造的假账，也极易被发现——如果巴林银行真有严格的审查制度。里森假造花旗银行有5000万英镑存款，但这5000万英镑已被挪用来补偿"88888"号账户的损失了。查了一个月的账，却没有人去查花旗银行的账目，以致没有人发现花旗银行账户中并没有5000万英镑的存款。

另外，在1995年1月11日，新加坡期货交易所的审计与税务部发函巴林银行，提出他们对维持"88888"号账户所需资金问题的一些疑虑。而此时的里森每天都要求伦敦汇入1000万英镑，以支付其追加保证金。事实上，从1993—1994年，巴林银行在SIMEX及日本市场投入的资金已超过11000万英镑，超出了英格兰银行规定英国银行的海外总资金不应超过25%的限制。为此，巴林银行曾与英格兰银行进行多次会谈。在1994年5月，得到英格兰银行主管商业银行监察的高级官员之"默许"，但此默许并未留下任何证明文件，因为没有请示英格兰银行有关部门的最高负责人，违反了英格兰银行的内部规定。

最令人难以置信的是，巴林银行在1994年底发现资产负债表上显示5000万英镑的差额后，仍然没有警惕到其内部控管的松散及疏忽。在发现问题至巴林银行倒闭的两个月时间里，有很多巴林银行的高级及资深人员曾对此问题表示关切，更有巴林银行总部的审计部门正式加以调查。但是这些调查都被里森以极轻易的方式蒙骗过去。里森对这段时期的描述为："对于没有人来制止我的这件事，我觉得不可思议。伦敦的人应该知道我的数字都是假造的，这些人都应该知道我每天向伦敦总部要求的现金是不对的，但他们仍旧支付这些钱。"

1995年1月18日，日本神户大地震，其后数日东京日经指数大幅度下跌，里森一方面遭受更大的损失，另一方面购买更庞大数量的日经指数期货合约，希望日经指数会上涨到理想的价格范围。1月30日，里森以每天1 000万英镑的速度从伦敦获得资金，已买进了3万口日经指数期货，并卖空日本政府债券。2月10日，里森以新加坡期货交易所交易史上创纪录的数量，已握有55 000口日经期货及2万口日本政府债券合约。交易数量愈大，损失愈大。

所有这些交易，均进入"88888"账户。账户上的交易，以其兼任清查之职权予以隐瞒，但追加保证金所需的资金却无法隐瞒。里森以各种借口继续转账。这种松散的程度，实在令人难以置信。2月中旬，巴林银行全部的股份资金只有47 000万英镑。

1995年2月23日，在巴林期货的最后一日，里森对影响市场走向的努力彻底失败。日经股价收盘降到17 885点，而里森的日经期货多头风险部位已达6万余口合约；其日本政府债券在价格一路上扬之际，其空头风险部位亦已达26 000口合约。里森为巴林银行所带来的损失，在巴林银行的高级主管仍做着次日分红的美梦时，终于达到了86 000万英镑的高点，造成了世界上最老牌银行——巴林银行命运的终结。

思考：

1. 导致巴林银行最终破产的原因主要有哪些？

2. 从这一案例中我们得出了什么教训？

第八章

货币供求与均衡

【学习目标】

　　理解货币需求的概念，区分名义货币需求与实际货币需求。掌握西方理论界关于货币需求的理论。了解货币供给的数量界定，掌握货币层次的划分。掌握货币供给的形成机制，区分货币乘数与存款创造倍数两个概念。掌握货币均衡与失衡的定义，以及货币供求与社会总供求平衡和失衡的关系。

案例导入

我国货币政策调整释放什么信号？

　　过去三年的货币政策都定调"稳健"，但侧重点各有不同：2016 年突出要"适应货币供应方式新变化，调节好货币闸门"；2017 年强调要"保持中性，管住货币供给总闸门"；2018 年则要求"稳健的货币政策要松紧适度，保持流动性合理充裕"。

　　回头来看，2019 年中央银行多次降准向市场释放流动性。此外，中央银行推进利率市场化改革，通过 LPR 报价改革来疏通货币政策传导渠道。改革后，中央银行在 11 月首度下调了 MLF 和逆回购利率（5BP），有效带动银行贷款利率下行。总体来说，2019 年流动性保持了合理充裕，预计明年关于货币政策的定调仍将是稳健。虽然目前 CPI 突破 4%，但应对经济下行压力将是货币政策的首要目标，结构性通胀并不会对货币政策形成掣肘。2016—2017 年提出"货币总闸门"后，中央银行都有跟随美联储加息的操作，内部看主要推进金融去杠杆，实际上货币政策是稳健略微偏紧（2018 年下半年偏松）。但目前面临经济增速"破 6"、2020 年 GDP 翻番的复杂情况，货币政策大方向是稳健偏松，大概率不会出现"货币总闸门"的表述。

　　中信证券分析师表示，明年货币政策边际宽松方向不变，但节奏和力度会更加灵活：一方面将更多地创设、完善和使用结构性货币政策（例如 PSL），另一方面宽松政策不会一蹴而就。"明年降准、降息都有可能。利率市场化改革后，中央银行主要通过调控政策利率来带动贷款利率的下降，现在每次降 5BP 的话，降息可以有多次操作。"中泰证券首席经济学家表示。

　　"LPR 可能于 2020 年下半年下调 40 个基点。在此期间，MLF 利率也可能下行，但幅度或不及 LPR。因为加权平均贷款利率有必要下行以缓解实体经济通缩压力。"中金公司预计。

　　降准方面，春节前可能有一次。因为春节取现增加将导致流动性紧张，同时 2020 年提前批专项债大规模发行，亦需要流动性支持，而人民币汇率相对稳定给了降准外部空间。

2002—2014 年，长期贸易顺差使中央银行被动投放大量本币购买外汇，外汇占款一度成为投放基础货币的最主要渠道。中央银行数据显示，2014 年 5 月外汇占款达到峰值27.3 万亿元，较 2002 年扩张 25.5 万亿元，这期间中央银行总资产规模扩张 28.37 万亿元，基础货币规模扩张 23.39 万亿元。此后，外汇占款回落，中央银行频繁使用逆回购和 SLF、MLF、PSL 等结构性货币工具，再贷款成为中央银行投放基础货币的主要渠道。光大证券首席宏观分析师表示，"完善基础货币投放机制"或有助于解决中央银行持续缩表问题，随着外汇占款的回落，基础货币被动收缩，未来基础货币投放的方式或更加灵活。在党的十九届四中全会提出"完善基础货币投放机制"后，明年货币政策是否会有相关表述值得关注。

（资料来源：杨志锦.2020 年会降准降息吗？明年货币政策三大前瞻［N］.21 世纪经济报道，2019-12-12.）

就像我们需要衣服御寒、需要食物充饥一样，货币的职能决定着我们对它们产生的需求。哪些因素决定货币需求量，是货币需求理论一直在探讨的问题。同时，货币作为经济运转中最基本的要素，货币供给成为最重要的金融问题。在现行信用货币制度下，货币供给的多少由谁决定呢？中央银行和银行系统在货币供给过程中各自扮演什么角色？哪些因素影响货币供给？这些问题都是本章学习的重点。

第一节　货币需求

一、货币需求概述

（一）货币需求的含义

从历史上看，对货币需求的理解大体上可以分为两大派：其一是从货币的交易职能出发，仅把货币看作交易的媒介，从而讨论在一定的社会交易总量下，需要多少货币来支撑。例如马克思的货币必要量公式和费雪的交易理论都是建立在这一含义的基础上；另一种观点则是从微观经济主体出发，把货币视为一种资产，也就是一种财富持有形式。所谓货币需求，实际上就是在这种最佳状态的资产组合中，人们愿意持有的货币量。自从剑桥学派的现金余额说出现之后，众多经济学家都是从这一角度分析货币需求的。

需要注意的是，这里所说的货币需求并不是指人们对货币的需求意愿，因为这一意义上的货币需求是无限的，没有任何研究价值。我们所说的货币需求是在一定的收入或财富总量的前提下，人们愿意持有的货币数量，是货币的有效需求。

（二）名义货币需求与实际货币需求

货币需求可分为名义货币需求和实际货币需求。前者指按当前价格计算的货币需求，它以货币单位(如"元")来表示;后者剔除物价的影响,以货币实际对应的社会资源,即商品和劳务来表示。二者的关系是:将名义货币需求以具有代表性的物价指数(如 GDP 平减指数)平减后,可得实际货币需求。因此,后者也可解释为按某一基期的不变价格计算的货币需求。

(三)货币需求的微观角度与宏观角度

微观货币需求是指微观经济主体,即个人、家庭、企业、单位在既定的收入水平、价格水平、利率水平和其他经济条件下,根据自身经济利益所确定的货币需要量。宏观货币需求是从宏观经济角度进行分析,研究一个国家在一定时间内与经济发展、商品流通相适应的货币需求量。研究微观货币需求量的出发点是微观经济主体的资产选择行为,研究宏观货币需求量的出发点则是整体经济运行。但两者之间又有密切联系,微观货币需求量是宏观货币需求量的构成与基础,宏观货币需求量是微观货币需求量的总括。在对货币需求进行研究时,需要将两者有机地结合起来。

二、货币需求理论

货币需求理论主要论述货币持有者保持货币的动机、决定货币需求的因素和各种因素的相对重要性,以及货币需求对物价和产出等实际变量的影响。

(一)费雪方程式

美国经济学家费雪认为,货币的唯一功能是充当交换媒介,人们需要货币仅仅是因为货币具有购买力,可以用来交换商品和劳务。因此,一定时期内社会所需要的货币总额必定等于同期内参加交易的各种商品的价值总和。据此,他提出了费雪方程式:

$$MV = PT \tag{8-1}$$

式中 M——一定时期内流通中的货币数量(货币需求量);

V——货币的流通速度;

P——一般物价水平;

T——一定时期内商品和劳务的总交易量。

由于所有商品或劳务的总交易量资料不易获得,而且人们关注的重点往往是国民收入,而不是总交易量,所以交易方程式通常写作下列形式:

$$MV = PY \tag{8-2}$$

式中 Y——以不变价格代表一年中生产的最终产品和劳务的总价值,即实际国民收入;

PY——名义国民收入;

V——货币的流通速度;

M——一定时期(通常为一年)内流通中的货币量。

费雪认为,货币流通速度 V 是由制度因素决定的。具体地讲,它取决于人们的支付习惯、社会信用制度、运输与通信条件以及人口密度等因素。由于这些因素在短期内很难发生变化,在长期内变动也是相对缓慢的,所以在短期内可以将货币流通速度 V 视为常数。而且通过工资和物价的灵活变动,经济会保持在充分就业水平上,因此在充分就业前提下,商品和劳务的总交易量或实际国民收入在短期内也将保持不变。由于 V、T 和 Y 都保持不变，所以货币供应量 M 的变化将完全体现在价格 P 的变化上，即货币供应量的变化将引起一般物价水平的同比例变化。将式(8-2)两边同除以 V，可得：

$$M = \frac{PY}{V} \tag{8-3}$$

在货币市场均衡的情况下，货币存量 M 等于人们愿意持有的货币量，即货币需求 M_d。可得：

$$M_d = \frac{PY}{V} \tag{8-4}$$

式中，货币需求量取决于货币流通速度和名义国民收入，由于 V 相对稳定，因此货币需求量仅取决于名义国民收入的变动。

（二）现金余额数量论——剑桥方程式

该理论由剑桥学派经济学家提出，属于剑桥学派货币需求理论。英国剑桥学派创始人艾尔弗雷德·马歇尔在 1923 年出版的《货币、信用与商业》中系统地提出了现金余额数量论。马歇尔非常重视微观主体行为对货币需求的影响，他认为，决定人们持有货币多少的因素有：个人财富水平、利息率的变化以及持有货币可能拥有的便利等。

马歇尔的观点又由他的学生、剑桥学派主要代表庇古加以系统化并用方程式表达出来，即剑桥方程式：

$$M = KPY$$

式中 M——表示名义货币需求；

    K——表示以货币形式保有的收入占名义总收入的比例；

    P——表示价格水平；

    Y——表示真实收入。

与费雪方程式相比，剑桥方程式的创新性在于：①在考虑货币交易媒介职能的基础上，开始关注货币的价值贮藏职能，即人们选择用货币形式来保持其一部分名义收入，并非仅仅用于满足商品交易的需求，也可以是出于价值贮藏的目的；②公众心理因素影响 K 的大小，公众通过权衡持有货币的利弊，来决定以货币形式保有的收入占名义总收入的比例，而 K 实际上是流通速度 V 的倒数。

总体来说，剑桥方程式的基本思想是认为 M 和 P 之间的关系非常紧密，二者等比变化的趋势最明显。正如马歇尔所说，从整个社会来看，公众保有货币的数量对货币价值和物价具有决定性作用。故剑桥方程式通常被认为属于传统的货币数量说。

（三）凯恩斯货币需求理论

凯恩斯最早是现金余额说的拥护者和剑桥学派的重要代表人物。1930 年，其专著《货币理论》出版，书中他对传统经济学进行了新的思考和评价，并提出了很多质疑。1936 年，他的又一部专著《就业、利息和货币通论》出版，此时的他已经完全背离了传统的新古典学派经济理论，彻底否定了萨伊定律，从价格分析转变到面向就业与产出的更具一般性的货币理论研究。他以 1933 年经济大危机为理论背景，在《通论》中提出了一整套新颖的经济理论，即货币需求理论——流动性偏好理论。我们称之为"凯恩斯革命"。

所谓流动性偏好，是指人们宁愿持有流动性高但不能生利的货币，而不愿持有其他能生利但不易变现的资产的心理倾向。这种流动性偏好实质上就是人们对货币的需求。

凯恩斯继承了剑桥学派的研究方法，从资产选择角度来考察货币需求。对人们持有货币的各种动机进行了详尽分析，并得出了实际货币需求不仅受实际收入的影响，而且受利率的影响的结论。这一结论从货币数量论的角度理解还有另一层含义，即货币流通速度也是受利率影响的、多变的变量。

凯恩斯认为，人们的货币需求动机主要有三个，即交易动机、预防动机和投机动机。

1. 交易动机

交易动机是指人们为进行日常交易而产生的持有货币的愿望。货币需求的交易动机又可分为个人交易动机与企业的营业动机。一般来说，满足交易动机的货币需求的数量取决于收入水平，并与收入多少成正比，所以可将交易动机的货币需求看作收入的递增函数。

2. 预防动机

凯恩斯认为，未来是不确定的，现实经济生活中经常有各种意外需要货币。由于这部分货币主要是作为流通手段和支付手段，同时也受到收入水平的影响，所以预防动机的货币需求也是收入的递增函数。

3. 投机动机

凯恩斯假设，人们只能在货币和债券这两种资产中选择持有财富的形式，由于债券价格与利率成反向变动，因此，预期利率上升者将售出债券，持有货币，以便在债券价格下跌后，能以低价买进债券。所谓投机动机的货币需求，实际上是指人们对闲置货币余额的需求，而不是对交易媒介的需求。投机动机的货币需求与现实利率水平呈负相关，而与预期利率升降呈正相关。

由于凯恩斯的货币需求表现为人们的流动性偏好，所以他用 L 表示流动性偏好，即货币需求函数。又由于交易动机和预防动机的货币需求都是收入的递增函数，而投机动机货币需求是利率的递减函数。所以，可将总的货币需求 M 分解为两部分：满足交易动机与预防动机的货币需求 M_1 和满足投机动机的货币需求 M_2。

凯恩斯的货币需求理论可用下列函数式表示：

$$M = M_1 + M_2 = L_1(Y) + L_2(r) = L(Y, r)$$

式中　Y——收入；

　　　r——利率；

　　　L_1——M_1 与 Y 的函数关系；

　　　L_2——M_2 与 r 的函数关系。

凯恩斯认为，货币的交易动机和预防动机取决于经济发展状况和收入状况。

但对于货币的投机需求，情况则有所不同。因为货币的投机需求主要受人们对未来利率预期变动的影响。按照凯恩斯的思路，预期的无理性导致预期缺乏科学性，从而货币投机需求的变动常常是剧烈且变化莫测的，有时甚至会走向极端而发生不规则的变化。

凯恩斯在《通论》中列举了这种极端情况：当利率水平降到一定低的水平后，几乎所有人都预期未来利率不会继续下降，也就是说未来的债券价格不会继续上升。每个人从收益和风险的角度考虑，都不会持有任何债券，所有的资产都以货币形式存在。一旦发生这种情况，货币需求就脱离了利率递减函数的轨迹，流动性偏好的绝对性使货币需求变得无限大，失去了利率弹性。我们称这一现象为"流动性陷阱"，这时金融货币当局无论怎样扩大货币供给,都不会使利率进一步下降,从而使货币政策丧失了有效性。

(四)弗里德曼货币需求理论

从 20 世纪 50 年代开始,经济形势发生了变化,大规模经济萧条已不是世界经济的主要问题,通胀成为经济的头号难题。到 70 年代,简单的通胀又被更复杂的"滞胀"问题所代替。这种经济环境和背景的转变,在经济理论上反映为货币数量说的复兴。但是这种学说采用了理论分析与实证研究相结合的方式,与古典学派大不相同,所以称为"新货币数量说"或"货币主义",这一理论主要是由美国芝加哥大学经济学教授米尔顿·弗里德曼及其同事们发展起来的。

1956 年,弗里德曼发表了《货币数量说的重新表述》,奠定了现代货币数量说的基础。他认为,货币数量说不是关于产量、货币收入或物价问题的理论,而是关于货币需求的理论。他也继承了凯恩斯等人把货币视为一种资产的观点,从而把货币需求作为一种资产选择行为进行分析。但弗里德曼不像凯恩斯主义者那样把资产范围仅局限于货币和债券上,而是将债券、股票以及各种实物资产都纳入货币的可替代性资产,并且得出了与凯恩斯主义完全不同的结论。

弗里德曼认为,影响货币需求变动的因素包括以下几个方面:

1. 总财富

弗里德曼把货币看作人们持有财富的一种形式。个人所持有的货币量受其总财富的限制。总财富包括人力财富和非人力财富。由于总财富难以直接计算,因此,他提出用"恒常收入"这一概念来代替财富(也称持久性收入)。所谓"恒常收入"是指人们在较长时期内所能取得的平均收入,它区别于带有偶然性的即时性收入,是一种比较稳定的收入。由于"恒常收入"易于计算,且具有稳定性,从而可以避免即时性收入受偶然因素影响致使货币需求函数出现不稳定的现象。

2. 财富构成

财富构成是指人力财富与非人力财富的比例。人力财富是指个人在将来获得收入的能力,即人的生产能力,也称人力资本。非人力财富即物质资本,是指生产资料及其他物质财富。

3. 货币和其他资产的预期收益

人们持有多少货币,在很大程度上取决于货币与其他资产收益大小的比较。

4. 影响货币需求的其他因素

人们对货币的"嗜好"程度也会影响货币需求,如果人们把货币看成是"必需品",那么货币需求对收入的弹性为 1 或小于 1;如果人们把货币看作"奢侈品",则货币需求对收入的弹性就会大于 1。此外,人们对未来经济稳定性的预期也会影响货币需求。

通过以上分析,弗里德曼得出下列货币需求函数:

$$\frac{M_\mathrm{d}}{P}=f\left(y,\ w;\ r_\mathrm{m},\ r_\mathrm{b},\ r_\mathrm{e},\ \frac{1}{P}\frac{d_\mathrm{p}}{d_t};\ u\right)$$

式中　$\frac{1}{P}\frac{d_\mathrm{p}}{d_t}$——商品价格的预期变化率,即实物资产的预期名义收益率;

$\dfrac{M_d}{P}$——实际货币需求；

y——恒常收入，用来代表财富；

w——非人力财富占总财富的比例；

r_m——货币预期的名义报酬率；

r_b——债券的名义报酬率，包括资本利得；

r_e——股票的名义报酬率，也包括资本利得；

u——影响货币需求的其他因素。

不论采取哪一种名义单位来表示 P 和 M_d，都不会改变上式中的关系。

弗里德曼货币需求函数最主要的特点就是强调恒久性收入对货币需求的主导作用。他认为，货币需求也像消费需求一样，主要由恒久性收入决定。从长远来看，货币需求必定要随恒久性收入的稳定增加而增加，由于恒久性收入在周期内不会发生较大幅度的变化，故货币需求也是稳定的。他还认为，货币政策的首要任务是防止货币本身成为经济波动的主要源泉，货币当局应避免剧烈地、反复无常地改变货币政策的宏观调节方向。只有这样，才能给经济提供一个稳定增长的条件。

三、影响货币需求的因素分析

不管是货币需求的理论分析，还是实践研究，核心内容都是考察影响货币需求量的经济因素。但由于不同国家在经济制度、金融发展水平、文化和社会背景以及所处经济发展阶段的不同，影响货币需求的因素也存在差别。如果把我国现阶段的货币需求也视作个人、企业等主体的货币需求之和的话，那么影响我国现阶段货币需求的主要因素如下：

（一）收入

人们需要货币，首先是为了开支。而人们支出水平的高低取决于他们的收入水平。实际收入越高的家庭，支出水平越高，因而需要的货币数量越多。可见，货币需求是与实际收入水平同方向变化的。若用 M_d 表示需要的货币量，持币量在实际收入 Y 中的比率为 k，则 $M_d = kY$。

（二）商品价格水平或价格指数

人们持有货币是为了购买商品。因此，人们需要货币实际上是需要货币具有的购买力，或货币能买到的商品数量。如果某人原来持有 1 000 元货币，现在若所有商品价格上升了一倍，则现在他必须持有 2 000 元才能买到原先数量的商品，如果仍只有 1 000 元，则他只能买到原来商品数量的一半。可见，当价格水平提高时，为了保持原先持有货币的购买能力，他需要持有的名义货币量必须增加。一定数量的名义货币需求除以价格水平称为实际货币需求量。若用 m_d 表示实际货币需求量，用 M_d 表示名义货币需求量，用 P 表示价格水平或者价格指数，则 $m_d = M_d/P$。

（三）利息率

每个家庭在一定时期所拥有的财富数量总是有限的。人们必须决定他所拥有的财富形式。他们也许想以拥有一定数量的货币来拥有这笔财富，但如果以货币形式拥有财富的比例越大，则以其他形式（如证券、实物资产等）拥有财富的比例就越小。非货币形式拥有的财富会给人们带来收益。

(四)货币流通速度

从动态角度考察，一定时期的货币总需求是指该时段货币的流量。而流量又是货币平均存量与货币流通速度的乘积。假定用来交易的商品与劳务总量不变，而货币流通速度加快，从而可以减少现实的货币总需求。反之，如果货币流通速度减慢，则必然增加现实的货币需求量。因此，货币流通速度与货币总需求是反向变动关系。并且，在不考虑其他因素的条件下，二者之间的变化存在固定比例关系。

(五)金融资产收益率

金融资产收益率是指债券的利息率或股票的收益率。在金融制度发达和比较发达的国家或地区，人民往往有投资性货币需求，亦即以盈利为目的、以资产选择为内容的货币需求。当金融资产收益率明显高于存款利率时，人们自然愿意购买有价证券，从而增加投资性货币需求。金融资产的收益率对货币需求的影响很复杂，因为它是一种资产选择行为，因此便包含着人们对流动性与安全性的权衡，并非单纯追求收益。与此同时，它更多地影响货币需求，使不同的货币需求动机之间产生此消彼长的替代关系。由于我国金融市场发展迅速，对这类因素需要进行深入分析和研究。

(六)企业与个人对利率与价格的预期

当企业对利润预期很高时，往往有很高的交易性货币需求，因此，它同货币需求呈同向变化。当人们对通货膨胀的预期较高时，往往会增加消费、减少储蓄，抢购和持币待购成为普遍现象。因此，它同货币需求呈反向变化。

(七)财政收支状况

当财政收入大于支出且有结余时，一般意味着对货币需求的减少，因为社会产品中的一部分无须货币去分配和使用，从而减少了一部分交易货币需求。反之，当财政支出大于收入出现赤字时，则表现为对货币需求的增加。赤字的弥补不管是通过社会举债还是向中央银行短期透支，都会引起货币需求的增加。

(八)其他因素

主要包括信用的发展状况，金融机构技术手段的先进程度和服务质量的优劣，以及国家的政治形势，一国的民族特性、生活习惯、文化传统等因素。

补充阅读 8-1

移动支付对货币需求的影响

根据凯恩斯货币需求理论，货币需求动机分为交易动机、预防动机、投机动机。货币的交易动机指个人应付日常消费，企业为扩大业务的动机；预防动机指人们为预防不测，以备不时之需的动机；投机动机指人们希望持有货币投资获利的动机，主要参考利率的变化。预防动机主要取决于人们消费习惯以及社会保障等因素，短期内不变。移动支付主要影响了交易动机和投机动机。

首先，移动支付通过提高货币的交易动机来增加货币需求。移动支付激发了人们的消费欲望，而便捷的支付方式降低了人们消费的心理门槛，使人们对自己的财务情况更加乐观，特别是信用支付的出现，让用户甚至不需要办理信用卡，仅通过线上注册便可以获得一定的信贷额度进行消费。相关调查显示，当前"90后"负债率已高达1 850%。大众消费需求的扩大，刺激消费品和资本品生产者扩大生产，促使社会需要更多的货币。

其次，移动支付通过提高投机动机来增加货币需求。消费品和资本品生产者为了扩大生产，往往需要借助杠杆。在融资过程中，企业为了争夺有限的货币资源，势必提高借贷利率。利率是人们投机需求的一个重要参考，利率提高了，短期内人们会需要更多货币进行投资，如购买债券等，因此人们投机的货币需求也增加了。

（资料来源：于江宁.移动支付对货币市场的影响［EB/OL］.（2019-11-13）［2020-06-20］.）

第二节　货币供给

货币供给主要研究由谁来提供货币、提供什么货币、怎样提供货币和提供多少货币等问题，从而引出了货币供给主体、货币统计口径与货币层次、货币供给机制、货币供给的控制等诸多理论与实际问题。

一、货币供给与货币供应量

（一）货币供给

货币供给是指某一国或货币区的银行系统向经济体中投入、创造、扩张（或收缩）货币的金融过程。它主要包括货币供给的变量及其层次、货币供给控制机制与控制工具、货币供给与货币收支、货币供应量的决定机制等。

（二）货币供应量

货币供应量是指由政府、企事业单位、社会公众等持有的，由银行体系所供应的债务总量。货币供应量有广义和狭义之分，狭义的货币供应量为M_1，广义的货币供应量为M_2。研究货币供应量的目的是使银行体系实际提供的货币量与社会经济总体对货币的需要量保持一致，并能持续保持经济的稳定增长。

二、货币供给的层次划分

（一）概念及划分的标准

所谓货币层次的划分，是指把流通中的货币按一定的标准进行相关排列，划分成若干层次，并用符号代表各层次内容的一种技术方法。货币层次的划分原则上是以金融资产的流动性为标准。所谓金融资产的流动性是指金融资产在不受损失或少受损失的前提下，及时转化为现实购买力的能力。

(二)货币层次划分的方法

一般来说，可以将流动性最强的金融资产划分为第一层次、最基本层次，然后使货币范围逐步向流动性较强、次强的金融资产扩散，从而形成货币结构的不同层次。

由于各个国家经济发展水平不同，社会民众的生活习惯不同，金融体制、信用制度的特点也不同，甚至一个国家不同时期的具体情况也会发生变化，所以以不同国家货币层次的划分是有区别的，同一国家不同时期的货币层次划分往往也会随情况变化而调整。

例如，国际货币基金组织货币层次的划分统计口径是：

$$M_0 = 银行体系以外的现钞和铸币$$
$$M_1 = M_0 + 商业银行的活期存款 + 其他活期存款$$
$$M_2 = M_1 + 准货币$$

准货币(quasi-money)也称近似货币，是一种以货币计值，虽不能直接用于流通但可以随时转换成通货的资产。准货币虽不是真正意义上的货币，但可随时转化为现实货币，是一种潜在的货币。

我国参照国际货币基金组织的划分口径，将货币供给层次划分如下：

$$M_0 = 流通中的现金$$
$$M_1 = M_0 + 活期存款$$
$$M_2 = M_1 + 准货币(企业单位定期存款 + 城乡居民储蓄存款 +$$
$$证券公司的客户保证金存款 + 其他存款)$$

(三)划分货币层次的意义

现实生活中存在形形色色的货币，需要将它们划分为不同层次，使货币供给的计量有科学口径。处于不同层次的货币，货币性不同；划分货币供给层次可以考察具有不同货币性的货币供应量对经济的影响。由于不同层次的货币供给形成机制、特性不同，调控方式也不同，划分货币供给层次有利于有效地管理和调控货币供应量。

将金融资产流动性作为货币层次划分标准的原因，主要是因为金融资产的流动性程度不同，其流通周转次数就不同，由此形成的货币购买力及对整个社会经济活动的影响也不同。按流动性划分货币供应量的层次，有助于金融管理当局掌握不同层次货币的运行态势，按不同层次货币对经济的不同影响，采取不同措施进行调控并确定调控重点。

三、货币供给的形成机制

在二级银行制度下，货币供给是通过中央银行和商业银行两级货币创造机制来完成的。二级银行制度是指由中央银行和以商业银行为主体的金融机构共同组成的国家银行体系。在这种体制下，中央银行是发行的银行、银行的银行、政府的银行，一般不与个人、企业、单位发生信用关系，只与商业银行等金融机构及政府发生信用关系，是公众货币的直接供应者。在二级银行制度下，中央银行和商业银行在货币供应过程中的地位和作用是不同的。

虽然中央银行在货币供给的形成中起决定作用，但最终还是通过微观基础（即居民、企业及商业银行）的反应才能起作用。所以，我们首先要分析各微观主体的经济行为与货币供应量之间的关系。

（一）居民持币行为与货币供给

当居民普遍增加现金即通货持有量的时候，通货对活期存款的比率会提高；反之，比率会下降。这个比率通常称为通货比，用符号 C/D 表示。

对居民持币行为从而对通货比产生影响的因素主要有以下四个方面：

（1）财富效应

通常情况下，当一个人的收入或财富大量增加时，他持有现金的增长速度会相应降低；反之亦然。这说明，在一般情况下，通货比与财富和收入的变动呈反方向变化。

（2）预期报酬率变动的效应

居民持有的现金是不产生利息的，因此它们的货币报酬率为零；储蓄存款有利息收益，那就是货币报酬率大于零。假如只存在现金和储蓄存款两种金融资产，显然，储蓄存款利率变动与通货比率呈负相关关系。实际上，在现金和储蓄存款之外还存在其他资产，例如国债、企业债券等。那么，其他资产价格或收益率的变动就会间接地影响通货比率。例如，证券或债券的收益率提高了，如果人们的现金持有量不变，而储蓄存款由于相对收益水平下降而减少，那么通货比率就会相对提高。

（3）金融危机

假如出现了银行信用不稳定的苗头，居民就会大量提取存款，通货膨胀会因此增大。

（4）非法经济活动

要逃避法律监督，倾向于用现金进行交易。所以，非法经济活动的规模与通货比呈正相关关系。

在经济生活中，有的因素作用较大，有的因素作用较小；有的暂时较大，有的暂时较小。上述未列明的因素，例如对物价变动的预期，就曾对持有现金的影响比较突出。但任何因素影响的大小，都须结合条件的变化进行具体分析。

（二）企业行为与货币供给

在市场经济中，企业所有者或经营者在筹集资金和运用手中的货币资本进行投资或资产选择时，常常与居民遵循共同的规则。但是，表征企业行为对货币供给影响特点的，是它们对资本的需求，进而表现为对贷款的需求。一般来说，主要来自两方面：

1. 经营规模的扩大与收缩

企业扩大经营规模需要补充资本，补充资本的投入一般要求从补充货币资本开始。如果企业对货币资本的投入靠的是自身的积累，这不需要补充贷款；反之，则需要追加贷款。追加贷款，必然会影响货币供给。

2. 经营效益的高低

一般来说，不管是由于经营管理不善，还是整个经济比例、结构有问题，都会造成资金周转率降低。信贷资金占用时间延长，在相同的产出水平下会相对增加对贷款的需求，从而增加货币供应量；反之，则会对于增加货币供应量的压力。

(三)商业银行与货币供给

在二级银行制度下，商业银行的存款创造活动是货币供给形成机制中的重要层次，居于特别重要的地位。商业银行区别于其他金融机构的最重要特征在于：只有商业银行才能经营活期存款业务。因此商业银行可以通过其业务经营活动(吸收活期存款及发放贷款等)进行多倍存款扩张，进而形成存款货币供应量。商业银行创造存款货币的原理和过程如下：

1. 原始存款与派生存款

银行的存款来源有两种：一是原始存款，二是派生存款。所谓原始存款，是指客户以现金形式存入银行的直接存款。但银行在经营活动中，只须保留一小部分现金作为付现准备，同时可以将大部分现金用于放款。客户在取得银行贷款后，一般并不立即提取现金，而是转入其在银行的活期存款账户。这时，银行一方面增加了放款，另一方面又增加了活期存款。这种通过银行转账方式发放贷款而创造的存款，称为派生存款。派生存款的创造过程在广泛采用非现金结算的情况下，银行将吸收的原始存款除了法定存款准备金外全部用于放款，客户取得贷款后，不提取现金，全部转入另一企业的银行存款账户；接收这笔新存款的银行，除保留一部分法定存款准备金外，又将其余部分用于放款，这样，又会出现另一笔存款。如此不断延续下去，即可创造出大量存款。

2. 派生存款的创造过程

假设 A 银行吸收到客户甲存入 10 000 元存款，从而 A 银行新增存款 10 000 元；再设，根据经验，A 银行保存相当于存款额 20% 的准备金就足以应付客户日常提取现金的需要，那么 A 银行可把 8 000 元现金贷出，例如贷给客户乙用于向丙支付应付款项。8 000 元贷款支出后，A 银行的资产负债状况如表 8-1 所示。

表 8-1　A 银行的资产负债状况　　　　　　　　　　单位：元

资产		负债	
库存现金	2 000	存款	10 000
贷款	8 000		

丙将 8 000 元现金存入自己的往来银行 B，按照同样的思路，B 银行留下 20% 的准备金(即 1 600 元)，其余 6 400 元存款贷给客户丁。这时，B 银行的资产负债状况如表 8-2 所示。

表 8-2　B 银行的资产负债状况　　　　　　　　　　单位：元

资产		负债	
库存现金	1 600	存款	8 000
贷款	6 400		

如此类推，从 A 银行至 B 银行、C 银行……持续地存款、贷款、存款，则会创造派生存款，如表 8-3 所示。

表 8-3　派生存款的创造过程　　　　　　单位：元

银行	存款	库存现金	贷款
A	10 000	2 000	8 000
B	8 000	1 600	6 400
C	6 400	1 280	5 120
D	5 120	1 024	4 096
…	…	…	…
合计	50 000	10 000	40 000

在支票存款转账系统中，当银行根据经验按存款的一定比例（假设是 20%）保存现金库存时，10 000 元的存款，可使有关银行总共发出 40 000 元贷款和吸收包括最初 10 000元存款在内的 50 000 元存款。从先后顺序来说，10 000 元是最初的存款，40 000 元是由于有了最初的存款才产生的。因此，通常把最初的存款称为原始存款，把在此基础上扩大的存款称为派生存款。如果把有现金对应的存款称为原始存款，把没有现金对应的存款称为派生存款，也就是 10 000 与 40 000 之比。原始存款、贷款总额、经过派生后的存款总额（包括原始存款）、必要的现金库存对存款的比率，这四者的关系可表示为：

$$D = R \times \frac{1}{r}$$

$$D = L + R \qquad (8\text{-}5)$$

式中　D——经过派生的存款总额（包括原始存款）；

　　　R——原始存款；

　　　L——贷款总额；

　　　r——必要的现金库存对存款的比率。

在原始存款的基础上出现了派生存款，其核心意义在于存款货币的创造。就上述例子来说，原来流通中有 10 000 元为各种支付服务。现在，这 10 000 元进入银行，银行则形成了 50 000 元存款货币为各种支付服务。即使把原有存款扣除，银行也为经济创造了40 000 元的存款货币。在创造存款货币的同时，银行也壮大了自己的力量。

3. 存款货币创造的乘数

由存款派生过程可见，最初 10 000 元的原始存款，经过商业银行体系运用后，能创造出 40 000 元派生存款，最终银行体系的总存款为 50 000 元。如果用 R 表示原始存款，r 表示法定存款准备金率，D 表示存款扩张总额，则简单的存款扩张模型为：

$$D = \frac{R}{r} \qquad (8\text{-}6)$$

存款乘数 m 为：

$$m = \frac{1}{r} \qquad (8\text{-}7)$$

在上述例子中，存款的增长倍数是 5（1÷20%）倍。若 r 降为 10%，则存款可扩张 10倍；若 r 升至 25%，则存款只可扩张 4 倍。法定存款准备金率越高，存款扩张倍数越小；法定存款准备金率越低，存款扩张倍数越大。由于 r 是一个介于 0 和 1 之间的数值，$1/r$

必定大于 1，这说明经过存款创造，原始存款能以一个乘数(倍数)的速度扩张。

需要注意的是，这里的 m 值是原始存款能够扩大的最大倍数，实际过程中的扩张倍数往往达不到这个值。值得注意的是，商业银行的存款创造功能是双向的，不仅能造成存款货币的扩张，也能造成存款货币的收缩。

4. 商业银行存款创造的主要制约因素

(1)法定存款准备金率

根据简单的存款扩张模型 $m = 1/r$，若原始存款一定，影响存款扩张总额的主要因素就是法定存款准备金率 r。r 越高，存款扩张总额就越少。

(2)超额准备金率

为了应付客户存款的提现和机动放款的需要，商业银行除了按要求缴纳法定存款准备金外，还会保留一部分超额准备金。在存款创造过程中，超额准备金与法定存款准备金所起的作用一样，都代表资金的流出。如果各家银行都持有一定的超额准备金，则存款的创造能力下降。如果用 e 表示超额准备金与存款总额之比，即超额准备金率，则存款扩张模型和存款乘数变为：

$$D = \frac{R}{r+e} \tag{8-8}$$

$$m = \frac{1}{r+e} \tag{8-9}$$

(3)现金漏损率

在存款创造过程中，难免有部分现金流出银行体系，滞留在人们手中而不再流回。现金外流使银行可用于放款的资金减少，进而削弱了银行体系的存款创造能力。现金漏损与存款总额之比称为现金漏损率，用 h 表示，则存款扩张模型和存款乘数为：

$$D = \frac{R}{r+e+h} \tag{8-10}$$

$$m = \frac{1}{r+e+h} \tag{8-11}$$

综上所述，商业银行吸收一笔原始存款所创造的存款总额，不仅受法定存款准备金率的影响，还会受超额存款准备金率和社会公众持有的现金漏损率等因素的影响。

(四)中央银行体制下的货币创造过程

1. 基础货币

(1)基础货币的含义

对于中央银行而言，货币供给机制是通过提供基础货币来发挥作用的。基础货币也称高能货币，是指具有使货币总量成倍扩张或收缩能力的货币，是商业银行存款创造的基础。

从基础货币的来源看，它是货币当局的负债，即由货币当局投放并为货币当局所能直接控制的那部分货币，它只是整个货币供应量的一部分；从基础货币的运用看，它由流通中社会公众持有的现金和商业银行的准备金两部分构成。用公式表示为：

$$B = C + R \tag{8-12}$$

式中 B——基础货币；

C——流通中的现金；

R——商业银行的准备金，R 由商业银行持有的库存现金和商业银行在中央银行的存款准备金构成。

（2）影响基础货币的因素

①对政府的债券净值。发行债券是一国政府融通资金、弥补财政赤字的较为理想的筹资工具。中央银行代理政府发行债券，并通过公开市场操作而持有债券，形成一项资产；另外，财政部门在中央银行开设一个财政存款账户，形成中央银行的负债。资产和负债之间的差额形成了中央银行对政府的债券净值，其变化直接导致流通中基础货币的变化：当该净值增加时，基础货币增加；反之，当该净值减少时，基础货币也减少。

②对商业银行等金融机构的债权。中央银行对商业银行等金融机构的债权与其在中央银行的存款准备金的差额形成的债权净额，即为商业银行等金融机构的债权。当中央银行对商业银行的再贴现或再贷款增加时，或当商业银行在中央银行的存款准备金减少时，债权净额增加，流通中的基础货币也增加；债权净额减少，相应的基础货币也将减少。

③国外净资产。这是由外汇、黄金占款和中央银行在国际金融机构中的净资产构成的。中央银行在出售或购买黄金时，必然伴随着一笔等值数额货币的回收和投放，相应地，就会改变基础货币的数量。同样，国际收支的变化对一国的基础货币也会产生影响。若国际收支顺差，则出口商会出售外汇给中央银行，中央银行的国外资产净额就会增加，在其他因素不变的情况下，基础货币会增加；相反，若国际收支逆差，则进口商向中央银行购进外汇，使中央银行国外资产净额减少，基础货币会减少。如果中央银行欲缓和本国货币升值的情况，则会购进外汇，因此中央银行的国外资产净额增加，在其他因素不变的情况下，基础货币就会增加；反之，如果中央银行欲缓和本国货币贬值的情况，则会卖出外汇，因此中央银行的国外资产净额减少，基础货币也会减少。

补充阅读 8-2

中国加快完善基础货币投放机制

现在的货币都是以国家信用为基础的信用货币，是一切金融活动的基础。货币投放机制的完善程度，与其信用密切相关。历史已经证明货币发行机制的重要性，例如北宋时期为了缓解巨大的财政负担，扩大政府收益，相继发行了钱引、盐引、茶引等多种纸币兑换凭证，造成了大量普通家庭和工商业者的破产，最终导致了整个社会的金融系统分崩离析。

我国高度重视货币发行机制建设。抗战期间，在陕甘宁边区构建起了独立自主的货币制度，形成一套有效的货币发行机制，货币政策的重点目标是维持币值和金融体系的稳定，同时强调灵活变通、独立自主的特征。这些机制都为当时的边区军民生活改善、促进革命成功做出了突出贡献。中华人民共和国成立后，中国根据经济发展的情况，不断调整、完善货币发行机制，尤其是改革开放以后，中国的货币发行机制根据经济发展的不同阶段不断地进行调整，为经济快速增长创造了条件。

在经历了美国次贷危机、欧债危机以及世界金融危机以后，国际经济格局显然发生了很大变化，最主要的是新兴经济体在国际经济中的地位不断提升，而发达国家的话语权相对在下降，国际经济和金融秩序无疑已经走到了变革的路口。

从中国国内的经济情况看，货币发行机制改革正在不断推进。2008—2015 年，外汇占中央银行总资产的比重大都在 70% 以上，最高曾达到 80%，虽然自 2016 年开始下降，但是目前占比仍然大于55%，结汇后的大量人民币成为中央银行的负债。作为国际金融秩序的制定者、主导者，美国货币政策的一举一动都将传导到我国金融体系内部，给包括中央银行在内的监管部门带来监管和调控的巨大压力，这种压力也会给国内资产价格带来巨大影响。由此可见，改革货币发行机制关系到我国金融体系的稳定和经济的可持续发展。

当前，全球正掀起一股"去美元化"浪潮，也给我国货币发行机制改革带来了机遇。由于美国国债收益率出现倒挂现象，其经济发展前景不容乐观，美债被投资者看空的程度在增强。美联储数据显示，截至2019年9月2日，外国中央银行持有美债的资金净流出额为141.56亿美元，这标志着外国中央银行抛售美债的速度正在加快。据统计，2018年以来全球至少有34个国家通过抛售美债、放弃美元结算等方式来"去美元化"，同时，世界各国使用本币结算的现象正在增多。我国目前已经与近40个国家或地区签署了货币互换协议，互换总金额已经超过3万亿元人民币。2018年，跨境人民币首付规模达5.11万亿元，同比增长18%。

同时，国内货币发行机制改革的基础不断完善。随着中国贸易更加趋向于平衡，中央银行更加倾向于使用MLF(中期借贷便利)、PSL(抵押补充贷款)等工具作为基础货币投放渠道。当前MLF(含定向中期借贷便利)余额超过4万亿元，很好地保证了流动性，相当于构建了一块缓冲地带。尤其是随着LPR机制的建立，我国货币传导机制将更加通畅，也有利于发行机制的完善。

当然，完善基础货币投放机制的核心就是加快建立以中国经济发展为基础的货币发行机制改革。西方发达国家的成熟经验显示，当中央银行资产负债表都是以本币呈现的时候，往往会更加稳定，尤其是在抵御金融危机的过程中，中央银行才可以充当有效的"最后贷款人"角色。中国加快基础货币投放机制的改革，将降低财政负担以及重组公共部门的资产负债表，金融产品将更加丰富，金融市场也更加活跃。这不仅会加速中国金融体系由大向强的转变，也会给中国经济带来更大的驱动力。

（资料来源：卞永祖.中国加快完善基础货币投放机制[J].今日中国，2019，68(12)：51.）

2. 货币乘数

（1）货币乘数的含义

货币乘数也称基础货币扩张系数，是货币供应量与基础货币之间的倍数关系，指单位基础货币所生成的货币供应量。

$$K = \frac{M}{B} \tag{8-13}$$

式中　M——货币供应量；

B——基础货币；

K——货币乘数。

基础货币主要由流通中的现金C和银行存款准备金R构成。现金虽然能成为创造存款货币的依据，但其本身的量受中央银行发行量的制约，不能成倍增加，能引起倍数增加的只有存款货币D。

（2）货币乘数的推导

首先，给出各种符号及其含义。

M_1：狭义货币，即商业银行活期存款与流通中的现金之和；

M_2：广义货币，即商业银行全部存款与流通中的现金之和；

B：基础货币，即流通中的现金与总准备金之和；

C：流通中的现金；

D：商业银行存款总额；

D_d：活期存款；

r：法定存款准备金率；

e：超额准备金率；

h：现金漏损率；

n：活期存款占总存款的比率；

K_1：狭义货币供给乘数；

K_2：广义货币供给乘数。

根据货币乘数公式可得：

$$K_1 = \frac{M_1}{B} = \frac{C+D_d}{C+R} = \frac{C+D_d}{C+D \times r + D \times e} \tag{8-14}$$

将分子、分母同时除以 D，可得：

$$K_1 = \frac{h+n}{h+r+e} \tag{8-15}$$

同理可得：

$$K_2 = \frac{h+1}{h+r+e} \tag{8-16}$$

货币乘数和存款乘数非常相似，仅仅在分子上多了一个 $h+n$ 和 h，这是因为存款乘数仅包括活期存款，而货币乘数则包括流通中的现金、活期存款和定期存款三部分。

3. 货币供给的决定

货币乘数在货币供应量的决定中起着非常重要的作用，其大小主要取决于以下因素。

(1) 法定存款准备金率

法定存款准备金率提高，商业银行就必须缩减贷款以满足法定存款的要求，进而会减小货币乘数，收缩货币供给。法定存款准备金率是中央银行政策变量，完全由中央银行决定，它的变动是中央银行为调节宏观经济适时使用货币政策工具的结果。

(2) 超额准备金率

商业银行持有一定的超额准备金，意味着用于创造信用货币的准备金数量相对减少，这是存款扩张过程中的一项漏出。因此，超额准备金率与货币乘数之间也呈负相关，超额准备金率越高，货币乘数越小。商业银行持有的超额准备金的数量，取决于成本与收益的对比关系。成本是商业银行因保留超额准备金而丧失的可能获得的利润；收益是银行要获取更多准备金时所花费的成本。因此，影响商业银行持有超额准备金数量的因素有：商业银行持有超额准备金的成本，主要是中央银行再贴现率的高低；商业银行的经营风险及其资产的流动性，若经营风险较大而资产流动性又较差，商业银行持有的超额准备金就比较多。

(3) 现金漏损率

如果公众持有的现金比率提高，存款扩张过程中的漏出就会增加。因此，现金漏损率越大，货币乘数就越小。现金漏损率的大小主要取决于社会公众的资产配置偏好。一般来说，影响现金漏损率的因素有：公众可支配收入的水平——可支配收入越高，现金漏损率就越高；公众对通货膨胀的预期——预期通货膨胀率越高，现金漏损率就越高。此外，社会支付习惯、银行业信用工具的发达程度、社会稳定性、利率水平等因素也会影响现金漏损率。

（4）定期存款与活期存款的比率

一般来说，在法定存款准备金不变的情况下，如果人们改变各种存款之间的比率，实际的平均存款准备金比率也会改变。如果定期存款对活期存款的比率上升而其他因素不变，则狭义货币 M_1 会下降。影响定期存款与活期存款比率的因素主要有两个：一是定期存款利率，如果该利率上升，人们会更多地以定期存款方式保留财富，定期存款比率就会上升；二是收入和财富，如果收入和财富增长，各项资产会同时增加，但若生息资产的增长幅度高于支付工具的增长幅度，则定期存款比率也会上升。

第三节　货币均衡

一、货币均衡

（一）货币均衡

1. 货币均衡的含义

所谓货币均衡，是指货币供应量与货币需求量基本相等。即：

$$M_s = M_d \tag{8-17}$$

式中　M_s——货币供应量；

　　　M_d——货币需求量。

必须指出，这里的 $M_s = M_d$ 并非纯数学概念。事实上，货币供应量与货币需求量绝对相等是不可能的；基本相等是指货币供应量与货币需求量大体相适应。

①货币均衡不是简单的货币供给和货币需求的均衡，而是货币供给和经济对货币需要的均衡。其经济态势通常表现为生产正常增长，市场情况良好，物价基本稳定。

②货币均衡不仅是货币供求总量的均衡，而且是货币供求结构的均衡。所谓货币供求结构的均衡，是指一个国家的各个生产部门、企业所生产的产品基本上能够销售出去，实现其价值，转化为货币；同时生产部门、企业和个人所持有的货币能够按照一定的价格条件转化为自己所需要的商品。在社会上，几乎不存在一方面商品大量积压，另一方面手里有钱却买不到商品的情况。

③货币均衡是以利率为契机的。在发达的货币市场中，货币供求引起利率变化：货币供大于求，利率下降；货币供小于求，利率上升。利率的变化又影响货币供求的变化。这种相互作用、相互影响而形成均衡利率时，货币供求即实现大体均衡。此时，社会资源得到较为合理的配置。

2. 货币非均衡的原因

（1）货币供应量小于货币需求量

原因在于：一是经济增长速度较快，商品生产和交换的规模扩大，但中央银行宏观调控仍然处于偏紧状态，货币供应量没有及时增加，从而导致经济运行中货币供应量相对不足；二是在经济运行中，货币供应量与货币需求量大体一致，但中央银行实施紧缩性货币政策，从而导致货币供应量相对不足，国民经济正常运行受到抑制。

（2）货币供应量大于货币需求量

原因在于：一是中央银行扩张性货币政策力度把握不当，超过了经济发展的客观需要，从而导致过多的货币投放；二是在经济发展过程中，政府的高速经济增长目标需要以货币资本为支撑，促使银行不适当地扩大信贷，从而导致过多的货币供给。

（3）货币结构性失衡

包括两方面含义：一是指货币供应量形成的购买力结构与货币需求量所包含的商品供应量结构之间的不平衡。例如，在一定时间内购买力对投资商品的需求较大，而存货中消费品的供应量较大，从而出现投资品短缺和消费品滞销并存的现象；二是指货币供应量中 M_0 与 M_1、M_1 与 M_2 的比例失调。

（二）货币均衡的实现条件

①健全的利率机制。利率作为金融市场上的"价格"，能够灵活地反映货币供求状况。它随着货币供求关系的变化及时地自由波动，并且波动幅度一般不受硬性规定。因此，可通过利率反映货币供求关系是否失衡及其失衡程度。

②发达的金融市场。各种金融工具和货币之间可以便利而有效地转化；既有众多的金融工具和金融资产可供投资者选择，又可通过与货币之间的互相转化来调节货币供求。

③加强中央银行的宏观调控。换言之，中央银行必须拥有足够且有效的调控手段。

④国家财政政策收支要保持基本平衡。

⑤生产部门结构基本合理，即产业结构合理化，以消除社会商品供求结构性失衡。

⑥国际收支必须保持基本平衡。

补充阅读 8-3

利率与货币均衡

市场经济条件下货币均衡的实现依赖于三个条件，即健全的利率机制、发达的金融市场以及有效的中央银行调控机制。

在完全市场经济条件下，货币均衡最主要的实现机制是利率机制。除利率机制外，还有中央银行的调控手段、国家财政收支状况、生产部门结构是否合理、国际收支是否基本平衡四个因素。在市场经济条件下，利率不仅对货币供求具有明显的调节功能，而且是货币供求是否均衡的重要信号。因此，货币均衡可以通过利率机制的作用得以实现。

就货币供给而言，当市场利率升高时，一方面社会公众因持币机会成本加大而减少现金提取，这样就使现金比率缩小，货币乘数加大，货币供给增加；另一方面银行因贷款收益增加而减少超额准备金来扩大贷款规模，这样就使超额准备金率下降，货币乘数变大，货币供给增加。所以，利率与货币供应量之间存在同方向变动关系。就货币需求来说，当市场利率升高时，人们的持币机会成本加大，必然导致人们对金融生息资产需求的增加和对货币需求的减少。所以,利率同货币需求之间存在反方向变动关系。当货币市场上出现均衡利率水平时,货币供给与货币需求相等,货币均衡状态便得以实现。当市场均衡利率变化时,货币供给与货币需求也会随之变化,最终在新的均衡货币量上实现新的货币均衡。

二、经济均衡

(一)社会总供求的含义

所谓经济均衡,通常是指社会总供求的均衡。社会总供求是社会总供给和社会总需求的合称。社会总需求是指在一定时期内,一国社会的各方面实际占用或使用的全部产品之和。它是货币购买力的总称,也就是一定时期社会的全部购买支出。社会总供给是指在一定时期内,一国生产部门按一定价格供给市场的全部产品和劳务价值之和,以及在市场上出售的其他金融资产的总值。因此,社会总供给也就是在一定时期内,社会的全部收入或总收入。

(二)货币均衡与社会总供求均衡的关系

从形式上看,货币均衡是货币领域内货币供求相互平衡导致的一种货币流通状态。从实质上分析,货币均衡则是社会总供求平衡的一种反映。

在现代经济中,货币均衡是指在社会总供求均衡条件下的货币均衡,或者说社会总供求的均衡是国民经济的最终均衡,它意味着货币市场和商品市场都实现了均衡。

在货币经济中,所有供给(商品和劳务)的目的,均为获取等值的货币,以做进一步的购买,并进行连续的生产和消费过程,表现为商品和劳务的供给和货币需求的联系;货币的供给,又会在一定程度上形成对商品和劳务的需求。这种联系表现为:

$$AS \longrightarrow M_d$$
$$AD \longrightarrow M_s$$

式中　AS——社会总供给,即在一定时期内一国实际生产的可供生产消费和生活消费的生产成果的总和;

　　　AD——社会总需求,即在同一时期内该国实际发生的具有支付能力的购买力的社会总需求。

由于总供给与总需求之间存在密切联系,并且总需求更多地制约总供给的变化;而货币供给,从根本上说受制于货币需求。因此,上述关系可以进一步以图8-1来表示。

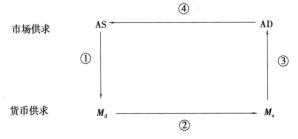

图8-1　货币均衡与社会总供求均衡的关系示意图

1.社会总供给决定货币需求

从宏观角度来看，货币需求是指流通中的商品和劳务需要多少货币来完成它们的交换。显然，流通中的商品和劳务就是社会总供给。所以，社会总供给和货币需求之间的关系应该是社会总供给决定货币需求。

从微观角度的货币需求出发，也能得到相同的结论。微观角度的货币需求是人们在收入一定的情况下，有多少愿意以货币形式保留下来。显然，货币需求的大小直接取决于收入的高低。而人们的收入最终来源于总供给，是由总供给转化而来的。人们只有通过提供商品或劳务，即创造出总供给，才可能获得收入。所以，人们的实际收入水平取决于总供给，又直接决定了货币需求。

社会总供给和货币需求之间的关系反映了商品流通和货币流通之间的关系。社会总供给表现为商品流通，货币需求则表现为流通中对货币的需求量。经济体到底需要多少货币，取决于多少实际资源需要用货币实现其流转，并完成生产、交换、分配和消费相互联系的再生产过程。

人们在收入增加后，不会全部以货币形式持有，肯定有一部分会转变成生利资产，所以社会总供给增加，并不会引起货币需求同量的增加，一般情况下只是引起较小的货币需求增加。而且货币需求也不是纯粹被动的，货币需求的变动对社会总供给也有能动作用。

2.货币需求决定货币供给

中央银行控制的货币供给必须以客观经济的货币需求为前提，由客观经济所需的货币量引出中央银行供给的货币量，两者相互匹配。

3.货币供给决定社会总需求

货币供给是社会总需求的载体。社会总需求是人们在一定收入水平的约束下对商品的需求。收入水平决定了人们的总需求，而货币供给又决定了人们的收入水平。所以，货币供给和社会总需求的关系是货币供给决定社会总需求。货币供给增加时，名义上的国民收入增加，各部门的名义收入也增加，社会总需求增加。

然而，一定量的货币供给并不一定引出同量的总需求，在数量上有一定差距。一种情况是企业和个人扩大总需求的愿望并不是很强烈，一部分货币供给会形成货币积累，而不形成当期需求，从而造成总需求不足。相反，如果企业或个人扩大总需求的愿望非常强烈，人们会激活以前积累的货币，使当期社会总需求扩张。

4.社会总需求决定社会总供给

社会总需求不足，则社会总供给无法充分实现。若社会总需求过多，在一定条件下又会推动社会总供给的增加。

(三)从失衡到均衡的调节

从货币失衡到货币均衡的调节，要完成以下四个步骤：①分清失衡的类型，即明确货币供应量究竟是大于还是小于货币需求量；②分析失衡的原因；③制定不同的对策；④采取行动。这里着重研究第三步工作，即对策问题。现在以货币供应量大于货币需求量为考察对象，提出四类对策供选择。对于货币供应量小于货币需求量的情形，可以采取相反的对策。

1. 供应型调节

所谓供应型调节，是指在货币供应量大于货币需求量时，从压缩货币供应量入手，使之适应货币需求量。这包括以下几个层次的措施。

（1）从中央银行方面来看

①在金融市场上卖出有价证券，直接回笼货币；②提高法定存款准备金率，收缩商业银行的贷款扩张能力；③减少基础货币供应量，包括减少给商业银行的贷款指标，收回已贷出的款项等。

（2）从商业银行方面来看

①停止对客户发放新贷款；②到期的贷款不再延期，坚决收回；③提前收回部分贷款。

（3）从财政方面来看

①减少对有关部门的拨款；②增发政府债券，减少社会各单位和个人手中持有的货币量。

（4）从税收方面来看

①增设税种；②降低征税基数；③提高税率；④加强纳税管理。

财政税收措施在减少社会各单位和个人的存款与现金持有量的同时，增加了财政金库存款。从这个角度看，似乎没有压缩货币供应量。但是，社会各单位的存款和财政金库存款是两类不同性质的存款：前者流通性强，后者流通性弱。因此，各国财政税收手段将社会各单位的一部分存款转化为财政金库存款，就是将一部分现实购买力转化为潜在购买力，从而在实质上收到压缩货币供应量之效。

这种靠压缩现有货币供应量来达到货币均衡的供应型调节方式，如果仅仅从货币均衡角度来看，它是有效的，甚至可以说是一种积极的调节方式。但是，如果把它放到整个经济运行机制中考察，从收缩货币供应量对国民经济的影响来看，这种调节方式在有些情况下可能是消极的。因为货币供应量的收缩，一方面意味着货币供应量的减少，另一方面又意味着货币存量分布结构的改变。总量收缩对于生产经营性企业来说，可能是可投入的资金来源减少，也可能是已投入的资金被抽回。在资金的使用效益短期内无法提高的情况下，社会再生产经营规模就只能在萎缩状态下进行，社会经济发展速度必定会受到影响。

2. 需求型调节

所谓需求型调节，是指在货币供应量大于货币需求量时，从增加货币需求量入手，使之适应既定的货币供应量。由于货币需求量主要是一个独立于银行之外的内生变量，因此，对货币需求量的调节措施更多地在银行外推行。包括以下几项措施：

（1）财政部门调拨资金

国家物资部门动用物资储备，商业部门动用商品储备，以此增加商品供应量。

（2）银行运用黄金储备和外汇储备

外贸部门组织国内急需生产资料的进口，以此扩大国内市场上的商品供应。

（3）国家物价管理部门提高商品价格

通过货币需求量的增大来吸收过度货币供应量。例如，提高零售商品价格可以很快地产生这种效应。因为商业部门的商品零售额吸收了居民可支配收入的绝大部分。因此，任何时候提高商品零售价格都是增加货币需求量、吸收"过剩购买力"的强有力手段。

3. 混合型调节

混合型调节是指面对货币供给大于货币需求的失衡局面时，不是单纯地压缩货币供应量，也不是单纯地增加货币需求量，而是同时从这两个方面入手，既采取供应型调节，又采取需求型调节，双管齐下，以尽快实现货币均衡，又不给经济造成太大的波动。

4. 逆向型调节

逆向型调节是指面对货币供应量大于货币需求量的失衡局面时，中央银行不是采取"釜底抽薪"政策，即压缩货币供应量，而是反其道而行之，采取增加货币供应量的方式，促成货币供需在新的起点实现均衡。这是一种非常特别的调节方法，它是"欲取之，必先予之"和"以退为进"的哲学思想在银行货币供求均衡调节工作中的具体运用。它的内涵是：在货币供应量大于货币需求量的同时，实现经济生活中客观存在的尚未充分利用的生产要素（闲置的劳动力、闲置的生产资料、开工不足的机器设备等）和某些"短线产品"（即社会需求量很大，但可供能力又有限）。银行对这种"短线产品"的企业和其他"短、平、快"的项目追加贷款，以促进生产的发展，通过商品供应量的增加来消化供给过多的货币。这种逆向型调节方法不如供应型调节方法见效快，短期内还会有扩大货币失衡的态势，但只要把握得当、控制适度，就会收到事半功倍的效果。

本章小结

现代货币需求理论把货币作为一种资产，探讨人们愿意以多大比例以货币形式持有其财富。

商业银行通过其经营活期存款机制创造出货币存款，从而创造货币。这是商业银行与其他金融机构的最重要区别。

货币供应量的变动主要取决于货币乘数与基础货币两大因素。货币供给是由中央银行、政府部门、商业银行及社会公众的行为共同决定的。其中，中央银行的作用最大。

货币均衡的实际意义应是货币供应量与货币需求量大体相适应，即动态均衡。

经济均衡通常是指社会总供求均衡。从实质上说，货币均衡是社会总供求平衡的一种反映。在商品经济条件下，社会总需求与社会总供给的矛盾是客观存在的。

货币失衡到货币均衡的调节有四类对策可供选择：供应型调节、需求型调节、混合型调节和逆向型调节。

练习题

一、概念识记

货币需求　名义货币需求　实际货币需求　现金交易说　现金余额说　流动性陷阱

货币供给　原始存款　派生存款　存款创造倍数　基础货币　货币乘数　货币供给外生性
货币供给内生性

二、选择题

1. 西方货币需求理论的主流派是(　　)。
   A. 数量论　　　　　B. 供给论　　　　　C. 价值论　　　　　D. 规模论
2. 费雪方程式也称(　　)。
   A. 资产选择方程式　　　　　　　　　B. 剑桥方程式
   C. 现金余额方程式　　　　　　　　　D. 现金交易方程式
3. 凯恩斯认为，货币的交易性需求和预防性需求均为(　　)的递增函数。
   A. 收入　　　　　　B. 利率　　　　　　C. 价格　　　　　　D. 供给
4. 恒久性收入概念的提出者是(　　)。
   A. 凯恩斯　　　　　B. 弗里德曼　　　　C. 庇古　　　　　　D. 费雪
5. 在现代经济生活中，货币供应量最初都是通过(　　)向经济领域提供的货币量。
   A. 银行系统　　　　B. 印钞厂　　　　　C. 投资银行　　　　D. 企业系统
6. 实际货币供给是剔除(　　)因素继而表现出来的货币所能购买商品和劳务的总和。
   A. 货币需求　　　　B. 商品流通　　　　C. 物价上涨　　　　D. 货币流通
7. 货币供给既具有内生性，也具有外生性，即(　　)。
   A. 两面性　　　　　B. 综合性　　　　　C. 合并性　　　　　D. 总和性
8. 以下属于中央银行扩大货币供给的主要来源的是(　　)。
   A. 多吸收存款　　　　　　　　　　　B. 增加向其他金融机构融资
   C. 减少自己在中央银行的超额准备金　D. 扩大货币发行量
9. 货币供给层次的划分，主要以(　　)为标准。
   A. 期限　　　　　　B. 偿还性　　　　　C. 流动性　　　　　D. 收益性
10. 狭义货币是(　　)的购买力。
   A. 现实　　　　　　B. 确定　　　　　　C. 不确定　　　　　D. 潜在
11. 在国际货币基金组织的货币划分方法中，狭义货币是(　　)。
   A. M_0　　　　　　B. M_1　　　　　　C. M_2　　　　　　D. M_3
12. 准货币也称(　　)。
   A. 现实货币　　　　B. 狭义货币　　　　C. 亚货币　　　　　D. 远视货币
13. 基础货币也称(　　)。
   A. 货币供应量　　　B. 货币基数　　　　C. 亚货币　　　　　D. 货币乘数
14. (　　)是中央银行直接控制的变量，也是银行体系的存款扩张、货币供给创造的
基础。
   A. 货币乘数　　　　B. 广义货币　　　　C. 基础货币　　　　D. 流动货币
15. 高能货币是指(　　)。
   A. 货币乘数　　　　B. 广义货币　　　　C. 基础货币　　　　D. 流动货币

三、简答题

1. 请比较费雪方程式和剑桥方程式。
2. 简述凯恩斯货币需求理论的主要内容。
3. 简述弗里德曼货币需求理论的主要内容。
4. 什么是货币乘数？简要分析货币乘数的决定因素。
5. 什么是基础货币？它对货币供应量有什么影响？

四、计算题

1. 假设某一商业银行的资产负债表如下：

某商业银行的资产负债表　　　　　　　　　　　单位：元

资产		负债	
准备金	10 000	存款−现金	50 000
贷款	40 000		

（假定存款客户不提现，不转存定期存款）

a. 此时存款货币扩张系数是多少？存款货币总量是多少？

b. 如果中央银行将法定存款准备金率确定为10%，该银行拥有的超额准备金是多少？

c. 在法定存款准备金率为10%的情况下，如果该银行把10%的存款作为超额准备金，存款货币和存款乘数会有变化吗？

d. 在法定存款准备金率为10%的情况下，该银行不保留超额准备金，存款货币和存款乘数会怎样变化？

e. 在法定存款准备金率为10%的情况下，该银行不保留超额准备金，中央银行向该银行出售20 000元政府债券并长期持有，请问存款货币和存款乘数会怎样变化？

2. 假设银行体系准备金为15 000亿元，公众持有现金为500亿元。中央银行法定活期存款准备金率为10%，法定定期存款准备金率为5%，流通中通货比率为20%，定期存款比率为40%，商业银行的超额准备率为18%。

a. 货币乘数是多少？

b. 狭义货币供应量 M_1 是多少？

第九章

通货膨胀与通货紧缩

【学习目标】

理解通货膨胀的定义、度量及分类。能结合实际分析通货膨胀的形成原因、经济效应，以及相应治理对策。了解通货紧缩的概念、成因及治理对策，结合实际分析后危机时期，中国和世界各国将要面临的各种挑战。

案例导入

历史上最"经典"的通货膨胀

如果把通货膨胀比作一部"财富绞肉机"，摇动手柄的是德国银行家，他们血洗了德国中产阶级的储蓄，使大量社会主流人士一夜之间沦为赤贫，从而奠定了日后纳粹上台的"群众基础"。

20世纪，所谓的"恶性通货膨胀"已不再是古代或是工业革命早期那样，年物价上涨200倍之类的"小儿科"，而是动辄以比几何级数更快的指数模式飙升。

近乎于荒诞的纸币发行，不仅制造了一个个荒诞离奇的经济故事，给德国人民造成了巨大灾难；同时，它也为日后战争的爆发埋下了重重的伏笔。

印钞机，再次粉墨登场。

场景一：有位先生走进咖啡馆，花8 000马克买了一杯咖啡，当他喝完这杯咖啡，却发现，原来同样的一杯咖啡，此时已经涨到10 000马克。

场景二：一位美国人去德国旅游，他来到银行，想把一张5美元的钞票兑换成马克。可银行职员说："我们没有这么多钱，您能不能只换2美元？"美国人看看背后的长队，只好同意了。

场景三：另一位美国人，在离开德国之前，给了他的德国导游1美元小费。这位德国人居然拿这1美元，成立了一个家族基金，掌管这笔款项。

场景四：有家大工厂发工资。只见火车拉来一车钞票，还没停稳，就开始向焦急等候在铁路旁的工人们，大捆地扔钱。

场景五：一位老人想买一盒鸡蛋，却数不清价签上的零。卖鸡蛋的小贩说，你数有多少个鸡蛋就行了。

……

这一组组匪夷所思的"镜头"，绝不是一个个虚构的故事，而是20世纪20年代德国恶性通货膨胀的真实写照。

第一节 通货膨胀

在西方，人们通常把通货膨胀与现代经济生活联系在一起。他们认为，在古代，不存在纸币流通，货币流通的问题主要是成色低、重量轻的劣质铸币所造成的混乱。通货膨胀是当今世界普遍存在的一种社会经济现象，特别是近半个世纪以来，通货膨胀问题日益成为人们所关注的焦点和热点。正如美国著名经济学家弗里德曼在《自由选择》中描述的那样："通货膨胀是一种疾病，是一种危险的、有时是致命的疾病。如果不及时医治，它可以毁掉一个社会。"因此，认识、治理和消除通货膨胀，最终实现经济稳定持续增长已经成为当今经济理论界及各国政府亟待解决的、最为重要的现实课题之一。

一、通货膨胀的定义

经济学界对通货膨胀的解释并不完全一致，一般经济学家认可的概念是：通货膨胀是指在信用货币制度下，流通中的货币数量超过经济实际需要而引起的货币贬值和物价水平全面而持续的上涨。定义中的物价上涨不是指一种或几种商品的物价上升，也不是物价水平一时的上升，一般指物价水平在一定时期内持续普遍的上升过程，或者货币价值在一定时期内持续的下降过程。可见，通货膨胀不是指这种或那种商品及劳务的价格上涨，而是物价总水平的上升。

想一想：

为什么会物价上涨？物价上涨了，我们怎么办？

通货膨胀比较完整的定义可以表述为：在纸币流通条件下，经济中的货币供应量超过了客观需要量，从而使社会总需求大于总供给，导致单位货币贬值（货币代表的价值量减少或高卖力下降），一般物价水平持续和显著上涨的经济现象。对这个定义可以从以下几个方面理解：

①通货膨胀是物价的普遍上涨，即绝大部分商品平均价格水平（也称一般物价水平）的上涨。因此，个别的或局部商品或劳务的价格上涨不能称为通货膨胀，一种价格下降抵消另一种价格上升也不是通货膨胀。至于一般物价水平上涨到何种程度才可以称为"通货膨胀"，主要取决于人们对通货膨胀危害性的认识与敏感性。最保守的看法是一般物价水平上涨幅度在1%~3%的视为物价稳定，超过3%可以认为发生了一定程度的通货膨胀。

②通货膨胀是一般物价水平的持续上涨。季节性或偶然性的价格上涨、一时的或短期的价格上涨都不能称为通货膨胀。

③只有货币发行量超过经济发行量引起的物价上涨才是通货膨胀。正常的物价上涨，例如商品质量的提高、某种重要资源成本的提高、政府调整不合理的比价等引起的物价上涨，都不能称为通货膨胀。在商业周期循环中，从萧条时期价格下降后出现的恢复性价格上涨，也不能称为通货膨胀。

④通货膨胀的表现形式可以是公开的，直接表现为物价上涨；也可以是隐蔽的（在物价受到管制的经济中），表现为商品限量供应、凭证供应、搭配供应、消费质量下降和黑

市买卖等。这种隐蔽形式下的通货膨胀也称"抑制性的通货膨胀"。

二、通货膨胀的类型

在经济分析活动中，人们常常根据不同标准将通货膨胀分为若干类型，借以说明各种不同的经济现象和问题。通货膨胀的分类有以下几种：

(一)按通货膨胀的程度不同划分

1. 爬行式通货膨胀

爬行式通货膨胀也称温和的通货膨胀，即物价水平每年按一定的比率缓慢而持续上升。目前，人们普遍认为，通货膨胀率在3%以内，是可以为社会所承受的，属于正常的物价上升。这一程度的通货膨胀一般不会对社会经济生活造成重大影响，反而对经济的发展和国民收入的增加都有积极的刺激作用，并将它看作实现充分就业的必要条件。

2. 温和式通货膨胀

温和式通货膨胀是指价格总水平上涨比爬行式高，但又不是很快，具体百分比没有统一比率。但一般情况是在3%以上，两位数以内的水平。这种情况的通货膨胀一般不会对社会经济生活造成重大影响。大多数国家都经历过这种通货膨胀。

3. 奔腾式通货膨胀

奔腾式通货膨胀通常是指物价上涨率在两位数以上，且发展速度很快的通货膨胀现象。这一程度的通货膨胀已经对经济和社会产生重大影响，甚至出现挤兑银行存款、抢购商品等引发市场动荡的现象，如果不坚决控制，就会导致物价进一步大幅上升，酿成恶性通货膨胀的后果。

4. 恶性通货膨胀

恶性通货膨胀也称超级通货膨胀，指物价上涨特别猛烈，且呈加速趋势，开始成倍地增长。这一程度的通货膨胀已经严重地破坏了正常的生产流通秩序和经济生活秩序，开始动摇社会安定的基础，最后容易导致整个货币制度的崩溃。这一程度的通货膨胀多发生在战争、社会变革、政治动荡时期的国家或地区。例如，第一次世界大战后的德国，第二次世界大战后的中国和20世纪80年代的巴西都先后出现过类似情况。

(二)按通货膨胀的表现形式划分

1. 公开性通货膨胀

公开性通货膨胀表现为价格总水平明显地、直接地上涨，这是市场经济条件下通货膨胀的一般表现形式。由于市场经济发达的国家价格很少受限制，当货币供应超过需求，社会总需求大于社会总供给时，就直接地、明显地表现为物价上升。

2. 隐蔽性通货膨胀

隐蔽性通货膨胀也称压抑型通货膨胀，是指政府通过价格控制、定量配给以及其他措施来抑制物价上涨。表面上货币工资没有下降，物价总水平也未提高，但居民实际消费水准却呈下降趋势。此时，商品供不应求的现实通过准价格形式表现出来，例如黑市、排队、凭证购买、有价无货、价格不变但质量下降。主要是因为当经济中已经积累了难以消除的总需求大于总供给的压力，但是政府依然采取管制和冻结物价，对商品销售进行价格补贴，对购买行为进行限量控制等措施，使通货膨胀的压力不能通过物价上涨释放出来。在排斥市场经济、实行单一行政计划管理体制时期的苏联及前东欧各国，以及在实施改革开放政策以前和改革开放初期实行"价格双轨制"的中国，都不同程度地存在过隐蔽型通货膨胀。

（三）按市场对通货膨胀的预期划分

1. 预期性通货膨胀

预期性通货膨胀是指在通货膨胀发生之前，人们已意识到通货膨胀将会出现，而且有可能预测到它的发展趋势和程度，在预期通货膨胀发生时，人们为了避免经济损失，会在各种交易、合同、投资中把预期通货膨胀率计算在内，从而导致物价与工资的螺旋式上升。

2. 非预期性通货膨胀

非预期性通货膨胀是指人们对未来通货膨胀无法加以正确预测，即不能确定是否出现，也不能确定其上涨幅度，但是未来通货膨胀又真实发生了，从而导致对收入和财富的再分配。

三、通货膨胀的度量

通货膨胀的严重程度是通过通货膨胀率这一指标来衡量的，而通货膨胀率一般通过物价上涨率来反映，物价指数是测度通货膨胀率的依据。物价指数是指报告期商品价格与基期商品价格的比率，通货膨胀率=物价指数－1，即物价上涨率。物价指数多以样本商品或劳务的价格为基础，采用加权平均法计算。

通货膨胀率的计算公式为：

$$当期通货膨胀率=\frac{当期物价水平-上一期物价水平}{上一期物价水平}\times100\%$$

需要注意的是，使用不同物价指数计算得出的同一时期的通货膨胀率是不同的。常用来反映物价变动指数的有消费价格指数、生产者价格指数、国民生产总值平减指数。

（一）居民消费价格指数

居民消费价格指数（Consume Price Index，CPI）是一个反映居民家庭一般购买消费商品和服务价格水平变动情况的宏观经济指标。它是度量一组代表性消费商品及服务项目的价格水平随时间变动的相对数，是用来反映居民家庭购买消费商品及服务价格水平的变动情况。居民消费价格统计调查的是社会产品和服务项目的最终价格，一方面同人民群众的生活密切相关，同时在整个国民经济价格体系中也居于重要地位。它是进行经济分析和决策、价格总水平监测和调控及国民经济核算的重要指标。其变动率在一定程度上反映了通货膨胀或紧缩的程度。一般来说，物价全面地、持续地上涨就被认为发生了通货膨胀。例如，2015 年 4 月，全国居民消费价格总水平同比上涨 1.5%。其中，城市上涨 1.6%，农村上涨 1.3% ；食品价格上涨 2.7% ，非食品价格上涨 0.9% ；消费品价格上涨 1.3% ，服务价格上涨 2.1% 。全国居民 1—4 月平均消费价格总水平比 2014 年同期上涨 1.3% 。

(二)生产者价格指数

生产者价格指数(Producer Price Index，PPI)与居民消费价格指数不同，它的主要目的是衡量企业购买一揽子物品和劳务的总费用。由于企业最终要把它们的费用以更高的消费价格的形式转移给消费者，所以，通常认为生产者价格指数的变动对预测消费物价指数的变动是有用的。生产者价格指数是用来衡量生产者在生产过程中，所需采购品的物价状况；因此这项指数包括了原料、半成品和最终产品等(美国约采用 3 000 种东西)三个生产阶段的物价资讯。它是消费价格指数(CPI：以消费者的立场衡量财货及劳务的价格)之先声。

我国的生产者价格指数共调查八大类商品：①燃料、动力类；②有色金属类；③有色金属材料类；④化工原料类；⑤木材及纸浆类；⑥建材类：钢材、木材、水泥；⑦农副产品类；⑧纺织原料类。

(三)国民生产总值平减指数

国民生产总值平减指数(GNP Deflator)是指按当年价格计算的国民生产总值与按不变价格计算的国民生产总值的比率。它可以反映全部生产资料、消费品和劳务费用的价格变动。

以国民生产总值平减指数度量通货膨胀，优点在于它所覆盖的范围广，除了包括消费资料及劳务的价格水平外，还包括生产资料以及进口商品和劳务的价格，能够全面地反映社会总体价格水平的变动趋势。但由于计算国民生产总值平减指数的工作量大，资料较难收集且统计数字发表滞后，通常每年公布一次，缺乏及时性，很难实时描述通货膨胀的程度和变化趋势。

目前，绝大多数发达国家和一些国际组织都采用消费价格指数和 GNP 平减指数来度量通货膨胀，前者主要用于月份、季度分析，后者主要用于年度分析。我国自 1988 年开始按年公布国民收入平减指数，每月、每季度公布 CPI 和 PPI。

四、通货膨胀的成因

通货膨胀是一个复杂的经济现象，各国在不同时期出现通货膨胀的主要原因是多方面的。不论何种类型的通货膨胀，其直接原因只有一个，即货币失衡，也就是货币供应过多。用过多的货币供应量与既定的商品和劳务量相对应，必然导致货币贬值、物价上涨，出现通货膨胀。经分析，导致货币供应量过多的深层原因主要有：需求拉上、成本推动、结构因素以及供给不足、预期不当、体制制约等数种，不同的原因反映为不同的学说。

(一)需求拉上型通货膨胀

社会总需求超过社会总供给，从而导致物价上涨，并直接引起商品价格上涨，这种通货膨胀称为需求拉上型通货膨胀。

在现实生活中，供给表现为市场上的商品和劳务，需求则体现在用于购买和支付的货币上。因此，需求拉动型通货膨胀又被形象地表述为"过多的货币追逐过少的商品"。能够对物价水平产生需求拉动的原因包括实际因素和货币因素。实际因素主要是投资，由于投资需求增加，总供给与总需求的均衡被打破，物价水平上升。从货币方面来看，需求被拉起有两种可能：一是经济体系对货币的需求大大减少，即使在货币供给无增长的条件下，原有的货币存量也相对过多；二是货币需求量不变，货币供给增加过快。实际情况以后者居多。无论是实际因素还是货币因素，两者造成的物价上涨效果都是相同的，但也有区别，例如，投资需求过旺可能导致利率上升，而货币供给过多则可能造成利率下降。然而这两者却往往相伴而生：过旺的投资需求往往要求更多的货币供给支持；增加货币供给的政策也往往是为了刺激投资。

上述分析是将总供给水平设想为一个不受价格水平影响而稳定于充分就业水平的特定值，即总供给不变，因此价格水平的上涨只能归因于需求的过度扩张。事实上，总供给并不总是一成不变的。如果投资的增加引起总供给以同等规模增加，物价水平可以保持不变；如果总供给不能以同等规模增加，物价水平会较缓慢上升；如果总供给丝毫不增加，则需求的拉动将完全作用于物价上。该模式如图 9-1 所示。

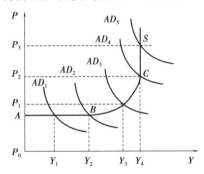

图 9-1　需求拉动型通货膨胀示意图

在图 9-1 中，横轴代表总产出或国民收入 Y，纵轴代表物价水平 P，总供给曲线为 $ABCS$。其中，AB 段总供给曲线呈水平状，表示社会上存在大量的闲置资源或失业人口，此时供给弹性无限大；BC 段表示社会上的闲置资源已很少，整个社会逐渐接近充分就业状态；CS 段总供给曲线呈垂直状，表示社会上的生产资源已被充分利用，不存在任何闲置资源，供给已经毫无弹性，此时已是充分就业状态。在 AB 段，随着总需求曲线从 AD_1 增加到 AD_2，物价水平并没有上涨，此时总供给的增加潜力很大，总需求的上升带动总供给以同等规模上升，因此，物价水平可以保持不变，而国民收入却从 Y_1 增加到 Y_2。在 BC 段，随着总需求曲线从 AD_2 上升到 AD_3，物价水平增加到 P_1，此后，随着总需求曲线从 AD_3 上升到 AD_4，物价水平进一步提高到 P_2，国民收入也从 Y_2 增加到 Y_3，进而增加到 Y_4，可以明显地看出，国民收入上升的速度较 AB 段有所减缓。这就是凯恩斯称为"半通货膨胀"的情况。在 CS 段，随着总需求曲线的进一步上移（AD_4 到 AD_5），物价水平从 P_2 同比例上升到 P_3，而国民收入却没有变化，这就是凯恩斯称为"真正的通货膨胀"情形。

（二）成本推进型通货膨胀

进入 20 世纪 70 年代后，西方发达国家普遍经历过高失业率和高通货膨胀率并存的"滞胀"局面。这种情况下的通货膨胀显然无法通过需求过度理论来解释。因为，按照上述理论，只有达到充分就业之后，才会出现由于总需求过大产生的通货膨胀。因此，许多经济学家转而从供给方面去寻找通货膨胀的根源，提出了"成本推动"的通货膨胀理论，认为通货膨胀的原因在于成本上升引起了总供给曲线的上移。即在一个封闭经济中，货币工资在劳动生产率和价格水平均未提高前率先自动上升；或者其他生产投入品或要素价格因市场垄断力量的存在而上升，最终导致生产成本提高而价格上涨。其中，由于提高工资而引起的生产成本增加也称工资推进型通货膨胀，由于生产要素价格垄断而导致的生产成本增加也称利润推进型通货膨胀。

工资推进型通货膨胀理论，是以存在强大的工会组织，从而存在不完全竞争的劳动市场为假定前提的。在一些发达国家，工会力量十分强大，它们作为一个垄断性组织，与雇主集体议定工人工资水平，使工人有可能获得高于均衡水平的工资。并且，由于工资增长率超过劳动生产率，企业就会因人力成本的加大而提高产品价格以维持盈利水平。这样，过高的工资推动总供给曲线上移，从而形成工资推进型通货膨胀。在此情况下，由于价格的上涨又会部分或全部抵消工资的上涨，工会就会继续要求提高工资，工资提高又引起物价上涨，从而形成西方经济学家们所谓的"工资—价格螺旋"。这种理论特别强调两点：一是货币工资率的上涨一定要超过劳动生产率的增长，否则就不是工资推进型通货膨胀；二是工会的力量。它认为即使存在货币工资率的上涨超过劳动生产率增长的情况，也不能完全肯定发生了工资推进型通货膨胀，原因是这种工资的上涨并不一定是由于工会发挥了作用，也有可能是劳动力市场出现了严重的供不应求产生的。

利润推进型通货膨胀理论，是由于一些垄断经济组织控制了某些重要原材料的生产和销售，它们为了获得高额垄断利润而操纵价格，使价格的上涨速度超过成本支出的增加速度，如果这种行为的作用达到一定程度，就会形成利润推进型通货膨胀。典型例子就是1973—1974年，石油输出国组织（OPEC）将石油价格提高了4倍，到1979年，石油价格再一次涨价，这两次石油提价对西方发达国家经济产生了强烈的影响，以致他们惊呼出现了"石油危机"。使成本上升的各种因素还可能交织在一起，导致通货膨胀进一步加剧。该模式如图9-2所示。

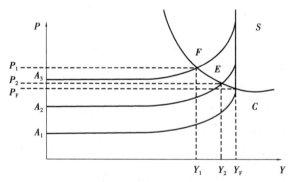

图9-2 成本推进型通货膨胀示意图

在图9-2中，横轴代表总产出或国民收入 Y，纵轴代表物价水平 P，Y_F 代表充分就业条件下的国民收入。最初，社会总供给曲线为 A_1S，在总需求不变的条件下，由于生产成本上升，使总供给曲线从 A_1S 上移至 A_2S 和 A_3S，结果在国民收入即产出由 Y_F 下降到 Y_2 和 Y_1 的同时，物价水平却由 P_F 上升到 P_2 和 P_1。

(三)供求混合型通货膨胀

现代经济复杂多变，很多经济学家认为通货膨胀不是单一的，而是混合的。这种理论认为虽然从理论上可以区分为需求拉上型与成本推进型通货膨胀，而现实经济生活中，需求拉上的作用与成本推进的作用常常是混合在一起的，任何单方面的作用只会暂时性引起物价上涨，并不能引起物价总水平的持续上涨，只有总需求与总供给互相推动，才会导致通货膨胀的发生。即"拉中有推，推中有拉"。例如，通货膨胀可能从过度需求开始，但由于需求过度所引起的物价上涨促使工会要求提高工资，因而转化为成本推动。另一方面，通货膨胀也可能从成本方面开始。例如，迫于工会的压力而提高工资。但是，如果不存在需求和货币收入的增加，这种通货膨胀是不可能持续下去的。因为工资上升会导致失业增加或产量减少，从而导致"成本推进"的通货膨胀过程中止。可见，当"成本推进"加上"需求拉上"才可能产生持续性的通货膨胀过程。在现实经济中，这一论点也得到了论证：当非充分就业均衡严重存在时，则往往引发政府的需求扩张政策，以期缓解矛盾。这样，成本推进与需求拉上并存的混合型通货膨胀就成为经济生活的现实。需求与成本的共同作用，必然演化成"螺旋式"混合型通货膨胀。

(四)结构型通货膨胀

有些经济学家认为，在总需求和总供给处于平衡状态时，由于经济结构、部门结构等方面的因素发生变化，也可能引起物价水平的上涨。这种通货膨胀称为结构型通货膨胀，具体又可以分为以下三种：

1. 需求转移型通货膨胀

由于社会对产品和服务的需求不是一成不变的，在总需求不变的情况下，一部分需求转移到其他部门，而劳动力和生产要素却不能及时转移。这样，原先处于均衡状态的经济结构可能因需求的变动而出现新的失衡。那些需求增加的行业，价格和工资将上升；另一些需求减少的行业，由于价格和工资刚性的存在，却未必会发生价格和工资的下降，最终导致物价水平的总体上升。

2. 部门差异型通货膨胀

部门差异型通货膨胀是指经济部门(如产业部门和服务部门)之间由于劳动生产率、价格弹性、收入弹性等方面存在差异，但货币工资增长率却趋于一致，加上价格和工资的向上刚性，从而引起物价水平的总体上升。许多西方经济学家认为，工人对相对实际工资的关心要超过对绝对实际工资的关心。因此，货币工资的整体增长水平便与较先进部门一致，结果就是落后部门的生产成本上升，并进而推动总体价格水平上升。还有一种情况是因"瓶颈"制约而引起的部门差异。例如，在有些国家，由于缺乏有效的资源配置机制，资源在各部门之间的配置严重失衡，有些行业生产能力过剩，而另一些行业如农业、能源、交通等部门却严重滞后，形成经济发展的"瓶颈"。当这些"瓶颈"部门的价格因供不应求而上涨时，便引起其他部门，包括生产过剩部门的价格上涨。

3. 北欧型通货膨胀

北欧型通货膨胀是由北欧学派提出的，它以实行开放经济的小国为探讨背景。在这些国家，经济部门可以分为开放的经济部门和不开放的经济部门，由于小国一般只能在国际市场上充当价格接受者的角色，世界通货膨胀首先会通过一系列机制传递到它们的开放经济部门，进而带动不开放经济部门，最后导致价格总体水平上升。

补充阅读9-1

2011年我国通货膨胀成因分析

2011年，两会政府工作报告指出，要把稳定物价总水平作为2011年宏观调控的首要任务。相关数据显示，中国居民消费者物价指数(CPI)自2010年5月首次超过官方控制目标3%之后，便逐月走高，截至国家统计局发布2011年2月宏观经济数据显示，该月CPI同比涨幅4.9%。由此可见，我国进入通货膨胀阶段是不争的事实，有必要采取有效措施来治理当前的通货膨胀。

造成本次通货膨胀的原因是多方面的，主要包括：

1. 货币超发严重

货币供应量的增加会导致物价的上涨以及货币的贬值，这也是形成通货膨胀的重要因素。在较大的外贸顺差及快速增长的外汇储备背景下，我国当前实行的以市场供求为基础的有管理的浮动的人民币汇率制度受到了一定程度的挑战，人民币在国际市场上存在较大的升值压力。为了保持币值稳定，中央银行只能买入美元，同时也卖出了本国货币，从而增加货币供应。

2. 投资结构问题

不管从国家层面看还是从人民层面看，中国都不缺钱。但是，中国缺乏有效的投资渠道来使用这些钱。一项调查表明，中国人的投资主要投向了房地产和股票市场。当股票市场低迷时，更多的钱会涌入房地产市场，不仅会打乱国家调控的计划，同时房价的高涨也会强化人们的通货膨胀预期，有可能造成事实上的通货膨胀。

3. 农产品价格居高不下

2010年以来，蔬菜与猪肉价格连连上涨，虽然蔬菜批发价格有所下跌，但由于仓储物流成本居高不下，人们并没有从中得到多少实惠。而农产品是基础产品，农产品的价格高企也将带来下游产品成本与售价的提高。而且由于农产品与人们的生活息息相关，其价格的上涨更容易强化人们对于通胀的预期。

4. 能源成本推动型的价格上涨

进入2011年，煤荒、电荒接踵而至，煤价已经连连高升，各地工业用电也有小幅度的调涨，日本大地震又进一步加剧了国际环境中对能源需求的恐慌，各种能源价格的涨价必然会助推CPI走高。

5. 社会公众对物价上涨的预期对通货膨胀的影响

虽然通货膨胀受到很多因素的影响，但是通货膨胀的持续发展很大程度上是由于人们对未来通货膨胀的预期所导致的。我国正处于经济体制的转型时期，各种经济体制约束机制不太健全，再加上各种经济活动的过热，人们对未来经济的发展没有一个充分的预期。通货膨胀预期是加速通货膨胀形成的一个非常重要的因素。

6. 需求拉动

需求拉动的主要原因是我国的货币供给增长过快，而货币供给增长过快的原因则是外汇流入过多。近年来，外汇流入已经成为我国中央银行投放基础货币的唯一途径。外汇流入导致我国的货币供给增长过快，虽然中央银行采取了大量发行中央银行票据的政策回收基础货币，依然无法摆脱流动性过剩的局面。结果就是物价上涨不可避免。但是，我国的物价上涨却有其特殊性。当流动性过剩出现时，首先上涨的是资产价格，随后商品价格开始上涨，而且商品价格的上涨幅度远远低于资产价格的上涨幅度。为什么呢？原因在于当时我国存在严重的产能过剩。"产能过剩"是从供给角度出发，从需求角度看就是所谓的"有效需求不足"，二者是一个意思。"有效需求不足"意味着老百姓的基本消费需求几乎达到饱和状态，老百姓的边际消费倾向已经很低，因此随着手中货币的增加，老百姓并不大量增加消费，而是增加储蓄，而储蓄就是对各种资产的需求。

7. 成本推动

生产成本上升是当时我国通货膨胀的另一个原因。

（1）工资成本上升。近年来，中国劳动力市场频繁出现的"民工荒"现象、劳资纠纷等事件都表明中国劳动力市场的形势已经跟以前有很大不同。相应地，中国各地方政府相继提高最低工资标准等因素也导致工资成本上升。

（2）随着中国经济的发展和经济规模的扩大，中国对原材料、能源等自然资源的需求大幅增长，中国对国外资源的依存度也迅速提高。资源价格的上升，也提高了企业的生产成本。

（3）随着节能减排在全世界的推广应用，以及我国经济面临的资源压力，我国政府对节能减排也越来越重视，相应的要求和标准也越来越高，为了满足这些要求，企业就得增加人力、物力的投入，这在客观上进一步加大了企业的生产成本。

8. 流动性过剩引发通胀

2010年11月，美联储继第一轮量化宽松货币政策之后，宣布推出第二轮量化宽松货币政策。该政策计划让美联储在2011年6月底以前购买6 000亿美元的美国长期国债，以进一步刺激美国经济复苏。美联储宣布，将在未来的几个月逐步实施这一计划，预计每月将购买750亿美元的美国长期国债。作为世界第一大国，美国这一政策的出台无疑会使全球再次面临流动性泛滥的冲击，我国自然不能幸免。

9. 贸易顺差过大也对通货膨胀有一定的影响

在国际贸易收支平衡表中，我国经常项顺差在2007年占到GDP的10.6%，2007年后的三年逐步下降，2010年降到GDP的5.2%。资本和金融项差额比经常项差额小得多，但也是顺差。经常项或贸易顺差过大，会使人民币升值压力增大。为了保持人民币汇率相对稳定，中央银行必须购回美元，从而被迫投放基础货币。较多的货币增加了流动性过剩，推高了通货膨胀，进而物价上涨。

10. 为度过全球性的经济衰退，我国自2008年底逐步实施"4万亿"拉动内需政策

这一宽松的财政货币政策有利于重振人们的信心，经济有过热的转向，大家比较乐观，从而引起资产价格大幅上升，尤其是房地产和股市价格上升较快，又给投资和消费带来很大刺激。受此刺激，很多做实业的人开始转向投资，炒房产、股票等，在一定程度上形成了资产泡沫，加剧了通胀压力。

11. 大宗商品进口成本提升及美元贬值，造成了输入型通货膨胀

输入型通货膨胀是通货膨胀在国际间的传递，它产生的一个重要因素是国外商品价格的上涨传递到进口国内，从而导致该国国内价格总水平的上涨。

五、通货膨胀的影响

通货膨胀对社会经济的影响是多方面的，具体表现在以下几个方面：

(一)强制储蓄效应

正常情况下，家庭、企业和政府三个部门各有各的储蓄规律：均在各自正常收入中形成。家庭储蓄由收入剔除消费支出构成，企业储蓄由用于扩张性生产的利润和折旧基金构成政府储蓄的来源，如果政府用增加税收的办法来筹资维持生产建设，相当于是从其他两个部门挤出(即政府的储蓄增加是从家庭和企业的收入中强制挤出的)资金，全社会的储蓄总量并不增加。若政府以向中央银行借债，从而增发货币的筹措建设资金的办法就会强制增加全社会的投资需求，结果将使物价上涨。在公众名义收入不变的条件下，按原来的模式和数量进行消费和储蓄，两者的实际额均随物价上涨而相应减少，其减少部分则大体相当于政府运用通货膨胀手段实现的政府储蓄的增加，增加部分即为强制储蓄部分。

(二)收入分配效应

在通货膨胀时期，人们的名义货币收入与实际货币收入之间会产生差异，只有剔除物价的影响，才能看出人们实际收入的变化。若人们忽视货币实际购买力的变化，而仅仅满足于货币名义价值(如名义收入)时，通常称为货币幻觉(money illusion)。在通货膨胀下，由于货币贬值，名义货币收入的增加往往并不意味着实际收入的等量增加，有时甚至是实际收入不变乃至下降。如果满足于名义收入的增加却忽视币值的变化，那就是货币幻觉起作用。

由于社会各阶层收入来源极不相同，因此，在物价总水平上涨时，有些人的收入水平会下降，有些人的收入水平反而会提高。这种由物价上涨造成的收入再分配，就是通货膨胀条件下的收入分配效应。

在发达的工业化国家，大多数人是依靠工资或薪金生活的，工资收入几乎就是他们的全部收入。在物价持续上涨的时期，工资劳动者的收入只有每隔一段时间才会做一定幅度的调整：使工资率的提高与物价上涨保持大体上同步，以保证实际收入水平得以维持。但这种通货膨胀条件下的定期工资调整，只有依靠强大的工会力量才能做到；否则，工资的增长常常会落后于物价上涨。货币工资的增长相对于物价上涨滞后时间越长，相应地遭受通货膨胀的损失也就越大。此外，从利息和租金取得收入的人，在通货膨胀中受到的损害也比较严重。与此同时，只要存在工资对于物价的调整滞后，企业的利润就会增加，那些从利润中分取收入的人就能获利。

(三)资产结构调整效应

资产结构调整效应也称财富分配效应。一个家庭的财富或资产由两部分构成：实物资产和金融资产。许多家庭同时还有负债，如汽车抵押贷款、房屋抵押贷款和银行消费贷款等。因此，一个家庭的财产净值是它的资产价值与债务价值之差。

在通货膨胀环境下，实物资产的货币值大体随通货膨胀率的变动相应升降。有的实物资产，其货币值增长的幅度高于通货膨胀率，有的则低于通货膨胀率；同一种实物资产，在不同条件下，其货币值的升降较通货膨胀率也有时高时低的情况。金融资产则比较复杂。在其中占相当大份额的股票，它的行市是可变的，在通货膨胀条件下一般会呈上升趋势。但影响股市的因素极多，所以股票绝非通货膨胀中稳妥的保值资产形式，尽管有些股票在通货膨胀中能使其持有者获得大大超出保值的收益。至于货币债权债务的各种金融资产，其共同特征是有确定的货币金额，这样的名义货币金额并不会随通货膨胀是否存在而变化。显然，物价上涨，实际的货币额减少；物价下跌，实际的货币额增多。在这一领域防止通货膨胀损失的办法，通常是提高利息率或采用浮动利率。但在严重的通货膨胀条件下，这种措施也往往难以弥补损失。

基于以上因素，每个家庭的财产净值，在通货膨胀条件下，往往会发生很大变化。一般来说，小额存款人和债券持有人最容易受到通货膨胀的打击。

（四）比价的变动与不同经济集团利益的调整

价格包括两个方面：一是每一种商品的价格和每一种服务的价格——收费标准。它们是千差万别的，而且由于种种原因会有升有降。二是价格水平，是指在给定的时点上所有价格作为一个总体与其他时点上所有价格作为一个总体的比较是高还是低。研究通货膨胀首先关注的是价格水平的变动，而不是分辨各个商品和服务价格的变动。

然而，在价格水平的变动过程中，各种商品和服务的价格绝不是与价格水平以同等的幅度升降。也就是说，比价会有所变动。

比价的变动往往意味着不同经济集团利益的调整。这是因为不同种类的商品和服务的销售价格及成本并非按同一比例变动，从而导致不同商品生产商或服务提供商获取利润的增减速度也不一致——有的快一些，有的慢一些。于是，它们的实际利益或得到加强或有所削弱。

（五）通货膨胀与经济增长

通货膨胀与经济增长到底有何种关系，从观点上说，大体可以分为三类，即促进论、促退论和中性论。

所谓促进论，就是认为通货膨胀具有正的产出效益的理论。这种理论认为，资本主义经济长期处于有效需求不足、实际经济增长率低于潜在经济增长率的状态。因此，政府可以实施通货膨胀政策，用增加赤字预算、扩张投资支出、提高货币供给增长率等手段来刺激有效需求，促进经济增长。

所谓促退论，正好与促进论相反，是一种认为通货膨胀会损害经济成长的理论。这种理论认为，无论是温和的、急剧的或恶性的通货膨胀都是一种病态的货币现象，必然会损害经济增长，所不同的仅仅是破坏程度而已。

所谓中性论，是一种认为通货膨胀对产出、对经济成长既无正效应也无负效应的理论。这种理论认为，由于公众预期，在一定时间内，人们会对物价上涨做出合理的行为调整，因此，通货膨胀各种效应的作用就会相互抵消。

（六）恶性通货膨胀与社会经济危机

以上对通货膨胀效应的分析，都是以它的严重程度保持在一定限度内为前提的。当物价总水平持续上涨超过一定界限，从而形成恶性通货膨胀时，就有可能引发社会经济危机。

恶性通货膨胀会使正常的生产经营难以为继。在物价飞涨时，产品销售收入往往不足以补充必要的原材料；同时，地区之间上涨幅度极不均衡也是必然现象，这会造成原有商路的破坏，流通秩序的紊乱；迅速上涨的物价，使债务的实际价值下降，如果利息率的调整难以弥补由物价上涨造成的货币债权损失，正常信用关系也会极度萎缩。恶性通货膨胀只是投机盛行的温床，而投机是经济机体的严重腐蚀剂。

恶性通货膨胀会引起突发性的商品抢购和挤兑银行的风潮。它所造成的收入再分配和人民生活水准的急剧下降则会导致阶级冲突的加剧，后果往往会造成政局的动荡。

最严重的恶性通货膨胀会危及货币流通自身：纸币流通制度不能维持；金银贵金属会重新成为流通、支付的手段；经济不发达地区则会迅速向经济的实物化倒退。

所以，各国政府在未遭遇特殊政治动荡局面的情况下，总是把控制通货膨胀作为自己的施政目标。

六、通货膨胀与失业的替代关系

(一)通货膨胀与失业的替代：斜率为负的菲利普斯曲线

1958年，在英国伦敦经济学院工作的新西兰经济学家菲利普斯通过整理英国1861—1957年的统计资料发现，货币工资增长率和失业率之间存在一种负相关关系，用图形表示就是一条向右下方倾斜的曲线，如图9-3所示。这条曲线表明：失业率与货币工资变动率（通货膨胀率）存在负相关关系：失业率越低，货币工资率（通货膨胀率）越高；失业率越高，货币工资率（通货膨胀率）越低。

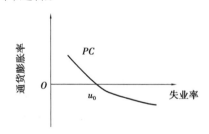

图9-3　斜率为负的菲利普斯曲线示意图

(二)通货膨胀预期与垂直的菲利普斯曲线

菲利普斯认为，货币工资增长率与失业率之间具有此消彼长的替代关系，这一关系就是把失业率与通货膨胀率之间的关系联系起来的菲利普斯曲线。但菲利普斯曲线不能很好地说明未来价格的调整。如果把价格调整的预期因素加到菲利普斯曲线中，当预期通货膨胀上升时，菲利普斯曲线就会上移，由此形成了一条附加预期的菲利普斯曲线，如图9-4所示。如果存在需求和供给的冲击，短期菲利普斯曲线就会移动。

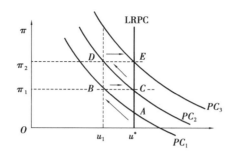

图9-4 长期菲利普斯曲线示意图

长期菲利普斯曲线是一条经由非加速通货膨胀的失业率而一直向上的垂直线。长期菲利普斯曲线之所以是垂直的，是因为在长时期内经济主体将不断调整其通货膨胀预期，使之与实际通货膨胀率一致，从而无论通货膨胀水平有多高，与之相对应的失业率都是自然失业率。

（三）向上倾斜的菲利普斯曲线

20世纪70年代以后，西方大多数发达国家都出现了高通货膨胀与高失业并存的"滞胀"（Stagflation）现象，即经济停滞或衰退、大量失业和严重通货膨胀以及物价持续上涨同时发生的情况。菲利普斯曲线不断右移，长期来看其斜率为正值。对此，弗里德曼认为，高度的和变化加剧的通货膨胀可能会不断提高"自然失业率"，如图9-5所示。

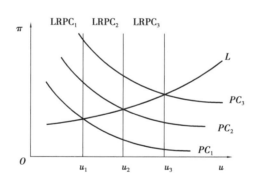

图9-5 向上斜率的菲利普斯曲线示意图

七、通货膨胀的治理

通货膨胀会破坏社会生产，扰乱流通秩序，引起分配不公，导致社会动乱和政局不稳，因此引起世界各国的高度重视。各国政府都在积极寻求治理通货膨胀的良策，并且，已经积累了许多经验。主要治理措施有以下几种。

（一）紧缩性货币政策

由于通货膨胀是纸币流通条件下出现的经济现象，引起物价总水平持续上涨的主要原因是流通中的货币量过多。因此，各国在治理通货膨胀时，所采取的重要措施之一就是紧缩货币政策,即中央银行实行抽紧银根政策,即紧缩通货,通过减少流通中货币量的办法以提高货币购买力,减轻通货膨胀压力。掌握货币政策工具的中央银行一般采取以下措施。

①出售政府债券,这是公开市场业务的一种方法,中央银行在公开市场上出售各种政府债券,就可以缩减货币供应量和货币供应量潜在的膨胀,这是最重要且经常被采用的一种政策工具。

②提高贴现率或再贴现率,以影响商业银行的贷款利息率,这势必带来信贷紧缩和利率上升,有利于控制信贷的膨胀。

③提高商业银行的法定准备金率,以减少商业银行放款,从而减少货币供应。

④直接提高利率,紧缩信贷。利率的提高会增加使用信贷资金的成本,借贷就会减少;同时,利率提高,还可以吸收储蓄存款,减轻通货膨胀压力。

(二)紧缩性财政政策

压缩财政支出的办法是削减财政投资的公共工程项目,减少各种社会救济和补贴,使财政收支平衡。紧缩性财政政策主要包括以下措施:

①削减政府支出,包括减少军费开支和政府在市场上的采购。

②限制公共事业投资和公共福利支出。

③增加赋税,以抑制私人企业投资和个人消费支出。

(三)收入政策

收入政策是应对成本推进型通货膨胀的有效方法。贯彻紧缩性收入政策可采取以下三种方式。

1.确定工资-物价指导线,以限制工资-物价的上升

这种指导线是政府当局在一定年份内允许总货币收入增加的一个目标数值线,即根据统计的平均劳动生产率的增长,政府当局估算出货币收入的最大增长限度,而每个部门的工资增长率应等于全社会劳动生产率增长趋势,不允许超过。只有这样,才能维持整个经济中每单位产量的劳动成本的稳定,因此预定的货币收入增长就会使物价总水平保持不变。

2.工资管制(或冻结工资)

工资管制即强制推行的控制全社会职工货币工资增长总额和幅度,或政府强制性规定职工工资在若干时期内的增加必须固定在一定水平上的措施。管制或冻结工资可以降低商品成本,从而减轻成本推进型通货膨胀的压力。这是通货膨胀相当严重时采取的非常措施,但正因为通货膨胀严重,使人民收入及生活水平持续下降,从而使冻结或管制工资措施实施起来更为困难。

3.以纳税为基础的收入政策

通过一种对过多地增加工资的企业按工资增长超额比率征收特别税款的办法来抑制通货膨胀。一般认为,实行这种税收罚款办法,可以使企业有所约束,拒绝工资超额提高,并同工会达成工资协定,从而降低工资增长率,减缓通货膨胀率。

（四）供应政策

供应学派认为，通货膨胀和经济波动都是因产品供应不足引起的，因此，治理通货膨胀，摆脱滞胀困境，根本方法在于增加生产和供给。要增加生产和供给，关键措施是降低税率，促进生产发展。

（五）价格政策

通过反托拉斯限制价格垄断，这是价格政策的基本内容。价格垄断有可能出现定价过高和哄抬物价的现象，为了治理通货膨胀，必须限制价格垄断。

第二节　通货紧缩

从历史上看，通货膨胀多有发生，人们对通货膨胀比较了解，也进行了比较深入、系统的研究。但是，近年来一些国家又出现了通货紧缩的趋势，这对包括中国在内的许多国家或地区都造成了威胁。因此，研究通货紧缩也日益成为人们比较关注的一个问题。

一、通货紧缩的定义

对于通货紧缩，与通货膨胀一样，在国内外还没有达成统一的共识，从争论的情况来看，大体可以归纳为以下三种。

第一种观点认为，通货紧缩是经济衰退的货币表现，因此具备三个基本特征：①物价的普遍持续下降；②货币供应量的连续下降；③有效需求不足，经济全面衰退。这种观点被称为"三要素论"。

第二种观点认为，通货紧缩是一种货币现象，表现为价格的持续下跌和货币供应量的连续下降，即所谓的"双要素论"。

第三种观点认为，通货紧缩就是物价的全面持续下降，被称为"单要素论"。

从上面的介绍可以看出，尽管对通货紧缩的定义仍有争论，但对物价的全面持续下降却是共同认可的。

一般来说，单要素论的观点对于判断通货紧缩发生及其治理更为科学。这是因为，通货紧缩作为通货膨胀的逆现象，理应反映物价的变动态势，价格的全面、持续下降，表明单位货币所反映的商品价值在增加，是货币供应量相对不足的结果，货币供给不足可能只是通货紧缩的原因之一，故双要素论的货币供给下降的界定，将会缩小通货紧缩的范围；而三要素论中的经济衰退，一般是通货紧缩发展到一定程度的结果，因此，用经济衰退的出现来判断通货紧缩已经太晚了。根据单要素论的观点，判断通货紧缩的标准只能是物价的全面持续下降，其他现象可以作为寻找成因、判断紧缩程度等的依据。

二、通货紧缩对社会经济的影响

通货紧缩的危害很容易被人忽视，因为从表面上看，一般价格的持续下跌会给消费者带来一定的好处，在低利率和低物价增长的情况下，人们的购买力会有所提高。

然而，通货紧缩的历史教训就是20世纪30年代全球经济大危机。通货紧缩与通货膨胀一样，对经济发展造成不利影响。通货紧缩会加速实体经济进一步萎缩，因此，它既是经济萎缩的结果，又成为经济进一步萎缩的原因。通货紧缩一旦形成，如果不能及时妥善处理，可能会造成以下一系列问题。

1. 通货紧缩可能造成经济衰退

通货紧缩是经济衰退的加速器。由于通货紧缩增加了货币购买力，能使人们保留更多的储蓄、更小的支出，尤其是耐用消费品的支出。这样，通货紧缩使个人消费支出受到抑制。与此同时，物价的持续下跌会提高实际利率水平，即使名义利率下降，资金成本仍然较高，致使企业投资成本高昂，投资项目变得越来越没有吸引力，企业因此被迫减少投资支出。此外，商业活动的萎缩会造成更低的就业增长率，并形成工资下降的压力，最终造成经济衰退。

2. 通货紧缩会加重债务人的负担

通货紧缩情况下，企业负债的实际利率较高，而且产品价格出现非预期下降，企业收益率随之下降，企业进一步扩大生产的动机也会随之下降。生产停滞，企业归还贷款的能力有所减弱，致使银行贷款收回面临更大的风险。而银行资产的质量变化，使个人更倾向于持有现金，从而可能出现"流动性陷阱"。

如果企业持续降低产品价格而且产量难以保证时，企业就会减少就业岗位、减少资本支出，消费者因此产生的第一反应是减少消费。这样，降低成本成为企业共同防护的手段，竞争导致价格下跌、再下跌，从而形成通货紧缩。

3. 通货紧缩使消费总量趋于下降

乍一看，通货紧缩对消费者是一件好事，因为消费者只需支付较低的价格便可获得同样的商品。但是，在通货紧缩的情况下，就业预期、价格和工资收入、家庭资产趋于下降。消费者会因此而减缩支出并增加储蓄。在通货紧缩的条件下，工人如果要得到同样多的面包，就得工作更长的时间。综合来说，通货紧缩使消费总量趋于下降。

4. 通货紧缩容易使银行业产生大量不良资产

通货紧缩可能使银行业面临困境，当银行业面临一系列恐慌时，一些资不抵债的银行会因存款人"挤兑"而被迫破产。

通货紧缩一旦形成，便可能形成"债务-通货紧缩陷阱"。此时，货币变得更为昂贵，债务则因货币成本上升而相应上升。虽然名义利率未变甚至下调，但实际利率仍然较高，债务负担有所增加，企业经营的困难会最终体现在银行的不良资产上。因此，通货紧缩对银行来说，容易形成大量不良资产。

三、通货紧缩的治理

由于通货紧缩形成原因比较复杂，并非由单一原因引起，而是由多种因素共同作用形成的混合性通货紧缩，因此治理难度甚至比通货膨胀还要大，必须根据不同国家不同时期的具体情况进行认真分析，才能找到有针对性的治理措施。下面以我国的通货紧缩为例，提出治理通货紧缩的一般措施，包括两个方面：

（一）实行扩张性的财政政策和货币政策

治理通货紧缩，必须实行积极财政政策，增加政府公共支出，调整政府收支结构。对具有极大增长潜力的高新技术产业，实行税收优惠，尽可能地减少对企业的亏损补贴以及各种形式的价格补贴，利用财政贴息方式启动民间投资，大力发展民营经济，引导资金投向社会急需发展的基础设施领域，在继续增加国家机关和企事业单位以及退休人员工资的基础上，更要把增加农民和中低收入者的收入水平当作一件大事来抓。总之，实行积极财政政策，就是要在加大支出力度的基础上，优化财政收支结构，既要刺激消费和投资需求，又要增加有效供给。

通货紧缩既然是一种货币现象，那么治理通货紧缩，就必须采取扩张性的货币政策，增加货币供给，以满足社会对货币的需求。增加货币供给的方式可从基础货币和货币乘数两个方面着手。作为中央银行可以充分利用自己掌握的货币政策工具，影响和引导商业银行及社会公众的预期和行为。在通货紧缩时期，中央银行一般要降低再贴现率和法定存款准备金率，从社会主体手中买进政府债券，同时采用一切可能的方法，鼓励商业银行扩张信用，从而增加货币供给。

财政政策与货币政策的配合运用，是治理通货紧缩和通货膨胀的主要政策措施，但由于货币政策具有滞后性的特点，而且在通货紧缩时期，利率弹性较小，因此财政政策的效果一般比货币政策更直接有效。

（二）加大改革力度，充分发挥市场机制

市场经济是在全社会范围内由市场配置资源的经济，市场经济不是万能的，但实践证明它是最优的，政府对"市场缺陷"的矫正，必须限制在一定的范围内，否则，对经济的破坏作用是巨大的。反思我国通货紧缩局面的形成，无不跟政府主导型发展战略有关，像国有企业大量亏损，失业现象严重，重复建设造成经济结构的扭曲，短缺与无效供给的并存以及政府部门的腐败，效率低下等都与政府对市场的不信任，对市场的过度干预紧密相连。因此，要想尽快走出通货紧缩的困境，必须加大改革力度，充分发挥市场机制的作用，积极推进国有企业的转制工作，甩掉国有企业的沉重包袱，建立现代企业制度，增强国有企业的活力，使其真正发挥促进经济发展的关键作用，完善市场经济所需要的科技、教育、住房、卫生、医疗、社会保障制度。

本章小结

通货膨胀是指在信用货币制度下，流通中的货币量超过实际需要量所引起的货币贬值、商品和服务的货币总价格持续上涨的现象。这个定义需要强调三点：一是通货膨胀是一种信用货币流通下的现象；二是通货膨胀是以商品和服务的货币价格为对象；三是通货膨胀是物价总水平的持续上涨。

通货膨胀按不同的标准可以划分为不同的类型。按引起通货膨胀的原因可以分为需求拉上型通货膨胀、成本推进型通货膨胀、结构型通货膨胀；按表现形式可以分为公开型通货膨胀、隐蔽型通货膨胀；按通货膨胀的程度可以分为爬行式通货膨胀、温和式通货膨胀、奔腾式通货膨胀等。

通货膨胀可以通过物价指数的变动来度量，较常用的物价指数有消费价格指数、生产者价格指数、国民生产总值平减指数。各种价格指数所包含的内容不尽相同，各个国家也相应选择合适的计量标准来度量通货膨胀率。

通货膨胀的经济效应包括：经济增长效应、收入分配效应、强制储蓄效应、资产结构调整效应等。

治理通货膨胀的对策主要有：紧缩性货币政策、紧缩性财政政策、收入政策、价格政策、供应政策等。

通货紧缩是货币供应量小于流通领域对货币的实际需求量而引起的货币升值，商品和劳务的货币价格总水平持续下跌的现象。通货紧缩和通货膨胀一样，对经济发展同样极具破坏力，甚至有过之而无不及。因此，我们应分析通货紧缩产生的原因，采取合理的措施，以有效地抑制和治理通货紧缩。

练习题

一、概念识记

通货膨胀　通货紧缩　强制储蓄　消费价格指数　生产者价格指数　国民生产总值平减指数

二、单选题

1.下列关于通货膨胀的表述中，不正确的是(　　　)。

　　A.通货膨胀是物价持续上涨　　　　　　B.通货膨胀是物价总水平的上涨

    C.通货膨胀是指物价的上涨　　　　　D.通货膨胀是纸币流通所特有的

2.通货膨胀时期债权人将(　　　)。

    A.增加收益　　　　　　　　　　　B.损失严重

    C.不受影响　　　　　　　　　　　D.短期损失，长期收益更大

3.我国目前主要是以(　　　)反映通货膨胀的程度。

    A.居民消费价格指数　　　　　　　B.GDP 平减指数

    C.批发物价指数　　　　　　　　　D.GNP 平减指数

4.成本推动说解释通货膨胀的前提是(　　　)。

    A.总需求给定　　　　B.总供给给定　　　　C.货币需求给定　　　　D.货币供给给定

5.在完全竞争市场上，不可能产生的通货膨胀类型是(　　　)。

    A.需求拉上型通货膨胀　　　　　　B.结构型通货膨胀

    C.成本推进型通货膨胀　　　　　　D.预期型通货膨胀

6.对于需求拉上型通货膨胀，调节和控制(　　　)是关键。

    A.社会总需求　　　　B.收入分配　　　　C.财政收支　　　　D.经济结构

7.下列各项政策中，(　　　)可以解决通货膨胀中收入分配不公的问题。

    A.限价政策　　　　　　　　　　　B.指数化政策

    C.减税政策　　　　　　　　　　　D.增加供给的政策

8.通货膨胀对社会成员的主要影响是改变了原有收入和财富分配的比例。这是通货膨胀的(　　　)。

    A.强制储蓄效应　　　　　　　　　B.收入分配效应

    C.资产结构调整效应　　　　　　　D.财富分配效应

9.通货膨胀对策中，压缩财政支出属于(　　　)。

    A.改善供给　　　　　　　　　　　B.紧缩性收入政策

    C.收入指数化政策　　　　　　　　D.紧缩性财政政策

10.通货膨胀对策中，冻结工资和物价属于(　　　)。

    A.控制需求　　　　　　　　　　　B.改善供给

    C.收入指数化政策　　　　　　　　D.紧缩性财政政策

11.下列 (　　　)说法明显是错的。

    A.物价水平的持续下降意味着实际利率的上升，投资项目的吸引力下降

    B.物价水平的持续下降意味着货币购买力不断提高，从而消费者会增加消费，减少储蓄

    C.通货紧缩可能引发银行业危机

    D.通货紧缩制约了货币政策的实施

三、简答题

1.什么是通货膨胀？简述通货膨胀的类型。

2.如何理解通货紧缩的含义？

3.简述关于通货膨胀成因的几种理论观点。

4. 判定通货膨胀的指标有哪些？

5. 货币供给和总需求之间是否适当会产生怎样的影响？

6. 通货膨胀对分配会产生怎样的影响？

7. 在通货膨胀的治理中，指数化政策起什么作用？

四、案例分析

新形势下造成我国通货膨胀的原因

自我国进入 21 世纪后，国内物价上涨速度出现了大幅度的增加，通货膨胀问题越来越严重，尤其是 2010 年后更是面临了经济危机的风险，国际上对通货膨胀有一定的测算指标，即 CPI。一般情况下，当 CPI 涨幅大于 3% 时，经济学上就定性为通货膨胀。2011年，我国 CPI 的增长幅度达到 5.4%，已经出现严重的通货膨胀。国家统计局公布的数据显示，连续 19 个月我国居民消费价格指数即 CPI 环比实现了连续上升的势头，平均月上升幅度在 5%，超过了国际公认的警戒线水平；大宗商品和原材料价格也不断攀升，平均上涨幅度在 10%，不断上升的物价水平和通货膨胀速度引起了经济环节相关主体的连锁反应，最终会影响经济发展的长期均衡速度。大量数据显示，在我国经济增长的内生机制尚未有效形成和成长的前提下，较高的通货膨胀水平势必会对宏观经济的运行产生不良影响。

造成我国当时通货膨胀的主要原因有以下几个方面：

（一）浅层原因

1. 自然灾害对中国国内价格产生了很大影响。自然灾害首先导致的问题是粮食减产，由此引发国内食品供应紧张，之后其他商品的价格也开始上涨。此外，国家在 2010 年对水、电、天然气进行了价格调整，使水、电、天然气的价格上涨，进一步加剧了通货膨胀的程度。

2. 国内生产资料的价格上涨。近几年来房地产行业拉动了中国经济的增长，房地产行业所需要的原材料价格也得到上涨，这些原材料价格上涨后导致材料成本增加，推动了各种物价的上涨，加剧了通货膨胀。随着工业化、城镇化的推进，农业生产的劳动力成本、农资成本不断上涨，同时城镇对农产品的需求也在不断增加，这使农产品价格的上涨成为长期趋势。地价、房租的上涨导致生活资料费用的提高和产品成本的提高，工人工资的提高与商品成本的提高必然导致商品价格的上涨。

3. 经济全球化的影响。随着经济全球化的出现，发达国家将国内劳动密集型产业和资源密集型产业大幅度向发展中国家转移，并且拉大了对发展中国家的贸易逆差，发达国家将国内价格低廉的原材料运到发展中国家进行加工与组装，生产成成品后以高价卖给发展中国家，抬高了发展中国家商品的价格。中国自进入 21 世纪后大幅引进国外资源密集型产业和劳动密集型产业，使国外企业的产品在国内高价出售，这也是导致通货膨胀的重要原因之一。

（二）深层原因

1. 国际游资的流动

2010 年，随着中国经济的复苏回暖，人民对经济的信心增加，中国在最近几十年的发展过程中已经成为世界第二大经济实体，目前是世界第一大石油进口国，海外最大的铁矿石购买国，世界铜消费最大的国家。随着中国建筑行业和制造业的强势崛起，国内出现了大宗商品的价格上涨，推动了通货膨胀现象。美国 2007 年次贷危机爆发，美元出现贬值，推动了以美元为计价单位的商品价格上涨，中国在发展过程中很大程度上依赖美元，在大宗商品上需求旺盛，美元对人民币的汇率上涨自然推动了国内商品价格的上涨。

2.国内货币流动性过剩引起

随着外资企业的进入，大量的外资流入中国，由于贸易逆差的上升，人民币面临巨大的升值压力，为了避免人民币升值速度过快，人民币的投放被迫迅速扩张，国内货币量发行太多，市场流动的货币过多，导致人民币贬值，购买力下降，中国资金持续的流动性过剩，推动了物价的上涨，也加剧了股票、房地产等资产的贬值。

3.资产重估推动了金融信贷的扩张，继而放大了总需求。在新形势下的经济危机中，银行的金融信贷也是推动中国通货膨胀的重要原因。一方面国内资产价格的重估使企业抵押融资风险的能力大幅度提升，促进了银行金融信贷的扩张；另一方面银行金融信贷扩张又导致股票、房地产价格的上涨，形成了资产价格上涨和银行金融信贷扩张相互推动的局面，从而使中国连续几年出现了泡沫经济的大幅度增长。中国近几年来居民存款量巨大，使得银行流动资金巨大，流动资金增多加剧了银行对房地产行业和股票的信贷，国内出现房地产投资过热的现象，使得房地产行业大幅度发展，推动了原材料的总需求。

4.成本价格上涨推动经济增长速度过快导致通胀压力加大。进入 21 世纪后，我国上游产品价格涨幅过快，高于下游产品价格的增长速度。由于一定的原因，上游产品价格的增长速度对下游产品价格的增长影响不大，但是当上游产品价格增长达到一定程度时必然会带动下游产品价格的增长，形成国内产品全方位的增长，出现成本推动型的价格上涨；另一方面，经济增长速度过快也是导致通胀的原因。近几年来中国经济增长速度过快，但是中国国民生产能力的增长速度并没有达到经济增长的速度，出现这一现象的原因就是受房地产和制造业飞速发展的影响和带动，在经济高速增长的同时，中国经济的结构出现了更多的问题，产能过剩是最大的特点，投资与消费的比例严重失调，不仅没有得到缓和，而且越来越严重，这些问题最终都成了通货膨胀的动力。

思考：

1.通过以上资料分析我国此次通货膨胀的原因有哪些？

2.应对新形势下的通货膨胀应采取哪些有力措施？

第十章

货币政策

【学习目标】

了解货币政策的内容构成。掌握货币政策工具的运用，理解货币政策的传导机制及效果。

案例导入

美国的量化宽松货币政策

2020年全球股市三月内经历巨幅震荡，美股共触发过四次熔断。3月3日和3月15日，美联储两次宣布紧急减息，将联邦基金利率目标区间大幅下调至 0~0.25%，并推出7 000亿美元的大规模量化宽松计划，美联储这一系列举措实属罕见。

2020年2月7日，中国人民银行向9家全国性银行和疫情防控重点地区地方法人银行发放专项再贷款；每月再贷款利率为上月一年期LPR减250基点；金融机构对企业贷款利率上限为最近一次一年期LPR减100个基点，中央财政按企业实际贷款利率50%贴息。3月13日定向降准，释放长期资金5 500亿元。

以上是两大经济体的中央银行为应对新冠感染疫情所采取的货币政策。

思考：

1. 中央银行是如何根据经济形势的变化使用相应的货币政策工具的？
2. 货币政策工具又是经过怎样的渠道作用于经济从而达到中央银行的政策意图的？

第一节 货币政策的概念及目标

一、货币政策概述

货币政策即金融政策，是指中央银行为实现特定的经济目标而采用的各种控制和调节货币供应量和信用量的方针、政策及措施的总称。货币政策的实质是国家根据不同时期的经济发展情况对货币的供应采取"紧""松""适度"的不同政策趋向。从广义上讲，货币政策包括政府、中央银行和其他有关部门所有有关货币的规定和所采取的影响货币供给数量的一切措施，包括所有旨在影响金融系统的发展、利用和效率的措施，包括政府借款、国债管理以及政府税收和开支等可能影响货币支出的行为。狭义的货币政策是指中央银行为实现特定的经济目标而采用的各种控制和调节货币供应量的方针和措施的总称，包括信贷政策、利率政策和外汇政策。

在西方国家，货币政策是中央银行在追求可维持的实际产出增长、高就业和物价稳定所采取的用以影响货币和其他金融环境的措施。通俗来讲，货币政策是指中央银行为实现既定的经济目标，运用各种工具调节货币供给和利率所采取的方针和措施的总和。

货币政策一般包括四个方面的内容：①货币政策目标(包括最终目标、中间目标和操作目标)；②货币政策工具；③货币政策的传导机制；④货币政策效果。

按照中央银行对货币政策的影响力和影响速度，货币政策目标可分为三个目标层次，即最终目标、中间目标和操作目标，三者共同构成中央银行货币政策的目标体系。货币政策工具经过操作目标、中间目标到最终目标是一个依次传递的过程，对中央银行而言，这些目标的可控性依次减弱，而从经济分析角度来看，则宏观性依次增强。

中央银行货币政策的内容结构如图10-1所示。

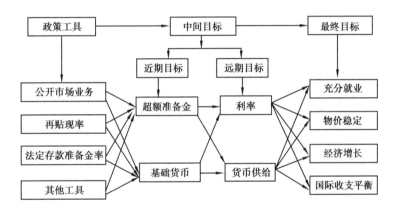

图 10-1　中央银行货币政策的内容结构示意图

二、货币政策的最终目标

(一)货币政策最终目标的内容

货币政策的最终目标，也称货币政策目标，是指中央银行通过货币政策的操作而达到的最终宏观经济目标。货币政策作为国家宏观经济调控的重要政策之一，其最终目标应与国家宏观经济目标一致，应成为国家整个宏观经济政策的重要组成部分而发挥作用。一般认为，货币政策的最终目标包括物价稳定、充分就业、经济增长和国际收支平衡四个方面。

1. 物价稳定

稳定物价目标是中央银行货币政策的首要目标，而物价稳定的实质是币值的稳定。所谓币值，原指单位货币的含金量，在现代信用货币流通条件下，衡量币值稳定与否，已经不再是根据单位货币的含金量；而是根据单位货币的购买力，即在一定条件下单位货币购买商品的能力。它通常以一揽子商品的物价指数，或综合物价指数来表示。

目前，各国政府和经济学家通常采用综合物价指数来衡量币值是否稳定。物价指数上升，表示货币贬值；物价指数下降，则表示货币升值。稳定物价是一个相对概念，即控制通货膨胀，使一般物价水平在短期内不发生急剧的波动。

物价稳定不是冻结物价，是指把物价的变动控制在一定的幅度内，只要物价上升或下跌不超过这个幅度，就可谓实现了稳定物价的目标。这个幅度的确定，不仅取决于一个国家的政治经济环境，还取决于社会公众的容忍程度。一般认为，物价上涨率能控制在 2% ~ 4% 就基本上实现了物价水平的稳定，而对于物价下跌的控制幅度目前并没有达成一致共识。

2. 充分就业

狭义的充分就业是指劳动力的充分利用。广义的充分就业不仅包括劳动力的充分利用，还包括其他生产要素的充分利用，用以衡量一国社会资源的利用程度。由于其他生产要素的利用程度很难测算，但它们与劳动力就业状况保持基本一致的关系，所以一般以劳动力的就业程度作为社会经济资源利用程度的代表性指标。

劳动力就业程度是通过失业率来衡量的。所谓失业率，是指失业人数（愿意就业而未找到工作的人数）与愿意就业人数的百分比。失业率的大小表示与充分就业目标的差距，失业率越高，距离充分就业的目标就越远。

所谓充分就业目标，就是要保持一个较高的、稳定的就业水平。在充分就业的条件下，凡是有能力并自愿参加工作者，都能在较合理的条件下随时找到适当的工作。

西方经济学家认为，充分就业不是社会劳动力 100% 就业，应该排除两种失业情况：①摩擦性失业或结构性失业，即由于季节性、技术性、经济结构等原因造成的临时性失业；②自愿失业，即劳动者不愿接受现行的工资水平和工作条件引起的失业。这两种失业都是不可避免的。弗里德曼认为，资本主义经济在任何时候都存在与实际工资相适应的某种均衡失业水平，即存在所谓的自然失业率，货币政策不可能使实际失业率降至自然失业率的水平。

那么，失业率为多少时才可实现充分就业呢？对此，经济学家的看法并不一致。有的经济学家认为，只要失业率低于 5% 就可以看成是充分就业；而有的经济学家认为应该将失业率控制在 2% ~3%，否则就不能算实现了充分就业。

3. 经济增长

所谓经济增长是指国民生产总值的增长必须保持合理的、较高的速度。目前，大多数国家采用 GNP 或 GDP 的年增长率或人均年增长率来衡量经济增长程度。

至于货币政策应当追求多高的经济增长速度，则取决于经济增长利益和经济增长成本之间的权衡和比较。社会想实现一定速度的经济增长，必须付出一定的成本和代价，社会公众必须忍受目前消费建设的痛苦以进行储蓄和投资。经济的增长还可能带来环境的污染、资源的消耗等，而经济增长的最大利益是增加社会公众的未来福利。适度的经济增长，从理论上讲就是经济增长的边际成本和边际收益相等时的经济增长率，但是很难测算。在实际操作中，各国政府为了政治、经济和军事上的需要，总是追求实现一定速度的经济增长，但是经济增长应在综合考虑资源有效利用、环境保护和长期可持续性发展要求的基础上制定年度经济增长目标。

4.国际收支平衡

简言之，所谓国际收支平衡目标，就是采取各种措施纠正国际收支差额，使其趋于平衡。因为一国国际收支出现失衡，无论是顺差或逆差，都会对本国经济造成不利影响，长时期的巨额逆差会使本国外汇储备急剧下降，并承受沉重的债务和利息负担；而长时期的巨额顺差，又会造成本国资源使用上的浪费，使一部分外汇闲置，特别是因大量购进外汇而增发本国货币，则可能引起或加剧国内通货膨胀。当然，相比之下，逆差的危害尤甚，因此各国调节国际收支失衡一般着力于减少以至消除逆差。

那么，国际收支平衡作为货币政策目标是如何确定的呢？一个国家要保证对外经济活动和贸易收支的正常需要，必须保持适当的外汇储备，使外汇储备占进口总额的比例维持相对稳定的水平。究竟多大比例合适，要根据各国的具体情况而定。一个国家外汇储备的需要，决定了对国际收支状态的具体要求。因此，大多数国家并不追求国际收支的绝对平衡，而是根据外汇储备增减的需要确定国际收支的具体控制目标。

（二）货币政策最终目标之间的矛盾与协调

货币政策最终目标之间的关系比较复杂，有的在一定程度上具有一致性，如充分就业与经济增长；有的相对独立，如充分就业与国际收支平衡；更多的表现为目标间的冲突性。目标之间的冲突表现为：物价稳定与充分就业之间存在一种此高彼低的交替关系。当失业人数过多时，货币政策要实现充分就业的目标，就需要扩张信用和增加货币供应量，以刺激投资需求和消费需求，扩大生产规模，增加就业人数；同时由于需求的大幅增加，会带来一定程度的物价上升。反之，如果货币政策要实现物价稳定，又会带来就业人数的减少。所以，中央银行只能根据具体的社会经济条件，寻求物价上涨率和失业率之间某一适当的组合点。

物价稳定与经济增长之间存在矛盾。要刺激经济增长，就应促进信贷和货币发行的扩张，结果会带来物价上涨；为了防止通货膨胀，就要采取信用收缩的措施，这又会对经济增长产生不利的影响。

物价稳定与国际收支平衡之间存在矛盾。若其他国家发生通货膨胀，本国物价稳定，则会造成本国输出增加、输入减少，国际收支发生顺差；反之，则出现逆差，国际收支环境开始恶化。

经济增长与国际收支平衡的矛盾。随着经济增长，对进口商品的需求通常也会增加，结果会出现贸易逆差；反之，为消除贸易逆差，平衡国际收支，需要紧缩信用，减少货币供给，从而导致经济增长速度放慢。

综上所述，由于各目标间存在的矛盾性，中央银行应根据不同的情况选择具体的政策目标。对于任何一个国家，上述各种目标往往不能同时兼顾。最明显的是稳定物价与充分就业之间、经济增长与平衡国际收支之间存在着相当严重的矛盾。如何在这些相互冲突的目标中作出适当的选择，是各国中央银行制定货币政策时面临的最大难题。

在中国，货币政策目标的选择通常有两种主张：一种是单一目标，以稳定币值作为首要的基本目标；另一种是双重目标，即稳定货币和发展经济兼顾。从各国中央银行货币政策的历史演变来看，无论是单一目标、双重目标或多重目标，都不能脱离当时的经济社会环境以及当时所面临的最突出的基本矛盾。但货币政策要保持足够的稳定性和连续性，政策目标不能偏颇和多变。

三、货币政策的中间目标

（一）货币政策中间目标的意义

货币政策的中间目标也称中介目标，是指为实现货币政策的最终目标而选定的便于调控，具有传导性的金融变量。由于货币政策的最终目标并不在中央银行的直接控制下，为了实现最终目标，中央银行必须选择与最终目标关系密切、又可直接调控，并在短期内可以度量的金融指标作为中介性指标，以实现对最终目标的调节和控制。

概括来说，货币政策中间目标的意义在于：①标明货币政策实施进度；②为中央银行提供一个可供追踪的指标；③便于中央银行随时调整货币政策。

（二）货币政策中间目标的选择标准

一般来说，一个良好的货币政策中间目标应当具备以下条件：

1. 相关性

相关性是指与最终目标的相关性，中央银行选择的中间目标，必须与货币政策终极目标高度相关，要具有类似于自变量与因变量之间的那种函数关系。中央银行通过对中间目标的控制和调节，能够促进货币政策最终目标的实现。

2. 可测性

可测性是指中央银行选择的金融控制变量具有较明确的内涵与外延，便于中央银行能够迅速而准确地获得有关指标的数据资料，并且能被社会各方面理解、判断和预测，即作为中间目标的变量必须能准确而迅速地进行量的测度。

3. 可控性

可控性是指中央银行通过各种货币政策工具的运用，能对货币政策中间目标进行有效的控制和调节，能够较准确地控制该变量的变动状况及其变动趋势。只有这样，中央银行才能够通过对中间目标进行有效的调节和控制，间接促进最终目标的实现。

4. 抗干扰性

抗干扰性是指所选择的金融变量的变化能够有效抵御其他因素的影响，能够独立发挥作用，便于中央银行能够准确把握政策的适当与否和力度。

（三）货币政策中间目标的种类

根据以上四个条件，尤其是前三个条件所确定的中介指标一般有利率、货币供应量、超额准备金和基础货币等。根据这些指标对货币政策工具反应的先后和作用于最终目标的过程，又可分为两类：一类是近期指标，即中央银行对它的控制力强，但距离货币政策的最终目标较远；另一类是远期指标，即中央银行对它的控制力较弱，但距离货币政策的最终目标较近。

1. 货币政策的近期中间目标

货币政策的近期中间目标也称操作目标，是指货币政策工具直接作用和影响的变量，中央银行对它的控制力较强，但它距离货币政策最终目标较远。目前，各国中央银行经常采用的操作目标主要有基础货币和超额准备金。

（1）基础货币

基础货币是流通中的现金和商业银行的存款准备金的总和，它构成了货币供应量倍数伸缩的基础。基础货币作为操作目标，其可测性、可控性和相关性非常好。首先，从可测性来看，基础货币表现为中央银行的负债，其数额多少随时在中央银行的资产负债表上反映出来，中央银行很容易掌握这些资料。其次，基础货币中的通货是中央银行向社会注入的现金量，中央银行愿意注入多少现金是可以直接控制的。金融机构的存款准备金总量则取决于中央银行的再贴现和再抵押贷款，以及法定存款准备金率，有较强的可控性。最后，从基础货币与货币政策目标的相关性来看，中央银行通过对基础货币的操控，就能使商业银行及社会大众调整其资产构成，改变社会的货币供应总量，从而影响到市场利率、价格以及整个社会经济活动。一般来说，基础货币增加，社会的货币供应总量增加，社会总需求也会随之增加；相反，基础货币减少，社会的货币供应总量减少，社会总需求也会随之减少。所以，基础货币是一个很好的货币政策操作目标。

（2）超额准备金

超额准备金是指商业银行准备金中超过中央银行规定的法定存款准备金的部分，主要由库存现金和在中央银行的超额准备金存款组成。超额准备金是商业银行扩大贷款、增加货币供应量的基础，中央银行控制商业银行超额准备金是控制贷款规模的重要手段。虽然超额准备金主要受商业银行决策的影响，但是中央银行对商业银行的超额准备金是可以控制的，控制方法包括通过变动法定存款准备率、开展再贴现业务和实行公开市场操作三种。当中央银行提高法定存款准备率、增加对商业银行的再贴现、买入有价证券时，就会使商业银行超额准备金增加。中央银行还可以通过向某一商业银行定向发行中央银行票据，冻结其过多的超额准备金，限制其贷款行为。由于商业银行要定期向中央银行报告库存现金变动情况，在中央银行的超额准备金存款数据可以从中央银行资产负债表上直接获得，因此超额准备金的可测性也是很好的。

2. 货币政策的远期中间目标

货币政策的远期中间目标是指那些介于操作目标和最终目标之间的金融变量，这些变量既随操作目标变量的改变而改变，又能影响最终目标的变化。它距离最终目标较近，但受政策工具的作用和影响是间接的。

（1）利率

作为远期中间目标，利率的优点表现在以下方面：

首先，可控性强，中央银行可直接控制再贴现率，而通过公开市场业务或再贴现政策，也能调节市场利率的走向。其次，可测性强，中央银行在任何时候都能观察到市场利率的水平及结构。最后，利率的相关性强，中央银行能够通过利率影响投资和消费支出，从而调节总供求。

但是利率作为中介指标也有不理想之处。即利率指标往往具有双重性质：一方面，作为经济内生变量，它们的变动会受到社会经济状况的影响；另一方面，作为政策变量，它们的变动又带有政策性因素，这种状况往往会给中央银行的判断造成干扰，使中央银行分辨不清这种变动是来自社会经济状况的影响，还是政策产生的效果，有时甚至会产生"误诊"。

（2）货币供应量

货币供应量是以弗里德曼为代表的现代货币主义所推崇的中间目标，20世纪70年代中期各国中央银行纷纷把中间目标由利率改为货币供应量。货币供应量作为货币政策的中间目标同样符合三个条件：①就可测性而言，货币供应量无论是现金、M_1、M_2 均有明确的定义和统计口径，都分别反映在中央银行、商业银行及其他金融机构的资产负债表内，便于准确地测算和分析。②就可控性而言，货币供应量是基础货币与货币乘数之积，货币主义者通过实证分析，论证了货币乘数在短期是稳定的，决定货币供应量变动的最主要因素是基础货币，而中央银行对基础货币是能够控制的，所以中央银行通过控制基础货币的投放就能有效地控制全社会的货币供应量。③就相关性而言，货币供应量的变动直接影响经济活动，货币供应量扩张时，投资增加，产出增加，经济增长加快；货币供应量收缩时，投资减少，产出减少，经济增长放缓。

作为货币政策的中间指标，货币供应量与利率相比较，优点是不会产生内生变量与政策变量之间的互相干扰。作为内生变量，货币供应量的变动是顺经济循环的，即当经济繁荣时，银行会增加信贷资金投放，增加货币供应量；当经济萎缩时，银行会减少信贷资金的投放，减少货币供应量。货币供应量作为政策变量则是逆经济循环的，在经济过热时，为防止过高的通货膨胀，中央银行会压缩货币供应量；在经济萎缩时，中央银行会增加货币供应量，刺激需求。因此，货币供应量作为中间目标，不会使政策性影响与非政策性影响相互混淆，导致中央银行判断失误。

四、货币政策的操作目标

操作目标（Operative Target）也称近期目标，是中央银行货币政策工具的直接调控对象，可控性极强。中央银行正是借助货币政策工具作用于操作目标，进而影响中介目标并实现其最终目标。操作目标的选择同样要符合可测性、可控性及相关性三个标准，通常为货币市场利率、存款准备金及基础货币等。当中介目标为数量指标，则操作目标也应选取数量指标；当中介目标为利率指标，则操作目标的选择就应以利率指标为宜。

（一）货币市场利率

货币市场利率（Money Market Rate）尤其是短期货币市场利率，例如银行同业拆借利率、隔夜/七天回购利率等，均直接反映了货币市场供求状况，是整个货币市场的基准利率。中央银行通过调控银行同业拆借利率，影响货币供应量，进而影响长期利率。

例如，中央银行通过公开市场操作和贴现窗口，增加货币供应量，买入政府债券，减少了同业市场上的资金量；同业拆借市场上的资金紧张，会导致同业拆借利率上升；同业拆借利率作为货币市场的基准利率又会进一步影响金融市场利率，并最终影响到货币供应量及经济活动。

利率对经济产生作用存在时滞，而且顺周期的，容易形成货币供应的周期性膨胀和紧缩。例如，经济高速增长，居民收入快速增加，通货膨胀，利率上行，中央银行为使利率回落到预定的目标水平，在公开市场买入政府债券，增加银行准备金，导致基础货币增加，进而推动经济持续过热，这样不符合货币政策逆周期调节的原则。此外，利率也容易受通货膨胀、市场供求、心理预期等非货币因素的影响，不利于中央银行作出正确判断并采取正确行动。

（二）存款准备金

存款准备金（Deposit Reserve）是指商业银行和其他存款机构在中央银行的存款余额及其持有的库存现金，可以分为法定存款准备金和超额存款准备金两部分。法定存款准备金（Required Deposit Reserve）是银行按照法律规定所必须持有的那部分准备金，其数量取决于银行吸收的存款量和法定存款准备金率。超额存款准备金（Excess Deposit Reserve）是指银行总准备金余额中超过法定存款准备金的那部分准备金。存款准备金的用途有：①满足客户的提款要求；②法定存款准备金的硬性要求；③同业银行间的资金清算。

根据派生存款原理，法定存款准备金可以通过影响商业银行可贷款规模和货币乘数两方面影响货币供应量。

（三）基础货币

基础货币（Base Money）是流通中的现金和银行存款准备金的总和，表现为中央银行的负债。基础货币中的通货可以由中央银行直接控制。根据货币乘数理论，货币供应量等于基础货币与货币乘数之积，只要中央银行能够控制住基础货币的投放，也就等于间接地控制了货币供应量，从而能够进一步影响利率、价格及国民收入，以实现其最终目标。

第二节　货币政策工具

货币政策工具是中央银行为实现货币政策目标所采取的调控货币供应量的手段。中央银行为了实现货币政策最终目标，不仅要通过货币政策中间目标来传导，而且还需要强有力的货币政策工具的支持。货币政策工具按性质可分为一般性货币政策工具、选择性货币政策工具和其他货币政策工具。

一、一般性货币政策工具

一般性货币政策工具是中央银行调控宏观经济的常规手段，它主要调节货币供应总量、信用量和一般利率水平，对经济的整体运行产生影响。一般性货币政策工具包括法定存款准备金政策、再贴现政策和公开市场操作三大政策工具，俗称"三大法宝"。

（一）法定存款准备金政策

中央银行在法律规定的权力范围内，通过规定或调整有关金融机构缴存中央银行的法定存款准备金事项，以控制金融机构的信用创造能力，从而达到间接调控货币供应量的目的。法定存款准备金率是指商业银行必须向中央银行缴存的存款准备金与存款总额的比率。

中央银行调整法定存款准备金率可以从两方面影响货币供应量：一方面可以直接增减商业银行超额准备金，影响商业银行信用扩张基础；另一方面可以变更货币乘数，影响商业银行信用扩张倍数。例如，中央银行降低法定存款准备金率，一方面减少商业银行向中央银行缴存的法定存款准备金，商业银行超额准备金同时增加，从而加强了商业银行信用扩张的基础；另一方面法定存款准备金率下降，会使货币乘数扩大，从而增加商业银行的信用扩张倍数。

由于调整法定存款准备金率不仅会影响商业银行的超额准备金，并且会影响货币乘数，所以即使法定存款准备金率的微小变动都会使货币供应量发生重大变化，政策效果十分明显，收效极其迅速。美国联邦储备银行曾估计，法定存款准备金率调整一个百分点，就会增减 30 亿美元的超额准备金。由于货币乘数的变动，最终会使货币供应量增减 200 亿～300 亿美元。正因为调整法定存款准备金率对货币供应量的效果明显、迅速，操作简便，而且中央银行对其运用具有绝对的控制权，所以法定存款准备金政策成为中央银行货币政策的强有力工具。

但是，法定存款准备金政策也有明显的局限性：①容易导致商业银行资产严重周转不灵，陷入经营困境。因为，银行一般只保留最低限额的超额准备金，只要法定存款准备金率提高，就会立刻引起商业银行资金流动性困难，商业银行为了迅速调整准备金以符合法定要求及流动性需要，往往不得不大幅度缩减贷款，或者大量抛售有价证券。这就会使银行的盈利能力大大下降，甚至有可能导致银行陷入经营困境。②冲击力太大。法定存款准备金率稍有变动，就会导致货币供应量的剧烈变动，商业银行压缩贷款和投资，容易引起经济波动。③存款准备金对各类银行和不同种类存款的影响不一致，因此货币政策实现的效果可能因为这些复杂情况的存在而不易把握。

因此，总体来说，法定存款准备金政策操作起来不灵活，不宜作为日常调节货币供应量的工具，中央银行对法定存款准备金率的调整应持谨慎态度。

进入 20 世纪 90 年代以来，许多西方国家，例如美国、加拿大、瑞士、新西兰、澳大利亚等国中央银行都降低或取消了法定存款准备金率。究其原因：①法定存款准备金制度本身存在上述问题；②外部环境的变化，尤其是法定存款准备金制度的审慎监督作用已不适应新经济环境，例如金融创新产生了大量新型的金融工具，非银行金融机构在金融过程中发挥的作用越来越大，金融市场发展使金融机构融资渠道增加，现代支付制度借助网络技术已高度发达等，这些变革都使法定存款准备金制度的审慎监督作用下降；③西方各国普遍改用利率作为货币政策中间目标，使法定存款准备金制度在实际运行中难以奏效。

知识点滴

法定存款准备金与超额准备金

所谓法定存款准备金，是指金融机构为保证客户提取存款和资金清算需要，必须存放在中央银行的存款。提高法定存款准备金率意味着金融机构可用来放贷的资金减少；降低法定存款准备金率意味着商业银行可以获得的利息收入降低。而超额准备金存款，是指金融机构存放在中央银行、超出法定准备金的部分，主要用于支付清算、头寸调拨或作为资产运用的备用资金。

(二)再贴现政策

再贴现政策是中央银行最早拥有的货币政策工具。现代许多国家中央银行都把再贴现作为控制信用的一项主要货币政策工具。再贴现是指商业银行或其他金融机构将贴现所获得的未到期票据，向中央银行转让。对中央银行来说，再贴现是买进商业银行持有的票据，流出现实货币，扩大货币供应量。对商业银行来说，再贴现是出让已贴现的票据，解决一时的资金短缺。整个再贴现过程，实际上就是商业银行和中央银行之间的票据买卖和资金让渡的过程。

一般来说，再贴现政策包括两方面：一是制定、调整再贴现利率水平；二是规定何种票据具有申请再贴现的资格，即再贴现的资格条件。前者主要影响商业银行的筹资成本，限制商业银行的信用扩张，控制货币供应量；后者则主要影响商业银行及社会的资金投向，可以按照国家产业政策的要求，促进结构调整。再贴现率工具主要着眼于短期政策效应，而中央银行对再贴现资格条件的规定则着眼于长期的政策效用，以发挥抑制或扶持作用，并改变资金流向。

再贴现率调控货币供求关系的传导机制是，当中央银行提高再贴现率，使再贴现率高于市场利率时，商业银行向中央银行借款或贴现的资金成本增加，就会减少向中央银行借款或贴现，商业银行的超额准备金相应缩减，如果商业银行不能从其他渠道获得资金，就只能收回贷款和投资，从而使市场货币供应量缩减。随着市场货币供应量的缩减，市场利率相应上升，整个社会的投资需求相应减少，从而使经济收缩。当中央银行降低再贴现利率，使再贴现利率低于市场利率时，商业银行向中央银行借款或贴现的资金成本下降，商业银行就会增加向中央银行借款和贴现，并扩大对客户的贷款和投资的规模，从而导致市场货币供应量增加，市场利率相应降低，整个社会的投资需求也会相应增加，从而使经济扩张。另外，再贴现率的制定或调整，在一定程度上反映了中央银行的政策意图，会产生"告示效应"，如再贴现率升高，意味着国家判断市场过热，有紧缩的意向；反之，则意味着有扩张意向。这种"告示效应"会影响商业银行及社会公众的预期，并按中央银行的意向调整自己的经济行为，从而使中央银行货币政策目标顺利实现。

尽管再贴现政策具有上述的一些作用，但是客观上也存在着某些局限性：

①从控制货币供应量来看，再贴现政策并不是一个理想的控制工具。首先，中央银行处于被动地位。商业银行是否愿意到中央银行申请贴现，或者贴现多少，取决于商业银行，如果商业银行可以通过其他途径筹措资金，而不依赖于再贴现，则中央银行就不能有效地控制货币供应量。其次，增加对中央银行的压力。如商业银行依赖于中央银行再贴现，这就增加了对中央银行的压力，从而削弱控制货币供应量的能力。再次，再贴现率高低有一定限度，在经济繁荣或经济萧条时期，再贴现率无论高低，都无法限制或阻止商业

银行向中央银行再贴现或借款，这也使中央银行难以有效地控制货币供应量。

②从对利率的影响来看，调整再贴现率，通常不能改变利率的结构，只能影响利率水平。即使影响利率水平，也必须具备两个前提条件：一是中央银行能随时准备按其规定的再贴现率自由地提供贷款，以此来调整对商业银行的放款量；二是商业银行为了尽可能地增加利润，愿意从中央银行借款。当市场利率高于再贴现率，而利差足以弥补承担的风险和放款管理费用时，商业银行就向中央银行借款，然后再放出去；当市场利率高于再贴现率的利差，不足以弥补上述费用时，商业银行就从市场上收回放款，并偿还其向中央银行的借款。只有在这种条件下，中央银行的再贴现率才能支配市场利率。然而，实际情况往往并非如此。

③就弹性而言，再贴现政策是缺乏弹性的：一方面，再贴现率的随时调整，通常会引起市场利率的经常性波动，这会使企业或商业银行无所适从；另一方面，再贴现率不随时调整，又不利于中央银行灵活地调节市场货币供应量。因此，再贴现政策的弹性是很小的。

这些局限性决定了再贴现政策不宜作为中央银行日常操作的货币政策工具，但再贴现率的调整对货币市场的广泛影响仍然是不可忽视的。

(三)公开市场操作

公开市场操作是指中央银行通过在公开市场上买进或卖出有价证券(特别是政府短期债券)来投放或回笼基础货币，以控制货币供应量，并影响市场利率的一种策略和措施。公开市场政策在金融市场发达的国家是最重要的，也是最常用的货币政策工具。

公开市场操作对货币供应量和利率的调节机制是，当经济衰退、金融市场上资金短缺时，中央银行执行放松银根的货币政策，在公开市场上购入有价证券，这实际上相当于中央银行向社会投入了一笔基础货币。有价证券的出售者不论是银行、企业还是个人，经过票据交换以后，必然会导致银行体系超额准备金的增加。当银行扩大贷款规模后，会通过货币乘数的作用使货币供应量呈数倍扩张。与此同时，中央银行购买有价证券的行为会增加金融市场对有价证券的需求，引起证券价格上涨，利率下降，这同样有助于商业银行扩大信贷规模。在这两方面的共同作用下，中央银行可以顺利实现银根的放松，最终达到扩大投资、刺激消费、促进经济增长的目的；反之，当投资过度、通货膨胀加剧时，中央银行则执行收缩银根的货币政策，在公开市场上卖出有价证券，对货币供应量和利率则会产生相反的影响。

与贴现政策和存款准备金政策相比，公开市场政策具有明显优势，具体表现在以下几个方面：

①通过公开市场业务可以左右整个银行体系的基础货币量，使它符合政策目标的需要。

②中央银行的公开市场政策具有"主动权"，即政策的效果并非取决于其他个体的行为，中央银行是"主动出击"而非"被动等待"。

③公开市场政策可以适时适量地按任何规模进行调节，具有其他两项政策所无法比拟的灵活性，中央银行卖出和买进证券的动作可大可小。

④公开市场业务有一种连续性的效果，中央银行能根据金融市场的信息不断地调整其业务，万一经济形势发生变化，可以迅速进行反方向操作，以改正在货币政策执行过程中

可能发生的错误以适应经济形势的变化，这相较于其他两种政策工具的一次性效果更加优越。

当然，公开市场政策也有局限性：一是对经济金融的环境要求高。公开市场业务的前提是有一个高度发达完善的证券市场，完善包括有相当的深度、广度和弹性；二是证券操作的直接影响标的是准备金，对商业银行的信贷扩张和收缩只起间接作用。

二、选择性货币政策工具

再贴现政策、公开市场操作和法定存款准备金政策都是对信用总量的调节，属于量的控制和一般性的控制，所以称为一般性货币政策工具。然而这些工具却不能影响银行体系的资金用途以及不同信用方式的资金利率，因此，中央银行在一般性货币政策工具之外，还要有选择性地控制，即选择性货币政策工具。主要包括以下几方面：

（一）消费者信用控制

消费者信用控制是指对不动产以外的各种耐用消费品的销售融资予以控制。主要内容包括：①规定用消费信贷购买各种耐用消费品时首期付款额。②规定分期付款的最长期限。③规定适合于消费信贷的耐用消费品的种类，不同种类耐用消费品取得消费信贷的条件等。

当中央银行提高首期付款额时，就等于降低了最大放款额，势必减少社会对这种商品的需求。而缩短偿还期就增加了每期支付额，也会减少对这类商品和贷款的需求。若要刺激消费信用，则降低首期付款额。

（二）不动产信用控制

不动产信用控制是指中央银行对金融机构向客户提供不动产抵押贷款方面实施限制性措施。此项货币政策工具的主要目的是阻止地产投机，防止银行对建筑业过度贷款，以减轻通货膨胀压力，同时降低商业银行风险，实现稳健经营。其措施一般包括：①对不动产贷款最高额度的限制。②对不动产贷款首期支付额度的规定。③对不动产贷款分期支付的最长年限的规定等。

（三）证券市场的信用控制

证券市场信用控制是指中央银行对有价证券的交易对应支付的保证金限额，目的在于限制用借款购买有价证券的比重，它是对证券市场的贷款量实施控制的一项特殊措施。在实际操作中，这种控制是对以信用方式购买股票和有价证券的贷款比率实施限制，也称证券交易的法定保证金比率控制。例如，若中央银行规定信用交易保证金比率为30%，则交易额为20万美元的证券购买者，必须将至少6万美元现金一次性交付来进行此项交易，其余资金由金融机构贷款解决。

中央银行可根据金融市场状况，随时调高或调低法定保证金比率。当证券市场交易过旺、信用膨胀时，中央银行可提高法定保证金比率，控制货币流入资本市场的数量，遏制过度投资行为。当证券市场交易萎缩、市场低迷时，中央银行可调低保证金比率，刺激证券市场交易的活跃程度。

证券交易法定保证金比率的制定，控制了证券市场的最高限度放款额，即：

$$最高限度放款额 = (1-法定保证金比率) \times 交易总额$$

证券交易法定保证金比率既能使中央银行遏制过度的证券投机活动，又不贸然采取紧缩和放松货币供应量的政策，有助于避免金融市场的剧烈波动和促进信贷资金的合理运用。

(四)优惠利率

中央银行为促进产业结构调整，对不同行业、部门的企业贷款实行差别利率，对国家重点扶持的企业给予优惠贷款利率以促进其发展。

(五)预缴进口保证金

预缴进口保证金，主要是指规定进口企业在交付进口外汇前先预缴进口商品总额的一定比例的外汇，存于中央银行，这样对进口商来讲相当于一定程度上的提前付款，提高了进口成本，抑制了进口积极性。而中央银行通过此项措施可以减少外汇储备的流失，缓解国际收支不利的状况。

三、其他货币政策工具

(一)直接信用控制

直接信用控制是指中央银行以行政命令方式直接对金融机构的信用活动进行控制。其手段主要包括以下几种：

1.贷款额度限制

中央银行根据金融市场形势及经济发展的需要，以行政命令方式直接规定各商业银行信贷的最高限额和最大增长幅度，强制地控制商业银行的信贷规模。

2.利率最高限额

中央银行为维护金融市场秩序，防止商业银行用抬高利率的办法竞相吸收存款，或为谋取高额利润进行高风险贷款而采取的强制性措施。

3.规定流动性比率

为限制商业银行的信用扩张和保护存款人的安全，中央银行对商业银行全部资产中的流动性资产的比重作出规定。

(二)间接信用指导

间接信用指导是指中央银行利用非强制性措施间接影响商业银行的信用创造。其主要内容包括：

1.道义劝告

道义劝告是指中央银行运用自己在金融体系的特殊地位和威望，通过对商业银行及其他金融机构的劝告，以影响其放款的数量和投资的方向，以达到控制信用的目的。道义劝告的方式，可以采用由中央银行向商业银行和其他金融机构发出通告、指示的形式，也可以采用与各金融机构负责人进行面谈的形式来表明中央银行的意向、立场等。

2. 窗口指导

窗口指导是中央银行间接控制信用的一种政策工具。主要内容是中央银行根据产业行情、物价趋势、金融市场动向和货币政策要求，规定每家商业银行每季度贷款的增减额，指导贷款的使用方向，保证经济优先发展部门的资金需要。虽然窗口指导没有法律约束力，但作用很大。如果商业银行不听从指导，中央银行可削减该行的贷款，甚至停止提供贷款，所以商业银行一般都会认真执行。

第三节 货币政策的传导机制及效应

一、货币政策的传导机制

货币政策传导机制（Conduction Mechanism of Monetary Policy）是中央银行运用货币政策工具影响中介指标，进而最终实现既定政策目标的传导途径与作用机理。货币政策传导机制是指从运用货币政策到实现货币政策目标的过程，货币传导机制是否完善及提高，直接影响货币政策的实施效果以及对经济的贡献。

（一）货币政策传导机制的传导过程

一国货币政策的实现是与其传导机制紧密相连的，货币政策的传导过程，就是货币政策各项措施的实施，通过经济体系内的各种变量，影响到整个社会经济活动的过程。货币政策的传导一方面是在各经济变量之间进行，另一方面又通过各经济部门和机构进行传导。这两种传导是同时进行的，是一次传导过程的两种形式。

1. 货币政策的经济变量传导过程

货币政策的经济变量传导从中央银行变动货币政策工具开始，首先影响的经济变量是操作指标，如商业银行的准备金、基础货币及其他变量，其后影响效果指标，如货币供应量、利率等，最后达到影响生产、物价、就业等最终目标。

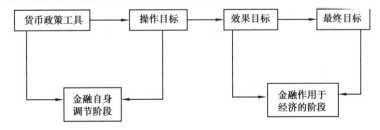

图 10-2 货币政策变量传导过程示意图

货币政策经济变量传导过程可分为两个阶段，如图 10-2 所示：①在金融自身调节阶段，作用主体是金融体制及金融机构，作用的经济要素是各金融变量。如货币政策工具运用对金融机构信贷能力的调节。②在金融作用于经济的阶段，传导过程是各金融、经济变量之间的相互联系和相互影响。中央银行运用货币政策工具之后，通过商业银行资产运用与负债经营，由金融体系影响实际经济体系。

2.货币政策的机构传导过程

货币政策的机构传导是指货币政策从中央银行运用货币政策工具开始，通过中间机构的传导，最后到达最终目标的过程。具体来说，中央银行在制定货币政策后，选择适当的货币政策工具并予以实施，货币政策工具作用于商业银行等金融机构和金融市场两个中间部门，对它们的经济行为产生影响，改变其所涉及的各种经济变量，进而影响企业和社会公众的投资和消费行为，如图 10-3 所示。例如，中央银行运用公开市场业务，在金融市场上买入有价证券，增加金融市场资金供应，使金融市场利率下降；同时，商业银行超额准备金增加，商业银行信贷规模扩大，企业和社会公众手中货币增加，利率下降，投资、消费受到刺激，社会总需求增加，就业增加。

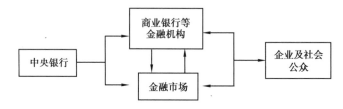

图 10-3 货币政策机构传导过程示意图

3.货币政策综合传导过程

货币政策的经济变量传导和货币政策的机构传导并不是两个相互独立的传导过程，而是一次传导过程的两个方面。两个过程综合起来，就构成了货币政策的综合传导过程，即中央银行通过各种货币政策工具，直接或间接调节各金融机构的超额准备金和金融市场的融资条件，进而控制全社会货币供应量，使社会公众和企业不断调整自己的经济行为，整个经济运行也随之发生变动，如图 10-4 所示。

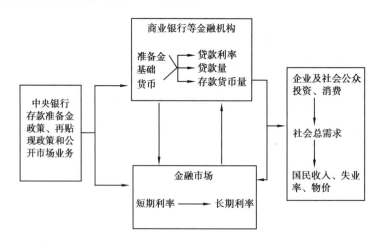

图 10-4 货币政策的综合传导过程示意图

(二)货币政策传导机制理论

货币政策传导机制理论是西方货币政策理论的重要组成部分，在整个货币政策机制中居于举足轻重的地位，它不仅影响着货币政策制定的科学性，更直接决定着货币政策实施的有效性。货币政策传导机制理论经历了古典主义、凯恩斯主义、新古典主义和新凯恩斯主义的演进历程，其间伴随经济货币化和金融化的体制变革，货币政策传导机制理论已经发展成为一门复杂的经济科学。

1.凯恩斯学派的货币政策传导机制理论

一般认为，凯恩斯是第一个提出现代意义上货币政策传导机制理论的西方经济学家，在他的货币理论中，阐述了以利率为中介的货币政策传导机制。之后，凯恩斯主义的追随者不断地对其货币理论进行扩展和补充，并与货币学派进行了长期论战，推动了货币政策传导机制理论研究的深入发展。

凯恩斯把货币政策传导过程分为两个领域，即金融(货币)领域和实物(商品)领域。在金融领域只有两种资产，即流动性很强但不产生直接收益的货币和流动性弱但具有利息收入的证券。凯恩斯关于货币政策的传导过程，描述为：

中央银行实施货币政策后，导致货币供给数量 M 发生变化，在货币供应量相对于货币需求增加时，会引起人们手持现金余额大于其意愿持有量，人们就会将大于意愿持有量的那部分货币用于购买债券，引起债券需求增大，导致价格上升，债券利率下降，利率下降刺激投资增加。然后投资增加通过投资乘数效应使国民收入成倍地增长。凯恩斯主义的传导机制通过利息率的变化使投资发生变化，最终影响国民收入。

可用图表表述为：

$$M\uparrow \rightarrow i\downarrow \rightarrow I\uparrow \rightarrow AD\uparrow \rightarrow Y\uparrow$$

综上所述，中央银行货币政策作用的大小主要取决于三个方面：①取决于一定的货币供应量变动能否引起利率发生变化，以及发生多大的变化。如果货币供应量增加不能对利率产生影响，即存在流动性陷阱，则货币政策无效。②取决于投资支出的利率弹性，即一定的利率变动对投资支出的影响程度。③取决于投资乘数的大小。在这一传导机制中，利率是整个传导机制的核心和主要环节。如果货币供应量增减后不能对利率产生影响，或者利率变动后对投资支出的影响有限，那么货币政策就会失效。

2.货币学派的货币政策传导机制理论

自 20 世纪 50 年代起，凯恩斯的利率传导渠道开始受到货币主义的挑战。60 年代末至 70 年代初，货币学派代表弗里德曼认为，利率在货币政策传导机制中并不起重要作用，他强调货币供应量在整个传导机制上具有决定性效果。货币量对实际经济体系的影响，其传导体制是通过较为广泛的资产选择所引起的各种金融资产、实物资产和耐久性消费品的相对价格变化所引起的。

弗里德曼对货币量变动的传导过程进行了分析：货币当局增加货币供应量以后，最直接的效果是改变非银行部门的资产负债结构，增加个人或企业的手持现金量，影响了人们的资产选择行为。由于资产选择的范围太大，会用货币去购买其他资产，这使购买力的冲击力从一种资产扩展到各种资产，改变了其资产负债结构。于是，引起各种资产价格上升，利息率下降。这种变化刺激了投资，从而增加了各类物品的生产，提高了人们的收入。同时，又鼓励人们扩大开支，也导致了产量和收入增加。这样，货币量变动开始从对资产负债结构的影响转变为对收入和支出的影响。这时存在一个问题：随着货币量的不断增长，最初可能导致利率下降，但是随着总需求的扩大，价格会很快上升，实际货币量下降，最终在货币供给增加的一段时间后，利率又回到原来的水平。使货币供应量的实际价值降到与人们的实际货币需求一样，名义货币供求在更高的名义收入水平上重新恢复均衡，而且如果货币量的增长快于产量的增长，就会发生通货膨胀。

货币学派的货币政策传导过程体现为：

货币供应量 → 公众支出 → 非货币资产价格(利率) → 投资 → 名义收入

从以上分析可以看出，货币学派的传导机制理论与凯恩斯学派的传导机制理论最主要的分歧是：凯恩斯学派非常重视利率在传导机制中的作用，而货币学派则不重视利率在传导机制中的作用，认为货币供应量增加的初期，虽然利率会随之降低，但不久就会因为货币收入的增加和物价的上涨使名义利率上升，而实际利率却回到并稳定在原先的水平上。因此，货币政策不是通过利率间接地影响投资和收入，而是通过货币供应量的变动直接影响社会支出和货币收入。

凯恩斯学派与货币学派在货币政策传导理论上的差异促使两大学派采取不同的经济政策主张。即凯恩斯学派的"相机抉择"和货币学派的"单一规则"经济政策主张。

所谓"相机抉择"是指中央银行在货币政策操作过程中不受任何固定程序或原则的约束，而是依据经济运行态势灵活取舍，"逆风向行事"平抑经济周期，以实现货币政策目标。所谓"单一规则"是指在货币政策实施前，事先确定据以操作的程序或原则。无论发生什么情况，中央银行都应保持一个公开宣布的货币供给固定增长率，目的在于消除频繁的相机抉择引起的经济波动，让经济长期、稳定地发展。

主张相机抉择的凯恩斯主义者认为，政策规则的设计者，不可能考虑到所有意外事件，必定面临着制定精确规则的困境。他们认为，经济周期波动源于经济内生的供给冲击，有规律性，是可以预测的，那么中央银行根据预测的结果运用相机抉择的货币政策对经济进行微调可以增进社会福利。而且，即使在出现不可预测的经济扰动时，运用货币政策工具进行"逆风向行事"的相机抉择策略，有助于处理事前无法预期的突发波动，避免因制度僵化造成不必要的经济波动，进而有助于经济总量均衡的实现。所以，凯恩斯主义经济学家大多支持相机抉择理论。

货币主义者反对凯恩斯主义者倡导的由中央银行根据经济情况随时调整贴现率和买进或卖出政府证券等方法来调节货币供应量的货币政策。弗里德曼反对货币当局有意识地运用货币政策来克服经济的不稳定。他认为，由于货币数量变化对实际经济和通货膨胀影响的时延效应，往往会使政府在扩大和收缩货币供应量时做过头，导致经济波动更不稳定。因此，弗里德曼建议货币当局只需实行"单一规则"的货币政策，把控制货币量作为唯一的政策工具，只有实行"单一规则"的货币政策，才能避免经济波动和通货膨胀。货币学派经济政策主张的基调是经济自由主义，强调市场机制对经济运行的调节作用，反对政府过度干预经济。

3. 托宾的 Q 理论

"新古典综合派"主要代表人物托宾认为，货币理论应看作微观经济行为主体进行资产结构管理的理论。托宾把资本市场、资本市场上的资产价格，特别是股票价格纳入传导机制。

该理论认为：当中央银行通过降低商业银行准备金或降低利率等措施来放松银根时，会使商业银行改变资产构成，增加贷款或投资。在贷款需求和债券供给不变的条件下，利率下降和债券价格上涨。这时，会使其他社会成员调整自身资产结构(降低其证券持有比例，增加现金或其他资产的比例)使其他资产需求增加，价格上升，代表这些资产的某些证券行市上涨，刺激该资产的生产或投资。这些资产的供应量和生产这些资产的企业的就业量均会增加。在乘数的作用下，提高了整个经济社会的国民收入水平。

但是这一传导过程存在一个问题，即某一证券行市的上涨，不一定必然刺激这些证券所代表的真实资产的投资和生产。所以，托宾引入 Q 值，一个按照金融市场估价的企业的价值与企业现有资本的税后重置成本的比率。当 Q 值大于 1 时，意味着股票市场价格大于资产重置成本，企业可以通过较少的股票发行来换取较多的新的资本购买，这时企业会扩大投资支出，更新设备，最终使真实产出增加。

托宾的货币政策传导过程体现为：

$$M\uparrow \rightarrow i\downarrow \rightarrow P_s\uparrow \rightarrow q\uparrow \rightarrow I\uparrow \rightarrow Y\uparrow$$

式中　P_s——资产价格(股票价格)；

　　　Q——真实资本的当期股票市价/真实资本的当期重置成本。

4. 开放经济下的货币传导机制

在开放经济条件下，净出口，即一国出口总额与进口总额之差，是总需求的一个重要组成部分。货币政策可以通过影响国际资本流动来改变汇率，并在一定条件下影响净出口。在实行固定汇率制度的国家，中央银行可以直接调整汇率；在实行浮动汇率制度的国家，中央银行必须通过公开市场操作来改变汇率。当一国实行紧缩货币政策时，利率随之上升，外汇对该国生息的金融资产，例如债券的需求会增加；而该国对国外类似资产，例如外国生息的金融资产的需求会下降。为了购买该国金融资产，外国人必须购买该国货币，外国人对该国货币的需求增加。相应地，该国对外国货币的需求减少。这就使该国货币在外汇市场上升值。本币的升值不利于本国商品的出口，却会提升外国商品在本国市场的竞争力，该国贸易顺差恶化，净出口下降。当一国实行扩张性货币政策，则有相反的过程，这样的机制可以表示为：

$$M\rightarrow r\rightarrow r_e\rightarrow NX\rightarrow Y$$

其中　r_e——汇率；

　　　NX——净出口。

在金融全球化的趋势下，国际资本的流动对本国货币政策的操作具有抵消作用。例如，当本国需要提高利率以限制对本国商品和劳务的总需求时，外国资本的流入却会抑制利率的上升。与此相反，当中央银行期望降低利率时，资本的流出却会阻碍利率的下降。

补充阅读 10-1

第二次世界大战后美国货币政策传导机制的发展

1. 40—50 年代初。1941 年，美联储为筹措军费，采用了廉价货币政策，即钉住战前的低利率：三个月期的国库券利率为 0.375%，长期财政债券利率为 2.4%。无论什么时候，只要利率上升到高于上述水平，而且债券价格开始下跌，美联储就进行公开市场购买，迫使利率下降。这一政策在大部分时间内都是成功的，但当 1950 年朝鲜战争爆发时，却引起了通货膨胀。1951年3月，美联储和财政部达成"一致协议"，取消钉住利率，但美联储承诺它将不让利率急剧上升。同时，美联储正式独立于财政部。此后，美国货币政策开始具有完全的独立性，这也标志着美国货币政策开始成为影响美国经济的主导力量。

2.50—70年代。在这期间美国经济周期性扩张和收缩的特征非常突出，因此，扩张性和紧缩性的货币政策交替也很明显，货币政策目标经常变化。50年代，美联储控制的中介指标有自由储备金净额、三个月期的国库券利率和货币总量比，并按此次序来决定指标控制的重要性。结果表明，美联储对前两个指标的控制较好，对货币总量控制较差，这导致最初的10年内竟先后发生了三次经济危机。60年代，美联储又重新推行廉价货币政策，同时重视财政政策的运用。货币供应量的增长率日趋上升，宽松的货币政策加上宽松的财政政策导致通货膨胀率不断上升，从1965年的2.3%上升至1969年的6.1%。这些政策进一步导致了70年代滞胀的发生。70年代，美联储将货币总量作为中间目标，从M_1和M_2的增长率来看，美联储以紧缩货币政策为主，最终导致了1979年的经济危机。

3.80—90年代。70年代后，随着通货膨胀被抑制，美联储又转向了平稳利率政策，并获得了极大成功。例如，90年代初，美国经济陷入萧条状态，美联储在1990年7月到1992年9月间连续降息17次，将短期利率从8%降到3%，促进投资与消费上升，从而带动了整个经济的发展。在1994年到1995年7月，美国经济过热时，又连续7次提高联邦基金利率，成功地实现了经济的"软着陆"。1994年美联储主席格林斯潘指出，美联储将放弃以货币供应量的增减对经济实行宏观调控的做法，今后将以调控实际利率作为经济调控的主要手段。这标志着美国货币政策的重大转变。

4.目前。自1999年6月开始，为防止经济过热，美联储开始紧缩银根，半年中先后三次提高利率。但美国经济增长势头仍没有减缓的迹象，于是在2000年2月2日、3月21日和5月16日又分别提高利率，使联邦基金利率达到65%。5月底公布的数据表明，力度加大的宏观调控开始见效，经济增长逐步放缓。但2001年伊始，种种迹象表明，美国经济已进入了明显放慢的敏感时期。为刺激经济回升，从1—6月底，美联储连续6次降息。在这么短的时间内采取如此大的降息动作，是近20年来的第一次。目前，美国联邦基金利率和贴现率分别为3.75%和3.25%，均为7年多来的最低水平。美联储表示，美国经济今后一段时期面临的主要危险仍是疲软，这意味着美联储可能还会降息。虽然目前美国经济还没有明显好转的迹象，但大多数经济学家认为，美国经济形势将会出现好转。首先，利率调整通常需要6~9个月的时间才能对经济产生全面影响。这意味着美联储的降息行动将在未来充分发挥作用。其次，美国政府已开始实施大规模减税计划。再次，美国消费者的信心已开始回升，个人消费开支可望继续增加。

思考：

我国目前应当采用怎样的货币政策中间目标？

(三)中国货币政策传导机制实践

我国货币政策的传导机制，经历了从直接传导向直接传导、间接传导的双重传导转变，并逐渐过渡到以间接传导为主的阶段。

1.传统体制下的直接传导机制

如图10-5所示，这种机制与高度集中统一的计划管理体制相适应。国家在确定宏观经济目标时,如经济增长速度、物价稳定和国际收支平衡,已经通过国民经济综合计划将货币供应量和信贷总规模甚至该项指标的产业分布和地区分布包括在内。因此,中央银行的综合信贷计划只是国民经济计划的一个组成部分。中央银行的政策工具只有信贷计划以及派生的现金收支计划,在执行计划时直接为实现宏观经济目标服务,这种机制完全采用行政命令方式通过指令性指标运作。其特点是:第一,方式简单,时滞短,作用效应快;第二,信贷、现金计划从属于实物分配计划,中央银行无法主动对经济进行调控;第三,由于缺乏中间变量,政策缺乏灵活性,政策变动往往会给经济带来较大的波动;第四,企业对银行依赖性强,实际上是资金供应的大锅饭。

图 10-5　直接传导机制示意图

2. 改革开放以来的双重传导机制

我国改革开放以来至 1997 年,货币政策直接传导机制逐步削弱,间接传导机制逐步加强,但仍带有双重传导特点,即兼有直接传导和间接传导机制的政策工具和调控目标(图 10-6)。

①第一个环节是运用货币政策工具影响操作目标——同业拆借利率、备付金率和基础货币。信贷计划、贷款限额是直接型货币政策工具,其影响直达中介目标贷款总规模和现金发行量。直接传导过程中没有操作目标,或许可以称季度、月度的贷款、现金指标是其操作目标。这个环节是调控各金融机构的贷款能力和金融市场的资金融通成本。

②操作目标的变动影响货币供应量、信用总量、市场利率。信用总量的可测性不强,还不太使用;我国实行管制利率,不存在市场利率,只有中央银行根据经济、金融形势变化来调整利率。这个环节是金融机构和金融市场、企业和社会公众在变化了的金融条件下,作出反应,改变自己的货币供给和货币需求行为,从而影响货币供应量的变动。

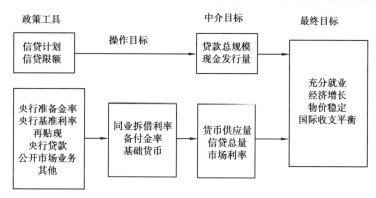

图 10-6　双重传导机制

③货币供应量的变动会影响到最终目标的变动。改革开放之初,货币转化为存款和现金比较透明,贷款总量基本反映了货币供应量,只要守住了贷款就几乎守住了货币供给。但两者的相关性减弱,只控制贷款并不能完全调控住货币供应量,直接控制的效果减弱。

然而，在货币政策间接调控货币供应量的机制不完善的条件下，只能两者并用。在经济过热、通货膨胀严重时，直接控制比间接调控的效果更好，所以并没有马上放弃它，形成了双重调控的特点。

我国经济经历了高通胀后"软着陆"成功，商业银行推行资产负债比例管理，各级政府防范金融风险意识大大加强，取消贷款限额的条件基本成熟。1998年我国不失时机地取消了对商业银行的贷款限额，标志着我国货币政策传导机制从双重传导过渡到以间接传导为主。

然而，我国的社会主义市场经济体制仍在建立之中，商业银行和企业的运行经营机制还不健全，所以货币政策传导效应也有待提高。只有真正按现代企业制度的要求加快商业银行和企业的改革步伐，使其对中央银行的货币政策传导反应灵敏，才能完善货币政策传导机制。

货币政策传导机制的效率不仅取决于中央银行货币政策的市场化取向，而且取决于金融机构、企业和社会公众行为的市场化程度，即它们必须对市场信号作出理性反应。如果他们不能完全按照市场准则运行，即不能对市场信号，包括中央银行的间接调控信号作出理性反应，那么货币政策工具就不可能通过对货币信贷条件的调节来实现其政策目标，货币政策传导过程就会受阻，效果自然会减弱。

补充阅读 10-2

中央银行：存贷款降息0.25个百分点，同时定向降准

中国人民银行决定，自2015年6月28日起有针对性地对金融机构实施定向降准，以进一步支持实体经济发展，促进结构调整。(1)对"三农"贷款占比达到定向降准标准的城市商业银行、非县域农村商业银行降低存款准备金率0.5个百分点。(2)对"三农"或小微企业贷款达到定向降准标准的国有大型商业银行、股份制商业银行、外资银行降低存款准备金率0.5个百分点。(3)降低财务公司存款准备金率3个百分点，进一步鼓励其发挥好提高企业资金运用效率的作用。

同时，自2015年6月28日起下调金融机构人民币贷款和存款基准利率，以进一步降低企业融资成本。其中，金融机构一年期贷款基准利率下调0.25个百分点至4.85%；一年期存款基准利率下调0.25个百分点至2%；其他各档次贷款及存款基准利率、个人住房公积金存贷款利率相应调整。

思考：

1. 此次定向降准并结合下调存贷款基准利率的背景是什么？
2. 此次定向下调存款准备金率措施的具体内容是什么？
3. 此次下调存贷款基准利率对于促进降低社会融资成本有何积极意义？

二、货币政策的效应

货币政策效应是指货币政策的实施对社会经济活动产生的影响，包括货币政策数量效应和货币政策时间效应。

(一)货币政策数量效应

货币政策数量效应是指货币政策效应的强度，即货币政策发挥效力的大小。

对货币政策效力大小的判断，一般着眼于实施货币政策所取得的效果与预期所要达到的目标之间的差距。由于货币政策目标之间的矛盾，所以考察货币政策数量效应，不应仅仅观察某一个政策目标的实施情况，而应综合考察各主要货币政策目标的实现情况。例如，一个国家货币政策的最终目标主要是稳定物价和经济增长，那么其政策效应就可以用以下方法来考察：

假设，以 Y 代表国民收入增长率；P 代表通货膨胀率；Y_t、P_t 分别代表政策实施前的国民收入增长率和通货膨胀率；Y_{t+1}、P_{t+1} 分别代表政策实施后的国民收入增长率和通货膨胀率。货币管理当局无论是实行紧缩的货币政策，还是实行扩张的货币政策，都会出现以下三种结果：

（1）
$$\frac{Y_{t+1}}{Y_t} > \frac{P_{t+1}}{P_t}$$

说明政策实施以后，经济增长减速程度小于物价回落程度；或者经济增长加速程度大于物价上升程度；或者经济增长加速，同时伴随物价下降。前两者是比较理想的结果，而后者是最理想的结果。

（2）
$$\frac{Y_{t+1}}{Y_t} < \frac{P_{t+1}}{P_t}$$

说明政策实施以后，经济增长的减速程度大于物价回落程度；或者经济增长加速程度小于物价上升程度；或者经济增长减速，同时伴随物价上涨。这时货币政策综合效应为负，因为货币政策的实施已对经济增长产生了实质性的损害后果。

（3）
$$\frac{Y_{t+1}}{Y_t} = \frac{P_{t+1}}{P_t}$$

说明政策实施以后，经济增长率变动的正效应为物价变动的负效应所抵消；或者物价回落的正效应为经济增长的负效应所抵消，货币政策无效。

（二）货币政策时间效应

衡量货币政策效应，除了看其发挥效力的大小外，还要看其发挥效力的快慢，这就是货币政策时间效应。货币政策时间效应也称货币政策时滞，是指中央银行从研究、制定货币政策到货币政策取得预期效果的时差。

货币政策时滞对货币政策有效性有很大的影响。由于货币政策时滞的存在，中央银行在实施货币政策的过程中常常发生这样的问题：当中央银行采取的货币政策正在发挥作用时，经济状况却已经发生了完全相反的变化。例如，中央银行在前一经济高涨时期实施紧缩的货币政策，但由于时滞的存在，紧缩的货币政策在随后出现的经济衰退时期仍然发挥着降低收入的作用，这时货币政策不仅不能起到熨平经济周期的作用，反而还会扩大经济周期波动的幅度，使国民经济更加不稳定。如果货币政策的时滞短，并能进行较为准确的预测，则可以大大提高货币政策的有效性。

货币政策时滞可以分为三个部分：内部时滞、中间时滞、外部时滞。

1. 内部时滞

内部时滞是指从政策制定到货币当局采取行动这段时间。内部时滞可以进一步细分为两个阶段：①认识时滞，指经济金融情况变化需要货币当局采取行动，到货币当局认识到这种变化并承认需要调整货币政策之间的时间间隔。②行动时滞，指货币当局从认识到需要调整货币政策到实际采取行动之间的时间间隔。内部时滞的长短取决于货币当局对经济形势发展的敏感程度、预测能力，以及中央银行制定政策的效率和行动的决心，这个时间间隔大概为 2~6 个月。

2. 中间时滞

中间时滞是指从中央银行采取行动，到商业银行和其他金融机构根据中央银行政策意图，改变其信用条件的时间过程。这段时间的长短决定于商业银行及其他金融机构的反映以及金融市场的敏感程度，是中央银行所不能操纵的，一般在 2 个月左右。

3. 外部时滞

外部时滞是指从金融机构改变其利率、信用供给量等信用条件开始，直到对货币政策最终目标产生影响力为止的一段时间。外部时滞又可分为两个阶段：第一阶段，微观决策时滞，即在金融机构信用条件发生改变以后，个人和企业面对新情况作出决定，改变自己投资决策和支出决策的这段时间。第二阶段，作用时滞，即个人和企业做出新的投资决策和支出决策，并采取行动，到对整个社会的生产和就业等经济变量产生影响所耗费的时间。外部时滞是货币政策时滞的主要部分。它既包括微观经济主体在新货币政策出台后的决策过程，也包括微观经济主体行为对储蓄、投资、消费、货币需求、产出和价格等重要经济变量产生影响的过程。它的长短主要由客观经济条件和微观经济主体的行为所决定，是中央银行所不能控制的。外部时滞最长，各国差异较大，一般在 4~20 个月。

(三)影响货币政策效应的因素

1. 货币政策时滞

一般说来，时滞短，则政策见效快，也便于中央银行及时调整货币政策的方向和力度。但相对来说，时滞长短对政策效果的影响不是最重要的，最重要的是时滞是否稳定可预测。如果时滞不稳定，难以预测，那么，即使货币政策措施是正确的，出台的时机也合适，但货币政策可能会在错误的时点上生效，结果可能适得其反。

2. 货币流通速度

货币流通速度如果不稳定，难以预测，则货币政策的效果不仅可能被削弱，而且货币政策可能会成为影响经济稳定的根源。这是因为，社会总需求从流量上看，表现为一定时期内的货币支出总量，它等于货币供应量与货币流通速度的乘积。如果货币流通速度是一个难以预测的波动不定的量，那么，即使中央银行能完全按照预定的目标调节货币供应量，也难以使总需求和 GDP 达到预期水平，这时，货币政策就难以达到预期效果。

3. 微观经济主体的合理预期

当一项政策措施出台时，各种微观经济主体立即会根据可能获得的各种信息，预测政策后果，不仅很快作出对策，而且很少有时滞。而对微观主体广泛采取的具有抵消性作用的对策，货币当局的政策可能归于无效。不过，实际情况是，公众的预测即使非常准确，实施对策即使很快，其效应的发挥也有一个过程，因此，货币政策仍会部分有效。

4. 其他经济政治因素的影响

货币政策的有效性也会受到其他外来的或体制的因素影响。例如，宏观经济条件的变化，使一项既定的货币政策出台后，要保持一定的稳定性和持续性，不能朝令夕改。在这段时间内，如果经济出现某种始料不及的情况，而货币政策又难以作出相应调整时，就可能出现货币政策效果下降甚至失效的情况。

政治因素对货币政策的影响也是巨大的。由于任何一项货币政策方案的贯彻，都可能给不同阶层、集团、部门或地方政府的利益带来一定的影响。这些主体如果在自己利益受损时作出强烈的反应，就会形成一定的政治压力，当这些压力足够大时，就会迫使中央银行对其货币政策进行调整。

本章小结

货币政策是指中央银行为了实现一定的宏观经济目标而采取的各种控制和调节货币供应量、信用及利率等变动的方针。通常，将货币政策的运作分为扩张性的货币政策和紧缩性的货币政策。

货币政策的最终目标是中央银行通过实施各种控制信用和货币供应量的手段所要达到的最终目的。货币政策的最终目标要和一国的宏观经济目标保持一致。总的来说，现在各国货币政策追求的最终目标可概括为物价稳定、充分就业、经济增长和国际收支平衡四个方面。

货币政策工具是指中央银行为了实现货币政策目标而采取的手段。它分为一般性货币政策工具、选择性货币政策工具和其他货币政策工具。一般性货币政策工具主要包括法定存款准备金率、再贴现政策和公开市场业务，即货币政策的"三大法宝"。

从货币政策的实施到目标的实现过程就是货币政策的传导过程。对于货币政策传导的分析和研究，西方主要有凯恩斯学派的传导机制理论和货币学派的传导机制理论。凯恩斯学派主张在货币政策的传导过程中利率应处于核心地位。而货币学派认为在货币政策传导机制中起重要作用的是货币供应量而不是利率。

在货币政策从实施到目标的实现这一过程中，对中介目标的设定是一个重要步骤，选择好了合适的中介目标就能较为准确地反映货币政策的实施情况。中介目标的选择标准为可测性、可控性、相关性和抗干扰性。

货币政策的效果受货币政策时滞、货币流通速度、微观主体预期，以及体制、政治等其他因素的影响。

练习题

一、概念识记

货币政策　充分就业　法定存款准备金　超额准备金　再贴现　公开市场业务　相机

抉择　单一规则　货币政策传导机制　时滞

二、单选题

1. 货币政策四大目标之间存在矛盾，任何一个国家想要同时实现都是很困难的，但其中(　　)是基本一致的。
    A. 充分就业与经济增长　　　　　　　　B. 经济增长与国际收支平衡
    C. 物价稳定与经济增长　　　　　　　　D. 物价稳定与充分就业

2. 菲利普斯曲线反映(　　)之间此消彼涨的关系。
    A. 通货膨胀率与失业率　　　　　　　　B. 经济增长与失业率
    C. 通货紧缩与经济增长　　　　　　　　D. 通货膨胀与经济增长

3. 1995年我国以法律形式确定我国中央银行的最终目标是(　　)。
    A. 以经济增长为首要目标　　　　　　　B. 以币值稳定为主要目标
    C. 保持物价稳定，并以此促进经济增长　D. 保持币值稳定，并以此促进经济增长

4. 目前，西方各国运用得比较多而且十分灵活有效的货币政策工具为(　　)。
    A. 法定存款准备金　　　　　　　　　　B. 再贴现政策
    C. 公开市场业务　　　　　　　　　　　D. 窗口指导

5. 下列货币政策操作中，引起货币供应量增加的是(　　)。
    A. 提高法定存款准备金率　　　　　　　B. 提高再贴现率
    C. 降低再贴现率　　　　　　　　　　　D. 中央银行卖出债券

6. 中央银行降低法定存款准备金率时，商业银行(　　)。
    A. 可贷资金量减少　　　　　　　　　　B. 可贷资金量增加
    C. 可贷资金量不受影响　　　　　　　　D. 可贷资金量不确定

7. 一般来说，中央银行提高再贴现率时，会使商业银行(　　)。
    A. 提高贷款利率　　　　　　　　　　　B. 降低贷款利率
    C. 贷款利率升降不确定　　　　　　　　D. 贷款利率不受影响

8. 中央银行在公开市场上大量抛售有价证券，意味着货币政策(　　)。
    A. 放松　　　　　　B. 收紧　　　　　　C. 不变　　　　　　D. 不一定

三、多选题

1. 货币政策的内容包括(　　)。
    A. 传导机制　　　　　　　　　　　　　B. 政策工具
    C. 操作指标和中介指标　　　　　　　　D. 政策目标
    E. 政策效果

2. 选取货币政策中介目标的最基本要求是(　　)。
    A. 抗干扰性　　　　　　　　　　　　　B. 可测性
    C. 相关性　　　　　　　　　　　　　　D. 可控性
    E. 与经济体制、金融体制有较好的适应性

3. 下列各项中，属于货币政策中介目标的是(　　)。

A. 货币供应量 B. 基础货币

C. 利率 D. 超额准备金

E. 税率

4. 公开市场业务的优点是( )。

A. 调控效果猛烈 B. 主动性强

C. 灵活性高 D. 影响范围广

E. 容易对经济产生副作用

5. 以下属于"紧缩"货币政策的有( )。

A. 提高利率 B. 降低利率

C. 放松信贷 D. 收紧信贷

E. 增加货币供应量

6. 利率指标作为中介指标，它的优点有( )。

A. 可控性强

B. 可测性强

C. 货币当局能够通过利率影响投资和消费支出，从而调节总供求

D. 调控效果猛烈

E. 影响范围广

四、简答题

1. 试述中央银行货币政策目标及其矛盾性。

2. 试述凯恩斯学派和货币学派关于货币政策传导机制的理论分歧。

3. 简述货币政策的作用过程。

五、论述题

1. 中央银行的一般性货币政策工具有哪几种？它们分别是如何调控货币供应量的？它们各自的优缺点是什么？

2. 评述利率和货币供应量作为货币政策中间目标的理论依据，并说明第二次世界大战后发达国家怎样在利率和货币供应量之间进行中间目标的选择。

第十一章

金融发展、 金融创新与金融监管

【学习目标】

掌握金融发展的含义和衡量指标，理解金融发展对经济发展的"双刃剑"作用，了解我国金融业发展的趋势；掌握金融创新的含义，理解金融创新的理论和动因，熟悉金融创新的内容，了解金融创新的影响和金融工程的兴起；能够正确认知金融创新在金融市场中的重要性；了解金融风险、金融危机的含义、分类；理解金融危机的危害及防范；重点掌握金融监管的目标、原则及监管主体，一般掌握部分发达国家的监管体制及我国金融监管体制的改革发展历程；熟知市场准入、市场运作、市场退出的具体监管内容，特别是对商业银行相关过程的监管。

案例导入

金融创新与风险防范的监管边界在哪里？

近年来，金融科技创新对推动我国金融业在电子支付、信贷、征信服务、资产管理等领域降成本、提效率，扩大服务范围等方面产生了积极影响；同时，也暴露出诸如长尾风险集中、消费者保护不足、监管套利等新问题。金融委、中央银行、银保监会先后发声，强调金融业务监管的穿透性、统一性、实质性。"相较以往较长时期，监管对金融科技创新的态度其实更加鲜明。"银保监会的专家表示。

"创新与监管并非矛盾体，要合理确定金融创新与金融监管之间的度，在鼓励创新与防范金融风险之间寻求平衡。"与会专家达成共识。

关于"普惠"，监管专家澄清了一个概念，"普惠"一词由 inclusive（包容）翻译而来，"惠"是指惠及、包容，并没有"廉价"的意思。在市场条件下，利率取决于市场自身。

"过去服务不到的长尾客户现在得到了服务，监管不可能为了要'惠'而反对'普'。"监管专家表示，对于提升了便利性，提高了响应速度，节约了决策和调查成本的科技创新应该鼓励；对于以科技创新为名，行金融创新之实的创新毫无疑问应该反对。

监管专家强调，无论金融创新如何变化，金融监管都有其刚性底线：一是审慎监管，二是行为监管，三是反垄断监管。我们要鼓励科技创新，包容金融创新，但金融创新不能围绕监管套利来创新。

（资料来源：新金融联盟，2020 年 11 月 14 日与金融城主办的内部研讨会）

思考：

1. 什么是金融发展？

2. 什么是金融创新？

3. 如何看待金融发展、金融创新与金融监管之间的关系？

第一节　金融发展与金融创新

一、金融发展

（一）金融发展的含义

金融发展（Financial Development）是指金融结构的变化。金融结构（Financial Structure）包括金融工具的结构和金融机构的结构两个方面；不同类型的金融工具与金融机构组合在一起，就构成了具有不同特征的金融结构。一般来说，金融工具的数量、种类、先进程度，以及金融机构的数量、种类、效率等的组合，可以形成发展程度不同的金融结构。

（二）衡量金融发展的基本指标

一个国家的金融发达程度，往往通过金融发展的有关指标来衡量。金融相关率、货币化率，是西方经济学家提出的衡量金融发展的两个基本指标。

金融相关率（Financial Interrelation Ratio，FIR）是雷蒙德·W. 戈德史密斯在金融发展理论中提出的，它是指一定时期社会金融活动总量与经济活动总量的比值。金融活动总量一般用金融资产总额表示，经济活动总量则用国民生产总值表示。其中，金融活动总量包括非金融部门发行的金融工具（如股票、债券及其他各种信贷凭证），金融部门（包括中央银行、商业银行、清算机构、保险组织、二级金融交易中介等）发行的金融工具（如通货与活期存款、居民储蓄、保险单等），国外部门的金融工具等。

根据对金融发展的定义衡量金融发展程度，实际上是衡量金融结构的状态。为此，戈德史密斯提出需要考虑的五个数量指标：金融资产总额与实物资产总额的比率；金融资产与负债在各金融机构间的分布；金融资产与负债在各金融机构与非金融机构间的分布；各经济部门拥有的金融资产与负债的总额；由金融机构发行、持有的金融工具总额。

货币化率（Monctization Ratc）就是社会的货币化程度，是指一定经济范围内通过货币进行商品与服务交换的价值占国民生产总值的比率。当货币在金融资产中占有很大比重时，用货币化率反映一个社会的金融发展程度是可行的。但随着资本在金融资产中所占比重的加大，仅用货币化率不能完全反映一个社会的金融发展程度。

（三）金融发展对经济发展的作用

现代经济社会中金融发展（Financial Development）与经济增长（Economic Development）之间存在相互影响和相互作用的关系。一个完善和健全的金融市场能有效地动员并引导资金转化为投资，促进资本合理流动，合理配置资源，从而促进经济发展；反之，经济的蓬勃发展，又通过国民收入的提高和经济主体对金融服务需求的增长，刺激金融业的发展。

在加快经济货币化的进程中，金融发展和经济发展可以形成一种互相促进和互相推动的良性循环，这种状态可称为金融深化。

金融是现代经济的核心，是国民经济运行的枢纽，是调节现代经济的杠杆和优化资源配置的重要手段。金融发展要以服务实体经济、推动经济发展作为金融发展的落脚点和归宿，避免金融发展过程中出现"脱实向虚"倾向，要防范金融发展对经济发展的消极影响。

1.金融发展对经济发展的推动作用

首先，金融为现代经济发展提供基础条件。经济发展水平越高，越离不开金融的基础作用。特别地，现代经济是信用经济，经济活动无不体现信用关系并以金融资产做支撑。现代经济的正常运行，需要各种货币信用工具作为基础条件，推动经济的高效运行，提高资源配置效率。

其次，金融发展能够动员储蓄并促使其向投资转化以推动经济增长。多样化的金融产品、多层次的金融机构和发达的金融市场能够为资金供给者提供金融产品和投资便利，也能为资金需求者创造金融产品和交易市场以满足融资需求。由此，金融能够有效地促进投融资便利，推动经济发展。

再次，金融发展能够有效降低经济活动的交易成本，提高经济运行效率。金融发展的重要标志就是能有效降低社会经济活动的交易成本。随着社会发展、技术进步，金融工具形式和交易形式越来越电子化和无纸化，单笔交易成本越来越低，交易速度不断加快，繁荣了全社会的经济交易活动，提高了经济运行效率和资源配置效率。

最后，金融发展本身在推动经济向更高层次发展。金融业作为第三产业的重要组成部分，成为拉动经济增长的重要依靠力量；金融资产规模、金融机构数量和金融市场的扩大，不仅直接对经济增长做出贡献，而且是扩大就业、延伸产业链和增加产业附加值的重要途径。

2.金融发展对经济发展的破坏作用

首先，货币供求失衡会阻碍经济发展。在金融发展过程中，通货紧缩和通货膨胀是两种典型的货币供求失衡现象，都会对经济发展产生不利影响。通货紧缩会导致物价普遍下跌，社会经济的有效需求不足，出现供给过剩，导致经济低迷和失业率上升；通货膨胀会导致物价普遍上升，社会需求旺盛，当供给能力不足时，社会经济集中表现为物价上涨而无实际增长，导致全社会生产和生活成本上升。当过热的经济被收紧，有可能出现经济的急剧下滑，造成经济破坏。

其次，金融发展中可能出现的系统性金融风险会对经济产生严重破坏作用。金融业是经营货币资金的信用产业，金融业的运行无不充斥着风险。在金融业务活动中，个体性违约风险的爆发可能引爆金融行业整个信用链条的断裂，造成系统性金融风险，并直接传递到实体经济，造成社会经济交易和信用活动的断链和信用冰冻。2008年美国次贷危机引发的系统性金融风险爆发并席卷全球，造成全球经济衰退，这一切表明金融发展中可能出现的系统性金融风险会对经济发展带来严重破坏。

再次，过度金融创新可能诱发金融危机并造成经济衰退。随着金融发展和竞争加剧，金融自由化和金融深化程度的加深，金融业在金融产品、金融机构和金融交易制度上的创新层出不穷，目的是规避金融监管和获取套利空间，提高利润增长点。同时，在逐利心理的驱使下，金融衍生工具创新和高杠杆交易日益凸显，金融偿债风险不断放大，金融链条不断拉长并出现明显"脱实向虚"的行业现象。当债务链条出现断裂时，就可能引发金融危机，造成经济衰退。当前，我国采取了一系列降低金融业杠杆率的措施，主要目的就是防范系统性金融危机的爆发对经济发展带来的巨大破坏作用。

最后，金融结构的不合理会阻碍经济发展。根据林毅夫的最优金融结构理论，随着金融发展，经济货币化程度不断加深，金融资产结构、金融机构结构和金融市场结构只有不断适应经济结构的调整，才能更好地发挥金融促进实体经济发展的功能。因此，如果经济发展了，经济结构改变了，金融结构还没有及时改变，金融就不能高效地促进投融资对接，最终会导致交易成本高企和经济交易活跃度降低，资源优化配置无从谈起，自然阻碍经济发展。

（四）中国金融业的发展趋势

1. 金融机构业务经营综合化

金融创新和金融发展使银行、证券、保险、信托等金融各子行业之间的业务交叉与业务融合范围越来越广，依存关系越来越强。金融机构业务经营的综合化，是金融机构拓宽业务范围、防控经营风险、提高盈利水平的客观要求，也是中国金融业改革发展的必然选择。随着金融产品结构、金融工具结构、金融市场结构、金融组织结构等的进一步优化和金融竞争的加剧，金融机构业务经营综合化将呈现快速发展的局面，由此不仅有力地提升了我国金融业的综合竞争力，推动了我国金融业的发展进程，而且大大提升了金融满足各类经济主体需求的程度，提高了国民的金融福利水平。

2. 金融国际化

我国作为世界第二大经济体和第一出口大国，在经济总量快速增长的推动下，经济综合实力不断增强，这为金融对外开放扩大提供了坚实基础。金融国际化将加快我国经济和金融与国际规则接轨并全方位融入国际大家庭的进程，有助于提升我国在国际金融市场上的定价权和话语权，增强我国金融机构的国际竞争力，形成健全、科学、开放的大国金融体系；也有助于建立合理、稳定、有序的全球金融体系和国际货币体系，发挥我国作为经济大国对稳定、发展全球经济和金融的作用。

人民币国际化是我国金融对外开放扩大的有利条件和重要动力。随着我国经济和贸易大国地位的日益巩固，人民币的影响力和国际经济社会对其可接受程度不断提高。

金融国际化的具体实践包括：中资金融机构在境外大量设立分支机构并有选择地收购境外金融机构；引进具有国际视野和国际金融市场运作管理经验的高端金融人才；加强和境外金融机构的业务合作；设立国际板，引进境外企业上市；扩大境内投资者对外金融投资的地域范围和投资对象；伴随着人民币国际化进程，逐步放开境外投资者对我国金融市场的投资等。

3. 金融资源配置的直接化

逐步提高直接融资在社会融资总量中的比重，是充分发挥市场在金融资源配置中的基础性作用、建立完善的市场型金融机制的要求，是优化社会融资结构、提高资源配置效率、使金融更好地服务实体经济的要求，是有效防范和控制金融风险、维护金融稳定和金融安全的要求。尽管近年来直接融资发展较快，但直接融资比重偏低仍是我国金融运行中一个主要的结构性矛盾,直接融资的工具结构、地区结构、市场结构等发展不平衡问题,仍然十分突出。直接融资代表了我国金融业未来的发展方向。

4.金融监管的宏观审慎化

国际金融危机给我国金融监管部门的一个重要启示是,针对单一机构的微观审慎管理无法有效地控制金融风险,难以保证金融稳定。未来中国金融监管的理念与实践将发生重大变化,金融监管改革的方向将是在对单个金融机构加强监管的基础上,更加致力于宏观审慎监管,全面建立和完善宏观审慎监管框架。金融监管部门在监管过程中,要从经济活动、金融市场和金融机构行为之间相互关联的角度,从整体上评估金融体系的风险,并采取相应的监管行动,特别是要重视采用逆周期管理工具。对系统性金融风险发挥重要影响的大型金融机构,将成为重点监控对象。

5.金融机构发展的小型化、差异化

未来金融机构的一个重要发展方向,是建立普惠型金融体系,以适应中小企业特别是小微企业以及众多农户的融资需求,使这些经济主体所在地区不再成为被金融遗忘的角落。而建立普惠型金融体系,必须按照市场细分理论,大力发展贴近中小型客户的小型金融机构。尽管未来在金融机构组合和新建基础上还会催生出某些大型金融机构,但村镇银行、小额贷款公司、担保公司等小型金融机构或准金融机构的快速发展,将成为金融机构发展的主流。社区银行等微型银行已经面世,面向不同客户、具有不同产品结构和不同经营特色的小型金融机构将遍布城乡,地方性金融组织体系结构会逐步完善。伴随多层次资本市场体系的建设进程,适应市场主体的筹资和投资需要,资本市场也会诞生一些新的金融机构。

补充阅读 11-1

《大圣归来》—股权众筹造就票房奇迹

耗时 8 年的一只猴子成为拯救中国动画的奇兵。2015 年 7 月上映的国产动画电影《大圣归来》超越 2011 年美国动画电影《功夫熊猫 2》,以 6.17 亿元的中国市场票房纪录,成为中国市场最卖座的动画电影。同样吸引眼球的是标注在电影片尾的 89 位众筹出品人,《大圣归来》是股权众筹造就的票房奇迹。

2014 年 12 月 17 日,筹备了近 8 年的《大圣归来》进入最后的宣传发行阶段。相比半年前接手时资金上的捉襟见肘,出品人路伟开始担心这部缺明星、缺颜值、缺话题的动画片如何吸引观众走进电影院。

一时兴起,他在朋友圈发了一条消息,为《大圣归来》的宣发经费进行众筹。寥寥数语只是说明了这是一部动画片,预计 2015 年春节上映。另外,作为出品人的他承诺保底分红。令他没有想到的是,从 11:50 开始,到 15:00,已经有超过 70 位朋友加入了这个名为"西游电影众筹"的微信群。大家参与众筹的金额从 1 万到数十万元不等,不到 5 小时便筹集了 500 多万元。一个星期后,《大圣归来》的众筹项目共筹集了 780 万元,有 89 名投资人参与。他们以个人名义直接入股了《大圣归来》的领衔出品方"天空之战",直接参与这部投资合计约 6 000 万元的电影项目中。股权众筹机制让这 89 名投资人深度参与这部电影的宣发进程,每一天大家都在群里出谋划策、贡献资源。他们成了这部电影的第一批"铁粉",不仅在电影上映初期包了 200 多场,还充分调动各自的资源为电影推广出力。

截至 2015 年 8 月 6 日，上映 28 天的《大圣归来》收获了超过 8 亿元的票房收入，89 名众筹出品人可以获得本息约 300 000 万元，投资回报率超过 400%。不仅如此，根据合同，在此次股权众筹项目中，投资人不仅可以获得票房分账预期年化收益，还将分享《大圣归来》未来的所有预期年化收益，包括游戏授权、新媒体视频授权、海外收入分账等收入。

《大圣归来》众筹的成功为影视众筹提供了一个新的发展方向。

（资料来源：中国第一财经网站，2015-08-07.）

二、金融创新

金融创新是世界金融业迅速发展的一种趋势。金融创新是在货币经济走向金融经济、货币外延扩大以及金融功能扩张的背景下，金融业的现实反应。创新为金融发展提供了深厚而广泛的微观基础，是推动金融发展的最直接动力；金融创新浪潮的兴起和迅猛发展，为整个金融体制、金融宏观调控乃至整个经济走势都产生了深远的影响。

（一）金融创新的含义

金融创新（Financial Innovation）就是在金融领域内，各种要素进行新的组合。具体来讲，是指金融机构和金融管理当局出于对微观和宏观利益的考虑而对金融机构、金融制度、金融业务、金融工具以及金融市场等方面所进行的创新性变革和开发活动。

金融创新可以分为狭义的金融创新和广义的金融创新。

1. 狭义的金融创新

狭义的金融创新是指微观金融主体的金融创新，以 1961 年美国花旗银行首次推出大额可转让定期存单为典型标志，特别是 20 世纪 70 年代西方发达国家在放松金融管制之后的一系列金融业务创新。放松金融管制的措施包括放宽设立银行的条件、放松或取消利率管制、放松对商业银行的资产负债管理、允许银行和非银行机构实行业务交叉等。这种增加新的服务品种，完善管理办法，以增强其竞争制度上和观念上的创新直接导致了国际金融市场不断向深度和广度发展，也使高收益的流动性金融资产得以产生。同时，放松金融管制还增强了金融中介机构之间的竞争，使其负债对利率的弹性大大提高，负债管理的创新理论也由此产生。

2. 广义的金融创新

广义的金融创新不仅包括微观意义上的金融创新，还包括宏观意义上的金融创新；不仅包括近年来的金融创新，还包括金融发展史上曾经发生的所有金融创新。可以说，金融创新是一个历史范畴，自现代银行业诞生以来，无论是银行传统的三大业务、银行的支付和清算系统、银行的资产负债管理，还是金融机构、金融市场乃至整个金融体系、国际货币制度，都经历了一轮又一轮的金融创新。整个金融业的发展史就是一部不断创新的历史，这种金融创新是在生产力发展后，反过来又对生产关系组成部分的金融结构进行调整而产生的。因此，从某种意义上讲，金融创新也是金融体系基本功能的建设，是一个不断创新的金融体系的成长过程。

本节所讨论和研究的金融创新主要是指狭义的金融创新。

(二)金融创新的理论

西方经济学家对金融创新现象进行了大量的理论研究，提出了不少理论和观点，主要内容集中在金融创新产生的动因上。从金融创新的形成原因分析，金融创新大多源于政府严格管制下的逆反效应、高通胀压力以及高新技术提供的条件等。下面就从各种金融创新理论中择其要者予以介绍。

1. 西尔伯的约束诱致假说

约束诱致假说由美国经济学家 W. 西尔伯于 1983 年提出。该假说认为，金融创新是微观金融组织为了寻求利润的最大化、减轻外部对其造成的金融压制而采取的自卫行为，是在努力消除和减轻施加给微观金融企业的经营约束中，实现金融工具和金融交易的创新。对金融机构的金融压制来自两个方面：一是来自政府的金融管制和市场竞争的外部压力，这种因外部条件变化而导致的金融创新要付出很大的代价；二是来自金融机构内部强加的压制。为了保障金融资产在具有流动性的同时，还要有一定的收益率以避免经营风险，金融机构必须制定一系列的规章制度，一方面保障金融机构运营的稳定，同时形成内部金融压制。

当上述因素制约金融机构获取利润的最大化时，金融机构就会创新、发明新的金融工具，增加新的服务品种，完善管理办法，以增强其竞争力。

2. 凯恩的"自由—管制"博弈论

美国经济学家凯恩把市场创新、制度创新看作相互独立的经济力量与政治力量不断斗争的过程和结果。他认为，金融机构对政府管制所造成的利润下降和经营不利等局面作出的反应就是不断创新，以此来规避管制，从而把约束以及由此造成的潜在损失减少到最低限度。然而，当微观金融机构的创新可能危及宏观的金融、货币政策和金融秩序的稳定时，金融监管当局对市场创新的反应是再次修改管制的手段和规则，同时加强监管，以便重新在宏观上取得对金融活动的控制权。但是，这又会使金融创新朝着加强管制的方向运行，从而出现新的管制诱发新的创新。即金融的管制和因此而产生的规避行为，是以"创新—管制—再创新—再管制"的方式，二者不断交替、循环往复地不断出现、上升、发展的。所以，凯恩认为，对金融的控制和因此而产生的规避行为，是以政府和微观金融主体之间的博弈方式进行的。

3. 制度学派的金融创新理论

制度学派的主要学者有诺斯、戴维斯以及塞拉等。他们主张从经济发展史的角度来研究金融创新，认为金融创新并非 20 世纪电子时代的产物，而是与社会制度密切相关的。金融创新是一种与经济制度相互影响、相互因果的制度变革。例如，1933 年美国政府为了稳定金融体系而建立的存款保险制度。该理论认为，在两种极端的经济体制下很难存在金融创新的空间，一种是管制严格的计划经济体制，该体制会极大地压制金融创新；另一种是纯粹的自由市场经济体制，在该体制下没有必要不断创新，因为有着自由发展的空间。金融创新只能在受管制的市场经济中存在和发展，因为政府的管制和干预行为本身就暗含着金融制度领域的创新。所以，当政府为了金融稳定和防止收入分配不均而采取金融变革，并为此建立一些新的规章制度时，从制度学派的观点看，它已经不同于以往的金融压制了，而是一种金融创新行为。

4. 金融创新的交易成本理论

希克斯和尼汉斯于 1976 年提出了金融创新的交易成本理论。该理论的基本命题是：金融创新的支配因素是降低交易成本。该命题包含两层含义：一是降低交易成本是金融创新的首要动机，交易成本决定了金融业务和金融工具是否具有存在的实际价值；二是金融创新实际上是对科技进步导致交易成本下降的直接反应。

金融交易成本(Financial Transaction Cost)的含义很复杂，有广义与狭义之分。广义的金融交易成本除了直接费用之外，还包括投资风险、资产预期收益率、投资者收入和财产及货币替代的供给等。狭义的金融交易成本是指买卖金融资产的直接费用，包括各方转移金融资产所有权的成本、经纪人佣金、借入和支出的非利率成本等。

该理论认为，交易成本是作用于货币需求的一个重要因素，不同的需求会产生对不同类型金融工具的要求，交易成本的高低使微观主体对需求的预期发生变化。而交易成本逐渐降低的趋势，又使货币向更高级的形式演变和发展，从而产生新的交易媒介、金融工具、服务方式等。所以，金融创新的过程就是不断降低交易成本的过程。由此可见，交易成本理论把金融创新的动因归结为交易成本的降低，并侧重从微观经济结构的变化来研究金融创新。这也从另一角度表明，金融创新的根本动力在于金融机构的逐利动机。

西方国家的金融创新活动，在相关理论的指导下，于 20 世纪 60 年代开始出现，70 年代全面展开，80 年代异常活跃，并形成一股又一股的浪潮，成为当今世界国际金融领域的一个显著特征。

(三)金融创新的动因

经济生活对金融创新有巨大的需求。但是，金融业作为一个特殊行业，其各种创新的出现和广泛传播，还存在一些复杂的成因，正是这些因素构成了金融创新的直接动因。

1. 金融管制的放松

20 世纪 30 年代，随着西方国家经济危机的大爆发，各国为了维护金融体系的稳定，相继通过了一系列管制性的金融法令。严格的管制虽然促进了金融体系的稳定，但也造成了严重的"脱媒"现象。于是，政府严格管制的逆效应产生了——金融机构通过创新来规避管制，寻求管制以外的获利空间。

此时，政府发现，如果对金融机构的创新行为严加管制，则会使金融机构的创新空间变得狭窄，不利于经济的发展；如果采取默认态度，任其打"擦边球"，又有纵容其违法、违规之嫌。因此，从 20 世纪 80 年代起，各国政府为了适应宏观市场的经济发展，以及微观金融主体的创新之需，逐步放宽了对金融机构的管制，使金融创新掀起了一股浪潮，成为推动国际金融业快速发展的内在动力。由此可见，金融创新需要适度宽松的制度环境，否则，金融创新就会失去实践意义。

2. 市场竞争的日益尖锐

竞争是市场经济的重要规律之一，没有竞争就不是市场经济。随着经济全球化、市场的国际化，金融领域的发展极为迅速，金融机构的种类、数量急剧增加，金融资本高度集中，同时向国外市场发展。随之而来的是金融机构之间的竞争也日趋尖锐，而且面临的风险更大，特别是面临经济危机时，市场经济优胜劣汰的本能机制在金融领域里演绎得更加充分，金融机构倒闭、合并、重组的事件屡见不鲜。因此，为了在竞争中求生存、谋发展，在市场上立于不败之地，金融机构就需要不断地改革与创新。可以说，金融业的发展史就是一部创新史。

3.追求利润的最大化

利润水平的高低是衡量金融企业实力的重要标志之一，也是进一步开辟市场、发展业务的重要物质条件。发展金融业务、扩大资产负债规模的最终目的就是追求利润的最大化。

影响金融企业利润的因素很多，其中既有内部的因素，也有外部的因素。例如，国家的宏观经济政策（包括货币、财政、产业等）及金融管制力度方面的变化，法律环境的改善，公众诚信度的提高，金融企业的经营管理水平、员工素质的提升等。但是，在市场经济的大环境下，如何在法律许可的范围内进行改革、创新以获取更大收益，就在于金融企业内在的强大动力。不少融资工具、融资方式以及管理制度的创新就是在金融管制放松的市场环境下产生的。例如，20世纪60年代离岸银行业务的创新，便是在不受国内金融外汇法规约束，还可享受一定的税收优惠条件下发展起来的。

4.科学技术的进步

20世纪70年代以来，一场以电子计算机为根本特征的新技术革命席卷了全世界。90年代以后，以网络为核心的信息技术飞速发展，信息产业成为最新兴的产业。这些高新技术也被广泛应用到金融机构的业务处理过程之中，为金融创新提供了技术上的支持，成为技术型金融创新的原动力，促进了金融业的电子化发展。

金融电子化给金融业的运作带来的变革主要体现在两个方面：一是以自动化处理方式代替了人工处理方式，从而降低了信息管理的费用，如信息的收集、储存、处理和传递等一系列过程；二是以自动渠道（如远程、网络银行，电子银行，手机银行等）来改变客户享受金融服务和金融产品的方式。新技术革命提供的技术支持，为金融业务和金融工具的创新创造了必要条件。

（四）金融创新的主要内容

金融创新的内容十分广泛，不同创新又有不同的目的与要求，所以金融创新有多种不同的分类方法。例如，按创新主体划分，金融创新可以分为市场主导型和政府主导型；按创新动因划分，金融创新可以分为逃避管制型、规避风险型、技术推动型和理财型等；按创新内容划分，金融创新可以分为工具的创新、机构的创新、业务的创新、制度的创新等。

下面就对金融制度的创新、金融业务的创新，以及金融工具的创新进行分析。

1.金融制度的创新

金融制度是金融体系中非常重要的一个方面。在一系列金融创新与金融自由化的过程中，金融制度的变化是不可避免的。在制度变革的基础上，金融自由化又会在一个更高层面上展开，进而推动金融创新的深入发展。

金融制度的创新是指金融体系与结构的大量新变化，主要表现在以下三个方面。

（1）分业管理制度的改变

在世界各国的银行体系中，历来有两种不同的银行制度，即以德国为代表的"全能银行制"和以美国为代表的"分业银行制"，二者主要在商业银行业务与投资银行业务的合并与分离问题上有所区别。但自 20 世纪 80 年代以来，随着金融自由化浪潮的不断升级，这一相互不越雷池半步的管理制度已悄然发生了改变。美国于 1999 年年底废除了对银行业经营严格限制达 60 多年的《格拉斯-斯蒂格尔法案》，允许商业银行合业经营。从目前来看，上述两个传统特征和分业界限已在世界上大多数国家的商业银行中逐渐消失，商业银行的经营范围不断扩大，世界上的著名大银行实际上已经成为"百货公司"式全能型银行。从发展动向看，商业银行经营全能化、综合化已成为一种必然趋势。

（2）对商业银行与非银行金融机构实施不同管理制度的改变

由于商业银行具有信用创造的特殊功能，因此，世界上大多数国家对商业银行实行比非银行金融机构更为严格的管理制度。例如，对市场准入的限制、存款最高利率的限制、不同存款准备金率的差别限制、活期存款不得支付利息的限制等。但是，在不断发展、扩大的金融创新中，非银行金融机构瞄准了这一制度，进行了大胆创新与发展，使非银行金融机构的种类、规模、数量、业务范围与形式等都得到了迅速发展，使商业银行在新的市场竞争中处于明显的弱势地位。鉴于经济环境、市场条件均发生了巨大变化，各国政府先后调整了对这两类金融机构的管理，使商业银行与非银行金融机构在市场竞争中的地位趋于平等。

（3）金融市场准入制度趋向国民待遇，促进国际金融市场和跨国银行大发展

在 20 世纪 80 年代以前，许多国家对非国民进入本国金融市场以及本国国民进入外国金融市场采取了种种限制措施，尤以日本为甚。在金融自由化浪潮的冲击下，这些限制正逐渐被取消。

经济全球化的发展，为跨国银行的出现以及国际金融中心的建立创造了条件。各国大银行争相在国际金融中心设立分支机构，同时在业务经营上加快电子化、专业化和全能化的步伐。由于金融创新，各国之间的经济、金融联系更加紧密，经营风险也随之增大，全球金融监管出现自由化、国际化倾向，各国政府在对国际金融中心、跨国银行的监管问题上更加注重国际合作。

2. 金融业务的创新

金融业务的创新是把创新的含义进一步引申到金融机构的业务经营管理领域。它是指金融机构利用新思维、新组织方式和新技术，构造新型的融资模式，通过其经营过程，取得并实现其经营成果的活动。在金融业务的创新中，因为商业银行业务在整个金融业务中占据核心重要地位，所以，商业银行的业务创新就构成了金融业务创新的核心内容。为此，我们重点分析商业银行的业务创新。

（1）负债业务的创新

商业银行负债业务的创新主要发生在 20 世纪 60 年代以后，主要表现在商业银行的存款业务上。

①商业银行存款业务的创新表现在对传统业务的改造、新型存款方式的创设与拓展上，发展趋势表现在以下四方面：一是存款工具功能的多样化，即存款工具由单一功能向多功能发展；二是存款证券化，即改变存款以往那种固定的债权债务形式，取而代之的是可以在二级市场上流通转让的有价证券形式，例如大额可转让定期存单等；三是存款业务操作电算化，例如开户、存取款、计息、转账等业务均由计算机操作；四是存款结构发生变化，即活期存款比重下降，定期及储蓄存款比重上升。

②商业银行的新型存款账户可谓五花八门，个性化、人性化突出，用以迎合市场上不同客户的不同需求。主要有：可转让支付指令账户、超级可转让支付指令账户、电话转账服务和自动转账服务、股金汇票账户、货币市场互助基金、协议账户、个人退休金账户、定活两便存款账户、远距离遥控业务等。

③商业银行借入款的范围、用途扩大化。过去，商业银行的借入款项一般用于临时、短期的资金调剂；现在却日益成为弥补商业银行资产流动性、提高收益、降低风险的重要工具，筹资范围也从国内市场扩大到全球市场。

（2）资产业务的创新

商业银行资产业务的创新主要表现在贷款业务上，具体表现在以下4个方面。

①贷款结构的变化。长期贷款业务，尤其是消费贷款业务，一直被商业银行认为是不宜开展的业务。但是，在20世纪80年代以后，商业银行不断扩展长期贷款业务，在期限、投向上都有了极大的改变。以美国商业银行为例，以不动产贷款为主的长期贷款已经占到商业银行资产总额的30%以上；在消费贷款领域，各个阶层的消费者在购买住宅、汽车、大型家电、留学、修缮房屋等方面，都可以向商业银行申请一次性偿还或分期偿还的消费贷款，消费信贷方式已经成为不少商业银行的主要资产项目。

②贷款证券化。贷款证券化作为商业银行贷款业务与国债、证券市场紧密结合的产物，是商业银行贷款业务创新的一个重要表现，它极大地增强了商业银行资产的流动性和变现能力。

③与市场利率联系密切的贷款形式不断面市。在实际业务操作过程中，商业银行的贷款利率与市场利率紧密联系并随之变动的贷款形式，有助于商业银行转移其资产因市场利率大幅度波动而引起的价格风险，是商业银行贷款业务的一项重要创新。具体形式有浮动利率贷款、可变利率抵押贷款、可调整抵押贷款等。这些贷款种类的出现，使贷款形式更加灵活，利率更加适应市场变化。

④商业银行贷款业务逐渐"表外化"。为了规避风险，或为了逃避管制，还可能是为了迎合市场客户之需，商业银行的贷款业务有逐渐"表外化"的倾向。具体业务有回购协议、贷款额度、周转性贷款承诺、循环贷款协议、票据发行便利等。

（3）中间业务的创新

商业银行中间业务的创新，彻底改变了商业银行传统的业务结构，极大地增强了商业银行的竞争力，为商业银行的发展找到了巨大的、新的利润增长点，对商业银行的发展产生了极大的影响。具体表现在：首先，中间业务领域极度扩张，使商业银行日益成为能够为客户提供一切金融服务的"金融超市"；其次，中间业务的收入占银行业务总收入的比重不断增大，使商业银行的竞争从价格的竞争转向服务质量的竞争；再次，现代企业需要商业银行提供信托、租赁、代理融通、现金管理、信息咨询等多种中间业务，从而使银企关系加强，商业银行"万能"的地位得以巩固；最后，中间业务创新的主体是电子计算机的广泛应用，随着商业银行中间业务自动化、服务综合化的发展，商业银行业务电子化的进程不断加快。

商业银行中间业务创新的内容主要表现在以下四个方面：

①结算业务日益向电子转账发展，即资金划转或结算不再使用现金、支票、汇票、报单等票据或凭证，而是通过电子计算机及其网络办理转账，例如"天地对接、一分钟到账"等。

②信托业务的创新与私人银行的兴起。随着金融监管的放松和金融自由化的发展，商业银行信托业务与传统的存、贷、投资业务等逐步融为一体，并大力拓展市场潜力巨大的私人银行业务，例如生前信托、共同信托基金等，通过向客户提供特别设计的、全方位的、多品种的金融服务，极大地改善了商业银行的盈利结构，拓展了业务范围，争夺了"黄金客户"，使商业银行的竞争力大大提高。

③现金管理业务的创新是由于商业银行通过电子计算机的应用，为客户处理现金管理业务，其内容不仅限于协助客户减少闲置资金余额并进行短期投资，还包括为企业（客户）提供电子转账服务、有关账户信息服务、决策支援服务等多项内容。该业务既可以增加商业银行的手续费收入，还可以密切银企关系，有利于吸引更多的客户。

商业银行之所以可以在信息咨询方面进行创新是因为现代社会已经成为信息社会，而金融业也成为依靠信息及其技术从事业务经营的部门。同时，社会各经济部门对金融信息的依赖程度正日益加深，金融信息的生产日益现代化、市场化，这一切均极大地推动了商业银行信息咨询业的创新与发展。例如，客户咨询数据库，以及由权威专家组成的信息资源分析系统等，为社会、为客户提供各种准确、及时、权威且有偿的信息服务。

商业银行自动化服务的创新，也是由电子计算机的广泛应用引起的。电子化、自动化、全方位、全天候的金融服务，使商业银行的业务发生了巨大变革，银行卡业务、自助银行、网络银行、手机银行、自动柜员机、售货点终端机、居家银行服务等得到了广泛的应用，其发展势头方兴未艾。

④表外业务的创新。与中间业务联系密切的表外业务，是商业银行业务创新的重要内容，其中有很多可以在一定条件下转化为表内业务。商业银行发展、创新表外业务的直接动机是规避金融监管当局对资本金的特殊要求，通过保持资产负债表的良好数据来维持自身稳健经营的形象。

当然，表外业务也是商业银行顺应外部金融环境的改变，由传统银行业务向现代银行业务转变的必然产物。表外业务虽然没有利息收入，但有可观的手续费收入。从世界各国银行业的发展情况看，表外业务发展迅猛，品种不断翻新。有些商业银行的表外业务收益已经超过传统的表内业务收益，成为商业银行新的支柱业务。目前，商业银行的表外业务主要有贸易融通业务（如商业信用证、银行承兑汇票）、金融保证业务（如担保、备用信用证、贷款承诺、贷款销售与资产证券化）、衍生产品业务（如各种互换交易、期货和远期交易、期权交易）等。

3. 金融工具的创新

金融工具的创新，是金融创新最主要的内容之一。近三十年来出现的金融创新中，最显著、最重要的特征之一就是大量新型金融工具以令人目不暇接的速度面市。这些新型金融工具的出现，使人们对"货币""资金""资本""金融商品""金融资产"等原有含义的认识产生了困惑。它们的出现，是当今特定历史时期的新生事物，要求人们重新审视和界定上述含义的内容及范畴。特别是20世纪70年代以来出现的衍生金融工具，更是向人们展示了金融资产保值和风险规避的全新含义。

（1）基本存款工具的创新

众所周知，基本的存款工具有活期存款、定期存款、储蓄存款等，但是，在金融工具的创新过程中，这些基本存款工具的界限早已被打破，形成了一些新的存款工具，主要包括可转让支付指令、自动转账服务账户、超级可转让支付指令、货币市场存款账户、个人退休金账户等。这些账户的特点是既能灵活方便地支取，又能给客户计付利息。这些新型存款账户的出现，为客户提供了更多的选择，充分满足了存款人对安全、流动和盈利的多重需求，从而吸引了更多的客户，扩大了商业银行的资金来源。

（2）大额可转让定期存单

商业银行的定期存款因其较高的利率而吸引资金，但其最大的弱点在于流动性差。1961 年由美国花旗银行发行的第一张大额可转让定期存单，则既可以使客户获得高于储蓄账户的利息，又可以在二级市场上流通、转让而变现，使客户原本闲置在账上的资金找到了短期高利投资的对象，所以一经面市就大受欢迎。

随着金融机构竞争的加剧，大额可转让定期存单出现了许多新的变种。

①可变利率定期存单（Variable Rave CDs）。这种存单在存期内被分成几个结转期，在每一个结转期，银行根据当地的市场利率水平重新设定存单利率。

②牛市定期存单（Bull CDs）。这种存单与美国标准普尔公司的 500 种股票相联系，虽然存单的投资者没有固定的利息收益，但可根据定期存单的时限长短而获取股票指数增长额 37% ~70% 的利率上升收益。

③扬基定期存单（Yankee CDs）。这是外国银行在美国发行的可转让定期存单，大多由位于纽约的外国著名银行发行。

④欧洲或亚洲美元存单（Eurodollar or Asia Dollar CDs）。这是美国银行在欧洲或亚洲的金融市场上发行的定期存单，以吸引国外资金，因此不必向美联储交存款准备金和存款保证金。

（3）衍生金融工具的创新

衍生金融工具是伴随着近二十年来新一轮金融创新而兴起和发展起来的。它的出现，为当代金融市场做出了划时代的贡献。它除了让人们重新认识金融资产保值和规避风险的方式、手段之外，还具有很强的杠杆作用，让人们充分体会到"四两拨千斤"的快感。同时，人们还把衍生金融工具称为"双刃剑"，如果运用得当，可给金融业带来许多好处，起到传统避险工具无法起到的保值、创收作用；但如果运用失当，则会使市场参与者遭受严重损失，甚至危及整个金融市场的稳定与安全。

衍生金融工具主要包括以下四个方面的内容：

①远期合约。远期合约是最简单的衍生金融工具，它是交易双方在合约中规定在未来某一确定时间以约定价格购买或出售一定数量的某种资产。它通常发生在两个金融机构或金融机构与客户之间，是一种场外交易产品，以其中的远期利率协议发展最快。远期合约的最大功能在于转嫁风险。例如，远期利率合约的买方可以将未来的利率成本或收益提前锁定，且交易方式简单，交易对象、期限方便灵活，限制少、费用低，是一种应用广泛并能避险增值的衍生金融工具。

②金融期货。1972 年 5 月 16 日，美国芝加哥商品交易所的国际货币市场率先推出了包括英镑、加拿大元、德国马克、日元、法国法郎等货币在内的外汇期货交易，标志着外汇期货的正式产生。期货合约是一种标准化合约，是买卖双方分别向对方承诺在合约规定的未来某时间按约定价格买进或卖出一定数量的某种金融资产的书面协议，是一种由交易所发行的、用独特的结算制度进行结算的标准化合约，也可以说是远期合约的标准化。金融期货的主要功能在于风险转移和价格发现，主要有利率期货、货币期货和股指期货。风

险转移功能是指套期保值者通过金融期货交易将价格风险转移给愿意承担风险的投机者，金融期货之所以能够转移价格风险，原因在于金融资产的期货价格和现货价格受相同经济因素的影响和制约，它们的变动趋势是一致的。且现货价格与期货价格具有市场走势的收敛性，即当期货合约临近到期时，两种价格逐渐趋合，价格差接近"0"。它是通过套期保值实现风险转移的。价格发现功能是指在一个公开、公平、高效、竞争的期货市场中，通过集中竞价形成期货价格的功能。金融期货之所以具有价格发现的功能，是因为期货市场将众多影响供求关系的因素集中于交易场内，通过买卖双方公开竞价，集中转化为一个统一的交易价格。该价格一旦形成，立刻向世界各地传播并影响供求关系，从而形成新的价格。如此循环往复，价格最终趋于合理。由于期货交易特殊而有效的功能，期货一经推出，立即得到迅猛发展。

③互换。互换也称掉期，是交易双方依据预先约定的规则，在未来一段时期内，互相交换一系列现金流量（本金、利息、价差等）的交易。交易双方通过签订互换协议来体现双方的权利，约束双方的义务。据此，互换可以看作一系列远期合约的组合，对于互换的研究也是对远期合约和期货合约研究的延伸。自1981年世界上第一份互换协议在世界银行的安排下签订以来，互换得到了迅速发展，已经成为国际金融市场的主要业务之一，构成了场外衍生金融品种的主要内容。目前，互换市场已经成为规模达万亿美元的全球市场，几乎涉及并影响大部分金融市场。

互换之所以备受追捧并得到广泛应用，是因为它作为一种创新的场外衍生金融工具，具有现存的其他衍生金融工具不可比拟的优越性。首先，互换的期限相当灵活，一般为2～10年，甚至可达30年；其次，互换能满足交易者对非标准化交易的要求；最后，最重要的是，使用互换进行套期保值，可以省却使用期货、期权等产品对头寸的日常管理和经常性重组的麻烦。根据基本产品的不同，互换可以分为利率互换、货币互换、股票互换和商品互换等。

④金融期权。期权交易其实很早就已出现，但都分散在各店头市场进行，交易品种单一，规模也十分有限。1973年4月26日，世界上第一个期权集中交易所在美国芝加哥登场，成为一种与远期、期货交易截然不同的新兴衍生金融产品。与此同时，在场外交易市场上，期权交易上的创新层出不穷，得到了前所未有的发展。期权也称选择权，是一种权利合约，给予其持有者在约定的时间，或在此时间之前的任何时刻，按约定价格买进或卖出一定数量的某种资产的权利，分为看涨期权和看跌期权。在这份合约中，买卖双方的权利与义务并不平等，期权的买方有权利而无义务（只需交纳期权费），而卖方则只有义务却无自由选择的权利。这与远期、期货的买卖双方到期时都必须服从合约是完全不同的。也就是说，期权与其他衍生金融工具的主要区别在于：其他衍生金融工具所产生的风险格局是对称的，即交易双方共同面临和承担几乎等量的风险；而期权交易的风险在买卖双方之间的分布却不对称，期权买方的损失是有限的，不会超过期权费，而获利的机会从理论上讲却是无限的；期权的卖方则正好相反。

期权这种衍生金融工具的最大魅力在于，可以使期权买方利用它来进行套期保值，并将风险锁定在一定范围内，若价格发生有利变动，期权买方可以通过执行期权来保护收益；若价格发生不利变动，期权买方则可以通过放弃期权来避免损失。这样，通过金融期权交易，既可以避免价格不利变动造成的损失，又可以在相当程度上保住由价格有利变动带来的收益。所以，金融期权是一种有助于规避风险、获取收益的理想工具。

（五）金融工程的兴起

近三十年来，金融创新在世界范围内大规模地兴起与发展，极大地开拓了人们的思维，深刻地影响了金融业的经营理念，并直接导致金融工程这门金融新技术的诞生与发展。金融工程是 20 世纪 90 年代初期出现的一门工程型的新兴的金融科学与实践，被称为现代金融领域内最前沿、最尖端的学科，是现代金融领域里的高新科技，对它的认识与研究方兴未艾。

1. 金融工程概述

金融工程（Financial Engineering）是 20 世纪 90 年代初出现的一门工程型新学科，它将工程思维引入金融领域，综合采用各种工程技术方法（主要有数学建模、数值计算、网络图解、仿真模拟等），来设计、开发和使用新型的金融产品，创造性地解决各种金融问题。

（1）金融工程的含义

金融工程是一门年轻的新学科，尚处于迅速发展之中，还需要人们进一步认识、了解与完善。目前，人们对金融工程尚未得出一个公认的、科学完整的定义。但是，根据许多经济学家、金融学家的观点，大致可以将金融工程学的研究范围概括为以下三个部分。

①新型金融工具的研究与开发，即根据市场要求和客户的特殊需要开发新的金融工具，并为之创造新的市场。例如，金融期货、期权、互换等金融衍生工具及其交易市场的开拓。这是金融工程的主要应用领域。

②按照风险和收益的原理，设计新的风险管理技术和策略，即研究如何利用现有的金融工具和市场条件实现完美的组合。例如，风险管理技术的开发与应用、公司融资结构的设计、资产证券化方案等。

③从整体上设计更为完善的金融体系，以增强整个金融市场的稳定性和有效性。例如，优化金融机构的资产负债管理系统，缩短时滞效应的金融管理系统，提高金融服务效率的系统设计等。

（2）金融工程的特点

金融工程为金融业的经营提供了一整套的原理、方法和工具，着重创造性地解决现有的金融问题。这种创造性是现代信息技术在金融业中的成功应用，是知识经济在金融业中的集中体现。而金融工程的创新特征，表明它所提供的正是金融业本身的高新科技。

金融工程的特点表现在以下三个方面：

①金融工程是一门新兴的交叉学科。金融工程可以看作现代金融学、信息技术和工程方法的结合，是一门新型的交叉学科。1991 年，国际金融工程师学会（IAFE）的成立，标志着金融工程正式为社会所确认。

②金融工程是金融的产品化和工程化。金融在社会经济中的地位和作用，至今已发生过三次飞跃，即从简单中介到产融结合，再到金融工程化。金融工程的诞生，使金融作为一门产业得到了工程科学、信息科学的支持。任何一门科学，只有经过产品化、工程化，才能产生大规模的经济效应和社会效应。所以，我们可以把金融工程看作金融科学的产品化、工程化。金融工程的产生，把金融学科推到了一个新阶段。

③金融工程是规范化和系统化的金融创新。金融工程最大的、最本质的特征就是金融创新，金融工程本身就是从金融创新活动中产生的，金融创新是广泛、自发、无组织的创

新活动，而金融工程则是有安排的、系统的金融创新活动。所以，金融工程是规范的、系统的金融创新，而且这种创新的范围更加宽泛。

2. 金融工程工具和技术

（1）金融工程工具

金融工程的一个主要内容是设计、开发新型的金融工具。金融工程工具（Financial Engineering Tool）主要就是衍生金融工具，大致分为四类，即远期合约、金融期货、互换和金融期权。

（2）金融工程技术

金融工程技术（Financial Engineering Technology）就是运用金融工程工具解决各种金融问题，特别是对金融风险的管理。金融工程技术的应用主要体现在以下四个方面：

①套期保值。套期保值是指一个已经存在风险暴露的经济主体，力图通过持有一种或多种与原有风险头寸相反的套期保值工具来消除该风险的技术手段。在实际中，最初风险暴露与保值工具间的完全的相关关系一般不存在，而且套期保值也往往与最初风险暴露不完全吻合。但从整体上看，经过合理设计的套期保值比不保值安全得多。

②投机。投机是指一些人希望通过对市场某些特定走势的预期，对市场未来变化进行赌博以获取利益的金融技术。投机操作者通常利用各种金融工程工具进行投机。因为金融工程工具一般具有适于投机的特征，如具有杠杆效应，允许以较小的资本建立较大的头寸；可以组合出复杂的交易策略；可以以金融工程工具为基本材料，人为地构造出许多特定的风险等。

③套利。套利是指利用市场不完全条件下有内在联系的金融工具之间的价格背离来获取利润的金融技术。有内在联系的金融工具之间的价格背离，可能在市场剧烈震荡时发生，或在市场间存在较大的有形分割时发生。套利的目的在于从价格的差异中获利，却不承担风险。套利者的活动对市场是有益的，其行为使定价过低的工具价格上涨、定价过高的工具价格下跌，最终使市场价格迅速恢复到自然均衡状态。

④构造组合。构造组合是一种对一项特定的交易或风险暴露的特性重新进行构造的金融技术。它可以根据客户的需要，满足投资者、借款人及金融市场其他参与者的不同偏好，使金融技术更富有个性化特征。

第二节　金融风险与金融监管

一、金融风险

市场经济中一切经济活动都伴随着一定的风险。金融业由于经营对象、经营活动的特殊性和运作环境的变化，金融风险表现得更为突出。在现代经济中，不仅实体经济部门的矛盾会反映到金融部门并形成一定的金融风险，而且金融部门本身的运行也会带来风险，特别是在金融创新不断发展、金融衍生品不断涌现的趋势下，金融风险的累积会对金融机构、国家宏观经济造成巨大的影响。因此，无论是微观领域的经营者还是宏观经济的管理者，都应对金融风险和金融风险管理给予密切关注。

(一)金融风险的定义

金融风险(Financial Risk)是指经济主体在金融活动中遭受损失的不确定性或可能性，是金融机构或资金经营者在资金融通、经营过程中及其他金融业务活动中，受各种事先无法预料的不确定因素的影响，其实际收益所达水平与预期收益水平可能发生一定的偏差，从而有蒙受损失的可能性。

(二)金融风险的基本特征

1.客观性

现代经济社会中各类经济主体的行为及其面临的经济环境的不确定性决定了金融风险存在的客观性。金融风险是与金融经营活动相伴而生的，只要有货币、信用、银行活动，金融风险就必然存在。

2.不确定性

金融风险的大小是不确定的，因为金融系统、金融活动、金融决策本身并不是封闭的，它涉及生产、流通、消费、服务、分配等领域。金融风险的大小一般以损失发生的大小以及损失发生的概率来进行综合衡量。

3.高杠杆性

与工商企业相比，金融企业负债率偏高，财务杠杆大，导致负外部性大。另外，金融工具创新、衍生金融工具等也伴随着高度的金融风险。

4.传染性

金融活动与国民经济各部门有密切关系，能通过利率、汇率、收益率等经济变量关系在各领域之间形成多米诺骨牌效应。在经济全球化的今天，金融风险比过去任何时候都更具传染性。

5.可控性

虽然金融风险是不可能完全避免的，但金融风险可以通过金融主体的资产管理、金融机构的自律和政府当局的监管加以控制和防范。例如，微观经济主体可以通过证券组合分散风险，可以针对某一特定的风险进行保值(如期货或远期合约等)，即通过交易消除和对冲该项风险，将风险转移到交易对方；金融机构可以通过资产负债管理，降低和防范经营风险；宏观管理当局可以通过建立风险预警机制，防范系统金融风险和金融危机。

(三)金融风险的种类

对金融风险进行分类的意义在于，可以从不同角度更加全面地认识各种风险。根据不同的划分依据，金融风险的种类有以下几种。

1.按风险产生的原因分类

金融风险按风险产生的原因可分为信用风险、市场风险、操作风险、流动性风险、国家风险、声誉风险和法律风险。

（1）信用风险

信用风险（Credit Risk）也称违约风险，是指债务人或交易对手未能履行合同所规定的义务或信用质量发生变化，从而给经济主体带来损失的可能性。信用风险是金融机构面临的最复杂、最主要的风险种类之一。

（2）市场风险

市场风险（Market Risk）是指因市场价格（包括利率、汇率、股票价格和商品价格）的不利变动致使金融机构发生损失的可能性。市场风险包括利率风险、汇率风险、股票价格风险和商品价格风险四大类。

（3）操作风险

操作风险（Operational Risk）是指由于不完善或有问题的内部程序、人员及信息科技系统或外部事件而造成损失的风险。操作风险可分为由人员、系统、流程和外部事件所引发的四类风险。操作风险存在于金融机构业务和管理的各个方面，而且具有可转化性。

（4）流动性风险

流动性风险（Liquidity Risk）是指无法在不增加成本额或资产价值不发生损失的条件下及时满足客户流动性需求，从而使金融机构遭受损失的可能性。

（5）国家风险

国家风险（Country Risk）是指经济主体在与非本国居民进行国际经贸与金融往来中，由于他国经济、政治和社会等方面的变化而遭受损失的可能性。在国际经济金融活动中，不论是政府、银行、企业，还是个人，都可能遭受国家风险所带来的损失。

（6）声誉风险

声誉风险（Reputation Risk）是由于违约、违法、违规、操作失误或其他问题对银行的声誉产生负面影响，使客户或整个市场对金融机构的信心产生动摇，从而使金融机构处于困境或有发生损失的可能性。金融机构通常将声誉风险看作对其市场价值最大的威胁，因为金融机构的业务性质要求其信誉能够维持客户和整个市场的信心。

（7）法律风险

法律风险（Legal Risk）是指金融机构在日常经营活动或各类交易过程中，因为无法满足或违反相关的商业准则和法律要求，导致不能履行合同，发生争议、诉讼或其他纠纷，从而可能给金融机构造成经济损失的风险。

2. 按风险是否可以回避或消除分类

金融风险按风险是否可以回避或消除可分为系统性风险和非系统性风险。

（1）系统性风险

系统性风险（Systemic Risk）是指由那些影响整个金融市场的风险因素所引起的风险，这些因素包括经济周期、宏观经济政策变化、战争等。这部分风险影响所有金融变量的可能值，因此，不能通过分散投资相互抵消或削弱，所以也称不可分散风险。其特点是，不能通过调整投资结构和实行投资组合多样化来加以规避。

（2）非系统性风险

非系统性风险（Non-systemic Risk）是指与特定公司和行业相关的风险，它与经济、政治和其他影响所有金融变量的因素无关。例如，某公司的原材料成本上升、竞争对手技术创新，都会对公司股票价格产生不利影响；又如，证券市场上投机者操纵个别股票引发的金融风险等。对于此类风险，投资者可以通过多样化投资策略分散投资来规避风险，因此也称可分散风险。

3.按风险产生的根源分类

金融风险按风险产生的根源可分为客观金融风险和主观金融风险。

（1）客观金融风险

由自然灾害、经济政策、政治动荡、科技发展等一系列客观因素带来的金融风险都属于客观金融风险（Objective Financial Risk）。例如，严重的旱灾使农业减产，农业经营者亏损严重，无法归还银行贷款，从而使银行遭受金融风险。

（2）主观金融风险

因资金借贷者与经营管理者管理不善或预期失误等因素引起的金融风险属于主观金融风险（Subjective Financial Risk）。例如，股票投资者看涨某只股票，重仓持有，结果却事与愿违，这只股票不涨反跌，使投资者蒙受损失，此为主观金融风险。

（四）金融风险管理

1.金融风险管理的含义

金融风险管理是指金融企业在筹集和经营资金的过程中，对金融风险进行识别、衡量和分析，并在此基础上有效地加以控制与处置，用最低成本，即用最经济合理的方法来实现最大安全保障的科学管理方法。

2.金融风险管理的过程

金融风险管理（Financial Risk Management）是一个十分复杂的过程，根据金融风险管理过程中各项任务的基本性质，可将整个金融风险管理过程分为六个阶段。

（1）金融风险的度量

金融风险的度量，就是鉴别金融活动中产生各项损失的可能性，估计可能损失的严重性。金融风险的度量包括以下两个方面的内容。

①风险分析（Risk Analysis）。风险分析包括分析各种风险暴露，例如，哪些项目存在金融风险，受何种金融风险的影响；分析各种资产和负债受到金融风险影响的程度；分析金融风险的成因和特征，分清哪些风险可以回避，哪些风险可以分散，哪些风险可以减少。

②风险评估（Risk Assessment）。风险评估包括预测和衡量金融风险的大小；确定各种金融风险的相对重要性；明确需要处理的缓急程度，以此对未来可能发生的风险状态、影响因素的变化趋势进行分析和判断。

（2）风险管理对策的选择和实施方案的设计

在完成准确的风险度量之后，管理者必须考虑金融风险管理策略。不同的金融风险，可以采取不同的策略。风险管理的方法一般分为控制法和财务分析法。所谓控制法，是指在损失发生之前，运用各种控制工具，力求消除各种隐患，减少风险发生的因素，将损失的严重后果减少到最低程度。财务分析法是指在风险事件发生后已经造成损失时，运用财务工具，对损失的后果给予及时的补偿，促使其尽快地恢复。

（3）金融风险管理方案的实施和评价

金融风险管理方案确定后，必须付诸实践。金融风险管理方案的实施，直接影响着金融风险管理的效果，也决定了金融风险管理过程中内生风险的大小，因此，它要求各部门互相配合支持，以保证方案的顺利实施。金融风险管理方案的评价是指不断通过各种信息反馈检查风险管理决策及其实施情况，并视情形不断地进行调整和修正，以此更加接近风险管理的目标。

（4）风险报告的撰写

风险报告是指金融企业定期通过信息管理系统将风险报告发送给董事会、高级管理层、股东和监管部门的程序。风险报告应具备以下几方面的要求。

①输入的数据必须准确有效，必须经过复查和校对源于多个渠道的数据才能确定。

②应具有实效性，风险信息的收集和处理必须高效准确。

③对不同的部门提供不同的报告。近年来，监管部门采取措施要求金融企业改进风险报告和年报中的信息披露，金融工具的会计计账方法也逐步转向以公允价值为基础的方法。

（5）风险管理的评估

风险管理的评估是指对风险度量、风险管理工具选择、风险管理决策以及金融风险管理过程中业务人员的业绩和工作效果进行全面的评价。

（6）风险确认和审计

风险管理程序的最后一步是确认金融企业正在使用的风险管理系统和技术是否有效。风险确认和审计主要是指内部审计和外部审计对风险管理程序的检查，用于保证了解和检查风险管理职能的有效性。

二、金融危机

金融风险积累到一定程度，便有可能导致金融危机。20 世纪 90 年代以来，国际金融市场危机四伏、风波迭起，相继发生了欧洲货币危机、墨西哥金融危机、亚洲金融危机和美国次贷危机。金融危机使危机发生地的经济遭受了沉重的打击，也对全世界的金融市场造成了极大的消极影响。

（一）金融危机的定义

一般认为，金融危机（Financial Crisis）是指起始于一国或一个地区，甚至导致整个国际金融市场或金融系统的动荡超出金融监管部门的控制能力，造成金融制度混乱，进而对整个经济造成严重破坏的过程。金融危机表现为金融资产价格大幅卜跌，金融机构倒闭或濒临倒闭，某个金融市场如股市或债市暴跌等。

（二）金融危机的特征

1. 传染性

随着金融国际化的日益深化，全球经济、贸易关系日益紧密，资本在各国的自由流动有利于全球经济的发展和福利水平的提高，但是同时也使各国经济更易于受到国际经济环境变化的冲击。国际游资流动频繁，加速了金融危机从一国蔓延到另一国的进程。另外，金融交易与实物交易的严重脱节也增加了金融市场的风险，一个环节出现问题，很容易引起连锁反应。一个国家的金融危机往往可能波及周边国家或国际资本市场，引起地区性的或全球性的金融危机，产生"多米诺骨牌效应"。全球金融市场动荡的主要传导机制是投资者过度敏感的金融恐慌心理，加上国际资金调拨的电子化程度以及快速的信息传递，便形成"金融市场传染"。

2. 潜伏性

金融危机爆发之前都表现出一定的潜伏性，金融危机看似爆发得很突然，但实际上，金融危机爆发是长期潜伏的综合性经济危机的总爆发。在此之前，尽管各国政府对危机的严重性已经逐步有所认识，也曾试图采取措施加以避免，但由于长期积累的问题，政府的政策活动空间十分有限，政府的政策也很可能出现矛盾和混乱。

3. 内源性

对外开放使一国加入世界经济的大环境中，与其他国家一起分享开放经济所带来的利益。与此同时，一国经济不可避免地受到国际各经济主体行为的冲击和制约。当代金融危机爆发地都是进行市场化改革起步较早的国家，经济保持较高的增长速度，但在经济快速发展的同时，各国政府的宏观政策都存在一定的问题，正是不当的宏观经济政策导致了金融危机的爆发。

4. 频繁性

20 世纪 20 年代末在美国爆发了金融危机之后，近半个世纪世界经济保持相对稳定。但是在 20 世纪 90 年代以后接连爆发了日本银行赤字风暴、墨西哥金融危机、日本银行坏账危机和亚洲金融危机，危机的间隔时间越来越短，频率明显增高。克鲁格曼在 1998 年曾指出，1990 年以来全球发生三大货币危机，即 1992—1993 年欧洲货币危机，1994—1995 年拉美货币危机和 1997 年亚洲金融风暴，平均每 19 个月就发生一次。

5. 严重性

当代金融危机爆发后，对国内和世界经济产生了严重的影响。以亚洲金融危机为例，它造成投资者对亚洲市场产生不信任情绪，导致外国投资者纷纷从泰国和东南亚撤出资金。这种情绪的继续蔓延，使亚洲金融危机波及范围加大，危机的严重性进一步加重，而这一后果又促使投资者继续持不信任的态度，从而使危机陷入恶性循环，愈演愈烈。在短期内，受这场危机影响最大的国家是日本。日本向亚洲的出口占日本总出口的 40%，在亚洲地区直接投资达 60 亿美元，因此在短期内受到的影响更大。

(三)金融危机的分类

1. 按照国际货币基金组织(IMF)的分类

(1)货币危机

货币危机(Monetary Crisis)是指投机冲击导致一国货币大幅度贬值，迫使该国金融当局为保卫本币而动用大量国际储备或急剧提高利率。例如，1992—1993 年欧洲货币体系危机就是典型的货币危机。

(2)银行业危机

银行业危机(Banking Crisis)是指银行不能如期偿付债务，迫使政府提供大规模援助，以避免违约现象的发生。表现为真实的或潜在的银行破产，致使银行纷纷终止国内债务的清偿。一家银行的危机发展到一定程度，就可能波及其他银行，引起整个银行系统的危机，政府不得不提供大规模援助以阻止事态的发展，避免扩散到整个金融体系。20 世纪90 年代日本和东南亚金融危机中，各国就曾发生大批金融机构破产倒闭的情况。

（3）系统金融危机

系统金融危机（Systemic Financial Crisis）也称全面金融危机，是指主要的银行、货币等领域都出现危机，货币危机、银行业危机、债务危机同时或相继发生，导致整个金融市场出现严重的混乱局面。它削弱了市场的有效性原则，会对实体经济产生极大的负面效应。一次系统金融危机可能包括货币危机，但一次货币危机却不一定使国内支付体系陷入严重混乱，也不一定会导致系统金融危机的爆发。

（4）债务危机

债务危机（Debt Crisis）是指一国处于不能支付其债务的情形，无论这些债权属于外国政府还是非居民个人，实际上，债务危机本质上仍然是货币危机。在 20 世纪 80 年代和 90年代，拉丁美洲部分国家的金融危机，就是债务引发的货币危机。

2. 根据金融危机的影响地域分类

（1）国内金融危机

国内金融危机（Domestic Financial Crisis）往往起因于某些国家的国内经济、金融因素，其影响面仅局限于一国国内，一般通过整顿所在国的经济金融秩序、加强法治，或者由金融当局出面采取某种形式的适当救助，即可化解与解决。例如 1988—1989 年美国储贷协会危机、1992 年印度迈赫塔股票诈骗案和 1997 年阿尔巴尼亚集资风波等。

（2）区域金融危机

区域金融危机（Regional Financial Crisis）往往最先爆发于某一经济贸易一体化组织中的一个成员，而后迅速传导到其他成员，对于集团外国家或者世界经济金融一般没有或较少有直接的影响，危机的化解与解决也主要依靠集团内部有关国家经济金融当局在政策协调方面的共同努力，当然，来自外部或者国际社会的财政援助也是十分必要的。货币冲击或货币危机常常构成区域金融危机的标志性特征，例如 1992—1993 年欧洲汇率机制危机、1992—1994 年卢布危机和 1997 年东南亚金融危机。

（3）全球金融危机

全球金融危机（Global Financial Crisis）区别于上述两种危机，无论它首先在发达国家爆发，还是在发展中国家爆发，其后必然通过某种途径传导到欧美等主要发达国家，进而波及全球金融市场，并且在一定条件下极有可能引发世界经济危机或全球经济衰退。而世界各国特别是主要发达国家的政策协调，有关国际金融机构的资金援助，甚至相关国家的经济金融体制以及国际金融体制的改革，都是能否顺利化解全球金融危机的重要制约条件。1929—1933 年首发于美国的"大危机"和 2007 年首发于美国的次贷危机进而演变为肆虐全球的金融风暴，就是这类危机的典型例证。

3. 根据金融危机的性质和内容分类

（1）货币市场危机

货币市场危机（Money Market Crisis）是指在实行固定汇率制或带有固定汇率制色彩的钉住汇率制的国家，由于其国内经济变化没有配合相应的汇率调整，导致其货币内外价值脱节，反映为本币汇率的高估，由此引发的投机冲击加大了外汇市场上本币的抛压，其结果要么是外汇市场上本币大幅度贬值，要么是该国金融当局为捍卫本币币值而动用大量国际储备干预市场或大幅度提高国内利率。例如，1997年东南亚金融危机中的泰国危机和1998年的俄罗斯金融危机。

（2）资本市场危机

资本市场危机（Capital Market Crisis）是指某些国家的资本市场（主要是股票市场）由于国内或国外的原因，价格在短期内大幅度下降，例如1987年的"黑色星期一"。资本市场危机与货币市场危机具有联动作用，资本市场危机可以导致货币市场危机，而货币市场危机同样也可以引发资本市场危机。1997年东南亚金融危机就是典型例证。

（3）金融机构危机

金融机构危机（Crisis of Financial Institutions）是指某些商业银行或者非银行金融机构由于内部或外部原因，出现大量不良债权或巨额亏损，导致支付困难或破产倒闭，其影响极易扩散，引发全社会对各类金融机构的挤兑风潮，从而严重威胁整个金融体系的稳定。例如，1961—1965年中国香港地区银行倒闭风潮和1996年日本"住专丑闻"。

（4）综合金融危机

综合金融危机（Comprehensive Financial Crisis）往往表现为上述几种危机的混合，现实中常常是一种危机的爆发带动其他危机的爆发。例如，东南亚金融危机就是货币市场危机首先爆发，资本市场危机、金融机构危机接踵而至，危机迅速波及有关国家的整个金融市场和金融体系，形成综合金融危机。综合金融危机一方面严重损害了相关国家的经济金融利益，且极易升级为经济危机或政治危机，另一方面也在一定程度上暴露了危机国所存在的深层次结构问题。

4. 根据金融危机的影响程度分类

（1）系统性金融危机

系统性金融危机（Systemic Financial Crisis）源于系统性金融风险，其影响深远且带有明显的全局性特征，如果应对不当，将危及一国金融体系乃至世界金融局势的安全与稳定。前面提及的综合金融危机就是典型的系统性金融危机。

（2）非系统性金融危机

非系统性金融危机（Non-systemic Financial Crisis）源于非系统性金融风险，其影响往往局限于某一特定金融机构、金融市场或金融领域，一般不会对一国的金融体系形成直接威胁。例如，1992年印度迈赫塔股票诈骗案和1995年英国巴林银行倒闭案，当然也不排除非系统性金融危机由于处理不当在一定条件下转化为系统性金融危机的可能性。

（四）金融危机的演变过程

一般来讲，金融危机演变过程大致分为四个阶段：危机的潜伏阶段、危机的爆发阶段、危机的扩散阶段和经济的复苏阶段。

1. 危机的潜伏阶段

危机的潜伏阶段是指在金融危机爆发之前的阶段，这一阶段往往表现为国内经济一片大好，国内生产总值增速明显，房地产欣欣向荣，股价涨势喜人，整个社会呈现一种普遍乐观的心理，而政府扩张性政策或监管的放松助长了这一乐观情绪。基本特征：经济持续增长，外部资金大量涌入，信贷投放快速增长，投资规模极度膨胀，资产价格迅速飙升。

上述各种经济数据一片向好催生了投资者的乐观情绪，市场开始出现投资狂热，非理性投资行为占据了主导位置。

这种乐观情绪具有传染性，或叫"羊群效应"。某些事件的发生增强了市场信心，导致市场盲目乐观，确信未来经济会繁荣，因此人们进一步认为有必要加大投资。结果，金融机构接受了在理性环境下一般不会接受的流动性较低的负债结构，经济开始扩张，不断繁荣，直至产生经济过热。伴随着投资过热，人们的贪婪欲望也随之增大，市场上的欺诈行为也应运而生。一旦欺诈行为被曝光，市场就可能出现混乱，并往往引起突发性崩溃和恐慌。历史上著名的"南海泡沫"、日本"失去的十年"以及2007—2008年次贷危机中，都出现了各种各样的欺诈行为。

2. 危机的爆发阶段

任何一次金融危机都遵循以下逻辑：经济政策放松、信贷扩张→经济繁荣、资产价格泡沫形成→经济政策反转、预期改变→资产泡沫破裂、金融危机爆发→金融机构破产、信贷（流动性）紧缩→危机向实体经济扩散导致经济下滑或衰退。在危机爆发阶段，市场一般有两大特征：一是预期变化往往是引发危机的直接原因；二是房市、股市及外汇市场是危机爆发的主要导火索。继投资过热、经济繁荣之后，由于外部冲击或其他某种因素改变了市场参与者的预期，资产泡沫破裂，金融危机爆发。历次金融危机的实践表明，房地产、股票及外汇市场是引发金融危机爆发的主要导火索。银行业危机中，房地产、股市泡沫的破裂无疑是引发金融危机的源头；而货币危机或债务危机中，危机爆发国的货币往往成为国际投机者的狙击对象，进而可能引起银行危机。以日本金融危机为例，从1989年5月至1990年8月，日本银行5次上调中央银行贴现率，达到6%。由此，日本经济就像一只膨胀的气球被猛扎数针，地价、股价迅速暴跌，金融危机全面爆发。而东南亚金融危机的爆发则始于汇率贬值。1997年7月2日，泰国中央银行放弃泰铢与美元挂钩的联系汇率制，代之以浮动汇率制，从而导致泰铢大幅贬值，汇市、股市、房地产市场泡沫破裂，成为亚洲金融危机的导火索。

3. 危机的扩散阶段

随着世界经济全球化的发展态势，各国在经济、金融方面的联系越发密切，金融危机扩散日渐成为一种普遍现象。危机一旦爆发，将不仅限于危机国内部，而且会迅速扩散到其他国家或地区，演变成区域性乃至全球性金融危机。无论是1992年爆发的欧洲金融危机、1994年爆发的墨西哥金融危机、1997年爆发的亚洲金融危机，还是2007年爆发的美国次贷危机，都是从发源地迅速向周边国家扩散、传导，给周边国家甚至世界经济发展带来了极为严重的负面影响。

4. 经济的复苏阶段

金融危机严重的国家，在不断修复之后逐步进入危机发展的第四阶段，即经济的复苏阶段。此时面对的关键问题是如何消除金融危机的影响，提高金融体系的效率和稳定，促进和保证受到打击的世界经济能够恢复发展。从历史经验看，金融危机爆发一段时期后，危机国实体经济会下滑或衰退，经过政府的救市以及经济的自我调节，经济开始逐步恢复稳定，市场利率降低，危机的负面影响即将结束。随后，市场参与主体的信心逐步恢复，对未来的经济形势不再过度悲观，投资者的投资热情开始被市场调动，消费者的消费潜力也逐步被市场挖掘，整个市场逐渐恢复。

（五）金融危机的危害

金融稳定（Financial Stability）是经济可持续发展的一个必要前提，而金融危机的爆发使经济面临混乱局面，并将为此付出巨大代价。

1. 金融危机会导致巨大的产出损失

金融危机会导致资源配置和使用的失误，减少真实产出，危机发生国一般会出现经济增长的下降，甚至出现负增长。根据巴里·埃森格林等人的估算，在发展中国家，对经济影响范围较广的危机，第一年可以使其国内生产总值（GDP）下降1%，第二年会使其国内生产总值（GDP）下降3%，随后几年中还会有更多的下降。我们对比各次金融危机发生前几年的经济增长与金融危机发生后几年的经济增长，可以明显地看出金融危机的产出损失。

2. 金融危机会导致危机国的金融市场出现巨大动荡

金融危机会严重扰乱一国的金融秩序，使外汇市场、股票市场、信贷市场等都出现混乱，通常会导致本币大幅贬值、股市暴跌、大量银行等金融机构陷入困境甚至破产。

（1）货币贬值

发生金融危机时，相关国家的货币会受到较大冲击，许多投资者会将本国货币转换成其他国家的货币而逃出本国，外国投机者也会大量抛售该国的货币，从而使外国市场上货币供求严重失调，引起危机国的货币大幅贬值。

（2）股市下跌

与外汇市场类似，投资者对金融危机发生国的股票市场投资失去信心，从而会大量撤资，而这又会引发恐慌性抛盘，加剧股市的下跌。例如，在1994年拉美债务危机中，墨西哥的股市到1995年1月12日累计跌幅达42%；到1995年1月中旬，巴西股市累计下跌36%，而阿根廷、秘鲁与智利的股市也有15%~22%的跌幅。

（3）金融机构的不良债权大量增加，并出现破产现象

金融危机会使金融机构的资金运转失灵，陷入严重的流动性困难，大幅增加不良债权的数量，甚至出现金融机构倒闭的现象。例如，在东南亚金融危机之前，各国的不良债权比率较低，而在金融危机之后，金融机构的不良债权增长迅速，并出现大量金融机构破产现象，泰国与印度尼西亚分别关闭了56家与17家金融机构，日本也有多家全国性金融机构破产。

3. 金融危机需要花费大量的恢复成本

金融危机的发生不仅使当年的经济与金融受到重创，其影响还会持续下去，一国为了走出金融危机的阴影，需要付出巨大的成本。国际货币基金组织（IMF）的相关数据显示，货币危机的恢复平均需要一年到一年半的时间，银行业危机的恢复平均需要三年时间。在这个较长的恢复期内，一国政府必须为重建金融业付出巨大的财政和准财政费用，作用于金融市场功能发挥不到的地方。当然，在解决金融危机的花费方面，新兴市场国家要比工业化国家付出更大的代价。

（六）金融危机的防范

通过上述分析，我们可以清楚地看到，金融危机作为一种灾难性事件，其产生的直接

和间接后果是严重的。随着经济全球化进程的加深，金融危机将成为今后世界经济生活中最主要的危机之一。因此，各国包括世界经济组织都十分重视对金融危机的研究，纷纷采取了一系列政策措施，防患于未然。

1. 建立合理的企业治理结构

有效的企业治理结构是防范金融危机的微观基础。有效的企业治理结构可以最大限度地防止融资中的道德风险和逆向选择。有效的企业治理结构包括对企业经理人员的激励和约束两个方面，例如对企业经理人员利益的奖赏和对不负责任行为的惩罚，促使经理人员采取有效率的行动。合理的企业治理结构减少了给商业银行带来不良贷款的可能性，同时还会提高公司的盈利能力，为投资者带来更高的回报，从而为股票价格的稳定上涨奠定良好的基础。

2. 加强金融监管力度

有效的金融监管可以减少道德风险和逆向选择，维护金融体系的安全；保障存款人和公众的利益；鼓励公平、有效的竞争，保证金融机构和金融市场的健康发展；保证中央银行货币政策的顺利实施，推动宏观经济的健康发展。简言之，有效的金融监管有助于建立一个稳定、公平、高效的金融体制，预防金融危机的发生，为本国宏观经济健康发展服务。

3. 完善金融机构的内控制度

金融机构健全的内部控制制度可以防微杜渐，减少金融机构内部的道德风险。例如，科学的决策程序可以避免导致严重不良后果的选择，执行严格的内部稽核与审核可以及早地发现潜在的问题等。此外，金融机构内部良好的激励与约束机制能使金融机构的业务人员在开展业务时更为审慎，减少高风险的活动。

4. 选择合理的汇率制度

固定汇率制和浮动汇率制各有利弊，在实际运作中，各国总是根据自身条件选择合适的外汇体制。如果一国具有良好的经济环境和较强的宏观调控能力，则采取固定汇率制更有利于维持经济稳定。但是，对那些经济实力较弱、政府调控手段有限的新兴市场国家来说，在开放资本市场的情况下要维持钉住汇率制，汇率就经常会失去调节本国经济的功能，出现与本国经济状况脱节的现象。如果允许汇率完全自由浮动，又会使汇率风险增大，不利于吸引长期投资。在这种情况下，维持一定幅度的浮动汇率制也许更可取，而且基准汇率宜选取一篮了实际有效汇率；如果能确保经常项目的基本平衡，这样的汇率体制将保证汇率的相对稳定，同时，政府干预外汇市场的压力要小得多。

5. 保持适度的外汇储备

一国外汇储备规模的大小不仅要考虑对外贸易量、资本流出流入状况（特别是资本流入的期限结构），还要考虑本国居民国内资产可转换成外币资产的可能情况。发展中国家在遭到金融危机冲击时，国内资产外逃通常是加剧其金融动荡的一个重要因素。1994年的墨西哥、1997年的东南亚国家都出现过这种情况，因此，外汇储备量的确立需要考虑资产潜在外逃量的因素。

6. 加强国际监管合作

为应对金融危机的冲击，各国需要在监管体制和措施上加强协作，例如在资本流动的信息披露、会计制度等方面加强沟通，在财政政策和货币政策的实施方面加强协调，对投机性资本流动征税，建立国际性和区域性的金融监管组织等。因此，将传统的金融监管从国家监管推展到国际监管，加强国际监管合作，意义重大。

三、金融监管

金融是现代经济的核心，随着现代科技的发展和金融创新的不断涌现，金融业务之间的界限不断被打破，不同金融机构之间和不同金融工具之间的区别日益模糊，金融国际化和国际资本流动不断扩张。与此同时，金融领域的风险也在急剧增大。由于金融业的特殊性和金融在经济体系中的地位显著增强，通过监管保证金融业的稳健运行日益成为经济与社会健康发展的关键。

(一)金融监管概述

1.金融监管的含义

金融监管(Financial Regulation)是金融监督和金融管理的总称。从词义上讲，金融监督是指金融主管当局对金融机构实施的全面性、经常性的检查和督促，并以此促进金融机构依法稳健地经营和发展。金融管理是指金融主管当局依法对金融机构及其经营活动实施的领导、组织、协调和控制等一系列活动。

金融监管有狭义和广义之分。狭义的金融监管是指金融监管当局依据国家法律法规的授权对整个金融业(包括金融机构以及金融机构在金融市场上所有的业务活动)实施的监督管理。广义的金融监管除了狭义的金融监管之外，还包括金融机构的内部控制与稽核、同业自律性组织的监管、社会中介组织的监管等。

一个国家或地区的金融体系是金融监管的对象，而中央银行或其他金融监管当局是金融监管的主体。金融监管的主体是作为社会公共利益的代表，运用国家法律赋予的权力去监管整个金融体系的特殊机构。金融监管是经济监督的重要组成部分。

2.金融监管的特征

(1)法制性

金融监管属于国家的法定制度，市场经济国家的金融监管制度都是通过立法程序确定的，是一国金融体制的有机组成部分。金融监管当局是在国家授权下依法实施监管，其法律关系的内容体现为：被监管者和监管者同受法律约束；被监管者必须在法律许可的范围内从事金融活动并依法接受监管；监管者在法定权限范围内依法行使监管权，包括采取命令、许可或免除、赋予或剥夺、认可或拒绝、审查或督导等基本措施来行使行政权、命令权、处罚权和管理权等基本权利时，都必须依法行事，绝不允许越权滥施权威或横加干涉。因此，金融监管既非单纯的检查监督或处罚，也非单纯技术性的调查或评价，而是金融监管当局在法定权限下的具体执法行为和管理行为，具有权威性、严肃性和相对确定性。

(2)系统性

金融监管是一个庞大的系统工程，它是由监管依据(金融法律法规体系)、监管体制(监管主体及基本运作机制)、监管客体(银行和各类金融机构)、监管目标以及为实现目标而确定的监管内容和采取的手段方法等部分组成的，各部分间存在着有机联系，缺一不可，共同形成一个完整的系统。

（3）社会性

由于金融业具有明显的公共性，其活动范围遍及社会各部门，因此，尽管狭义的金融监管是核心，但广义的金融监管更为必要。一般认为，有效的金融监管应该是一种社会性监管，需要社会各界的协调配合，即不仅要有监管者对监管对象的纵向监管和被监管者的自律性监管，而且还包括行业公会等组织的同业横向监管、社会各部门及公众舆论的社会性监管，从而形成一个相互联系、相互补充、相互制约的大监管体系及良好的社会监管环境。

3. 金融监管的必要性

（1）市场经济的内在要求

金融监管源于一般管制理论。该理论认为，在现实经济运行中存在垄断、市场信息不对称和外部负效应等情况，竞争有效发挥作用的各项条件不能得到满足，从而导致市场失效，使"自由市场万能论"失去假设前提，因此，完全的自由放任并不能使市场运行实现规范合理和效率最优，需要借助政府，从市场外部通过法令、政策和各种措施对市场主体行为进行必要的管制，以弥补市场缺陷。

（2）金融业特殊性的要求

金融业是货币流通中心、资金融通中心、社会支付结算中心，是国民经济的"血液循环系统"。在当代纯粹的信用货币制度下，金融不再是简单的中介，其对经济的作用由原来的适应、促进，到现在的主动、推动和先导。金融在现代国民经济中的地位越来越重要，越来越突出。

（3）金融业风险性的要求

金融业是高风险行业，具有很高的负债比例，经营具有不稳定性，完全依赖公众信任。金融机构所面临的营运风险，如流动性风险、信用风险、汇率风险等，以及系统性风险，如信息系统风险、国际化风险、电子化风险等，还有管理人员与业务人员自身的风险等，都高于其他行业。

（4）金融业公共性的要求

金融机构一方面是债务人向公众负债，另一方面是债权人向公众贷款和投资。此外，还是公众经济活动的结算人，对社会的影响广泛，服务手段特殊，不可替代。

（5）金融业市场退出的社会成本问题

市场经济通过退出机制（即破产机制），将那些在竞争中经营不善的低效机构淘汰出局，实现资源高效与最优配置。金融业的特殊性、风险性与公共性，决定了金融业是一个外部效应外溢性很强的行业。例如，金融机构负债很高，可达90%；负债面很宽，涉及政府、企业与老百姓，涉及整个经济运行与核算。因此，金融业市场退出的社会成本很高，远远高于其他行业。这就决定了金融业不可能完全依赖市场机制的自动调节，来达到均衡和效率的理想状态。

补充阅读 11-2

风险集聚有隐忧，互联网金融监管起步

2013 年，对于互联网金融业而言，注定是个机遇、火爆、风险、泪水交织的复杂年

份。这个新的掘金蓝海,交叉、跨界、融合成为行业的突出特征。余额宝、百度百发、人人贷、京宝贝……各种金融创新产品层出不穷,于是互联网金融也被人们称为颠覆已有产业的"革命性力量"。但野蛮生长的背后,游走在灰色地带的创新模式自带的风险给狂欢的人们敲响了一记记警钟。特别是 P2P 网贷,近几年大案频出,险象环生,10 月以来几乎每天都有数家平台开张或倒闭。8 月 13 日,中央银行副行长刘士余出席互联网大会时强调:"互联网金融有两个底线是不能碰的:一个是非法吸收公共存款,一个是非法集资。"这表明了监管层对互联网金融风险的态度,也从侧面说明,一些非法分子利用 P2P 网络借贷平台的经营行为尚缺乏有效监管的空子,以开展 P2P 网络借贷业务为名实施非法集资的风险已日趋严重。

"P2P 平台的快速倒闭,以及监管层对 P2P 贷款的态度,充分印证了仅依赖于与银行类似的风控模式,来做银行不愿意放贷的客户群,现有的 P2P 贷款模式十分脆弱。"东方证券分析师金麟表示,由于无法基于大数据实现信用风险控制,P2P 贷款的运营成本明显偏高,并且在风险的识别能力上存在瑕疵。业内专家称,对于互联网金融企业来说,风险暴露的背后正是其对风险的识别和管理能力不足。

"不难看出,监管部门对于互联网金融的态度已经有所改变,开始着手推动针对互联网金融的监管进程。"赛迪投资顾问有限公司创新金融事业部总经理汪晶晶博士表示,有了有效的监管和立法,互联网金融未来将迎来长期有序的发展。

(资料来源:李贺.金融学基础:理论·实务·案例·实训 [M].上海:上海财经大学出版社,2017.)

4.金融监管的目标

金融监管的总体目标是在一定约束条件下追求最佳效果,在稳定、公平、效率三者间寻求均衡。具体而言,金融监管的目标包括以下四个方面:

(1)保证经营的安全性和稳定性

金融机构的金融活动有很大风险,无论是吸收存款、发放贷款,还是进行证券投资或外汇交易,都要承担一定的风险。金融监管的目的就是减少金融风险,保证金融机构的经营有一个稳定、安全、可靠的金融环境。

(2)鼓励进行有效的适当竞争

实践证明,金融机构提供的金融服务数量与服务质量,主要来自竞争压力。没有同业竞争,金融服务的质量就难以提高,金融服务的数量也难以满足社会需要。但是,竞争只能在平等的基础上进行,且竞争是有限的,不能过度竞争。金融监管就是要打破金融垄断,防止过度竞争,使竞争在法律范围内平等地进行。

(3)保证活动各方的正当权益

在金融活动中,无论是金融机构还是客户,都有各自的经济权益和经济责任。例如,金融机构贷款的自主权、客户存款的存取权、债务偿还的各种义务等。金融监管要体现在金融机构与客户的这些经济权益和经济责任合理化和合法化方面,在当事人各方出现争议时进行仲裁、协调、监督与检查。只有在维护各方经济利益、明确各方经济责任的情况下,金融业才能得到健康稳定的发展。

(4)造就高效的金融信息系统

要较好地完成金融监管任务,金融监管部门必须能随时从金融机构获取金融信息,金融机构之间也只有在信息灵活畅通的情况下才能展开竞争，提高金融服务质量。因此，金融监管必须造就一个高效率的信息系统为金融事业服务。

5. 金融监管的原则

各国金融监管的原则大致相同，特别是巴塞尔委员会于 1997 年 9 月公布了有效监管的核心原则之后，各国金融监管当局基本上将其作为金融监管的指导原则。概括来讲，主要有以下几点：

(1)独立原则

独立原则是指参与金融监管的各个机构要有明确的责任和目标，并应享有操作上的自主权和先决条件，这些条件主要有稳健且可持续的宏观经济政策、完善的公共金融基础设施、有效的市场约束、高效率解决银行问题的程序、适当的系统性保护(或公共安全网)等机制。

(2)适度原则

金融监管机构的职能空间必须得到合理界定，应以保证金融市场内在调节机制正常发挥作用为前提。金融监管当局的监管重心应放在保护、维持、培育、创造一个公平、高效、适度、有序的竞争环境上。这就要做到既避免造成金融高度垄断、排斥竞争，丧失效率与活力，又防止出现过度竞争、破坏性竞争，波及金融业的安全和稳定。

(3)法制原则

法制原则有两方面的含义：①所有金融机构都必须接受金融监管当局的监督管理，无一例外；②金融监管必须由金融监管机构依法进行，有关各方权利与义务的划分必须有明确的法律依据，以确保金融监管的权威性、严肃性、强制性和一贯性，从而确保金融监管的有效性。金融监管要依法监管，不能用行政的随意性代替法律，要防止金融监管者的行为扭曲，建立对监管者的权力制衡机制。

(4)内控与外控相结合原则

世界各国的金融监管工作，从管理风格上看，差异较大。美国和日本比较强调外部强制监督管理，而英国和许多西欧国家则更强调在诱导劝说基础上的自我约束、自我管理。总体上看，各种不同的监管风格与本国的传统有关。但是，要保证监管的及时和有效，客观上要求内控与外控的有机结合。这是因为外部强制管理不论多么缜密严格，也只是相对的，假如管理对象不配合、不协作，而是设法逃避应付，那么外部监管难以收到预期效果；反之，如果把全部希望都放在金融机构本身的内控上，则一系列不负责任的冒险行为和风险就难以有效地避免。

(5)动态原则

金融监管应与金融发展保持同步性，以免成为限制金融业发展的羁绊。监管机构应尽快对不适应金融发展新形势的规则进行修订，以激发金融创新的积极性。监管机构还应具备一定的前瞻性，把握金融市场走向和金融机构的演变趋势，提前做出相应的准备，缩短监管时滞，提高监管的前瞻性和预防性。

(6)母国与东道国共同监管原则

随着经济全球化的发展，金融国际化成为趋势，跨国银行日趋增多，国际金融业务迅猛发展，证券交易日益全球化，保险业务越来越趋于国际化。随着金融国际化的发展，以国界为范围的金融监管难以实现监管目标。为了维护国际金融业的平稳运营与公平竞争环境，保护国际投资者的利益，各国开始联手进行金融监管。国际性金融机构的母国与东道国对其监管应负有明确的责任，母国与东道国建立联系、交换信息，共同完成对跨国金融机构和金融业务的监管，逐步实现金融监管的国际化。

6. 金融监管的手段

不同国家、不同时期的监管手段各不相同。例如，市场体制健全的国家主要运用法律手段，而市场体制不发达的国家更多的是使用行政手段。总体上看，目前金融监管的手段主要有以下四种：

(1) 法律手段

法律手段(Legal Means)即国家通过立法和执法，将金融市场运行中的各种行为纳入法制轨道，金融活动中的各参与主体按法律要求规范其行为。运用法律手段进行金融监管，具有强制力和约束力，各金融机构必须依法行事，否则将受到法律的制裁。因此，各国监管当局都大力推行法律手段，即使是一些不发达的发展中国家，也在积极完善立法，使金融监管拥有相当的力度。法律手段发挥监管作用，必须树立金融法律的权威性和有效性，立法要超前，执法要严格。例如，运用法律手段管理证券市场，就要通过立法和执法抑制和消除欺诈、垄断、操纵、内幕交易和恶性投机等不法行为，维护证券市场的良好运行秩序，保护投资者的利益。

(2) 技术手段

监管当局实施金融监管必须采用先进的技术手段(Technical Means)，例如运用电子计算机和先进的通信系统实现全系统联网。这样一来，监管当局不仅可以加快和提高收集、处理信息资料及客观评价监管对象经营状况的速度和能力，还可以扩大监管覆盖面，提高监管频率，及时发现问题和隐患，快速反馈监控结果，遏制金融业的不稳定性和风险性。运用电子计算机进行监管，实际上是将监管当局的监管内容量化成各项检测指标，通过资料的整理、分析和对比，最后以监控指标的形式反映金融业的业务经营活动状况来判断风险程度。

(3) 行政手段

行政手段(Administrative Means)是指政府监管当局采用计划、政策、制度、方法等方式进行直接的行政干预和管理。运用行政手段实施金融监管，具有见效快、针对性强的特点。特别是当金融机构或金融活动出现波动时，行政手段甚至是不可替代的，但行政手段只能是一种辅助性手段。从监管方式的发展方向来看，各国都在实现非行政化，逐步放弃用行政命令的方式来管理金融业，更多地转向使用法律手段和经济手段。原因在于行政手段和市场规律在一定程度上是相互抵触的，虽收效迅速，但震动大、副作用多，缺乏持续性和稳定性。但要完全摒弃行政手段也是不现实的，即便是在市场经济高度发达的国家，在特殊时期仍有其存在的必要性。

(4) 经济手段

经济手段(Economic Means)是指监管当局以监管金融活动和金融机构为主要目的，采用间接调控的方式影响金融活动和参与主体的行为。金融监管的经济手段很多，例如在对商业银行进行监管时，最后贷款人手段和存款保险制度等都是非常典型的经济手段；在证券市场监管中，金融信贷手段和税收政策都是重要的经济手段。

(二)金融监管的内容

1.市场准入的监管

市场准入是金融机构获得许可证的过程，各国对金融机构实行监管都是从实行市场准入管制开始的。实行市场准入管制是为了防止不合格的金融机构进入金融市场，保持金融市场主体秩序的合理性。市场准入监管的最直接表现为金融机构开业登记、审批等环节的管制。我国中央银行对商业银行市场准入的监管内容主要包括以下方面：

(1)设立的程序

设立商业银行应当经国务院银行业监督管理机构审查批准。未经国务院银行业监督管理机构批准，任何单位和个人不得从事吸收公众存款等商业银行业务，任何单位不得在名称中使用"银行"字样。

(2)设立的组织形式

按照有关法律规定，我国商业银行应采取有限责任公司或股份有限公司的形式设立，城市和农村信用社及其联社均采取合作制。

(3)章程内容

募股结束并由国务院银行业监督管理机构检查通过后，发起人要召开全体股东大会，拟定章程并通过。章程内容包括机构名称、营业地址、经营宗旨、注册资本金、业务范围、机构组织形式、经营管理形式、机构终止和清算等事项。章程以被国务院银行业监督管理机构批准设立时的文本为最后文本并生效。

(4)资本金要求

我国相关法律要求设立全国性商业银行的注册资本最低限额为 10 亿元人民币，注册资本应当是实缴资本。

(5)经营方针和营业场所

银行的经营方针是在有关法律的规范下，将社会责任、经济效益和社会效益并举，因此其营业计划应体现这一经营方针。营业场所主要是指其营业场地的面积、安全防范，及有关现代化通信设施是否与该场地相适应。

(6)法定代表人及主要负责人任职资格的审查

法定代表人及主要负责人是指董事长、副董事长、行长(总经理)和副行长(副总经理)。国务院银行业监督管理机构在审批时，按照相关法律和《金融机构高级管理人员任职资格管理暂行规定》等进行审查和批准。

(7)申请设立的可行性报告

该报告能够证明新设立的机构是全国或区域经济和金融发展所必需的，管理者有能力在公平竞争的条件下带来自身的盈利和为经济发展做出贡献等。

(8)许可证制度

经批准设立的银行金融机构，由国务院银行业监督管理机构颁发经营许可证，并凭该许可证向工商行政管理部门办理登记，领取营业执照。

2.市场运作过程的监管

金融机构经批准开业后，金融监管当局还要对金融机构的运作过程进行有效监管，以便更好地实现监控目标的要求。各国对银行机构运作过程监管的具体内容不完全相同，但一般会将监管重点放在以下几个方面：

(1)资本充足性监管

对于商业银行的资本金，除注册时要求的最低标准外，一般还要求银行自有资本与资产总额、存款总额、负债总额以及风险投资之间保持适当的比例。商业银行开展业务时要受自有资本的制约，不能脱离自有资本而任意扩大业务。在这方面，1998年《巴塞尔协议》关于核心资本和附属资本与风险资产的比率分别为4%和8%的规定，已经被世界各国普遍接受，作为关于银行监管中资本充足率的最重要、最基本的标准。2004年，《巴塞尔新资本协议》对原协议再次进行了修改，完善了资本充足率监管的新框架。

(2)流动性监管

为保障商业银行的支付能力，降低风险程度，中央银行除规定法定存款准备金比例以外，还要求商业银行的资产必须保持一定程度的流动性，即规定全部资产中流动性资产的最低比例。

《商业银行法》对我国商业银行流动性监管进行了详尽规定，包括流动性资产负债比例指标、备付金比例指标、拆借资金比例指标、存贷款比例指标等。

(3)业务范围的监管

对业务范围的监管是中央银行根据各类金融机构的性质分别核定其业务范围或限制其进入某种业务领域。例如，20世纪30—90年代，美国禁止商业银行从事投资银行业务，瑞典规定商业银行不得介入不动产投资、保险和金融租赁业务。

从世界各国来看，金融业的经营模式主要有分业经营和合业经营两种。分业经营是指金融业中传统商业银行业务与证券业务、保险业务等金融业务分别由不同机构来经营，国家一般通过法律明确界定不同机构的业务范围；合业经营也称混业经营、全能经营，是指监管当局允许商业银行开展多种业务，既能经营传统商业银行业务，又能经营证券、投资保险和其他金融业务，实现银行业与证券业、保险业等业务的相互渗透与一体化经营。虽然合业经营是金融业经营模式的发展趋势，但它会使监管和风险控制的难度加大。

(4)信贷风险的控制

追求最大限度的利润是商业银行经营的直接目的，商业银行把吸收的资金尽可能地集中投向盈利高的方面。由于获利越多的资产风险相对越大，大多数国家的中央银行会尽可能限制贷款投向的过度集中，通常限制一家银行对单个借款者提供过多的贷款，以分散风险。分散风险既是银行的经营战略，也是金融监管的重要内容。限制商业银行信贷集中，是基于分散风险的需要。美国明确规定，对单个借款人的贷款最高限额，一般不得超过银行资本的15%；如果有流动性强的足额抵押品进行担保，这一指标可放宽至25%。我国对贷款集中度的监管体现在两个方面：对单一客户的贷款比例和对最大10家客户的贷款比例，前者规定不得超过银行资本总额的10%，后者规定不得超过银行资本总额的50%。

(5)外汇风险管理

在外汇风险领域，大多数国家对银行的国际收支趋向很重视，并制定适当的国内管理制度，但各国的管理制度又有显著的差别。美国、法国、加拿大等国对外汇的管制较宽松，而英国、日本、荷兰、瑞士等国对外汇的管制较严。例如，英格兰银行对所有在英国营业的银行的外汇头寸进行监控，要求任何币种的交易头寸净缺口数不得超过资本基础的10%，各币种的净空头数之和不得超过资本基础的15%；对于外国银行分支机构，英格兰银行要求其总部及母国监管当局对其外汇交易活动进行有效的控制。

（6）准备金管理

银行的资本充足性与其准备金政策之间存在天然、内在的联系，因此，对银行资本充足性的监管必须考虑准备金因素。监管当局的主要任务是确保银行的准备金是在充分考虑、谨慎经营和真实评价业务质量的基础上提取的。各国金融监管当局已经普遍认识到准备金政策和方法的统一是增强国际金融体系稳健性的一个重要因素，同时也有助于银行业在国际范围内的公平竞争。因此，各国金融监管当局之间的协商与合作有利于在准备金问题上达成共识。

（7）存款保险管理

当银行面临破产时，必然出现如何保障存款人利益的问题。为了防止挤兑现象，许多国家建立了存款保险制度。在金融体制中设立负责存款保险的机构，规定本国金融机构按吸收存款的一定比例向专门保险机构缴纳保险金，当金融机构出现信用危机时，由存款保险机构向金融机构提供财务支援，或由存款保险机构直接向存款人支付部分或全部存款，以维护正常的金融秩序。从国际金融业的实践来看，存款保险制度对促进金融业稳定发展的作用是明显的。运作历史最长、影响最大的是 1934 年 1 月 1 日正式实施的美国联邦存款保险制度。美国的联邦存款保险公司，为商业银行提供存款保险，当银行倒闭时，存款人每个账户可以得到不超过 10 万美元的保险赔偿。目前，美国 96% 的商业银行向联邦存款保险公司投保。

3. 市场退出的监管

金融机构市场退出的原因和方式可以分为两类：主动退出与被动退出。主动退出是指金融机构因分立、合并或者出现公司章程规定的事由需要解散而退出市场，其主要特点是自行要求解散。被动退出是指由于法定的理由，如由法院宣布破产或严重违规、资不抵债等，金融监管当局将金融机构依法关闭，取消其经营金融业务的资格，金融机构因此而退出市场。

各国对金融机构市场退出的监管都通过法律予以明确，并且有很细致的技术性规定。我国对金融机构市场退出的监管也是由法律规定的，一般有接管、解散、撤销和破产等形式。

（三）金融监管体制

1. 金融监管体制概述

（1）金融监管体制的含义

金融监管体制（Financial Supervision System）是金融监管的制度安排，它包括金融监管当局对金融机构和金融市场施加影响的机制以及监管体系的组织结构。金融监管体制实质上就是由谁来监管、由什么机构来监管和按照什么样的组织结构进行监管，相应地就是由谁来对监管效果负责和如何负责的问题。它是各国历史和国情的产物，与各国历史文化传统、政治体制、法律、经济发展等密切相关，不同国家的金融监管体制有所不同。

（2）金融监管体制的分类

①一元多头式金融监管体制。一元多头式金融监管体制也称单元多头式或集权多头式，指全国的金融监管权集中于中央，地方没有独立权力，在中央由两家或两家以上监管机构共同负责的监管体制。一元多头式金融监管体制以德国、法国和日本（1998 年以前）

为代表。

②二元多头式金融监管体制。二元多头式金融监管体制也称双元多头式、双线多头式或分权多头式，指中央和地方都对金融机构或金融业务拥有监管权，且不同的金融机构或金融业务由不同的监管机关实施监管。二元多头式金融监管体制以美国、加拿大等联邦制国家为代表。

③集中单一式金融监管体制。集中单一式金融监管体制也称集权式或一元集中式，是指由中央的一家监管机构集中行使金融监管权。代表性国家有英国（1997年以后）、日本（1998年以后）。例如，英国1979年正式赋予英格兰银行金融监管职权，1997年10月28日，英国成立了金融服务局（FSA），实施对银行业、证券业和投资基金业等金融机构的监管，英格兰银行的监管职责结束。

2. 部分发达国家的金融监管体制

（1）美国的金融监管体制

金融监管制度最早产生于美国。以1864年国民银行制度确立为标志，美国建立了财政部货币监理局，设立了存款准备金制度（Provision System），结束了以州为单位的单线监管状态，开始了联邦和州的二元监管历史。1913年，威尔逊总统签署《联邦储备银行法》，建立了联邦储备体系，成为世界近代金融监管工作的开端。1929—1933年的经济危机，催生了美国1933年银行法案，该法案的基调是禁止金融业混业经营，使美国的金融业进入了分业经营时期。相应地，金融监管也采取了多头分业监管的体制。

20世纪70年代末，美国开始进行金融监管改革，曾一度放松了金融管制。1991年年底，美国国会通过《联邦存款保险公司改进法》，据此强化了金融监管。1999年，美国通过《金融服务现代化法案》，确立了美国金融业混业经营的制度框架。美国金融监管机构也进行了相应的调整：由美联储（FRS）作为混业监管的上级机构，对混业经营的主要组织机构金融持股公司实行统一监管；货币监理署（OCC）等监管机构对商业银行、证券公司和保险公司进行专业化监管。于是，美国形成了美联储综合监管和其他监管机构专业监管相结合的新体制。2009年6月17日，美国政府正式公布全面金融监管改革方案，从金融机构监管、金融市场监管、消费者权益保护、危机处理和国际合作等方面构筑安全防线，期望以此恢复对美国金融体系的信心。2010年7月21日，美国总统奥巴马签署《金融监管改革法案》，标志着美国金融监管改革立法完成，据此拉开了美国最大规模金融监管改革的序幕，华尔街正式进入新金融时代。

（2）德国的金融监管体制

德国金融监管框架源于1961年通过的《银行法案》。该法案授权成立联邦银行监督局（简称银监局），并规定由该局在德意志联邦银行配合下对银行业进行统一监管。由于德国银行业可以同时经营证券业务和保险业务，银监局事实上是一个综合性金融监管机构。联邦银行监督局制定和颁布联邦政府有关金融监管的规章制度，监督重大股权的交易，防止滥用内部信息等。德意志联邦银行负责对金融机构的各种报告进行分析，并负责日常监管活动。联邦银行监督局并无分支机构，必须依靠德意志联邦银行的分支机构和网点，这使德意志联邦银行的监管地位也较为突出。此外，德国的金融监管机构还有负责对证券机构和证券业务进行监管的联邦证券委员会、负责对保险机构与保险业务进行监管的联邦保险监督局。

（3）日本的金融监管体制

传统的日本金融监管方式被形象地称为"护卫舰式"。"护卫舰式"金融监管就像行进中的船队，在大藏省的护卫下，以航速最慢的船只（即效率最差的金融机构）为标准，制定各种管制措施，维持"银行不破产"神话，进而达到从金融层面支持日本经济复兴、增长以及稳定金融秩序的目的，大藏省和日本银行长期共同行使金融监管权。1978年，日本开始金融自由改革，直到1998年4月，日本的金融改革一直以渐进式为主，由政府主导，并主要集中在利率市场化及放松金融管制方面。

1998年4月1日生效的新《日本银行法》，是金融改革重心转向监管体制的重要标志。1998年6月22日，日本成立了单一的金融监管机构——日本金融监督厅，原由大藏省行使的民间金融机构监督与检查职能、证券交易监督职能移交金融监督厅。2000年7月，在日本金融监督厅的基础上成立日本金融厅。

2001年1月，日本金融厅进一步升格为内阁府的外设局，全面负责金融监管工作。财务府仅保留与金融厅一起对存款保险机构的协同监管权，以及参与金融机构破产处置和危机处理的制度性决策。日本的中央银行——日本银行根据《日本银行法》的规定，拥有对所有在日本银行开设账户、与日本银行存在交易的金融机构进行检查的权力。

3. 我国的金融监管体制

（1）我国的金融监管体制历史演变过程

①统一监管阶段（1984—1992年）。1984年以前，在"大一统"的金融体制下，没有监管对象，也没有相关的监管法律法规，在这期间中国没有现代意义上的银行监管。1984—1992年，是中央银行行使金融监管职能的初始阶段，属于集中单一的金融监管体制。1984年开始，中国形成中央银行、专业银行的二级银行体制，中国人民银行行使中央银行职能，履行对银行业、证券业、保险业、信托业的综合监管。这一阶段是中国人民银行专门行使中央银行职能的初期，主要依靠行政手段管理金融行业。

②"一行两会"阶段（1992—2003年）。1992年，国务院决定成立中国证券监督管理委员会，将证券业的监管职能从中国人民银行分离出去，中国人民银行主要负责对银行、保险、信托业的监管，这是我国分业监管的起点。

1995年，《中国人民银行法》和《商业银行法》颁布，从法律上确立了中国人民银行对银行、保险、信托业的监管地位。随后，《中国人民银行贷款通则》颁布，中央银行召开银行业经营管理工作会议，把工作重心转移到以银行风险监管为核心的系统性监管和依法监管上来，并首次提出降低国有独资商业银行不良贷款的要求。

1998年，中国人民银行撤销了31个省级分行，成立了9家跨省区分行和2家总行营业管理部；国家发行2 700亿元特别国债，补充国有独资商业银行资本金。

③"一行三会"阶段（2003—2018年）。2003年3月，十届全国人大一次会议决定，成立中国银行业监督管理委员会，依法对银行、金融资产管理公司、信托公司以及其他存款类机构实施监督管理，建立了银监会、证监会和保监会分工明确、互相协调的金融分工监管体制。至此，由中国人民银行、银监会、证监会和保监会组成的"一行三会"分业监管格局正式形成。

④"一行两会"阶段（2018年至今）。随着金融业的混业经营趋势日益明显，不同行业间的业务界限逐渐变得模糊，对分业监管体制的改革呼声很高。2018年4月，金融监管

体制改革终于尘埃落定，中国银行业监督管理委员会和中国保险监督管理委员会合并，组建中国银行保险监督管理委员会，简称银保监会。至此，中国金融监管体制正式开启"一行两会"时代。

补充阅读 11-3

中国金融监管改革面临挑战

在市场化的金融监管体系下，金融结构会随着经济体外部环境以及自身要素禀赋的变化而调整，以便更好地满足经济体对金融业的需求，在促进实体经济发展的同时，实现金融行业的自身发展。但在政府管制的金融监管体制下，监管部门通过市场准入限制、牌照限制、对创新业务的管制，对直接金融活动严格的行政审批等手段，严重影响了金融服务的有效供给，阻碍了金融结构的灵活调整，制约了金融功能的有效发挥。例如，为中小微企业及"三农"提供金融服务的中小型金融机构一直缺乏，在金融机构新设审批上一直难以满足市场需求；对民营资本进入金融行业的限制，影响了金融机构的经营效率与活力，也制约了金融服务实体经济的深度与广度；对股票、债券等直接金融工具的发行进行严格的行政审批，也严重制约了金融功能的发挥与资本市场的发展。

中国金融业发展与改革"十二五"规划中虽明确提出构建健全的宏观审慎监管框架的目标，但在目前没有任何一家金融监管机构具备监控市场系统性风险所必需的信息与权威，各监管部门也难以做到有效协调。因此，相对于欧美等发达市场，中国宏观审核监管改革缓慢，目前尚未确定责任主体与监管手段，尚未建立宏观审慎监管与微观审慎监管之间的有效信息沟通与协调机制。从中国金融监管协调实践看，目前的金融监管联席会议制度由于缺少牵头责任部门，对各监管主体缺乏有效的约束力，缺少有效争端解决以及外部监督机制等问题，在运作中难以解决金融监管与发展中的实际问题，甚至还会出现利益冲突外化的现象。因此，当前中国迫切需要借鉴欧美发达市场经验，建立以中国人民银行为主导的金融监管协调机制。

（资料来源：巴曙松.中国金融监管改革面临挑战［N］.新金融观察，2014-02-03.）

（2）我国金融监管体制的组成

①中国人民银行（People's Bank of China）。在现行的"一行两会"分业金融监管体制下，中国人民银行处于比较超脱的地位。一方面，中国人民银行作为我国的中央银行，是国务院的正式组成成员，比"两会"有更高的政治地位；另一方面，中国人民银行职能发生了转换，由过去主要通过银行业金融机构的设立审批、业务审批和高级管理人员任职资格审查和日常监督管理等直接监管的职能，转换为履行对金融业宏观调控和防范与化解系统性风险的职能，即维护金融稳定职能。在金融监管方面，目前的中国人民银行被国务院赋予了金融稳定、反洗钱和征信管理等与监管有关的重要职能。

②中国银保监会（China Bank Insurance Regulatory Commission）。2018年3月12日，我国将中国银行业监督管理委员会和中国保险监督管理委员会拟订银行业、保险业重要法律法规草案和审慎监管基本制度的职责划入中国人民银行，同时将中国银行业监督管理委员会和中国保险监督管理委员会的职责整合，组建中国银行保险监督管理委员会，简称银保监会，依照法律法规统一监督管理银行业和保险业，维护银行业和保险业合法、稳健运行，防范和化解金融风险，保护金融消费者合法权益，维护金融稳定。

中国银保监会贯彻落实党中央关于银行业和保险业监管工作的方针政策和决策部署，在履行职责过程中坚持和加强党对银行业和保险业监管工作的集中统一领导。主要职责：

　　a.依法依规对全国银行业和保险业实行统一监督管理，维护银行业和保险业合法、稳健运行，对派出机构实行垂直领导。

　　b.对银行业和保险业改革开放和监管有效性开展系统性研究；参与拟订金融业改革发展战略规划，参与起草银行业和保险业重要法律法规草案以及审慎监管和金融消费者保护基本制度；起草银行业和保险业其他法律法规草案，提出制定和修改建议。

　　c.依据审慎监管和金融消费者保护基本制度，制定银行业和保险业审慎监管与行为监管规则，制定小额贷款公司、融资性担保公司、典当行、融资租赁公司、商业保理公司、地方资产管理公司等其他类型机构的经营规则和监管规则，制定网络借贷信息中介机构业务活动的监管制度。

　　d.依法依规对银行业和保险业机构及其业务范围实行准入管理，审查高级管理人员任职资格，制定银行业和保险业从业人员行为管理规范。

　　e.对银行业和保险业机构的公司治理、风险管理、内部控制、资本充足状况、偿付能力、经营行为和信息披露等实施监管。

　　f.对银行业和保险业机构实行现场检查与非现场监管，开展风险与合规评估，保护金融消费者合法权益，依法查处违法违规行为。

　　g.负责统一编制全国银行业和保险业监管数据报表，按照国家有关规定予以发布，履行金融业综合统计相关工作职责。

　　h.建立银行业和保险业风险监控、评价和预警体系，跟踪分析、监测、预测银行业和保险业运行状况。

　　i.会同有关部门提出存款类金融机构和保险业机构紧急风险处置的意见和建议并组织实施。

　　j.依法依规打击非法金融活动，负责非法集资的认定、查处和取缔以及相关组织协调工作。

　　k.根据职责分工，负责指导和监督地方金融监管部门相关业务工作。

　　l.参加银行业和保险业国际组织与国际监管规则制定，开展银行业和保险业的对外交流与国际合作事务。

　　m.负责国有重点银行业金融机构监事会的日常管理工作。

　　n.完成党中央、国务院交办的其他任务。

　　总之，围绕国家金融工作的指导方针和任务，进一步明确职能定位，强化监管职责，加强微观审慎监管、行为监管与金融消费者保护，守住不发生系统性金融风险的底线。按照简政放权要求，逐步减少并依法规范事前审批，加强事中事后监管，优化金融服务，向派出机构适当转移监管和服务职能，推动银行业和保险业机构业务和服务下沉，更好地发挥金融服务实体经济功能。

　　③中国证监会（China Securities Regulatory Commission）。1992年10月，国务院证券委员会（简称国务院证券委）和中国证监会宣告成立，标志着中国证券市场统一监管体制开始形成。国务院证券委是国家对证券市场进行统一宏观管理的主管机构。中国证监会是国务院证券委的监管执行机构，依照法律法规对证券市场进行监管。1998年4月，根据国务院机构改革方案，决定将国务院证券委与中国证监会合并组成国务院直属正部级事业单位。经过这些改革，中国证监会职能明显加强，集中统一的全国证券监管体制基本形成。

中国证监会的基本职能：

a. 建立统一的证券期货监管体系，按规定对证券期货监管机构实行垂直管理。

b. 加强对证券期货业的监管，强化对证券期货交易所、上市公司、证券期货经营机构、证券投资基金管理公司、证券期货投资咨询机构和从事证券期货中介业务的其他机构的监管，提高信息披露质量。

c. 加强对证券期货市场金融风险的防范和化解工作。

d. 负责组织拟订有关证券市场的法律、法规草案，研究制定有关证券市场的方针、政策和规章。

e. 制订证券市场发展规划和年度计划。

f. 指导、协调、监督和检查各地区、各有关部门与证券市场有关的事项。

g. 对期货市场试点工作进行指导、规划和协调。

h. 统一监管证券业务。

4. 现代金融监管体制的发展趋势

随着经济、金融环境的改变，金融监管体制也在不断进行适应性的调整和创新。虽然各国的金融发展水平、金融文化和历史传统存在较大差异，加之经济体制、政治体制、中央与地方的关系不同，各国的监管体制各具特色，但近年来在金融全球化的背景下，改革和重构监管体制已成为各国面临的共同问题。现代金融监管体制在发展完善的过程中呈现出一些新趋向。

（1）政府监管和自律监管趋于融合

根据监管体系中政府监管与行业自律的重要性，可分为政府监管体制和自律监管体制两类。政府监管体制是指政府积极参与金融监管，设立专门的监管机构并制定相应的管理法规，而行业自律只是起辅助作用。美国、日本及许多欧洲大陆国家多倚重规范化的政府监管。自律监管体制是指政府除了进行某些必要的国家立法外，较少直接对金融市场进行规制，市场管理主要依靠行业组织自律，金融机构也通过自我约束予以配合。英国在传统上倚重行业自律性的监管，是自律监管体制的典型。

实际上，政府监管与自律监管是相辅相成的。随着20世纪90年代末期以金融混业化为标志的金融业发展趋势，人们进一步认为政府监管与自律监管都是不可或缺的，应该同时予以强化。一方面，实行政府监管体制的国家开始日益重视行业自律的作用，金融行业自律组织通过对行业内部的管理，避免业内不正当竞争，规范行业运作，促进金融机构同业之间的协作，减轻政府监管机构的压力，同时与政府监管机构适时沟通，减少了金融机构与政府的摩擦；另一方面，实行自律监管体制的国家开始通过立法和建立统一的监管机构，加强监管的规范化，将金融行业的自律机制逐渐纳入监管法治体系。

（2）外部监管和内部控制相互促进

外部监管主体不再一味地从外部施加管制，而是更加注重促使金融机构强化内部控制制度，提高自我监控水平。金融监管机构对金融机构的内部控制提出了全方位的要求，包括建立科学的企业治理结构、独立于权威的内部监察机构、业务职能部门明确的风险控制分工及彼此相互制约的关系、谨慎的授信审批制度或分级授权制度、严格的会计控制制度、有效的内部检查与稽核制度及合理的员工管理制度。金融机构是否具有完善的内控机构和制度是金融监管机构进行检查的重要内容。此外，金融监管机构还鼓励金融机构开发控制风险的内部模型，以提高控制风险的技术水平，并增强适用性。

同时，金融机构健全有效的内部控制也是外部监管的基础。金融监管机构的监管目标必须通过金融机构自身的稳健经营来实现。严密的内部控制能使金融机构有效地防范和规避风险，而金融机构的安全运营又是金融系统稳定安全的基本保障。此外，由于内控制度为金融机构划定了行为边界，促使其时刻保持足够的理性，也使金融监管机构实施监管的过程更为顺利。

（3）分业监管向统一监管转变

分业监管是根据金融机构及其业务范围的划分，由多家专业监管机构分别进行监管；统一监管是指由一家监管机构承担监管职责，将金融业作为一个互相联系的整体统一进行监管。统一监管论认为，这种监管体制具有多种优点：首先，全面、广泛、统一的监管体制更能适应金融混业经营的发展趋向，能够更加灵敏地发现多样化经营的金融机构不同业务部门存在的问题；其次，统一监管可实现规模经济，有利于节约行政成本；最后，统一监管还可以减少被监管者的奉行成本，因为被监管者只需与一家监管机构接触。此外，统一监管能够提高监管效率，避免过度的职责交叉、机构重叠和相互干扰，同时实现监管资源共享，能够对监管对象进行有效监管。分业监管论认为，即使金融业传统的职能分工特征正在减弱，但是银行业、证券业和保险业仍存在重要区别，分业监管的针对性和专业性更强，监管目标明确；单一监管机构体系庞大，内部协调和管理成本是一笔不小的开支，而且处于绝对的监管垄断地位，容易滋生官僚主义。

20 世纪 80 年代以来，在金融自由化和金融创新浪潮的冲击下，许多实行分业经营的国家纷纷走上混业经营道路；与之相呼应，各国的金融监管体制逐渐发生重大转变。有关调查显示，尽管目前多数国家仍然实行分业监管，但是受混业经营的影响，实行完全分业监管的国家在数量上呈减少趋势，不少国家的金融监管正在向完全混业监管或部分混业监管的模式转变。

（4）功能型监管理念对机构型监管提出挑战

功能型监管理念由哈佛商学院的罗伯特·莫顿提出。传统的机构型监管是以金融机构的类别为标准划分监管机构，而功能型监管是根据金融产品的特定功能来确定该产品的监管机构。功能型监管能够有效地解决混业经营中金融创新产品监管的归属问题，避免出现监管真空，而且主张实行跨产品、跨机构、跨市场的协调监管，更加适应混业经营对金融监管体制的要求。由于金融产品的功能具有稳定性，据此设计的监管体制和监管规则更具连续性和一致性，同时又能为金融创新提供更广阔的空间。

本章小结

金融发展是指金融结构的变化。金融结构包括金融工具的结构和金融机构的结构两个方面。不同类型的金融工具与金融机构组合在一起，就会构成不同特征的金融结构。一般来说，金融工具的数量、种类、先进程度，以及金融机构的数量、种类、效率等的组合，可以形成发展程度不同的金融结构。金融发展对经济发展起着"双刃剑"的作用，既有推动作用，也有破坏作用，监管当局要扬长避短。中国金融业发展趋势是金融机构业务经营综合化，金融国际化，金融资源配置的直接化，金融监管的宏观审慎化，金融机构发展的小型化、差异化。

金融创新是在金融领域内，对各种要素实行新的组合。它可以分为狭义的金融创新和广义的金融创新。狭义的金融创新是指微观金融主体的金融创新，广义的金融创新不仅包括微观意义上的金融创新，还包括宏观意义上的金融创新。本章金融创新指的是狭义的创新。金融创新理论有西尔伯的约束诱致假说、凯恩的"自由—管制"的博弈、制度学派的金融创新理论、金融创新的交易成本理论等学说。金融管制的放松、市场竞争的日益尖锐、追求利润的最大化，以及科学技术的进步构成了金融创新的直接动因。金融创新的主要内容有金融制度的创新、金融业务的创新，以及金融工具的创新。20 世纪 90 年代初出现的一门工程型新学科——金融工程，它将工程思维引入金融领域，综合采用各种工程技术方法（主要有数学建模、数值计算、网络图解、仿真模拟等）来设计、开发和使用新型的金融产品，创造性地解决各种金融问题。

在现代经济中，不仅实体经济部门的矛盾会反映到金融部门并形成一定的金融风险，而且金融部门本身的运行也会带来风险，特别是在金融创新不断发展、金融衍生品不断涌现的趋势下，金融风险的累积会对金融机构、国家宏观经济造成巨大的影响。因此，无论是微观领域的经营者还是宏观经济的管理者，都应对金融风险和金融风险管理给予密切关注。金融风险累积到一定程度，便有可能爆发金融危机。20 世纪 90 年代以来，国际金融市场危机四伏、风波迭起，相继发生了欧洲货币危机、墨西哥金融危机、亚洲金融危机和美国次贷危机。金融危机使危机发生地的经济遭受沉重的打击，同时也对全世界的金融市场造成了极大的消极影响。

金融是现代经济的核心，随着现代科技的发展和金融创新的不断涌现，金融业务之间的界限不断被打破，不同金融机构之间和不同金融工具之间的区别日益模糊，金融国际化和国际资本流动不断扩张。与此同时，金融领域的风险也在急剧增大。由于金融业的特殊性和金融在经济体系中的地位显著增强，通过监管保证金融业的稳健运行日益成为经济与社会健康发展的关键。

练习题

二、概念识记

金融发展　　金融创新　　金融工程　　金融风险　　金融危机　　金融监管

二、单选题

1. 金融创新以 1961 年美国花旗银行首次推出的（　　　）为典型标志。
　　A. 远期合同　　　　　　　　　　　　　B. 大额可转让定期存单
　　C. 金融期货　　　　　　　　　　　　　D. 金融期权

2.希克斯和尼汉斯认为，金融创新的支配因素是(　　)。

  A.制度变革　　　　B.规避管制　　　　C.市场竞争　　　　D.降低交易成本

3.诺斯等学者认为，金融创新就是(　　)。

  A.规避管制　　　　　　　　B.制度变革

  C.降低交易成本　　　　　　D.寻求利润的最大化

4.商业银行创新表外业务的直接动机是(　　)。

  A.追逐利润　　　　　　　　B.转嫁风险

  C.市场需求　　　　　　　　D.规避金融监管当局对资本金的要求

5.商业银行负债业务创新的最终目的是创造(　　)。

  A.低成本的存款来源　　　　B.存款账户的灵活性

  C.存款的获利能力　　　　　D.更多的派生存款

6.影响金融风险的因素非常复杂，各种因素相互交织，难以事前完全把握，这体现了金融风险基本特征中的(　　)。

  A.不确定性　　　　B.相关性　　　　C.高杠杆性　　　　D.传染性

7.由于利率、汇率、股价以及商品价格等波动导致金融参与者资产价值变化的金融风险，属于(　　)。

  A.市场风险　　　　B.信用风险　　　　C.操作风险　　　　D.流动性风险

8.(　　)是指由于交易对方(债务人)信用状况和履约能力的变化导致债权人资产价值遭受了损失的风险。

  A.信用风险　　　　B.市场风险　　　　C.操作风险　　　　D.流动性风险

9.由于某种因素导致证券市场上所有的证券都出现价格变动的现象，给一切证券投资者都会带来损失的可能性。这种证券投资风险被称为(　　)。

  A.系统性风险　　　B.非系统性风险　　C.购买力风险　　　D.市场风险

10.金融参与者由于资产流动性降低而导致的风险是(　　)。

  A.市场风险　　　　B.流动性风险　　　C.信用风险　　　D.操作风险

11.(　　)是风险大规模集聚爆发的结果，其中全部或大部分金融指标急剧、短暂和超周期恶化。

  A.货币危机　　　　B.经济危机　　　　C.金融危机　　　　D.贸易危机

12.2007年开始出现的次贷危机开始于(　　)。

  A.英国　　　　　　B.美国　　　　　　C.欧盟　　　　　　D.日本

13.一般地，各国对金融机构的市场准入通常采取(　　)。

  A.注册制　　　　　B.登记制　　　　　C.审批制　　　　　D.核准制

14.下列对于银行业市场准入监管的表述错误的是(　　)。

  A.市场准入是监管的首要环节

  B.市场准入监管关系到一个国家的银行资本是否充足

  C.银行业市场准入的监管包括商业银行设立和组织机构的监管

  D.银行业市场准入的监管包括对银行业务范围的监管

15.我国目前的金融监管体制是(　　)。

  A.独立于中央银行的分业监管体制　　B.单一全能型监管体制

  C.以中央银行为重心的综合监管体制　D.以中央银行为核心的分业监管体制

16. 中国证券业协会成立于(　　　)。
    A. 1993 年　　　　　B. 1992 年　　　　　C. 1991 年　　　　　D. 1990 年
17. 我国的银保监会成立于(　　　)。
    A. 1991 年　　　　　B. 1998 年　　　　　C. 2000 年　　　　　D. 2018 年
18. 在金融危机的类型中，(　　　)也可称为支付能力危机。
    A. 债务危机　　　　B. 货币危机　　　　C. 流动性危机　　　　D. 综合性金融危机
19. 我国为了控制银行的信用风险过于集中，规定对单一借款人占银行资本的比重不得超过(　　　)。
    A. 15%　　　　　　B. 20%　　　　　　C. 10%　　　　　　D. 8%
20. 存款保险制度最早始于(　　　)，后来大多数国家陆续建立了此项制度。
    A. 英国　　　　　　B. 日本　　　　　　C. 中国　　　　　　D. 美国

三、简答题

1. 简述金融发展与经济发展之间的关系。
2. 什么是金融创新？金融创新的动因有哪些？
3. 金融创新的内容有哪些？
4. 简述金融风险的特征。
5. 简述金融危机的防范措施。
6. 简述金融监管的基本原则。
7. 简述金融监管的目标。

四、案例分析

金融海啸与中央银行货币政策

2008 年 9 月底在美国大规模金融救援方案通过之后，金融海啸不仅没有停止，全球股市下跌反而一浪高过一浪。全球金融市场进一步恶化，不仅给各国经济带来了巨大威胁和不确定性，也给金融市场本身增加了更大的风险与危机。

面对这种危机形势，先是澳大利亚率先下调基准利率 1%，尔后，世界各主要国家央行同时宣布降息。美联储、欧洲央行及英国、加拿大、瑞典中央银行都宣布降息 0.5%，它们的利率分别降至 1.5%、3.5%、4.5%、2.5%、4.25%。中国人民银行同日决定，下调存款类金融机构人民币存款准备金率 0.5%、下调各期限档次存贷款基准利率各 0.27%。与此同时，国务院决定对储蓄存款利息所得暂免征收个人所得税。

思考：

全球主要国家的中央银行一致行动说明了什么？

参考文献

[1] 弗雷德里克·S.米什金.货币金融学：第十一版 [M].郑艳文，荆国勇，译.北京：中国人民大学出版社，2016.

[2] 黄达，张杰.金融学 [M].4 版.北京：中国人民大学出版社，2017.

[3] 李健.金融学 [M].3 版.北京：高等教育出版社，2018.

[4] 斯蒂芬·G.切凯蒂，克米特·L.肖恩霍茨.货币金融学：第5 版 [M].周凯，黄正艳，李慧洁，译.北京：北京大学出版社，2019.

[5] 洛伦兹·格利茨.金融工程学：管理金融风险的工具和技巧 [M].唐旭，等译.北京：经济科学出版社，1998.

[6] 蒋先玲.货币银行学 [M].北京：对外经济贸易大学出版社，2007.

[7] 孙开焕，刘旸.金融学概论 [M].3 版.大连：东北财经大学出版社，2019.

[8] 田娟娟.金融学原理与应用 [M].北京：经济科学出版社，2015.

[9] 刘静萍.金融学 [M].长沙：湖南师范大学出版社，2012.

[10] 薛艳，于晓晖，范平平.金融学 [M].青岛：中国海洋大学出版社，2019.

[11] 徐玎，盛宝莲.国际金融学 [M].2 版.上海：华东理工大学出版社，2017.

[12] 王松奇.金融学 [M].2 版.北京：中国金融出版社，2000.

[13] 吴晓求.中国资本市场：全球视野与跨越式发展 [M].北京：中国人民大学出版社，2008.

[14] 宋鸿兵.货币战争：4 [M].武汉：长江文艺出版社，2015.

[15] 夏德仁，李念斋.货币银行学 [M].北京：中国金融出版社，2005.

[16] 张亦春.金融市场学 [M].北京：高等教育出版社，1999.

[17] 易纲，吴有昌.货币银行学 [M].上海：上海人民出版社，1999.

[18] 张晓，赵志恒.货币银行学 [M].北京：机械工业出版社，2006.

[19] 卞志村，毛泽盛，刘敏楼，等.金融学 [M].北京：人民出版社，2009.

[20] 胡庆康.现代货币银行学教程 [M].5 版.上海：复旦大学出版社，2014.